HERMANN ROTHERT
WESTFÄLISCHE GESCHICHTE
ZWEITER BAND

HERMANN ROTHERT

WESTFÄLISCHE GESCHICHTE

ZWEITER BAND

DAS ZEITALTER DER GLAUBENSKÄMPFE

H. TH. WENNER

Fotos auf den Einbänden: Dieter Rensing, Münster

ISBN 3-87898-305-0 (Band 1–3)

INHALTSÜBERSICHT

Erster Teil: Die politische Geschichte

Zweiter Teil: Die Zustände

Druckfehlerberichtigung:

S. 29, Z. 5 v. u. statt Ruhr: Rur;
S. 68/69 statt Jasper: Kaspar v. Schele;
S. 238, Z. 3 statt gelten: galten;
S. 282, Z. 16 statt was: war;
S. 282, Z. 1 v. u. statt Gepräge: Gepränge;
S. 499, letzte Zeile statt Filialen: Fialen;
statt Machwerk: Maßwerk.

Das Zeitalter der Glaubenskämpfe

ERSTER TEIL: DIE POLITISCHE GESCHICHTE

1. Kapitel

Die westfälischen Länder zu Beginn der Neuzeit

„Der Sommer ist hart vor der Tür,
der Winter ist vergangen,
die zarten Blümlein gehn herfür:
der das hat angefangen,
der wird es wohl vollenden."

Mit diesen beschwingten Worten gab Martin Luther in seinem „Neuen Liede" zu Ehren der beiden ersten evangelischen Bekenner, die 1523 in Brüssel ihr Leben ließen und deren einer, Johann von Essen, wohl ein Westfale war, dem Frühlingsahnen Ausdruck, das damals durch die deutschen Lande ging. Seit langem gärte es, war die Nation erfüllt von einer tiefen Unzufriedenheit mit ihrem Schicksal, der äußeren Abhängigkeit von Rom, der Ohnmacht und Zersplitterung im Innern; lauter denn je erscholl der Ruf nach einer Reform des Reiches und der Kirche. Nun aber erwachte die frohe Hoffnung, daß das Alte in Staat und Kirche vergangen sei, daß dem deutschen Volke eine Erneuerung seines religiösen Lebens wie seiner politischen Gestaltung bevorstehe.

So etwa betrachtet der evangelische Christ das neu heraufziehende Zeitalter, dem seine Kirche die Entstehung verdankt, er sieht in ihm einen Geistesfrühling, dessen Blüten freilich nicht alle reifen sollten, am wenigsten auf dem Gebiete der Reichspolitik. Anders der gläubige Katholik, dem die Reformation nichts anderes als der betrübende Abfall von der einen heiligen allgemeinen Kirche ist. Da mag der Geschichtsschreiber nach Rankes Vorbild wünschen, „sein Selbst gleichsam auszulöschen und nur die Dinge reden, die mächtigen Kräfte erscheinen zu lassen, die gegeneinander aufstanden" —, wenn eine solche Selbstentäußerung angängig wäre. Eine die Anschauungen beider Parteien voll befriedigende Reformationsgeschichte Deutschlands wie Westfalens, eines der Hauptkampfgebiete, ist heute noch eine Unmöglichkeit. Aber zum Glück ist in neuester Zeit die trennende Kluft zwischen den Bekenntnissen schmaler geworden, strecken sich von hüben und drüben Hände des Verständnisses aus. Auch der Protestant beklagt die Kirchenspaltung; und wie er die schlummernden Kräfte erkennt, die der alten Kirche binnen weniger Jahrzehnte einen ungeahnten Neuaufschwung bereiteten, so ist er nicht blind gegen die Vorzüge, die ihr heute innewohnen. Auf der anderen Seite gesteht man es offen zu, daß der Körper der Kirche sich beim Anbruch der Neuzeit im Zustande der Zersetzung befand und daß eben Luther, dem man als religiösem Genie die Achtung nicht länger versagt, ihr den Anstoß gegeben hat, das „Gift des Renaissancegeistes" auszuscheiden. Am Ende betrachten beide Teile Gott als Herrn, wie der Kirche, so der Geschichte, auch in der Reformation.

Westfalen, überwiegend geistlichen Ländern zugehörig, war hierdurch politisch so fest wie kaum eine andere deutsche Landschaft mit der alten Kirche verknüpft, die in der staatlichen Verfassung, der dadurch verstärkten Verbindung mit dem Römischen Stuhle einen besonders starken Rückhalt besaß; auch der Beharrungssinn des Volkscharakters konnte in gleicher Richtung wirken. Auf der anderen Seite mußten hier die kirchlichen Mißstände stärker noch als anderwärts zutage treten, und das konnte die Gemüter der Neuerung um so entschiedener zuführen. Doch einem etwa ihr gewonnenen geistlichen Landesherrn war es nicht so leicht wie einem weltlichen Fürsten, die Reformation durch sein Machtgebot einzuführen, ihr eine Verfassung als Landeskirche zu geben und dadurch einem etwaigen Überschlagen der Volksbewegung zur Schwärmerei einen Riegel vorzuschieben. Dazu mußte der Übergang eines geistlichen Landes zur evangelischen Kirche die schwerwiegende Frage nach dessen Fortbestand, seiner politischen Zukunft aufwerfen. So war die überkommene territoriale Gestaltung Westfalens für das demnächstige Schicksal der religiösen Neuerung überaus bedeutungsvoll.

Westfalen in der Reichsmatrikel

Politisch zeigte Westfalen bei Einbruch der Neuzeit gleich dem größeren Deutschland das bunte Mosaik einer kleinstaatlichen Welt, und zwar mit der Maßgabe, daß „die vielleicht verhängnisvollste Besonderheit des deutschen Staatslebens, die geistlichen Fürstentümer" (Gerh. Ritter), hier nicht weniger als zwei Drittel bis drei

Viertel des Landes einnahmen. Über die westfälischen Reichsstände, ihre Bedeutung für das Ganze wie im Verhältnis zueinander gibt „des heil. Römischen Reiches Matricul, wie selbige auf dem Reichstag zu Worms 1521 zu dem Römer-Zug verfasset worden", eine gewisse Übersicht. Freilich litt die Veranlagung an fühlbaren Härten, die auch eine etwas spätere Berichtigung keineswegs ganz ausglich (die berichtigten Zahlen stehen in Klammern).

Die Kurfürsten, also auch der Erzbischof von Köln und Herzog von Westfalen, waren zu je 60 Mann zu Roß und 277 zu Fuß angesetzt.

Sie übertraf der Herzog von Jülich, Kleve und Berg, Graf von der Mark und Ravensberg, mit 90 + 540 Mann (70 + 323).

Von den westfälischen Bischöfen stand obenan der von Münster mit 34 + 169 Mann (30 + 118); ihm folgte der von Paderborn mit 18 + 34, der von Osnabrück mit 6 + 36, und der von Minden mit 6 + 15 (10 + 16) Mann. Von geringer Bedeutung waren die Reichsabteien: Korvey mit 2 + 9, Essen mit 2 + 13 und Herford mit 0 (0 + 6) Mann.

Die weltlichen Herren, abgesehen von Kleve, galten als nicht viel leistungsfähiger, an der Spitze stand der Graf von Schaumburg und Gemen mit 8 + 34 (6 + 26) Mann, ihm folgten Bentheim mit 6 + 27 (6 + 20), Lippe mit 4 + 18, Tecklenburg mit 2 + 9, Steinfurt mit 2 + 4, Waldeck mit 3 + 16 (4 + 18), Hoya mit 2 + 8, Rietberg mit 6 + 2, endlich Diepholz und Pyrmont mit je 1 + 4 Mann.

Ganz anders wurden die Reichsstädte herangezogen, die sich freilich allgemein und mit Recht wegen Überlastung beklagten. Standen im Reiche Nürnberg mit 40 + 250 und Köln mit 25 + 200 Mann an der Spitze, so waren Soest zu 20 + 120 und Dortmund zu 20 + 100 Mann veranschlagt, das Ackerstädtchen Brakel zu 7 + 58, Warburg zu 3 + 23, Lemgo zu 4 + 22 und Herford zu 1 + 13 Mann.

Also Soest und Dortmund wurden jedes für sich als weit leistungsfähiger betrachtet als das ganze Hochstift Paderborn oder die Stifter Osnabrück und Minden zusammen, Lemgo als das ganze übrige Lipper Land. Der berichtigte Anschlag führte dann freilich nur noch Dortmund mit 7 + 30 und Herford mit 2 + 15 Mann auf; die übrigen Orte waren ja auch gar keine Reichsstädte. (Warburg wird freilich doch noch mit 3 + 13 Mann geführt.)

Das östliche Westfalen

Als Beginn der Neuzeit in Westfalen kann man vielleicht das Jahr 1508 betrachten, in dem alle Bistümer des Landes den Herrn wechselten: Bischof Heinrich von Schaumburg zu Minden, Konrad von Rietberg zu Münster und Osnabrück, Erzbischof Hermann von Hessen zu Köln und Paderborn, untereinander verwandt und befreundet, starben damals nacheinander dahin. Wenn auch der Luftzug eines neuen Geistes noch nicht spürbar wurde und die überkommene Territorialpolitik weiterhin im Vordergrunde stand, Westfalen sah sich aus seinem friedlichen Sonderdasein herausgerissen, denn keiner der Nachfolger entstammte einem einheimischen Geschlechte. Vor allem war es das ehrgeizige, im Aufschwung befindliche Haus der Welfen, dessen Stoßkraft sich auf Westfalen richtete. In Minden gelang es dem kriegerischen Herzog Heinrich dem Älteren von Braunschweig-Wolfenbüttel, seinen erst sechzehnjährigen Sohn Franz zum Bischof wählen zu lassen, für den er selbst bis zu seinem Tode 1514 tatsächlich die Regierung führte; das Stift Minden stand fortan dauernd unter welfischem Einfluß. Den Stuhl zu Münster bestieg Erich aus dem Herzogshause von Sachsen-Lauenburg, der vordem schon Bischof zu Hildesheim gewesen war, ein friedlicher, auf das Wohl des Landes bedachter Herr. Er bemühte sich auch um das Stift Osnabrück, dem Heinrich von Wolfenbüttel ebenfalls einen seiner Söhne aufzudrängen suchte; das Domkapitel fand einen Ausweg, indem es Erich von Grubenhagen aus einer verarmten Nebenlinie des braunschweigischen Hauses erkor. Diesem fiel noch im gleichen Jahre auch das Stift Paderborn zu, so daß die drei östlichen westfälischen Bistümer mit einem Schlage in welfische Hand gelangten. Erich von Grubenhagen war nicht untüchtig, er hielt auf Zucht und Ordnung, am meisten war ihm freilich an einem guten Leben gelegen; die Klöster, bei denen er sich mit zahlreichem Gefolge zu ritterlichen Festen gern einquartierte, seufzten unter seinen Zumutungen. Kurfürst von Köln endlich wurde ein Rheinländer, Philipp von Oberstein, der schon 1515 Hermann von Wied Platz machte.

Auf alle Weise suchte das Haus Braunschweig im nordöstlichen Westfalen Fuß zu fassen. Schon 1501 hatte es sich von Kaiser Maximilian I. die Anwartschaft auf die Niedergrafschaft Hoya für den Fall des Aussterbens des regierenden Hauses verschafft, 1515 ebenso auf die Herrschaft Lippe. Als indes der Graf Friedrich von Niederhoya bereits 1502 ohne Leibeserben in die Gruft gestiegen war, hatte sein Vetter Jobst I. von Oberhoya, des aus der Münsterschen

Stiftsfehde bekannten wilden Johann von Hoya Sohn, kurzerhand das Land besetzt und in dem Vergleiche von 1504 auch zugesprochen erhalten, dafür freilich die ganze Grafschaft Hoya dem Herzog von Lüneburg zum Lehen machen müssen; fortan besaß dieser die Anwartschaft auf das ganze Land. Hiermit nicht genug, vereinigten sich im Jahre 1512 die braunschweigischen Vettern von Lüneburg, Wolfenbüttel und Kalenberg, um zusammen mit Bischof Franz von Minden und einer Adelsgruppe im eigenen Lande den Grafen Jobst II. zu überfallen und zu verjagen, ein Vorgehen, das weithin Aufsehen erregte. Auch mit einem anderen Nachbarn, dem Edelherrn von Diepholz, lebte der rohe und zügellose Franz von Minden in stetem Unfrieden, was jenen schließlich veranlaßte, die Hilfe des Kaisers anzurufen. Maximilian beauftragte den Herzog Heinrich den Mittleren von Lüneburg, an seiner Statt Diepholz zu beschützen, und übertrug ihm dafür die Anwartschaft auch auf dieses Ländchen, falls das regierende Haus erlöschen sollte. Dadurch geriet Franz von Minden in Gegensatz zu seinem Vetter von Lüneburg, den er persönlich beleidigte, und das Stift Minden wurde in die große Hildesheimsche Stiftsfehde hineingezogen. Der Bischof Johann IV. von Hildesheim lebte mit einem Teile seines Adels in offenem Unfrieden; fand dieser in dem stürmischen Herzog Heinrich dem Jüngeren von Wolfenbüttel, nachmals bekannt als Gegner Luthers, und dessen Bruder, Franz von Minden, Verbündete, so traten auf die Seite von Bischof Johann der Herzog Heinrich von Lüneburg und die von Franz bedrohten Herren von Schaumburg, Diepholz und Lippe sowie der vertriebene Graf von Hoya. Sie verstärkten das hildesheimsche Heer, das seinen ersten Stoß gegen das Stift Minden richtete; der feindlichen Übermacht nicht gewachsen, wurde es furchtbar verwüstet. Franz selbst ließ die Stiftsburgen Hausberge und Rahden in Flammen aufgehen, um sie dem Feinde nicht in die Hand fallen zu lassen, dieser eroberte Petershagen. Aber als Franz auch die offenen Vorstädte von Minden anzünden wollte, um dem Feinde die Annäherung an die wohlbefestigte Stadt zu erschweren, widersetzten sich die Bürger und Franz suchte sein Heil in der Flucht. Demnächst brachte die große Schlacht auf der Soltauer Heide am 29. Juni 1519 den verbündeten Hildesheimern und Lüneburgern einen glänzenden Sieg; wieder sah man Bischof Franz unter den Fliehenden. Allein, das Schicksal wollte es, daß an dem gleichen Tage zu Frankfurt König Karl von Spanien als Karl V. zum deutschen Kaiser erkoren wurde, nach hartem Wahlkampf, wobei Heinrich von Wolfenbüttel auf seiner Seite, Heinrich von Lüneburg auf der des anderen Bewerbers, des Königs Franz I. von Frankreich, gestanden hatte. Dadurch bekamen die bei Soltau Besiegten alsbald wieder Oberwasser. Bischof Franz konnte nach Minden zurückkehren, wo man schon an eine Neuwahl gedacht hatte; der Graf Jobst II. freilich blieb im Besitze seiner durch die Schlacht bei Soltau wiedererlangten Grafschaft Hoya, wenn auch von Schulden schwer bedrückt. Gelernt hatte Franz durch sein Mißgeschick nichts, sein tolles Treiben brachte es dahin, daß die Stände des Hochstifts sich 1525 zu einem Bunde gegen ihn zusammenfanden. Im nächsten Jahre vermittelte sein Bruder Heinrich einen Vergleich, der ihm erhebliche Fesseln anlegte; er mußte sich verpflichten, ohne die Stände keine neuen Händel anzufangen und die gewaltigen Schulden des Stiftes allmählich abzutragen.

Durch die Hildesheimsche Stiftsfehde, besonders aber durch die Rauflust Franzens war die öffentliche Unsicherheit, ungeachtet des Ewigen Landfriedens, wieder ungeheuerlich gestiegen. Wurde doch der Graf Philipp II. von Waldeck von dem fränkischen Ritter Götz von Berlichingen, mit dem er wegen dessen Räubereien verfeindet war, 1516 auf dem Sindfelde ohne Fehdeansage niedergeworfen und gefangen, so daß er sich mit 8400 fl. lösen mußte. Infolgedessen wurde am 12. Mai 1519 zu Lippstadt noch einmal ein großes Landfriedensbündnis nach mittelalterlichem Vorbilde geschlossen, woran sich der Bischof Erich von Osnabrück und Paderborn, die Grafen von Schaumburg, Rietberg und Tecklenburg, der Edelherr Simon zur Lippe, dazu aus dem Harzkreise und Thüringen Fürsten, Grafen und Herren beteiligten. Als Schiedsrichter wurden auch die Hauptleute und Räte der Reichskreise berufen.

Der Westen und Süden

Im westlichen und südlichen Westfalen, wo es weniger kleine Herren gab, verliefen die Zeiten friedlicher. Dazu vollzog sich jetzt ein schon zu Ausgang des fünfzehnten Jahrhunderts angebahnter wichtiger Zusammenschluß. Der Jungherzog Johann von Kleve, der 1511 die Herrschaft in den Gebieten seines Schwiegervaters, in Jülich, Berg und dem westfälischen Ravensberg, angetreten hatte (Bd. I, S. 398 f.), übernahm 1521 nach dem Tode seines Vaters, des Herzogs Johann II. von Kleve-Mark, auch diese beiden Länder. Damit war ein territoriales Gebilde entstanden, das leidlich abgerundet bis zur Maas im Westen reichte, vom Rheine unterhalb Andernach bis vor Nimwegen durchflossen wurde und mittels der etwas abseitigen Grafschaft Ravensberg bis an die Weser langte. An Größe, mehr noch an wirtschaftlicher Bedeutung war es allen Nachbarn bis auf die burgundischen Niederlande überlegen und konnte sich den mächtigsten deutschen Fürstentümern zur Seite stellen. Ein Zeitgenosse behauptete gar, daß ihm zu einem Königreiche nichts als der Name fehle. Ohne gerade bedeutend zu sein — einen überragenden Herrscher hat Westfalen im sechzehnten Jahrhundert überhaupt nicht hervorgebracht, da Wolter von Plettenberg noch als Sohn des fünfzehnten zu betrachten ist —, war Johann III., bedächtig und klug, ein vom besten Willen beseelter Fürst. Getreu der Überlieferung seines Hauses schloß er sich eng an Karl V. an und hielt auch mit dem Erzbischof Hermann von Köln gute Nachbarschaft, damit den Frieden nach außen wahrend. Als tüchtiger Hausvater legte er das Schwergewicht seiner Tätigkeit auf eine musterhafte Verwaltung und erreichte es, daß seine Länder zu den blühendsten in Deutschland gehörten.

Zu einer Ruhestörung kam es im westlichen Westfalen nur einmal, als der Bischof Erich von Münster 1518 gegen den gewalttätigen Grafen Klaus IV. von Tecklenburg zu Lingen vorging, dem die Beraubung münsterscher Kaufleute wohl nicht ohne Grund zum Vorwurfe gemacht wurde; nicht lange, und Lingen war erobert. Die Absicht des Bischofs ging dahin, die Grafschaft Lingen, wie vordem große Teile des tecklenburgischen Gebietes, dem Stifte Münster zuzuschlagen und auf diese Weise die mangelhafte Verbindung zwischen dem Ober- und Niederstift zu verbessern. Doch der vertriebene Graf fand Unterstützung bei dem Herzog von Kleve, der damit die alte Politik seiner märkischen Ahnen wieder aufnahm; daraufhin mußte Bischof Erich dem Tecklenburger seinen Besitz zurückgeben (1520). Der aber suchte seine Stellung nunmehr dadurch zu sichern, daß er Lingen zum Lehen des Herzogs Karl von Geldern machte, des geschworenen Feindes der Habsburger in den Niederlanden, — eben dadurch beschwor er das spätere Geschick des Landes herauf.

Im Jahre 1522 starb Bischof Erich von Münster. Den vereinten Bemühungen des Herzogs Johann von Kleve und des Erzbischofs von Köln gelang es, dem Bruder des zweiten, Friedrich von Wied, die Nachfolge zu verschaffen. Allerdings erwies sich Friedrich als ein wenig tätiger Regent, wie er denn seiner Vorliebe, sich an der Drehbank zu beschäftigen, den Namen Spillendreier (Spindeldreher) verdankte. Bischof Franz I. von Minden schied 1529 aus dem Leben; sein Bruder, Herzog Heinrich von Wolfenbüttel, sann dem Domkapitel die Wahl seines eigenen etwa dreijährigen Sohnes Philipp Magnus zum Bischof an, um das Stift nicht aus der Hand zu lassen. Aber zum schweren Verdruß des Welfen erwies sich auch hier der klevische Einfluß als siegreich, die Wahl des Domkapitels fiel auf Franz von Waldeck, dessen Vater, Graf Philipp II., langjähriger Statthalter der Grafschaft Ravensberg gewesen war. Freilich fiel es dem neuen Bischof Franz II. schwer, sich gegen Herzog Heinrich durchzusetzen, der das Land großenteils in der Gewalt und auch die Stadt Minden auf seiner Seite hatte. Zwei Jahre darauf wurde Bischof Friedrich von Wied zu Münster angesichts der inzwischen ausgebrochenen religiösen Wirren amtsmüde; durch einen einigermaßen schmählichen Handel einigte er sich mit seinem Nachbarn, Bischof Erich von Osnabrück und Paderborn, diesem sein Amt gegen eine hohe Abfindung und ein Jahrgeld abzutreten. Wirklich wurde Erich darauf am 26. März 1532 auch zum Bischof von Münster erwählt. Aber seine Freude war von kurzer Dauer, am 14. Mai rührte ihn der Schlagfluß, als er beim Gelage einen Humpen mit Wein geleert hatte; die Unmäßigkeit war in Deutschland wohl niemals schlimmer als in diesem Jahrhundert. Damit waren auf einen Schlag drei westfälische Bistümer verwaist, und das in einem Augenblick, als die neue Zeit auch Westfalen in ihren Wirbel zog und der Aufruhr vor der Türe stand. Das veranlaßte die Domkapitel, die Neubesetzung zu beschleunigen. In Paderborn erneuerte man die alte Verbindung mit Köln, indem der Kurfürst Hermann von Wied zum Administrator gewählt wurde, in Münster und Osnabrück einigte man sich auf den jungen Mindener Bischof Franz von Waldeck. Durch ihn sollten in den beiden folgenden Jahrzehnten die Geschicke des ganzen nördlichen Westfalens wesentlich mitbestimmt werden. Sie drehten sich vor allem um die religiösen und die damit verbundenen sozialen Fragen; ihnen müssen wir uns nunmehr zuwenden.

2. Kapitel

Das Eindringen der Reformation

Der Zustand der Kirche

Die schon im fünfzehnten Jahrhundert arge Verweltlichung der Kirche war seitdem unaufhaltsam fortgeschritten. Hatten vordem einzelne fromme Bischöfe, wie Johann von Baiern in Münster, sich ernsthaft bemüht, durch Klosterreform und eigenes Vorbild die kirchlichen Zustände zu bessern, so läßt sich das keinem westfälischen Kirchenfürsten des frühen sechzehnten Jahrhunderts nachrühmen. Dem Bischof Franz von Braunschweig in Minden waren kirchliche Dinge vollkommen gleichgültig; in der Hildesheimschen Stiftsfehde zündete er mit eigener Hand eine Kirche an, ein anderes Mal holte er die von ihm zum Trunke geladenen Mindener Ratsherren höchstselbst auf dem Schinderkarren ab. Sein wüstes Leben bereitete ihm einen frühen Tod. — Vernichtende Kritik an der Geistlichkeit und ihrer Seelsorge übte der lange Zeit konservativ gesinnte Rat von Koesfeld, einer Mittelstadt, in einem Berichte, den er 1533 dem Bischof Franz von Waldeck erstattete. „Unsere Pastoren sind durch ihre Gier und Schwelgerei bei dem gemeinen Manne verachtet. Jedmänniglich ist bekannt, wie sie gegen alles Recht die heiligen Sakramente verkaufen, obwohl sie von unseren Vorvätern mit Renten, Gütern und Notdurft reichlich versorgt sind. Sie machen niemanden durch die Taufe zum Christen, man vergüte es ihnen denn mit Pfennigen. Das ist auch der Grund, weshalb sie arme Brautleute ein oder zwei Jahre in Unpflichten leben lassen, bevor sie deren Ehestand einsegnen. Selbst das Sakrament des Altares unterwerfen sie ihrer verfluchten Gier; mit Verachtung weisen sie geringe Opfer der Armen für Seelenmessen zurück. Ihr eigentliches Amt, dem Volke das Evangelium zu lehren, vergessen sie, können auch gar nicht predigen und stellen auch niemanden an, der das verstünde. Die Frauenklöster treiben bürgerliche Gewerbe, aber Steuern und städtische Dienste verweigern sie." Die im Jahre 1533 in der Grafschaft Ravensberg abgehaltene Kirchenvisitation ergab, daß die Pfarrer ganz allgemein in wilder Ehe lebten; anderwärts wird es nicht besser gewesen sein.

Kein Zweifel, der prunkvolle Riesenbau der mittelalterlichen Kirche war in seinen Fundamenten morsch geworden, ihre Herrschaft über die Geister war tief erschüttert. Dem in ganz Deutschland verbreiteten Hasse gegen die Habgier Roms gab das von dem Mindener Bado verfaßte Fastnachtsspiel Klaus Bur (1523) ingrimmigen Ausdruck mit den Worten:

> „Sunde unde Schande, de Gelt konnen geven,
> sint by eme (dem Papste) vor Dogede (Tugend) geschreven.
> Gades Wort hebben se lange Tit
> under geworpen umme ere Profit."

Die Überzeugung, daß es in der bisherigen Weise nicht weitergehen könne, war allgemein; der an der alten Kirche entschieden festhaltende Bruder Göbel im Kloster Böddeken schrieb 1526 in seine Chronik: „Ick hoppe nicht, dat dat Schippeken Sancti Petri allerdinge onder solle gain, aver dar sint leider gans vil unde grote Gebrekke in der hilligen Kerken, dat wol noit were eyner goden Reformatie."

Seit 300 Jahren war eine Reformation in der Kirche fällig (Josef Lortz), ohne daß deren Führung sich hierzu aufgerafft hätte. Als nun eine religiöse Volksbewegung von elementarer Gewalt von unten heraufstieg, fand sie nur schwachen Widerstand. Wo ihre Führer, die lutherischen Prädikanten, auftraten, stellte sich ihnen selten ein wirksamer Vertreter der alten Kirche entgegen, obwohl auch unter jenen „Kurpfuscher des Seelenheils" mit unterliefen. Gegen ihre schriftlichen Thesen und Glaubensbekenntnisse versuchte die andere Seite nur ausnahmsweise eine Erwiderung, hilflos protestierend und die Gewalt anrufend, überließen die vornehmen Kapitel, die am meisten verweltlicht und die stärksten Nutznießer des Althergebrachten waren, dem neuen Geiste das Feld. Mochten sich auch einzelne Klöster besser halten, die niedere, insbesondere die Pfarrgeistlichkeit, „die Lastträger der klerikalen Adelsgesellschaft" (G. Ritter), sah mehr oder weniger müßig den Dingen zu oder schloß sich der Bewegung an; die Bettelmönche, bis dahin die Hauptträger des religiösen Lebens, gingen zum großen Teile mit fliegenden Fahnen in das andere Lager über.

Unter den Laien fand die neue Lehre zunächst in den Städten und hier beim Mittelstand, den Handwerkern und Ackerbürgern, den meisten Anklang, wie sich ihr auch in Süddeutschland zuerst die Städte eröffneten. Die Ratsgeschlechter freilich, deren Kindern manche Stiftsstellen offenstanden, dachten schon infolge des politischen Gegensatzes zu den Gilden auch auf kirchlichem Gebiete lange Zeit konservativ. Langsamer als die Stadt erschloß sich das flache Land der Erneuerung des Glaubens. Kamen reformatorische Schriften an den des Lesens unkundigen Bauern nur mittelbar heran, so hielten den Adel die überkommenen engen Beziehungen zur hohen Geistlichkeit zurück.

Das erste Eindringen des neuen Glaubens

Das von Martin Luther kühn entrollte Fähnlein des Evangeliums drang auch in Westfalen von Zinne zu Zinne, von Land zu Land siegreich vor. Bahnte der allgemeine Unwille über die kirchlichen Mißstände seiner Predigt zuerst den Weg, die Herzen gewann ihm die Lehre von der Rechtfertigung durch den Glauben an Stelle einer Werkgerechtigkeit, wie die entartete Kirche sie pflegte. Als Meister des Wortes und Neuschöpfer unserer Sprache wandte Luther sich durch seine überall zündenden Flugschriften an jedermann, hoch und niedrig, er verfocht ebenso eindrucksvoll seine Glaubenssätze, wie er den Gegner mit zornigem Hohne übergoß. Fast noch wirksamer waren seine und seiner Mitstreiter kernige Lieder im Volkston, die alt und jung in der Kirche wie auf den Gassen und Heerstraßen zu singen nicht müde wurden. Bezeichnend ist die Geschichte, die über die Einführung der Reformation in Lemgo berichtet wird. Der altgläubige Bürgermeister Konrad Flörken sandte den Ratsdiener in die Kirchen, um ihm die Bürger zu melden, die lutherische Lieder sängen. „Herr, sie singen alle," lautete der Bericht, worauf der Bürgermeister mit dem Seufzer „Ei, alles verloren!" abdankte.

Leider sind wir nicht darüber unterrichtet, welchen Widerhall Luthers Anfänge, der Anschlag der Thesen 1517 und sein Auftreten auf dem Reichstag zu Worms 1521, in Westfalen erweckten. Immerhin läßt der Dortmunder Chronist Dietrich Westhoff, der zwischen 1540 und 1550 im katholischen Sinne schrieb, mit dem Ablaßhandel um 1515 die lutherischen Strömungen im Lande beginnen. Doch ist kein Zweifel, daß der in Wittenberg entzündete Feuerbrand erst verhältnismäßig spät seine Funken nach Westfalen geworfen hat, die Bedächtigkeit des Volksstammes ließ den auch hier reichlich vorhandenen Zündstoff langsamer als anderwärts zur hellen Flamme auflohen. Hier waren Luthers Ordensbrüder, die Augustiner, die ersten Verbreiter seiner Lehre, sie besaßen Häuser in Osnabrück, Herford und Lippstadt. In diesen drei Städten sind denn auch zuerst lutherische Gedanken von der Kanzel verkündet worden. Im Osnabrücker Kloster, das sich von jeher durch geistige Regsamkeit auszeichnete, vertrat sie der greise Prior Gerhard Hecker, der mit Luther im Briefwechsel stand. Hecker gewann seinen Ordensbruder Johann Dreier in Herford; hier erwies sich auch das Haus der Brüder vom gemeinsamen Leben den neuen Gedanken als zugänglich, vor allem der humanistisch gebildete Fraterherr Jakob Montanus, der gleichfalls mit den Wittenbergern in schriftliche Verbindung trat. In das Lippstädter Augustinerkloster kehrte von seinen Studien in Wittenberg Johann Westermann zurück, seine 1524 gedruckten Fastenpredigten sind das erste evangelische Buch Westfalens.

Bürgerliche Unruhen 1525

Die Erschütterung, die die bis dahin das ganze Leben beherrschende Kirche in ihren Grundfesten traf, ergriff auch das politische und soziale Gebiet. Die Jahre 1522/23 sahen die Erhebung der Ritterschaft unter Franz von Sickingen, 1525 den großen Bauernkrieg, aber beide Bewegungen haben in Westfalen keinen Widerhall gefunden, zumal sie bald erstickten. Wohl aber erfaßte eine dritte Woge die Städte. Wie Luther durch das von ihm verkündete Priestertum aller Gläubigen der kirchlichen Hierarchie den Umsturz ansagte, so erhob in den Bürgerschaften eine volkstümliche Richtung das Haupt. Erneut suchten die Handwerker, deren Bildungsstand sich so gehoben hatte, daß sie großenteils lesen und schreiben konnten, den Geschlechtern das Stadtregiment zu entwinden. Andererseits zogen sich die vornehmen Geschlechter, die ehedem im Wirtschaftsleben geführt hatten, mit dem Niedergang des hansischen Handelsverkehrs hieraus zurück, legten ihr Vermögen in ländlichem Grundbesitz an und lebten von ihren Renten, entfremdeten sich also innerlich der Stadt. Den Rückgang der Wirtschaft bekam auch der kleine Mann zu spüren und das ließ ihn aufbegehren gegen den Wettbewerb, den ihm Geistliche und deren Gesinde auf diesem Gebiete machten, dazu gegen ihre Freiheit von Steuern und Diensten der Stadt gegenüber, die doch auch sie beschirmte.

Augenscheinlich stand es im Zusammenhang mit dem Bauernkrieg in Süd- und Mitteldeutschland, wenn gleichzeitig eine Woge des Aufruhrs durch die Städte Westfalens und des übrigen Norddeutschlands ging. Noch richtete sie sich weniger gegen den Kirchenglauben — in Osnabrück verlangten die Gilden, daß „das klare Evangelium nach Ausweis der päpstlichen und kaiserlichen Mandate" gepredigt würde —, vornehmlich erregten die überlebten wirtschaftlichen und steuerlichen Vorrechte der Geistlichkeit sowie ihr Lebenswandel Anstoß. In den Maitagen 1525 kam es in Münster zu Unruhen. Hier bestand ein alter Gegensatz zwischen der Bürgerschaft und dem Domkapitel, dem dieses alljährlich durch die Siegesfeier von Varlar (Bd. I, S. 386) lauten Ausdruck gab; dazu predigte der aus dem Bergischen stammende Adolf Clarenbach, der später in Köln als Blutzeuge den Scheiterhaufen besteigen sollte, bereits die neue Lehre, ebenso einige Kapläne, so Lubbert Kansen an St. Martini. Wie es bald allgemein üblich wurde, faßte man das Volksbegehren in einer Reihe von Artikeln zusammen, die sich auch gegen den jungen Reichtum des sittlich unanfechtbaren Fraterhauses und des mit ihm verbundenen Frauenklosters Niesing richteten. Der widerstrebende Rat konnte sich der Annahme der Forderungen nicht entziehen, das Domkapitel suchte auszuweichen. Um seine Stellung im Lande zu stärken, sammelte Münster die kleineren Stiftsstädte um sich. Aber der Sieg der Fürsten über die Bauernheere führte auch in Norddeutschland von selbst den Umschwung herbei. Dem Bischof Friedrich von Wied gelang es unschwer, die Ruhe in Münster wieder herzustellen; wenn der Stadt auch eine Demütigung erspart blieb, so war doch von den Artikeln nicht mehr die Rede und die Prädikanten wurden einstweilen zum Schweigen gebracht. In Osnabrück waren Johann von Oberg und Johann Ertman, des verdienten Bürgermeisters ungeratener Sohn, die Rädelsführer eines Aufstandes. Die Geistlichen wurden beschimpft, ihre Häuser ausgeraubt, die Frauenklöster Gertrudenberg und Marienstätte bedroht. Doch der Bischof Erich brachte nach einigen Wochen die Stadt ohne Mühe zur Ordnung zurück; sie hatte eine Buße zu zahlen, die Schuldigen kamen glimpflich davon. In Minden, wo der Pastor der Marienkirche, Albert Nies, in vorsichtiger Weise die neue Lehre verkündigte, war es schon 1521 zu Unruhen gekommen. Im Jahre 1525 bestimmte ein Landesvertrag zwischen dem Bischof und den Landständen, daß „die neue Sache, die man martinisch nennt", nicht zugelassen werden solle. Im folgenden Jahre brach in Minden abermals ein Aufruhr aus, von dem wir nur so viel wissen, daß er sich gegen die Geistlichkeit richtete. Ein Erfolg war der Bewegung auch hier nicht beschieden, die Stadt mußte sich unterwerfen und eine Buße zahlen. Nur die vierte westfälische Bischofsstadt Paderborn blieb damals noch still, wenngleich auch hier lutherische Schriften eindrangen. In dem benachbarten Warburg aber fand der bedrohte katholische Glaube einen Verteidiger in dem Pfarrer Otto Beckmann. Er war in Wittenberg als Humanist zunächst Luther beigetreten, hatte sich dann jedoch von ihm abgewandt und wirkte seit 1523 in seiner Vaterstadt Warburg.

Nicht zufällig ereigneten sich diese Unruhen in den Städten, wo die Geistlichkeit an Zahl und Bedeutung die erste Stelle einnahm.

Die Stellungnahme der Landesherren

Auf dem Wormser Reichstage 1521 hatten Kaiser und Reich sich der Reformation versagt und es war damit ein Reif in die Blütenträume manches Vaterlandsfreundes gefallen. Fortan war es Sache der Landesherren, die religiöse Frage für ihre Gebiete in der einen oder anderen Weise zu entscheiden; so kam ihnen, nicht der Einheit und Stärke des Reiches, die staatsbildende Kraft der kirchlichen Umwälzung zugute. Anfänge eines Landeskirchentums hatten sich schon im Spätmittelalter entwickelt, vor allem in Kleve-Mark (Bd. I, S. 483 f.), jetzt wurden die Landesherren die eigentlichen Träger der Reformation. Aber nun machte es sich auch geltend, daß der größte Teil Westfalens geistlichen Landesherren unterstand, die in ihrer Stellung vom Papste und den Domkapiteln stark abhängig waren. So kam es, daß die Bischöfe Friedrich von Wied in Münster und sein Bruder Hermann, der Kurfürst von Köln, ebenso Bischof Erich von Braunschweig in Paderborn und Osnabrück und Franz von Braunschweig in Minden, dieser unter dem Einfluß seines Bruders Heinrich von Wolfenbüttel, auf der Seite des Alten ausharrten. Auch der mächtigste der weltlichen Herren, Herzog Johann von Kleve, teilte zunächst diesen Standpunkt, wie er denn 1525 in einem Erlasse erklärte, „dat des Martinus Luthers und synes Anhangs Schryften und Lere ydel valsch und Ketzerye sy"; wenn er freilich weiterhin meinte, daß sie in seinen Landen noch nicht verbreitet seien, traf das weder für das halb märkische Lippstadt noch für das bedeutendere klevische Wesel zu. Auch der Graf Simon V. zu Lippe hielt am katholischen Glauben fest. Doch in der östlichen Nachbarschaft Westfalens wandten sich Herzog Ernst der Bekenner von Braunschweig-Lüneburg und Landgraf Philipp der Großmütige von Hessen frühzeitig der Reformation zu. Entsprechend dem Einflusse, den Welfen und Hessen seit längerer Zeit nach Westfalen ausstrahlten, wirkte sich auch ihre kirchliche Stellung alsbald hierhin aus. Bis dahin hatte Westfalen politisch und kulturell sein Gesicht dem Rheine, vor allem Köln zugewandt; die Reformation war es, die die Richtung nach Osten zuerst stärker zur Geltung brachte.

Der erste westfälische Landesherr, der auf Grund lüneburgischer Beziehungen mit seinem Lande zum evangelischen Glauben übertrat, war der Graf Jobst von Hoya im Jahre 1525; zur Durchführung ließ er sich den Augustiner Adrian Buxschot aus Wittenberg kommen.

Sein Nachbar, der Graf Friedrich von Diepholz, tat 1528 den gleichen Schritt, indem er den Franziskaner Patroklus Römling, von Soest gebürtig, aus Osnabrück berief. Auf hessische Einwirkung ging es zurück, wenn 1526 der Graf Philipp IV. von Waldeck-Wildungen, 1529 auch sein Vetter Philipp III. von Waldeck-Eisenberg mit seiner tatkräftigen Gattin Anna von Kleve sich zum Luthertum bekannten. Hoya, Diepholz und Waldeck waren Randgebiete; im Herzen des Landes wandte sich als erster der Graf Konrad von Tecklenburg 1527 dem neuen Glauben zu, auch er beraten von dem Landgrafen, dessen Base er geheiratet hatte. „Der wilde Kord" war der letzte aus dem streitbaren und rauhen dritten Tecklenburger Grafenhause. Wenn er mit seinem seelischen Erbgut auch keine eigentlich religiöse Natur war und der politische Gegensatz zu den benachbarten Krummstabslanden Münster und Osnabrück, die sein Geschlecht von der alten Höhe gestürzt hatten, bei seinem Schritte gewiß mitsprach, so tat er ihn doch aus innerer Überzeugung; nachmals in schwerer Bedrängnis bestand er die Charakterprobe, indem er einen Glaubenswechsel verschmähte. Graf Konrad legte die Durchführung der Reformation in die Hand des Bielefelders Johann Pollius (Polhenne), eines feinsinnigen Humanisten. In den Pfarrkirchen ergaben sich keine besonderen Schwierigkeiten, die Klöster blieben einstweilen unangefochten, das vielbesuchte wundertätige Margaretenbild in der Kirche zu Lengerich wurde beseitigt. — Einige Jahre darauf trat der Graf Otto von Rietberg gleichfalls im Gefolge Hessens mit seinem Ländchen zum Luthertum über.

Allmählich wandelte sich auch das Verhältnis des Herzogs Johann III. von Kleve zur Reformation. Nachdem seine Tochter Sibylle im Jahr 1527 den Kurprinzen und demnächstigen Kurfürsten Johann Friedrich von Sachsen, Luthers Beschützer, geheiratet hatte, hielt man am Hofe zu Düsseldorf die lutherische Lehre nicht mehr für eitel Ketzerei. Eine herzogliche Verordnung von 1530 wandte sich zwar gegen das Eindringen von Prädikanten, die den gemeinen Mann zu Neuerung und Aufruhr anreizten, gab jedoch Mißbräuche und Gebrechen der Kirche offen zu und stellte eine „Reformation" für die herzoglichen Lande in Aussicht. Der Herzog und sein Hof standen unter dem Einfluß des „Königs der Humanisten", Erasmus von Rotterdam, der in dem Kirchenstreite eine vermittelnde Auffassung vertrat und eine innerkirchliche Reform für unerläßlich hielt, um eine Glaubensspaltung zu verhüten. Die angekündigte Klevische

Kirchenordnung erging unter dem 11. Januar 1532. Sie verbot alles Schelten auf die alte wie auf die neue Lehre, stellte sich in Sachen des Glaubens wesentlich auf den Standpunkt Luthers, überging die Stellung des Papstes mit vielsagendem Stillschweigen und verlangte nur, daß das hergebrachte Kirchenwesen, dessen Bräuche und Zeremonien, aufrechterhalten blieben. Doch Luther urteilte über die klevische Kirchenordnung „bös teutsch, bös evangelisch"; ebensowenig fand sie in den Augen der Gegenpartei Gnade. Im weiteren Verfolg erließ die klevische Regierung Erläuterungen zu ihrer Ordnung und veranstaltete im ganzen Lande eine Kirchenvisitation. Die Unruhen der münsterschen Wiedertäufer machten diesem Reformationsversuche vorläufig ein Ende.

Die größeren Städte

Im ganzen waren es doch nur kleinere Teile des Landes, wo die Reformation von oben her auf landesherrlichen Befehl eingeführt wurde; ganz überwiegend wandten sich ihr, einer echten Volksbewegung, die Gemeinden aus sich heraus zu und hier waren die größeren Städte führend. Das Scheitern der demokratischen Bewegung 1525 hatte der Verbreitung reformatorischer Gedanken keinen merklichen Schaden getan. Die erste Stadt, in der das Luthertum zum Siege kam, war Lippstadt. Als hier die Predigten des Augustiners Johann Westermann immer größeren Zulauf fanden, entsandte der Erzbischof Hermann von Köln den Dominikaner und Ketzerrichter Johann Romberg, „eine der Säulen der Kirche am Rhein" dorthin, ohne daß er dauernd etwas hätte ausrichten können (1526). Auf Westermanns Rat wurde 1530 Gerd Oemeken aus Kamen nach Lippstadt berufen, um hier das Kirchenwesen, wie er es in Wittenberg kennengelernt hatte, neu zu ordnen. Im folgenden Jahre beseitigte ein Aufruhr die sehr einseitige Geschlechterherrschaft im Rate und ersetzte sie durch eine nicht minder ausgesprochene demokratische; daß jene wohl nur lau sich für die kirchlichen Neuerungen eingesetzt hatte, mochte ihren Sturz beschleunigen. Aber dieser „boshafte und unverantwortliche Aufstand" veranlaßte die beiden Landesherren von Kleve und Lippe, gemeinsam gegen die Stadt vorzugehen; eine langwährende Verkehrssperre zwang diese schließlich zum Nachgeben (1535). Sie hatte ihren Widerstand mit dem Verluste der politischen Selbständigkeit zu büßen, dagegen gelang es ihr auf Fürsprache Philipps von Hessen und des Grafen Otto von Rietberg, das lutherische Bekenntnis zu retten, wenngleich die bisherigen Geistlichen durch andere ersetzt werden mußten.

Lippstadt

Etwa gleichzeitig mit Lippstadt triumphierte der neue Glaube in Herford. Zwar wurde der ihm zugetane Vorsteher des Fraterhauses, Heinrich Telgte, vom Bischof Erich von Paderborn vor den Richterstuhl geladen und konnte sich nur durch Widerruf und eine hohe Geldstrafe aus dem Gefängnis lösen, doch wieder daheim kehrte er unbefangen zum Luthertum zurück. Im Einvernehmen mit dem Stiftskapitel auf der Neustadt gelangte 1530 die Johanniskirche in evangelische Hand; auch der Rat stand in Herford der kirchlichen Bewegung von vornherein freundlich gegenüber, was sich z. T. aus seinem Gegensatz zu der lange katholisch verbleibenden Äbtissin des Reichsstifts, Anna von Limburg, erklärt, die von einer Reichsstadt Herford nichts wissen wollte. Sie verschloß der neuen Lehre die Münsterkirche, so daß die Prädikanten zunächst von einem Leuchterpfeiler auf dem Kirchhofe predigten, bis sich ihnen auch das Münster auftat. Der lutherische Charakter der Stadt wurde 1532 durch die Annahme einer von Johann Dreier verfaßten Kirchenordnung besiegelt. Schon 1528 war ein neunköpfiger Ausschuß zusammengetreten, um die Klostergüter im evangelischen Sinne zu verwalten; er machte auch vor dem Fraterhause nicht halt, dessen Insassen sich sämtlich zur neuen Lehre bekannten, jedoch ihre Gemeinschaft nicht aufgeben wollten. Auf Anrufen hat sich Luther nachdrücklich und mit Erfolg für das Weiterbestehen des Herforder Fraterhauses eingesetzt: „Wollte Gott, daß die Klöster alle so ernstlich Gottes Wort wollen lehren und halten", so schrieb er, ein sprechender Beweis für die Scheu des großen Empörers, ohne dringende Not in kirchlichen Dingen etwas zu ändern. — Von Herford aus verbreitete sich die neue Lehre auch auf das Land in die Grafschaft Ravensberg hinein, so schon vor 1533 nach dem Kirchdorfe Valdorf. *Herford*

Auch nach Lemgo wurde Luthers Lehre von Herford hinübergetragen. Den widerstrebenden Pastor der Nikolaikirche, Moritz Piderit, vertrieb die Bürgerschaft von der Kanzel und ersetzte ihn durch einen Prädikanten aus Herford. Auch die beiden katholischen Bürgermeister Christian Kleinsorgen und Konrad Flörken sahen sich zum Weichen veranlaßt, es wurde ein Bürgerausschuß von 24 Männern eingesetzt. Piderit nahm demnächst sein Amt wieder auf, nachdem er selbst in Herford lutherisch geworden war. Den Grafen Simon V. — der bisherige Edelherr hatte 1528 aus eigener Machtvollkommenheit den Grafentitel angenommen — hielt Philipp von Hessen von einem gewaltsamen Einschreiten gegen Lemgo ab; im *Lemgo*

Jahre 1533 war die ganze Stadt dem neuen Glauben gewonnen, der auch weiterhin im Lipperland, z. B. in Blomberg, Anklang fand.

Konnte sich die Reformation in den drei Mittelstädten Lippstadt, Herford und Lemgo ohne größere Schwierigkeiten durchsetzen, so erhoben sich solche z. T. in den vier Bischofsstädten.

Osnabrück In Osnabrück lehrte Adolf Clarenbach, bis ihn das Domkapitel vertrieb. Nach dem Tode des Bischofs Erich 1532 tauchte ein aus Geldern verjagter Prädikant Dietrich Buthmann auf, der die lutherische Lehre mit Geschick vertrat, sich jedoch in seinem Lebenswandel erhebliche Blößen gab. Eine Zeitlang hatte er die Kanzel der Ratskirche St. Marien inne, ebenso wie andere Prädikanten die von Katharinen und St. Johann. Aber als im folgenden Jahre die Wiedertäufer in Osnabrück einzudringen drohten, mußte Buthmann mit den übrigen von auswärts gekommenen Genossen die Stadt räumen.

Paderborn In Paderborn kam es 1528 gelegentlich eines Volksfestes auf dem Domplatz zu einem Zusammenstoß zwischen den jungen Bürgern und der Dienerschaft der Domherren, wobei die ersten in den Dom eindrangen und den katholischen Gottesdienst verspotteten; mehrere Tage tobte der Aufruhr. Die Stadt hatte das dem stets geldbedürftigen Bischof Erich mit 2000 fl. zu büßen; gegen die „lutherischen Handlungen" erging ein Verbot. Noch scheint es weniger um solche als um Feindschaft gegen die Geistlichkeit gegangen zu sein. Aber in der Folge waren verschiedene Prädikanten in Paderborn tätig, das Evangelium gewann Boden. Das zeigte sich beim Tode des Bischofs Erich 1532, als die Bürgerschaft in der Markt- und der Gokirche lutherische Pfarrer einsetzte. Im Juli wurde der Rat zu einem Bunde mit der Gemeinde genötigt, einträchtig bei dem Worte Gottes zu bleiben und es mit Leib und Leben zu verteidigen. Am 8. Oktober erschien der neue Administrator, Kurfürst Hermann von Wied, zur Huldigung in der Stadt, begleitet von mehr als tausend Berittenen; nach einigen Tagen lud er die gesamte Bürgerschaft in den Baumgarten des Klosters Abdinghof, um einen „gnädigen Abschied" zu nehmen. Plötzlich schlossen sich die Pforten hinter den Versammelten, sie wurden umringt, die Rädelsführer und Prädikanten verhaftet. Am 15. Oktober führte man 17 Bürger zur Hinrichtung auf den Markt. Da erhob sich aus dem dichtgescharten Volke ein solches Jammern und Flehen, daß der aus dem Fenster des Rathauses zuschauende Kurfürst, zur Milde umgestimmt, den Verurteilten das Leben schenkte. Aber Paderborn mußte dem neuen Glauben feierlich entsagen; nicht einmal Dienstboten aus Orten, die ihm anhingen, sollten in die Stadt aufgenommen werden.

Anders verliefen die Dinge im korveyschen Höxter. Hier fanden die evangelisch Gesinnten bei dem Schutzherrn der Stadt, dem Landgrafen, Unterstützung, im Jahre 1533 wurden in den Pfarrkirchen lutherische Prädikanten eingesetzt, die Abneigung gegen die katholischen Bräuche machte sich durch einen Bildersturm in der Peterskirche Luft. *Höxter*

Günstiger als in Paderborn und Osnabrück ließen sich für die Kirchenerneuerung die Dinge in den beiden andern Bischofsstädten an. In M i n d e n bemächtigte sich 1529 die Bürgerschaft mit Gewalt der Simeonskirche, doch der von ihr eingesetzte Prädikant wurde vom Rate ins Gefängnis geworfen. Das löste eine Volksbewegung gegen das aristokratische Stadtregiment aus. Es bildete sich ein Ausschuß von 36 Männern, zu dem auch Angehörige der Geschlechter zählten, er befreite den Prädikanten und drängte den Rat beiseite, dadurch begünstigt, daß eben damals der Bischofsstuhl durch den Tod des schlimmen Franz I. erledigt war. Um die kirchlichen Verhältnisse im lutherischen Sinne zu ordnen, beriefen die Sechsunddreißig aus Stolzenau den Hofprediger des Grafen Erich von Hoya, Nikolaus Krage, einen wortgewandten, stürmischen Mann, der alsbald die Leitung der Dinge an sich riß. Durch Gefängnis wurden die Stifter St. Mauritz, Martini und Johannis gezwungen, die ihnen gehörigen Pfarrkirchen der neuen Predigt zu öffnen; nachdem ihre Häuser ausgeraubt waren, verließen die Stiftsinsassen die Stadt, auch das Domkapitel schloß sich ihnen an. Klagend wandte sich die vertriebene Geistlichkeit an den Kaiser und das Kammergericht, das der Stadt vergeblich ihre Wiederherstellung anbefahl, auch die Drohung mit der Reichsacht machte keinen Eindruck. Derweil erließ Krage eine Kirchenordnung, im verlassenen Dominikanerkloster wurde eine evangelische höhere Schule eröffnet. Um seine Macht zu steigern, führte Krage 1531 einen Umsturz des Stadtregiments herbei, das jetzt vollends in die Hände der Handwerker, des sogenannten Knüppelrats, gelangte; die Ratsherren wurden, wie man spottete, „aus dem Schuhboden und dem Backofen" genommen. *Minden*

Wie in Minden, vollzog sich auch in Münster der Umbruch in weit radikaleren Formen als anderswo. Zunächst betrachten wir jedoch die Entwicklung der Dinge in den beiden führenden südwestfälischen Städten. In D o r t m u n d hemmten kein Bischof und Ka- *Dortmund* pitel den Lauf des Neuen, im Gegenteil, hier war die Geistlichkeit im Verhältnis recht schwach vertreten. In der Stadt gab es vier Pfarrkirchen und drei Klöster, ebenso viele wie in Lippstadt, das nur etwa ein Drittel der Einwohnerschaft Dortmunds zählte. Vielleicht lag es gerade hieran, daß der Gegensatz zur Geistlichkeit in der Reichsstadt minder schroff als anderswo hervortrat. Ganz fehlte er freilich nicht; nach längeren Reibungen war es 1525 zu einem Vergleich zwischen dem Rate und der Geistlichkeit gekommen, wonach sich diese in wirtschaftlichen Dingen, bezüglich der Besteuerung und Gerichtsbarkeit, den städtischen Wünschen fügen mußte. Zwei Jahre später erhob sich die gemeine Bürgerschaft gegen den Rat und forderte ungestüm „neue Prädikanten"; von den 24 Gildevertretern wollten nur vier beim alten Glauben verbleiben. Diesen hochzuhalten, gelang gleichwohl noch einmal dem konservativen Rate. Doch 1532, bei einer neuen Bewegung, mußte er die lutherische Predigt freigeben, wenngleich er sich nach wie vor gegen alle Neuerungen nachdrücklich zur Wehr setzte, so daß der kirchliche Zustand unentschieden blieb.

Soest

Anders lagen die Voraussetzungen in Soest. Die Kirche hatte hier in dem angesehenen Stiftskapitel St. Patrokli einen Rückhalt, in der Bürgerschaft dagegen war es unvergessen, daß die Stadt in der Soester Fehde die kölnische Übermacht fünf Jahre lang auf Tod und Leben hatte bestehen müssen, daß die stille Feindschaft des Kurfürsten sie noch immer bedrohte. So gestaltete sich in Soest, damals nächst Münster der bedeutendsten Stadt Westfalens, der Kampf der Geister zu einem bewegten Schauspiele. Widerspruch gegen den Kirchenglauben wurde zuerst 1525 laut. Demnächst bildete sich ein Bund der Eidgesellen, der Neuerungen auf kirchlichem wie auf politischem Gebiete zuneigte. Namhafte Leute fanden sich in ihm zusammen, so der Patrizier Johann von Kubach, der Maler Heinrich Aldegrever, der wohlhabende Wollenweber Johann Schachtrop; die Eidgesellen gewannen Einfluß auf die Schützengesellschaften, die die wehrhafte Bürgerschaft umfaßten. Im Juli 1531 kam es zu einem Auflauf, weil der Stadtsekretär Jasper von der Borch beschuldigt wurde, das ehrwürdige Stadtgesetzbuch, die Schrae, über Seite gebracht zu haben; er mußte flüchten, und eine Reihe von Artikeln verwirklichte die bürgerlichen Forderungen gegen die Geistlichkeit. Schon im Vorjahr hatte der aus Osnabrück gekommene heißblütige Dominikaner Thomas Borchwede in der Hauptkirche St. Petri lutherisch zu predigen begonnen; um ihm zu begegnen, ließ der Rat aus Köln den Dr. Johann Romberg kommen, der hier jedoch so wenig auszurichten vermochte, wie vordem in Lippstadt. Statt dessen mehrten sich die Prädikanten, unter ihnen fand der Niederländer Johann Wulf von Kampen, ein ehemaliger Minorit, alsbald großen Anklang. Als er am Thomastage, dem 21. Dezember 1531, sich zur Predigt in die Petrikirche begeben wollte, schritt der dem Alten anhängende Rat zu seiner Verhaftung. Das war das Zeichen zum offenen Aufruhr, die Sturmglocke erscholl, Tausende von Menschen scharten sich vor dem Rathause zusammen, Kampen wurde befreit und statt seiner kamen die beiden Bürgermeister Albert Greve und Johann Gropper in Haft. Der Pöbel tobte sich in den Behausungen der Geistlichen aus. In den nächsten Tagen bildete sich der übliche Ausschuß, hier von 24 Männern; schließlich erhielten die Bürgermeister Freiheit und Amt zurück, nachdem sie beschworen hatten, bei dem Worte Gottes lebendig oder tot bleiben zu wollen, — worunter man sich Verschiedenes denken konnte.

Damit schien die Reformation im ersten Anlaufe das Spiel in Soest gewonnen zu haben. Alle sechs Pfarrkirchen fielen ihr zu, demnächst auch die des ländlichen Stadtgebiets, der Börde. Um geregelte Zustände zu schaffen, bedurfte man einer Kirchenordnung und berief zu diesem Zwecke Gerd Oemeken aus Lippstadt; der Maler Aldegrever war es, der ihn von dort herüberholte. Nicht ohne Schwierigkeiten wurde die von Oemeken verfaßte „Ordinanz" im März 1532 von Rat und Bürgerschaft angenommen. An die Spitze des Soester Kirchenwesens trat als Superintendent, von Luther empfohlen, Johann de Brune aus Gent. In dem betreffenden Schreiben warnte der Reformator den Rat vor Johann von Kampen als einem „Teufelsapostel" und die eingeholten Auskünfte bestätigten dessen schlimmes Vorleben, so daß er die Stadt räumen mußte. Daß bei der Kirchenerneuerung auch ungeeignete und unlautere Elemente ans Licht traten, war eine unvermeidliche Begleiterscheinung der Umbruchszeit.

Die katholische Richtung in der Stadt war zurückgedrängt, aber keineswegs beseitigt. Der Chor des Patroklimünsters blieb den Stiftsherren vorbehalten, während im Schiff der Superintendent Brune predigte. Als er am Sonntag Laetare (23. März) 1533 die Kanzel bestieg, war sie mit Galgen und Rad bemalt und zeigte anderen Schimpf, was Brune für ein Werk der Papisten erklärte. Erneut erdröhnte die Sturmglocke vom Münsterturm, tagelang währte der Aufruhr. Das Ergebnis war, daß katholischer Gottesdienst in der Stadt nicht mehr geduldet, die Stifter und Klöster aufgehoben werden sollten. Äußerlich betrachtet war das ein neuer Sieg des Luthertums. Aber er war erkauft mit einer neuen schweren Erschütterung des obrigkeitlichen Ansehens. Auch besonnene Evangelische sahen ein, daß auf diesem Wege sehr bald das Demagogentum triumphieren und Stadt wie Kirche dem Abgrund zuführen würde, wie sich das eben damals in Münster vorbereitete.

Anlaß zum Einschreiten ergab sich alsbald. Ein alter städtischer Brauch, bei der Verpachtung der Ratswaage freien Trunk zu gewähren, war seit einigen Jahren abgeschafft worden. Nun hatten sich fünf Bürger, darunter Johann Schachtrop, verabredet, es mit dem Trinken nach der alten Weise zu halten; bei dem Gelage erklärte das ihrer einer dem Stadtkämmerer Johann von Kubach mit dem Zusatze, wenn sie bezahlen müßten, wollten sie ein Spiel anrichten, daß man über 50 Jahre noch davon sagen solle. Kubach, einer der Eidgesellen, war damit zufrieden. Die vom Trunke Erhitzten veranstalteten dann noch eine der üblichen Wirtshausschlägereien. Aber nun beschloß der Rat mit den Vertretern der Gemeinde, dieses Vergehen zu strafen, um ein warnendes Beispiel aufzurichten; alle Mitglieder der Ämter und der Gemeinheit wurden eidlich verpflichtet, mit den Waffen, lebendig oder tot, dem Rate hierbei zur Seite zu stehen. Johann Schachtrop war selbst mit dabei und half diese Beschlüsse fassen. Jetzt wurde den fünf Schuldigen der Prozeß gemacht wegen Verschwörung und Aufruhr, das Urteil lautete auf Tod durch das Schwert. Am zweiten Tage des Mai 1533 sollte die Hinrichtung öffentlich auf dem Marktplatz vollzogen werden, an die 2000 Bürger waren im Harnisch ringsum versammelt. Freilich empfanden die Verurteilten den Spruch in seiner Härte als ungerecht, denn ihre Tat war in Übermut, schwerlich aus tieferer Absicht begangen, ohne jede Ahndung waren in den letzten anderthalb Jahren weit schlimmere Dinge geschehen. Auch die Mehrzahl der Bürger mochte das Bluturteil als einen Schlag des im Herzen immer noch großenteils katholischen Rates gegen die Sache des Evangeliums betrachten, zu deren alten Vorkämpfern Schachtrop gehörte. Der gab seinen Empfindungen vom Schaffot offen Ausdruck. Kniend sangen die armen Sünder das lutherische Sterbelied „Mit Fried und Freud fahr ich dahin", in das die Versammelten ergriffen einstimmten, und Schachtrop rief sein

Bekenntnis über den Markt: „Wy wilt bi dem Evangelio leven und sterven!" Dann bietet er als Erster dem Scharfrichter den Nacken dar. Doch der Streich geht fehl, statt des Halses trifft er die Schulter. Da entreißt der totwunde Mann dem Henker das Richtschwert und schwingt es um sich; im nächsten Augenblick sinkt er zusammen. Die beiden Büttel suchen ihm die Waffe zu entwinden und mit dem Messer den Garaus zu machen. Aber länger läßt sich der Unwille der Zuschauer nicht zurückhalten; sie dringen herzu und machen dem grausigen Schauspiel ein Ende; die Henker entweichen und alle Verurteilten erhalten das Leben geschenkt. Schachtrop freilich erlag am nächsten Morgen seiner Wunde; als Märtyrer Gottes lebte er im Gedächtnis fort.

Schachtrops Tod besiegelte den Sieg der evangelischen Sache in Soest. Die Führer der katholischen Partei, 16 an der Zahl, darunter die beiden Bürgermeister, verließen in den nächsten Wochen die unruhige Stadt und bemühten sich, den Landesherrn, den Herzog von Kleve, gegen diese einzunehmen. Der hatte schon vordem wiederholt durch Abgesandte und auch durch die märkischen Landstände die Soester zurückzuhalten und zur Annahme seiner erasmisch gefärbten Kirchenordnung zu bewegen gesucht, ohne etwas zu erreichen. Zwar vergrößerte sich nun die Spannung zwischen dem Herzog und der Stadt, aber mit Gewalt durchzugreifen, hielt er nicht für rätlich. Schließlich gelang es seinem Schwiegersohn, dem Kurfürsten Johann Friedrich von Sachsen, den die münsterischen Wiedertäuferunruhen damals nach Westfalen und Soest führten, die Wogen zu glätten. Die meisten Ausgewiesenen kehrten allmählich zurück. Auch insofern war Schachtrops Tod nicht umsonst, als die Zeit der Aufläufe und Gewalttätigkeiten damit für Soest zu Ende ging.

Münster

Sosehr die Willkür zeitweise in Soest geherrscht hatte — daß die Stadt von sich aus den Weg zur Ordnung zurückfand, kennzeichnet ihre im Grunde gesetzliche, westfälisch-konservative Haltung. Die Gesinnung der münsterschen Bürgerschaft war ungehemmter; schon die auf die Massen gegründete Gewaltherrschaft des Grafen Johann von Hoya im vorhergehenden Jahrhundert hatte das an den Tag gebracht. Daß in der münsterschen Stadtverfassung die erhaltenden Kräfte dem Demagogentum nicht gewachsen waren, trug erheblich dazu bei, wenn schließlich die Glaubenserneuerung und die Stadt selbst in einen Hexensabbat und einen Zusammenbruch sonder Maß und Beispiel hinabglitten.

Der Mann, der dieses Schicksal wesentlich herbeiführen, der im ersten Teile des münsterschen Trauerspiels die maßgebende Rolle spielen sollte, hieß Bernhard Rothmann. Er war ein Landeskind, eines eigenbehörigen Schmiedes Sohn aus Stadtlohn, doch im Besitze der humanistischen Bildung, mit glänzenden Gaben, vor allem von einer ungewöhnlichen geistigen Aufgeschlossenheit. Als verhängnisvoll aber erwies sich seine innere Haltlosigkeit, seine Neigung zur Schwärmerei, um so gefährlicher, als er dank seiner zündenden Redegabe die Massen mitriß, wohin er wollte; man fühlt sich an den Bauernführer Thomas Münzer erinnert. In der Stiftskirche St. Mauritz vor Münster verkündete Rothmann 1530 als Kaplan mit feuriger Zunge Luthers Lehre. Aus der Stadt strömten die Bürger in hellen Haufen zu seiner Predigt herbei, bald faßte die Kirche nicht mehr die Menge und Rothmann mußte von einer Kanzel im Freien sprechen. Daß der schwächliche Bischof Friedrich von Wied ihm ein übers andere Mal ein Redeverbot auferlegte, kümmerte ihn nicht; als der Bischof ihm schließlich das Geleit aufkündigte, nahm der damit des Landes Verwiesene das zum willkommenen Anlaß, um Anfang Januar 1532 in die nahe Stadt überzusiedeln, die ihn mit offenen Armen aufnahm.

Hier veröffentlichte Rothmann zunächst sein wesentlich der lutherischen Auffassung entsprechendes Glaubensbekenntnis, das in der Stadt um so mehr Anklang fand, als die Gegenpartei die Antwort schuldig blieb. Nunmehr eröffnete sich am 23. Februar 1532 für seine Predigt die Ratskirche St. Lamberti. Vergeblich forderte demnächst der neue Bischof Erich den Rat auf, den Prädikanten auszuweisen und die Neuerungen abzutun. Rothmann hatte inzwischen Gilden und Gemeinheit veranlaßt, bei dem Rate auf Herstellung der kirchlichen Einheit in der Stadt zu dringen, zugunsten des neuverkündigten Glaubens, schon ging es ihm also um mehr als um dessen Zulassung. Gleichzeitig war er mit dem wohlhabenden Wandschneider (Tuchhändler) Bernhard Knipperdolling in Verbindung getreten. Der war ein Mann von stattlichem Äußeren und gutem Herkommen, in den besten Jahren, von brennendem Ehrgeiz, redegewandt und verschlagen, der geborene Volksführer und Verführer. Mit dem Bischofe wie mit dem Rate war er seit langem zerfallen, dafür hatte die offene Verhöhnung der Geistlichkeit ihm die Gunst des Volkes verschafft. Zur Strafe hatte er ein Jahr lang als des Bischofs Gefangener in Vechta gelegen; als die Fürbitte des Rates seine Freilassung erwirkte, hatte Bischof Friedrich dessen Abgesandten das prophetische Wort zugerufen, sie würden ja sehen, welchen Segen ihres Schützlings Rückkunft der Stadt und dem Stifte bringen werde. Durch Knipperdolling geriet auch Rothmann in das Fahrwasser der Demokratie. Beide Männer brachten es zuwege, daß am 1. Juli 1532 auf dem Versammlungshaus der Gilden, dem Schohaus, von wo schon z. Z. der hoyaschen Wirren alle Volksbewegungen ausgegangen waren, in stürmischer Begeisterung ein förmlicher Bund geschlossen wurde, um das Evangelium und seinen Verkündiger Rothmann bis zum letzten Atemzuge zu verteidigen. Gleichzeitig trat ein Ausschuß von 36 Männern zusammen, der die Wünsche der Gemeinde dem Rate gegenüber zu vertreten hatte. Dieser, noch überwiegend katholisch, mußte wohl oder übel sich dem Volksbegehren fügen. Damit war der Übergang Münsters zur neuen Lehre entschieden, nach und nach wurden alle Pfarrkirchen an Prädikanten überwiesen. Die beiden Bürgermeister und andere aus dem Rate und den Geschlechtern verließen die Stadt. Man sieht, wie viel schneller und ungehemmter als in Soest hier die Ereignisse abliefen.

Nach Bischof Erichs plötzlichem Tode hatte sein Nachfolger Franz von Waldeck, durch ein scharfes Schreiben Kaiser Karls V. veranlaßt, vergeblich die Stadt von ihrem Vorgehen abgemahnt. Im Oktober verhängte er eine Verkehrssperre, die sie empfindlich traf, aber gleichzeitig den Radikalismus innerhalb der Mauern weiter aufpeitschte. Verhandlungen auf mehreren Landtagen führten nicht zum Ziele. Um der Gewalt mit Gewalt zu begegnen, nahm die Stadt 300 Landsknechte in Dienst. Zu Weihnachten 1532 weilte der Bischof mit den Häuptern der Geistlichkeit und des Adels in dem nur zwei Stunden entfernten Städtchen Telgte. Das benutzten die Bürger zu einem verwegenen Handstreich. In der Nacht zum 26. Dezember rückte eine Schar von etwa tausend Bürgern und Landsknechten mit Geschütz vor den nur schlecht verwahrten Ort, den sie im Morgengrauen überrumpelten. Den Bischof hatte sein gutes Glück tags zuvor nach Iburg verreiten lassen, einzelne Domherren entkamen barfuß im Hemd über die gefrorene Ems, aber die übrigen, dazu Herren vom Landadel, Erbmänner und bischöfliche Räte wurden ergriffen und im Triumph nach Münster geführt. Hier war der Jubel groß. Es gelang dem Rate, die Erbitterung des Volkes zu beschwichtigen; die Gefangenen wurden als Geiseln betrachtet und in leichter Haft gehalten. Der Landgraf Philipp von Hessen stand mit Bischof Franz im Bunde und war andererseits als Vorkämpfer des Luthertums von der Stadt schon früher um Hilfe angegangen: so war er der gegebene Vermittler. Eben damals, im Januar 1533, fand in seinem Beisein eine Tagung von Fürsten des Schmalkaldischen Bundes in Höxter statt, deren Fürsprache Münster durch das Anerbieten gewann, dem Bunde beizutreten. Am 14. Februar 1533 gelang es den hessischen Unterhändlern, zwischen dem Bischof und der Stadt den Frieden zustande zu bringen, der dieser das evangelische Glaubensbekenntnis und sechs Pfarrkirchen zusicherte, während den Katholiken der Dom sowie die Stifter und Klöster verblieben; die Gefangenen erhielten die Freiheit zurück. Damit war Münster in aller Form eine evangelische Stadt geworden. „Hätten diese Dinge Bestand gehabt," sagt Ranke, „in Stadt und Land würde der Protestantismus noch heute herrschen, Münster würde über ganz Westfalen entschieden haben."

3. Kapitel

Das Reich der Wiedertäufer in Münster 1534/35

Rothmanns Unbeständigkeit

Wenn die Reformation und die Geschicke Münsters einen ganz anderen tragischen Verlauf genommen haben, so trägt in erster Linie Bernhard Rothmann hierfür die Verantwortung, der jetzt das Haupt der münsterschen Kirche, der anerkannte Führer der Stadt war. Vielleicht waren ihm seine Erfolge unter der Gunst ungewöhnlicher Umstände zu leicht zugefallen, jedenfalls war es ihm nicht genug, das Erreichte auszubauen und in schlichter treuer Arbeit zu befestigen; unbeständig, wie er war, trieben ihn Ehrgeiz und Geltungsbedürfnis, sich immerfort neue Ziele zu setzen. „Doch hat sich der liebe Rothmann immer wie das Kätzlein schmücken und schön machen wollen," so stellt ein Zeitgenosse, Anton Corvin, ihn anschaulich dar. Rothmann war hochgekommen als Verkünder von Luthers Lehre, die damals fast ausschließlich in Westfalen das Feld beherrschte, nun aber schwenkte er zu zwinglischen Auffassungen ab, namentlich in der Lehre vom Altarsakrament, indem er die leibliche Gegenwart Christi leugnete; seit Ende 1532 verwandte er bei der Austeilung des Abendmahls gewöhnliches Weißbrot, Stuten, was ihm in der Bürgerschaft den Namen Stutenberndt eintrug. Luther warnte den Rat vor den zwinglischen Sakramentierern, Melanchthon, der Rothmann persönlich kannte, ließ es an brieflichen Vorstellungen ihm gegenüber nicht fehlen, aber das war nicht allein verlorene Liebesmüh, der Haltlose blieb dabei nicht stehen. —

Die Herkunft der Wiedertäufer

Bekanntlich erwuchsen aus der Reformation nicht allein zwei neue Kirchen, die lutherische und die reformierte, auch das Sektenwesen zog Nahrung aus ihr. Der gemeine Mann fühlte mancherorts seinen religiösen Hunger in der Anstalt der Kirche nicht gesättigt; voll schwärmerischer Erregung fanden sich Kreise Erweckter zusammen, deren Leitstern neben dem möglichst buchstabengetreu ausgelegten Bibelwort auch die „innere Offenbarung" war, womit sie die Kirchensatzung verneinten. Nach dem Vorbilde der apostolischen Gemeinde wollten sie sich als ein unschuldiges heiliges Volk versammeln, möglichst unter freiwilliger Gemeinschaft der Güter; dem Staate kehrten sie den Rücken, indem sie Kriegsdienst und Eid verweigerten. Zuerst war Luther 1522 den von Zwickau ausgehenden Schwarmgeistern entgegengetreten, demnächst mußte Zwingli in der Schweiz hart mit ihnen kämpfen. Hier führten die Erweckten 1525 die Taufe der Erwachsenen, die Wiedertaufe ein, hinfort nach außen ihr stärkstes Unterscheidungsmerkmal; indem sie damit der gesamten Christenheit die Christlichkeit absprachen, zerschnitten sie das letzte gemeinsame Band (C. A. Cornelius). Winkelprediger verbreiteten die Bewegung weithin in Oberdeutschland, aber nun ging, durch den Reichstag zu Speyer 1529 verordnet, eine blutige Verfolgung über die Taufgesinnten hin; den Widerruf verschmähend, starben sie ohne Zagen. Ihr Wesen fand damit in diesen Gegenden ein Ende, dafür waren inzwischen neue Brüdergemeinden in den Niederlanden und Ostfriesland entstanden, wo Melchior Hofmann, seines Zeichens ein Kürschner aus Schwaben, als ruheloser Wanderapostel wirkte, das Volk zur Buße rief und die nahe Wiederkunft des Herrn, den Tag des Gerichtes über die Welt und der Strafe an den Gottlosen verkündigte. Eine verwandte, die Spättaufe freilich einstweilen nur theoretisch vertretende Richtung fand in Wassenberg an der Ruhr im Herzogtum Jülich Unterschlupf, bis in Gemäßheit der Klevischen Kirchenordnung von 1532 auch hier den Sektierern die Glocke schlug.

Ihre Anfänge in Münster

Der neue Zufluchtsort der „Wassenberger Prädikanten" war Münster; der bedeutendste von ihnen, Heinrich Roll, traf im Sommer 1532 als erster hier ein. Sie besaßen weder ein bestimmtes Glaubensbekenntnis noch eine kirchliche Organisation, andererseits stand damals das Evangelium in Münster noch mit dem alten Glauben im Kampfe, so waren sie als Bundesgenossen willkommen, Roll wurde Pfarrer an St. Ägidien. Im Laufe der Zeit fanden sich noch vier weitere Wassenberger ein, unter ihnen Johann Klopriß, einst der Gefährte Adolf Clarenbachs.

Es ging vermutlich auf die Einwirkung Heinrich Rolls zurück, wenn Rothmann sich im Herbste 1532 die Zwinglische Abendmahlslehre zu eigen machte, während er das Täufertum damals noch entschieden ablehnte. Als sodann der Vertrag mit dem Bischof vom Februar 1533 das evangelische Bekenntnis nach außen hin gesichert hatte, war die Zeit für innere Auseinandersetzungen gekommen. Die in den nächsten Tagen von Rothmann veröffentlichten Grundzüge einer Kirchenordnung atmen oberdeutschen, nicht wittenbergischen Geist; auf ihrer Grundlage erhielten auch die später gekommenen Wassenberger städtische Pfarrstellen. Im April verwüstete zum ersten Male ein Bildersturm den reichen Schmuck der münsterschen Kirchen, ein Zeichen dafür, daß auch in der Bürgerschaft andere als lutherische Anschauungen Geltung gewannen. Die von Rothmann entworfene Kirchenordnung, die damals dem Landgrafen zur Begutachtung zuging, wurde von den hessischen Theologen beanstandet, nicht nur in der Abendmahlslehre, sondern auch bezüglich der Kindertaufe: unter dem Einflusse von Roll war Rothmann inzwischen dem Täufertum nahegetreten.

Sie gewinnen Boden

Gegen diese Abwendung von dem lutherischen Bekenntnis setzten sich dessen überzeugte Anhänger zur Wehr. Ihr Führer war Johann von der Wieck, der, einem einheimischen Erbmannsgeschlecht entstammend, als Syndikus der Stadt Bremen das Vertrauen des Schmalkaldischen Bundes, besonders des Herzogs Ernst von Lüneburg besaß, bereits seit dem Vorjahr auch für seine Vaterstadt bei dem Bunde tätig war und im März als deren Syndikus nach Münster übersiedelte. Willenskräftig, welterfahren und ehrlicher Überzeugung voll, sah Wieck sich zur Leitung der Dinge um so mehr berufen, als der Rat des Jahres 1533 stärker noch als der vorhergehende jeder Fähigkeit zu führen ermangelte. Von den vorjährigen Ratsherren waren nur vier wiedergekehrt, darunter als einziger Erbmann der Bürgermeister Hermann Tilbeck, ein schwankendes Rohr; ganz überwiegend waren es biedere Handwerksmeister, die bis dahin im Schohause das Wort geführt hatten. Anders als sie sah Wieck die völlige Vereinsamung voraus, in die Münster geraten mußte, wenn es sich von der Augsburgischen Konfession abwandte und damit die Unterstützung der Schmalkalder verlor; vergeblich hatte er sich bemüht, den Bischof Franz von Waldeck vom Domkapitel ab und zur Stadt hinüberzuziehen, dieser konnte den Überfall von Telgte nicht so bald vergessen. Auch als der Bischof am 4. Mai 1533 seinen feierlichen Eintritt in die Stadt hielt, um ihre Huldigung entgegenzunehmen, und einige Tage hindurch rauschende Festlichkeiten Münsters Mauern erfüllten, war das nur ein mißtrauisch gewahrter Waffenstillstand; die Straßen waren mit Ketten gegen die bischöflichen Reiter gesperrt, überall hielten bewaffnete Bürger Wache.

Wieck gelang es, eine lutherische Partei zu sammeln, namentlich der Ratsherr Johann Langermann und der Pastor von St. Martini, Brictius tom Norde, Rothmanns Schwager, traten auf seine Seite. Auch die Mehrzahl des Rates folgte ihm, als an Rothmann zunächst Bitten, dann Befehle ergingen, die Predigt gegen die Kindertaufe einzustellen. Dieser versprach zunächst Gehorsam, dann aber behauptete er, nicht die Obrigkeit, sondern die Gemeinde der Gläubigen habe in Glaubenssachen zu entscheiden, und kümmerte sich nicht um das Verbot. Sein Amtsbruder Staprade erklärte von der Kanzel in St. Lamberti die Kindertaufe für ein Greuel vor Gott und donnerte gegen Papisten wie Lutherische, „daß fast alle Mäuse in der Stadt davor erzitterten". Zusehends gewann die täuferische Bewegung, kleinbürgerlich wie sie war, Boden im Volke, vor allem bei den Gilden der Handwerker, unter denen Rothmann von jeher seine treuesten Anhänger hatte. Die „tapferen Prädikanten" zogen Hörer von nah und fern heran, auch der Holländer Johann von Leiden kam ihretwegen schon damals auf einige Zeit nach Münster. Um dem Täufertum mit den Waffen des Geistes zu begegnen, veranlaßte Wieck am 7. und 8. August eines der damals beliebten öffentlichen Glaubensgespräche, eine Disputation, wozu er den gefeierten münsterschen Humanisten Hermann Buschius (Büschen) als Wortführer der Lutherischen heranzog. Aber Buschius war alt und müde und wenn auch Brictius sowie von katholischer Seite der Senior des Fraterhauses, Johann Holtmann, für die Kindertaufe eintraten: als Meister des Wortes verfocht Rothmann seinen Standpunkt so überlegen, daß er einwandfrei der Sieger blieb. Als der Rat demnächst ihm und seinen Gesinnungsgenossen die Vornahme der Kindertaufe geradezu anbefahl, bei Verlust ihrer Ämter, kündigten sie ihm den Gehorsam auf. Nunmehr verschloß ihnen der Rat die Kirchen und entsetzte Rothmann seines Amtes als Pfarrer von Lamberti. Aber ein drohender Aufruhr mahnte zum Einlenken. Rothmann erhielt die Kanzel der kleinen Servatikirche und versprach, über die streitigen Glaubensartikel zu schweigen. Als er sie sehr bald doch wieder hervorholte und der Rat nunmehr dazu überging, ihn und die gleichgesinnten Prädikanten aus der Stadt zu verweisen, kam es zum offenen Aufstand. Die Taufgesinnten besetzten mit Waffen und Geschütz den Lambertikirchhof, die evangelische Partei verbollwerkte sich im Rathause, bis es der Geschicklichkeit Wiecks gelang, den drohenden Bürgerkrieg durch einen Vergleich zu verhüten (6. November). Danach hatten die täuferischen Prediger die Stadt zu verlassen, mit Ausnahme Rothmanns, gegen den aber Amtsentsetzung und Predigtverbot aufrechterhalten blieben.

Damit war zwar das Ansehen des Rates einigermaßen wiederhergestellt, aber solange Rothmann in der Stadt weilte, drohte Gefahr. Sie wuchs noch dadurch, daß, von seinem Namen angelockt, ständig täuferische Scharen, vor allem Holländer und Friesen, in die Stadt strömten. Viele darunter waren ihrer ehrlichen Überzeugung halber Vertriebene, doch auch an Gesindel fehlte es keineswegs. „Die Boeswichter uth allen Luiden, die nirgents bliven konden, die tuegen nach Munster und versambleten sich dair," berichtet der einheimische Chronist Gresbeck. Andererseits traf in den nächsten Tagen, vom hessischen Landgrafen gesandt, der lutherische Pastor Dietrich Fabricius ein, um eine evangelische Kirchenordnung vorzulegen. Sie wurde alsbald vom Rate angenommen, in allen Pfarrkirchen fand nun wieder lutherischer Gottesdienst statt. Aber Rothmann griff die Kirchenordnung heftig an; als der Rat darauf erneut seine Ausweisung verfügte (11. Dezember), trotzte er ihm und nahm seine leidenschaftliche Predigt in der Servatikirche wieder auf. Auch seine ausgewiesenen Wassenberger Freunde kehrten unbehelligt zurück. Nicht lange und nur noch in der Lambertikirche konnte Fabricius lutherisch predigen. So herrschte in Münsters Mauern volle Anarchie, die das anbrechende Jahr 1534 auf den Höhepunkt führen sollte.

Johann Matthys

Kurz zuvor hatte sich im Täufertum eine tiefgehende Wandlung vollzogen. Der bisherige Führer und Prophet Melchior Hofmann war zu Straßburg ins Gefängnis geworfen und an seine Stelle im November 1533 der Bäcker Johann Matthys in Harlem getreten, „ein groet lang man und hadde einen groten schwarten bart" (Gresbeck), ein düsterer Fanatiker, der der Bewegung ganz neuen Inhalt und Ziel gab. Bis dahin war sie durchaus unpolitisch, von religiös-pietistischer Art gewesen; in der Erwartung, daß der Jüngste Tag nahe bevorstünde, hatten die Taufgesinnten alle furchtbaren Verfolgungen geduldig über sich ergehen lassen. Matthys aber lehrte nunmehr, daß das Tausendjährige Reich, das neue Jerusalem, durch das Schwert der Brüder und die Ausrottung der Gottlosen heraufgeführt werden solle, und zwar sei es ihm selbst und den Seinigen beschieden — so hatte Gott es ihm geoffenbart —, die gegenwärtige Welt umzuwandeln und zu erneuern. Die Auffassung, daß der Gewalt mit Gewalt zu begegnen sei, schlug bei den so lange Unterdrückten mächtig ein. Mit einem Schlage wurde das Täufertum eine revolutionäre politische Bewegung, der die Persönlichkeit des Matthys höchste Aktivität, zerstörende Sprengkraft verlieh. Neben den politischen Zielen verfolgten die Wiedertäufer nun auch weitgehende soziale, behielten jedoch für all ihre Lebensäußerungen das religiöse Gewand bei. Göttliche Offenbarungen machten alle Schritte, die zu tun waren, kund. Mit der Erwachsenentaufe als Wahrzeichen der Sekte wurde nun voller Ernst gemacht. Die Anhänger, zu denen auch viele Frauen zählten, erfaßte ein wahrer Taumel, sie befanden sich ständig im Zustande der Verzückung, des Rausches.

Johann Matthys entsandte nach biblischem Vorbilde seine Jünger je zwei und zwei in die Nähe und Ferne, um die Gläubigen zu taufen und ihnen zu verkünden, daß die Zeit der Verheißung gekommen sei. Auf Münster richtete er seine Blicke ganz besonders, hier tauchten seine Apostel am 5. Januar 1534 auf und fanden für ihren Samen des Unheils ein wohlbereitetes Saatbeet. Rothmann und die Wassenberger empfingen von ihnen die Wiedertaufe und dazu den Auftrag, sie anderen zu spenden; am 13. Januar zählte man schon 1400 Getaufte. An diesem Tage erschien als weiterer Abgesandter des Propheten der vom Verhängnis bestimmte Mann, Johann von Leiden, um die Leitung der Gemeinde zu übernehmen.

Sieg der Täufer

Fortan entwickelten sich die Dinge mit revolutionärer Schnelligkeit. Johann von Leiden nahm bei Knipperdolling in dessen schönem Bogenhause am Markte Quartier. Die verwandten Seelen fanden sich schnell. Mit entblößten Häuptern und bleichen Gesichtern, die rollenden Augen gen Himmel gerichtet, durchliefen beide die Straßen und riefen kläglich: „Betert u, betert u!“, „Tut Buße, der Tag des Herrn ist nahe!“ Auch andere, namentlich Weiber, erfaßte die Verzückung und steigerte sich zur Raserei, sie sahen den Himmel offen mit der Herrlichkeit Gottes in den Wolken und riefen Wehe, Wehe über die Gottlosen. Ein sechzehnjähriges Mädchen hielt zahlreichem Volke eine verzückte Ansprache. Nachts wurden die Bürger durch Flintenschüsse aus der Ruhe geschreckt, das Zeichen zu den Versammlungen der Gläubigen, die Rothmann abhielt. So war der Boden für einen gewaltsamen Umsturz genügend vorbereitet. Am 9. Februar in der Frühe bemächtigten sich 500 bewaffnete Täufer des Rathauses und des Marktes davor, um die Macht an sich zu reißen. Auf die Kunde hiervon versammelten sich die ratstreuen Evangelischen und Katholiken auf dem Frauenkirchhof jenseits der Aa, gleichfalls in Waffen, und versicherten sich einiger Stadttore. Beiderseits fuhr man Geschütz auf. Die Ratspartei sandte einen Boten mit der Bitte um Hilfe an den Bischof, der hierzu bereit war, doch sein an den Bürgermeister Tilbeck gerichteter Brief wurde von diesem, der den Täufern im Herzen zuneigte, unterschlagen. Hätte der Bischof in diesem Augenblick eingegriffen, unendliches Unheil wäre verhütet worden. Immerhin verstärkte der bischöfliche Drost von Merveldt aus Wolbeck mit bewaffneten Bauernscharen die Ordnungspartei. Aber trotz ihrer Übermacht konnte diese sich nicht zum Zuschlagen entschließen. Sie ließ sich auf Verhandlungen ein und am 11. Februar beendete die Feindseligkeiten ein Vertrag, der den Täufern Glaubensfreiheit gewährte, wogegen diese der Obrigkeit Gehorsam versprachen.

In Wirklichkeit gaben die Evangelischen mit diesem faulen Frieden ihre Sache verloren, denn von vornherein war es klar, daß die Täufer dank ihrer starken Werbe- und Stoßkraft sehr bald die Überhand gewinnen mußten. Auf alle Weise stärkten sie ihre Reihen. Sie luden ihre bedrängten Gesinnungsgenossen in den Städten und Dörfern des Münsterlandes, des Osnabrückschen und der Mark ein, in das neue Jerusalem überzusiedeln; scharenweise, mit Weib und Kind, folgten diese dem Rufe. So kamen Bernhard Krechting, Pastor zu Gildehaus, und sein Bruder Heinrich, Gograf in Schöppingen, ferner der Pastor Regewart mit zahlreichen Anhängern aus Warendorf. Aber auf den ausgegangenen Ruf stellten sich auch vom Rheine und aus den Niederlanden zahlreiche Ankömmlinge ein; die überall Verfolgten waren dessen gewiß, daß in

Münster sich ihnen das verheißene Gottesreich auftat. Vor allem erschien der Prophet Johann Matthys in eigener Person. Nicht minder gewann die siegreiche Bewegung in der Stadt selbst neue Anhänger, der Bürgermeister Tilbeck ging nun öffentlich zu ihr über und ließ sich taufen, die vornehmen Insassinnen des Stiftes Überwasser und des Klosters St. Ägidien verließen zumeist ihre Zellen und taten desgleichen. Die Gegenseite aber sah ein, daß ihr Spiel verloren war. Was von ihr einen Namen hatte und wer sonst irgend konnte, Evangelische und Katholische, flüchteten aus der Stadt, an der Spitze der Bürgermeister Jüdefeld und der Syndikus von der Wieck, und machten den Zuzüglern Platz. Der Bischof sagte den Vertriebenen seinen Schutz zu, aber Wieck, dem er, sicherlich zu Unrecht, an der Unbotmäßigkeit der Stadt gegen ihren Oberherrn Schuld gab, wurde auf seinen Befehl verhaftet und ohne Urteilsspruch zu Fürstenau enthauptet, ein tragisches Ende. —

Nach dieser gründlichen Wandlung traten bei der Neuwahl am 23. Februar ausschließlich Wiedertäufer in den Rat ein, an der Spitze Knipperdolling und Gerhard Kibbenbrock als Bürgermeister. Damit hatte das Täufertum in aller Form die Herrschaft angetreten. Der erste Gebrauch, den es von ihr machte, war der, daß der Pöbel die Bischofskirche mit ihren reichen Kunstschätzen tagelang greulich verwüstete, die Altäre und Standbilder zerschlug, die Gemälde verbrannte und auch der bedeutenden Bücherei des großen Humanisten Rudolf von Langen das gleiche Schicksal bereitete. Den übrigen Kirchen und Klöstern erging es nicht besser. Die Kultur- und Geschichtslosigkeit der Täufer richtete sich auch gegen alle Urkunden und Archive, eine Woche lang lohten die Scheiterhaufen auf dem Domplatz.

Der Kriegsbeginn

Aber der Sieg im Innern hatte den Krieg nach außen zur unmittelbaren Folge. In den gleichen Tagen eröffnete der Bischof Franz von Waldeck erneut die Feindseligkeiten gegen seine Hauptstadt; schon Mitte Januar hatte er alle Wiedertäufer als außerhalb des Gesetzes stehend erklärt. In diesen Jahren äußerlich noch korrekt katholisch, hatte Franz vor Jahresfrist nur widerwillig die Herrschaft des evangelischen Bekenntnisses in Münster anerkannt; das alle staatliche und kirchliche Ordnung auflösende Täufertum konnte und wollte er nicht dulden. Schon begann dieses, auch im übrigen Hochstift Boden zu gewinnen. Zunächst hatte sich hier, von Münster ausgehend, in den kleineren Städten, vor allem den östlichen unter

Warendorfs Führung stehenden, aber auch auf dem flachen Lande das Luthertum ausgebreitet, dem die radikale Richtung auf dem Fuße folgte; am ersten Pfingsttag 1533 wütete in Warendorf, Beckum und Ahlen der Bildersturm. Doch der bischöflichen Regierung gelang es, an verschiedenen Stellen, so in Koesfeld und Dülmen, den alten Glauben wiederherzustellen.

Ein tragikomisches Zwischenspiel war die Reformation in Ahlen. Hier hatten auf den dringenden Wunsch der Bürgerschaft lutherische Prädikanten, namentlich der Lehrer an der Stadtschule Gerhard Cotius (Schliepstein), beide Pfarrkirchen übernommen, nachdem Rat und Gemeinde ihm zugeschworen hatten, niemals vom Evangelium ablassen, vielmehr Gut und Blut dafür einsetzen zu wollen. Doch die abgesetzten bisherigen Pfarrer, zwei Stiftsherren von Kappenberg, wandten sich hilfesuchend nicht ohne Erfolg an ihre adlige Vetternschaft, für die sie ein wirksames Lockmittel wußten. Zu ihrem maßlosen Schrecken mußten die Ahlener an einem schönen Sonntagmorgen entdecken, daß ihre gesamten stattlichen Rinderherden, ihr Reichtum und ihr Stolz, nachts von der Weide weggetrieben waren; sie bezifferten den Schaden auf 11 000 fl. Dieser Verlust brachte ihre Stimmung jählings zum Umschlag. Mit Mühe entging der unglückliche Cotius dem Schicksal, den Feinden der Stadt ausgeliefert zu werden, die Bürger bestürmten seine Wohnung und, als sie an ihren Eid erinnert wurden, setzten die Weiber, die nicht mitgeschworen hatten, die Belagerung fort, bis es dem Rate gelang, die Prädikanten heimlich aus der Stadt zu schaffen. Ohne seine Herden zurückerlangt zu haben, kehrte Ahlen reuig zum alten Glauben zurück und setzte sich dem Spottgelächter ganz Westfalens aus.

In Münster lag die Sache anders, hier konnte nur mit Waffengewalt die Ordnung wieder hergestellt werden. Im Februar 1534 wurde zu diesem Zwecke die reisige Lehnmannschaft der Stifter Münster und Osnabrück aufgeboten, auch mit der Werbung von Landsknechten begonnen. Die Bestallung zum obersten Hauptmann des Fußvolkes erhielt Wilken Steding, ein Edelmann aus dem Niederstift, der Oberbefehl wurde in die Hand von vier Kriegsräten gelegt, an der Spitze Johann von Büren zu Davensberg. Ein Übelstand war von vornherein der drückende Geldmangel des Bischofs; schon um die ersten Rüstungen zu bestreiten, mußte er auf die Kirchenschätze an Edelmetall zurückgreifen, was mancherorts Unwillen und in

Bocholt gar Unruhen erregte. So fand sich das Belagerungsheer nur langsam zusammen, zunächst ließ sich nicht mehr als eine neue Verkehrssperre gegen die Stadt durchführen.

Die Aufrichtung des Täuferreichs

Derweil richteten die Täufer ihr Reich zu Münster nach ihren Grundsätzen ein. Ihr Führer war jetzt Johann Matthys, der oberste Prophet; vor seiner dämonischen Besessenheit trat Rothmann in den Hintergrund, der, im eigenen Netze gefangen, zu dünnes Blut, zu wenig Rückgrat hatte, man möchte ihn einen Intellektuellen nennen. Der erste Schritt der Täufer war, ihre heilige Stadt von aller Unreinigkeit zu säubern, d. h. sie forderten mit rasendem Geschrei alle noch zurückgebliebenen Andersgläubigen auf, sich taufen zu lassen oder das neue Jerusalem alsbald zu verlassen. Viele, es sollen mehrere Tausend gewesen sein, darunter die ganze Schwesternschaft von Niesing, wählten den zweiten Weg; entblößt von aller Habe, wurden sie in den Schneesturm und das Elend hinausgetrieben. Demnächst hatte sich die ganze wehrfähige Bürgerschaft auf dem Domhofe in Reih und Glied einzufinden, hier erscholl der Ruf des Propheten, „Gott zürne, die Gnadentür sei verschlossen!" Die letzthin Neugetauften, etwa 300 Mann, hatten beiseite zu treten, die Waffen abzulegen und sich zur Erde zu werfen; sie erwarteten den Todesstreich. Doch nach einer Stunde bangen Harrens wurden sie in die nahe Lambertikirche geschleppt, wo sie eingeschlossen und, nach Täuferart mit dem Angesichte auf dem Boden liegend, den himmlischen Vater um Gnade anzurufen hatten. Nach drei Stunden verkündete Johann von Leiden vom Altar aus den gänzlich Verängstigten, daß Gott ihre Bitte gewährt habe. Durch solche Schrecken wurden die Zwangsgetauften im neuen Glauben gefestigt.

Auch mit der Gütergemeinschaft, die bis dahin eine freiwillige gewesen war, wurde nun Ernst gemacht. Zunächst ging es über die Habe der Vertriebenen her. Kirchspielsweise wurden Kleider, Betten und anderer Hausrat, Schmuck und Kostbarkeiten, Getreide und Waffen eingesammelt. Aber auch die anwesenden Gemeindeglieder, reich und arm, wurden zunächst durch die Prädikanten aufgefordert, dann bei hoher Strafe verpflichtet, all solches Hab und Gut binnen bestimmter Frist abzuliefern. Tag und Nacht mußten die Haustüren offenstehen. Diese Maßnahmen gingen von Matthys aus, dem Gott es so befohlen hatte; klüglich verstärkte er auf diese Weise dem Rate gegenüber seine Stellung, denn er war es, der die sieben Diakone bestellte, denen es oblag, das zusammenkommende Gemeingut zu verwalten und auszuteilen, wie das Bedürfnis es erforderte. Ferner wurde es den Handwerkern verboten, ihre Arbeit und Ware sich bezahlen zu lassen, wie denn der Gebrauch des Geldes innerhalb der Gemeinde abgeschafft war und alle Schuldbriefe ins Feuer wanderten. Leider wird uns wenig davon überliefert, wie dieser Kommunismus, den Knipperdolling in die Worte kleidete: „Ein Gott, ein Pott, ein Ei, ein Kuchen", sich im täglichen Leben bewährte. Wir hören nur, daß die Armen mit dem Zugeteilten nicht zu wirtschaften verstanden und daß die Arbeitskraft der Bürger sehr bald durch militärische Aufgaben ganz in Anspruch genommen wurde. Immerhin setzte sich der Kommunismus nicht ohne Widerspruch aus der eingesessenen Bürgerschaft durch. Der Schmied Hubert Rüscher, bis dahin ein eifriger Täufer, erklärte, die Münsterschen seien ja Narren, daß sie auf die hergelaufenen, betrügerischen Propheten hörten. Matthys ließ ihn ergreifen und verlangte auf dem Domplatz vor der gesamten Gemeinde seine Hinrichtung. Vergebens wandte Tilbeck ein, daß dazu ein vorhergehendes Rechtsverfahren gehöre; alsbald gab der erzürnte Prophet seinem Opfer eigenhändig den Tod. Die alte Rechtsordnung war dahin.

Nicht minder einschneidend waren die Neuerungen im Kirchenwesen. Aller herkömmliche Gottesdienst wurde abgeschafft, die Sonn- und Festtage nicht mehr begangen; die Andachten fanden, wie Zeit und Gelegenheit es ergaben, unter freiem Himmel oder in den Häusern statt. Das neue Gottesreich sollte allein in den Herzen der Gläubigen seinen Bestand haben. Damit wurden die Kirchen entbehrlich. Der prophetische Geist gab Knipperdolling ein, die Türme und Kirchen dem Erdboden gleichzumachen, um das Hohe zu erniedrigen, das Niedrige zu erhöhen. Gesagt, getan, bald waren die stolzen Helme von Münsters Türmen mit Hilfe angesetzter Winden umgestürzt. Doch die schwerer zu bewältigenden Mauerkörper widerstanden, zumal die droben entstandenen Plattformen treffliche Geschützstände abgaben, wie die Belagerer bald zu ihrem Schaden erfahren sollten. Die Kirchengebäude dienten fortan als Steinbruch, um die Befestigungen zu verstärken, einer Aufgabe, der sich die Täufer mit Eifer und Geschick hingaben. Der Dom hieß jetzt die große Steinkuhle, St. Lamberti die Lambertisteinkuhle. Aus der Kreuzschanze sind weit später viele wertvolle Steinbildwerke wieder ans Licht gestiegen (Bd. I, S. 502).

Dafür, daß sein Fanatismus echt war und er an die ihm zuteil werdenden Gesichte felsenfest glaubte, gab Johann Matthys bald darauf den entscheidenden Beweis. Am ersten Ostertage ging er, ein neuer Simson, mit wenigen Begleitern dem Feinde vor dem Ludgeritor furchtlos entgegen, um ihn, wie es ihm verheißen war, in die Flucht zu schlagen und die Stadt von der Belagerung zu befreien. Mit atemloser Spannung verfolgten die Zuschauer vom Walle aus den ungleichen Kampf — nur kurze Zeit und die kleine Schar war zusammengehauen, der Prophet erschlagen und zerstückelt. Es war ein kritischer Augenblick. Aber Johann von Leiden, der sich seither zurückgehalten hatte, wußte als geborener Schauspieler die Lage zu wenden und für sich auszunutzen. Er erklärte der Gemeinde das traurige Ende des Propheten damit, daß Gott ihm den verheißenen Sieg nicht habe schenken können, weil er der eigenen Kraft zu sehr vertraut hätte; ihm, Johann, sei das schon vor acht Tagen in einem Gesichte offenbart worden, das er damals sogleich seinem Hauswirte mitgeteilt habe. Der aufspringende Knipperdolling bestätigte treuherzig dem Volke, daß die Sache sich so verhalte. So blieb der Mut der Täufer ungebrochen, bald sahen sie in Johann von Leiden den größeren Propheten und dieser trat an die Stelle von Matthys; von Stund an bis zum Ende der Täuferherrlichkeit war er in Münster der Führer.

Johann von Leiden

Erst 25 Jahre alt, hatte Johann schon ein bewegtes Leben hinter sich. Er war der voreheliche Sohn einer aus dem Münsterlande nach Holland ausgewanderten Bauernmagd und eines wohlhabenden Schulten Jan Beukels in der Nähe von Leiden; eigentlich hieß er demnach Johann Bockelson. Nachdem er das Schneiderhandwerk erlernt hatte, durchstreifte er in Wanderjahren England und Flandern, später auch Portugal und sah Lübeck; zwischendurch heiratete er in Leiden in eine Hafenschenke ein, verlor aber, zum Kaufmann geworden, sein Vermögen so schnell, wie er es gewonnen hatte. Im Herbste 1533 war er zum Jünger von Matthys geworden, doch das Religiöse berührte ihn nur äußerlich; seine Dämonen waren Herrschsucht und unersättliche Lebensgier. Dazu hatte ihn die Natur mit einem gefälligen Äußeren, bestechendem Wesen, Willenskraft und hervorragenden Geistesgaben ausgestattet, nebenher freilich mit ungehemmter Sinnlichkeit und einer sittlichen Bedenkenlosigkeit, die ihn zum Verbrecher werden ließen. Im Hinblick auf seine Verzückungen hat man ihn für fallsüchtig (epileptisch) erklärt, aber wer kann sagen, inwieweit sie echt oder vorgespielt waren? „Ein aus

Vorzügen und Lastern gemischtes Wundertier" (monstrum) nennt ihn der Geschichtsschreiber Kerssenbrock. Das macht Johann von Leiden zu einer der außerordentlichen, aber auch abschreckenden, vom Blutgeruch umwitterten Gestalten der Geschichte.

Die erste selbständige Handlung Johanns war die, daß er der altüberkommenen, doch längst zum Schatten gewordenen Stadtobrigkeit, Rat und Gilden, den Garaus machte. Nachdem sein Bußruf wieder einmal nächtlicherweil die Straßen durchgellt und ihn dann ein Gesicht drei Tage lang der Sprache beraubt hatte, verkündete er dem aufhorchenden Volke, daß an die Stelle des von Menschen gesetzten Rates ein durch göttliche Eingebung ernannter zu treten habe. Niemand wagte zu widersprechen und Johann übertrug den von ihm geschickt ausgewählten Ältesten der zwölf Stämme Israels alle Gewalt in geistlichen wie in weltlichen Dingen — natürlich unter seiner Leitung — und gab ihnen ein blankes Schwert in die Hand als Zeichen des Rechtes über Leben und Tod. Die Zwölf, unter denen auch Tilbeck sich befand, waren lauter ihm ergebene Männer. Daneben wurde der bisherige Bürgermeister Knipperdolling zum Schwertführer, d. h. zum Scharfrichter ernannt; das war nächst dem Propheten das wichtigste Amt in dem neu aufgerichteten Gottesreich, das in Wirklichkeit auf eine kommunistische Schreckensherrschaft herauskam.

Der Anfang der Belagerung

Inzwischen hatte die Belagerung der Stadt ernsthaft begonnen, nachdem der Landgraf von Hessen, der Herzog von Kleve, der Kurfürst von Köln und die niederländische Regierung in Brüssel mit Geld, Truppen und Geschützen dem Bischof unter die Arme gegriffen hatten. In der Stadt war also eine straffe Befehlsgewalt vonnöten, um die recht verschiedenartigen Elemente, die sich eingefunden hatten, zusammenzufassen. Vor Ausbruch der Unruhen mochte Münster 12 000 Einwohner gezählt haben, während der Belagerung waren es verschiedenen Angaben zufolge nur noch 7—8000, davon etwa 1600 Wehrfähige — in Anbetracht der starken Zuwanderung machten die Alteingesessenen weniger als die Hälfte der Anwesenden aus. War die Schar der Verteidiger hiernach nur klein, so herrschte dafür eiserne Manneszucht, zudem war Münster von Hause aus stark befestigt und dank der Begeisterung für das neue Jerusalem sowie der eigenen Organisationsgabe konnte Johann von Leiden einen streng geregelten Wach- und Schanzdienst ins Leben rufen, wozu auch die Frauen ausgiebig herangezogen wurden. Auf diesem Gebiete herrschte nicht Schwärmerei, sondern nüchtern-kühle Überlegung;

auf Trunkenheit stand hohe Strafe. Der Feind, mit dem täglich Scharmützel stattfanden, begann am 22. Mai mit der Beschießung der Wälle und Mauern, der am 25. der allgemeine Sturm folgte. Aber ein Teil der Landsknechte hatte sich übermäßig Mut angetrunken und schlug vorzeitig los; hierdurch begünstigt, gelang es den entschlossenen Verteidigern, den Angriff mit empfindlichen Verlusten für den Feind abzuschlagen.

Welcher Geist die Belagerten beseelte, ergab bald darauf ein eigenartiger Vorfall. Eine schöne junge Friesin, Hille Feiken, wurde, aus der Stadt kommend, drüben von der Wache aufgegriffen und gestand auf der Folter, sie habe nach dem Vorbilde der alttestamentlichen Judith den für weibliche Reize keineswegs unempfänglichen Bischof ermorden wollen, ein Vorhaben, das sie dann freilich selbst mit dem Leben zu büßen hatte. Jedenfalls mußten der Bischof und seine Helfer, entgegen der anfänglichen Erwartung, sich auf eine längere Dauer der Belagerung einrichten. Hierbei waren verschiedene Schwierigkeiten zu überwinden. Die Moral der Landsknechte hatte durch die Niederlage gelitten, viele wurden fahnenflüchtig oder gingen zum Feinde über, es kam zur offenen Meuterei, die mit den Waffen unterdrückt werden mußte. An die Stadt suchte man sich jetzt durch Schanzen näher heranzuarbeiten, Tausende von Bauern wurden dazu aufgeboten, weshalb es im Niederstifte gar zu Unruhen kam, ohne daß den Mühen ein Erfolg beschieden gewesen wäre. So wurde nach erneuter Beschießung am 31. August abermals ein Sturm auf die Stadt unternommen; wieder scheiterte er an dem Heldenmut der Belagerten, die mit geringen eigenen Opfern dem Feinde schwere Verluste beibrachten. Wären sie nachgestoßen, sie hätten vielleicht sein ganzes Lager genommen und das Belagerungsheer zum Auseinanderlaufen gebracht.

Vielweiberei

Diese Erfolge stärkten den Mut der Täufer, insbesondere die Stellung Johanns von Leiden, der sich als umsichtiger und tatkräftiger Befehlshaber bewährt hatte. Das hatte ihm schon im Juli erlaubt, in der Stadt eine Neuerung durchzuführen, die die äußerste Abweichung von den geheiligten Einrichtungen nicht allein der Christenheit, sondern der Kulturwelt überhaupt darstellte, es war die Vielweiberei. In den Anschauungen des Täufertums war dieser Schritt keineswegs begründet, im Gegenteil legte es von Hause aus auf einen sittlich-frommen Lebenswandel den größten Wert; in Münster hatte bis dahin auf Ehebruch die Todesstrafe gestanden. Die persönliche Zügellosigkeit des Propheten war es, die ihn vorwärtstrieb. Seine Frau in Leiden lebte noch, als er, kaum in Münster warm geworden, eine Tochter Knipperdollings heiratete. Diese Doppelehe mochte sich vertuschen lassen, aber nun warf er sein begehrliches Auge auf Divara, die Witwe des Matthys, „ein schön edel Weib aus Holland." deren Besitz auch seinem Ansehen zugute kommen mußte. Bei den nicht wenigen im Leben Gescheiterten unter den Täufern fand der Gedanke der Vielweiberei von vornherein Anklang. Es kam hinzu, daß unter den damaligen Verhältnissen in Münster etwa dreimal so viel Frauen wie Männer leben mochten. Den Widerspruch namentlich der Prädikanten wußte Johanns bezwingende Persönlichkeit mit einigem Zureden zu überwinden; er brachte sie sogar dahin, daß sie die Vielehe unter Hinweis auf das Alte Testament öffentlich rechtfertigten. Auch Rothmann ließ sich hierzu herbei, wie er denn selbst später mehrere Frauen hatte, — man kann sich denken, daß er viel umschwärmt wurde.

Aber unter den Überbleibseln des alteingesessenen Bürgerstandes hatte sich, gewiß unter dem Einfluß ihrer Ehehälften, trotz aller bisherigen Tollheiten ein Rest von Vernunft und Gesittung erhalten; sie widerstrebten der Neuerung und, als das nichts half, rotteten sich etwa 200 Mann unter dem Schmiede Heinrich Mollenhecke zusammen, setzten kurzerhand Johann von Leiden, Knipperdolling, Rothmann und andere fest und waren willens, die Stadt dem Bischof zu übergeben und der ganzen Täuferwirtschaft ein Ende zu machen. Aber sie ließen eine Nacht verstreichen und versäumten es, sich eines Tores zu versichern. Am nächsten Morgen sahen sie selbst sich von der feindlichen Mehrheit unter Tilbeck im Rathause eingeschlossen und nun wurden sie größtenteils niedergemetzelt oder von dem befreiten Knipperdolling als Gottlose hingerichtet. Seitdem gestattete ein Gesetz den Männern, mehrere Frauen zu heiraten, jede Frau war verpflichtet, einen Mann oder doch Beschützer zu haben. Johann von Leiden machte den Anfang, indem er die Divara zum Weibe nahm, der er bald weitere Ehegenossinnen zugesellte. Das übrige Mannsvolk folgte diesem Beispiel; es begann ein Zustand, wie ihn Deutschland noch nicht gesehen hatte. Für die Frauen, die sich weigerlich hielten, wurde ein Weibergefängnis im Kloster Rosenthal eingerichtet, Hartnäckige verfielen dem Schwerte. Schließlich mußten doch gewisse Schutzmaßnahmen zugunsten der bedräng ten Weiblichkeit getroffen werden.

Der König von Sion

Nachdem ihm dieser Schlag gelungen war, konnte Johann von Leiden auch das Letzte wagen, er trat in aller Form die tatsächlich schon geübte Alleinherrschaft an. Ein neu aufgestandener Prophet, Johann Dusentschuer, vordem Goldschmied in Warendorf, kam seinen geheimen Wünschen entgegen, indem er dem Volke offenbarte, daß Johann von Leiden zum Könige über den ganzen Erdkreis berufen sei. Er verkündete das in begeisterter Rede, legte das Schwert der Gerechtigkeit aus den Händen der abtretenden Ältesten in die Johanns, salbte ihn und rief ihn zum Könige über das neue Sion aus. Der neugekorene Selbstherrscher fand sich mit schauspielerischem Talent alsbald in die neue Rolle; auf dem Angesichte liegend, erflehte er die Hilfe des himmlischen Vaters, dessen Rufe er sich nicht entziehen könne. Staunend sah das Volk dem zu, ohne Widerspruch zu wagen. Daß die Pöbelherrschaft, wie sie in den letzten Jahren in Münster bestanden hatte, schließlich durch die Gewaltherrschaft eines Einzelnen abgelöst wurde, lag in der Natur der Dinge.

Zu seinem Statthalter ernannte der König Knipperdolling, zum Redner und Sachwalter Rothmann. Der wurde damit zum Hoftheologen befördert, seines Amtes war es jetzt, die kühnen Ratschlüsse des Königs dem Volke durch die Predigt mundgerecht zu machen, dazu in die Ferne durch Flugschriften zu wirken. Der wendige, wort- und federgewandte Prädikant war für die Propaganda wie geschaffen. Weiter umgab sich der neue König mit einem glänzenden Hofstaat, mit Hofmarschall, Kanzler, Räten und Würdenträgern, bis zu den Hofköchen und Hofdienern; daß einer seiner Edelknaben, Christoph von Waldeck, des Bischofs Sohn war, tat dem Emporkömmling besonders wohl. Frau Divara erhielt die Würde der Königin; die Zahl der königlichen Nebenfrauen erhöhte sich bis auf 15, als Residenz diente die stattlichste Domherrnkurie, der Harem war im Nachbarhofe untergebracht. Alle Hofschranzen wurden mit Kleidung und Schmuck prächtig ausstaffiert, der König selbst prangte mit Krone und Zepter aus Gold und Edelsteinen, auf der Brust trug er an goldener Kette die Weltkugel. Sein Thron war auf dem Marktplatz dem Rathause gegenüber aufgerichtet, dreimal in der Woche begab er sich hoch zu Rosse, von dem gesamten Hofstaat geleitet, die wenigen Schritte von seiner Wohnung dorthin, um zu Gericht zu sitzen. Vornehmlich beschäftigten ihn dort Ehehändel, eine Folge der Vielweiberei, „alltit was dair ein Schelden und Kiewen mank den Frowen," meldet Gresbeck. Alles Volk, das dem Könige begegnete, hatte auf die Knie zu fallen; es konnte für den schneidenden Gegensatz zwischen der ursprünglichen täuferischen Einfachheit, die dem gemeinen Manne noch Pflicht war, und dieser Üppigkeit und Hoffart nicht blind bleiben. Aber zur Wehr setzte sich nur einer und das allein aus dem Grunde, weil er selbst gern der Erste gewesen wäre; das war Knipperdolling, mit dessen Hilfe Johann emporgestiegen war. Nachdem er in der üblichen Weise das Volk auf ein neues Wunder vorbereitet hatte, schwang er sich eines Tages dreist auf den Thronsitz und rief, Johann sei ein König nach dem Fleische, er werde ein geistlicher König sein. Aber Johann ließ den Nebenbuhler kurzerhand ergreifen und ins Gefängnis werfen; als Knipperdolling, mürbe geworden, nach drei Tagen um Gnade bat, war unter den beiden Komödianten die Eintracht wiederhergestellt.

Die Aussendung von Aposteln

Dem Schneiderkönig zum Spott hängten die bischöflichen Landsknechte ihre zerrissenen Hosen an die Stadttore und machten sich über die Größe seines Reiches lustig, indem sie den Garten- und Feldstreifen zwischen den Stadtwällen und ihrer eigenen Wehrlinie das Königreich nannten. Aber der Einfluß des Täufertums erstreckte sich doch über den Mauerkranz des neuen Jerusalems weit hinaus und die Hoffnung der Belagerten auf Entsatz von außerhalb war längere Zeit nicht ohne Grund. Die Täufer hatten wohl überall in Westfalen ihre Anhänger, besonders im Münsterlande, vor allem waren sie in den Niederlanden weit verbreitet, von Westfriesland bis hinüber nach Brabant und Lüttich, die Hauptherde der Schwärmerei waren Amsterdam und Deventer. Schon im März 1534 hatten sich zu Vollenhove an der Isselmündung Tausende von Täufern mit Weib und Kind zu Schiffe und zu Fuße eingefunden, um nach Münster zu ziehen. Doch die niederländische Regierung war auf der Hut und griff eisern durch; die Rädelsführer wurden hingerichtet, die übrigen nach Hause geschickt. Am 13. Oktober fand in Münster auf dem Domplatze, der jetzt Berg Sion hieß, ein großes Fest- und Abendmahl des ganzen Volkes statt, wobei der König und die Königin selbst die Gäste bedienten und Brot und Wein austeilten. Im Anschluß hieran wurden 27 Apostel hinausgesandt in vier Nachbarstädte, um hier das Täufertum zum Siege zu bringen. Zwar erreichten die Sendlinge ihre Bestimmungsorte, aber die hochgespannten Erwartungen wurden enttäuscht. In Soest, worauf man die größten Hoffnungen setzte, war im Vorjahr durch das Blutgericht gegen Johann Schachtrop das Ansehen der Obrigkeit wiederhergestellt worden; als die Apostel hier einem Ausweisungsbefehl trotzten, wurden sie zum Tode verurteilt und hingerichtet. Auch in Osnabrück warf der Rat die Ankömmlinge, nachdem sie nicht ohne Beifall auf dem Markte gepredigt hatten, in den Turm und lieferte sie, um sie nicht selbst richten zu müssen, dem Bischof nach Iburg aus, wo sie, bis auf einen, ihr Schicksal ereilte. Das längst unruhige Warendorf allerdings nahm die Sendboten mit offenen Armen auf. Doch nach einigen Tagen erschien der Bischof mit Heeresmacht vor der Stadt; diese mußte sich ergeben und über die Täufer aus Münster wie aus der Bürgerschaft erging ein blutiges Strafgericht, dazu verlor Warendorf all seine verbrieften Freiheiten. Hierdurch geschreckt, lieferte Koesfeld die dortigen Sendlinge freiwillig dem Bischof aus, auch sie hatten ihr Leben verwirkt. So endete das ganze Unternehmen mit einem völligen Fehlschlag, dazu verloren die Täufer mehrere ihrer begeisterten Propheten, wie Dusentschuer und Klopriß.

Fortgang der Belagerung

Das war um so empfindlicher, als die Belagerung im Laufe der Zeit immer fühlbarer wurde. Nachdem zwei Stürme mißlungen waren, suchte der Bischof Münster durch Hunger zu bezwingen. Zu diesem Zwecke wurden den wichtigeren Stadttoren gegenüber sieben Blockhäuser (Kastelle) errichtet und durch doppelte Gräben und Verhaue miteinander verbunden, wozu die Landbevölkerung wieder gehörig schanzen mußte. Das Belagerungsheer wurde der Kosten halber auf 3000 Knechte herabgesetzt, die freilich die sehr ausgedehnte Umzingelungslinie nur dünn besetzen konnten. Doch streiften im Rücken noch 300 Reisige, um etwa von und nach der Stadt Durchbrechende sowie fahnenflüchtige Knechte abzufangen. Damit war zwar nicht aller Verkehr, doch jede ausgiebigere Zufuhr in die Stadt abgeschnitten.

Ohne Sorgen war der Bischof freilich nicht, denn die langdauernde Belagerung ließ die Kriegskosten gewaltig anschwellen, der Landsknecht war ein recht teurer Soldat. Der münstersche Landtag bewilligte wiederholt hohe Kriegssteuern, deren Ertrag indes nicht annähernd zureichte. Schon vordem, Ende 1533 und zu Anfang des folgenden Jahres, war an den ein wenig zur Bequemlichkeit neigenden Bischof Franz die Versuchung herangetreten, sich aller Schwierigkeiten sehr einfach zu entledigen; die Brüsseler Regierung schlug ihm vor, die weltliche Verwaltung des Hochstifts Münster gegen eine hohe Leibrente an Kaiser Karl V. als Herrn der Niederlande abzutreten. Nicht lange zuvor, 1528, hatte der Kaiser auf diesem Wege das benachbarte große Hochstift Utrecht an sich gebracht und damit höchst unbefangen das getan, was protestantischen Fürsten, wenn sie nach benachbarten geistlichen Ländern ihre Hand ausstreckten, als Kirchenraub schwer verdacht wurde. Es gereicht Franz von Waldeck zur Ehre, daß er sich auf das verlockende Angebot nicht einließ; wäre es geschehen und das bedeutende, weit ausgedehnte Hochstift Münster damals niederländisch geworden, so würde es aller Voraussicht nach mit dem Kronverzicht Karls V. 1556 zugunsten seines Sohnes Philipp II. an Spanien gefallen und damit aus dem Deutschen Reiche tatsächlich ausgeschieden, ihm verloren gewesen sein. Die westfälische, die deutsche, ja die europäische Geschichte hätten ein anderes Gesicht bekommen, um so mehr, als die niederländischen Absichten sich auf die Stifter Osnabrück und Bremen richteten.

Nicht zuletzt um Franz und die kluge Regentin der Niederlande, die Königin Maria, Karls V. Schwester, auseinanderzuhalten, liehen die Nachbarn Köln, Kleve und Hessen dem bedrängten Bischof ihre Unterstützung. Dieser suchte auch den Beistand des Niederrheinisch-Westfälischen Kreises nach, dessen Stände auf einer Tagung zu Köln (25. Okt. 1534) einige Mittel als „eilende Hülfe" auswarfen. Am 13. Dezember traten dann in Koblenz der Kurrheinische und der Westfälische Kreis sowie einige weitere Fürsten zusammen, und hier wurden nun wirklich durchgreifende Beschlüsse gefaßt: man bewilligte 6 × 15 000 Gulden auf je vier Wochen für die Belagerung Münsters und legte den Oberbefehl in die Hand des Grafen Wirich von Daun. Schließlich befaßte sich noch ein Reichstag zu Worms im April 1535 mit der münsterschen Angelegenheit. Hier wurde die Reichsexekution gegen die Stadt beschlossen und zur Durchführung der ganze Anschlag eines Römerzuges in Höhe von 150 000 Gulden bewilligt. Damit war die Bekämpfung der Wiedertäufer, die Eroberung Münsters zur Reichssache geworden.

Der Abstieg des Täuferreichs

Angesichts dieser Anstrengungen, hervorgerufen durch das Aufsehen und den Abscheu, die das tolle Treiben der Täufer weit und breit im Reiche erregten, wurde deren Schicksal unabwendbar. Doch infolge ihres Fanatismus, der Rücksichtslosigkeit und Geschicklichkeit Johanns von Leiden verzögerte sich der Zusammenbruch erheblich. Immerhin ging es langsam abwärts. Einer der nach Osnabrück entsandten Apostel, Heinrich Graes, hatte sein Leben dadurch gerettet, daß er zum Verräter wurde und dem Bischof Späherdienste leistete. Eines Morgens fand man ihn, mit Ketten beladen, vor dem münsterschen Stadttor. Seine Erzählung, ein Engel habe ihn nachts im Schlafe aus dem Gefängnis in Iburg befreit und zurückgeführt, begegnete keinem Zweifel, auch nicht beim Könige. Der schenkte ihm sogar sein besonderes Vertrauen und willigte ein, daß Graes zu Anfang des neuen Jahres erneut auszog, um in Wesel und den Niederlanden den Aufruhr zu entflammen. Doch der falsche Apostel richtete nicht dorthin, sondern nach Iburg seine Schritte, wo er dem Bischof die Anschläge und Verbindungen der Täufer in den Niederlanden verriet. Schon kurz zuvor hatten andere Sendboten, reichlich mit Geld und einer Brandschrift Rothmanns „von der Rache" versehen, sich nach den Niederlanden aufgemacht. Aber die dortigen Behörden waren auch jetzt wachsam und erstickten alle Bewegungen im Keime. Ebenso wurden später ausbrechende Aufstände, im März 1535 in Westfriesland, im Mai in Amsterdam, im Blute erstickt.

In dem neuen Jerusalem aber stellte sich als schlimmer Gast der Hunger ein. Im Dezember 1534 sah man sich genötigt, mit dem Schlachten der Pferde zu beginnen. Die vorhandenen Lebensmittel hatte man, wie wir sahen, schon vordem eingesammelt und eine Zuteilung eingeführt; jetzt fahndete man eifrig nach verheimlichten Vorräten, wehe dem, der sich dabei ertappen ließ! Den König fochten die Bedrängnisse des Volkes nicht allzusehr an, er und sein Hof hatten, wie es scheint, noch genügend zum Schmausen und Zechen. Durch Schaugepränge, Spiele und Spottmessen im verlassenen Dome suchte Johann die Menge abzulenken und zu unterhalten. Das Selbstgefühl des „Königs der Gerechtigkeit in dem Neuen Tempel", wie er sich nannte. stieg immer höher; den Landgrafen redete er brieflich „Unsern lieben besonderen Lipsen" (Philipp) an, als ob er seinesgleichen wäre. Oder ließ die Ahnung des nahenden Endes das Verbrecherische seiner Natur hemmungslos hervortreten? Im Blutrausch nahm der König die Hinrichtungen oft mit eigener Hand vor, selbst eine seiner Frauen, Elisabeth Wantscherer, die sich ihm verweigerte, hatte seinem Schwerte den Nacken zu beugen, seiner Sinnlichkeit fielen gar zwölfjährige Mädchen zum Opfer.

Die verzweifelte Lage, insbesondere der Hunger, öffneten dem Volke allmählich die Augen, den Massenwahn löste das grause Erwachen ab. Das Vertrauen zum Könige schwand dahin, die Bevölkerung murrte, wiederholt kamen verräterische Anschläge ans Licht. Doch jeder Unbotmäßigkeit folgte die Todesstrafe, schließlich verging kaum ein Tag ohne Hinrichtungen. Bleich wie der Hunger war der

Schrecken, die vereint herrschten. Um die bedrückten Gemüter aufzurichten, verhieß Johann eines Tages dem Volke, daß Ostern die Errettung bringen solle, und verpfändete seinen Kopf dafür; offenbar rechnete er damit, daß die Erhebung in den Niederlanden endlich Erfolg haben werde. Aber die Ostertage gingen vorüber, ohne daß die ersehnte Hilfe erschienen wäre; Johann vertröstete weiter. Um seine ungebrochene Siegeszuversicht zum Ausdruck zu bringen, verfiel er darauf, zwölf Herzoge einzusetzen, die demnächst Deutschlands Provinzen regieren sollten. Einstweilen mußten sie sich mit der Aufsicht über je eines der neu errichteten Torrundele begnügen. Dem Anscheine nach wurden sie vom Volke frei gewählt, tatsächlich waren sie des Königs Aufpasser, um jeder Regung von Widersetzlichkeit beizeiten auf die Spur zu kommen.

Derweil wurde die Not immer größer. Als kein Fett mehr vorhanden war, streute man Salz aufs Brot, dann ging auch das Getreide zur Neige. Seit April 1535 war das Volk genötigt, sich an Hunden und Katzen (sog. Haushasen), Ratten und Mäusen zu vergreifen, schließlich blieb ihm nichts zur Nahrung übrig als Kräuter und Gras. Kein Wunder wollte sich ereignen, die Steine sich nicht in Brot verwandeln. Die Menschen wurden so mager und elend, daß sie Gespenstern und Schatten der Abgeschiedenen ähnlicher sahen als Lebenden, berichtet Kerssenbrock. In furchtbarer Gestalt breitete sich der Hungertyphus aus, die Stadt war voll des Todes. Schließlich konnte Johann nicht umhin, jedem, der die Stadt verlassen wollte, den Auszug zu gestatten. Viele zogen dem langsamen Hungertode das Schwert des Feindes vor, dem auf diese Weise an die 200 Männer zum Opfer fielen. Frauen, Kindern und Greisen wurde drüben der Übertritt verwehrt, so daß sie wochenlang im Niemandsland, dem „Königsreiche", auf freiem Felde umherirrten, von den Landsknechten ein Stück verschimmeltes Brot erbettelnd, bis der Bischof sich ihrer erbarmte. Das Gefühl schauriger Verlassenheit, wie es zuletzt in den öden Gassen der Stadt geisterte, spiegelt die Vorrede zu Rothmanns letzter unvollendet gebliebener Flugschrift wider: „So as ick nu samt Andern alhier to Münster, welk up dütsch Einöde ludt (die wörtliche Bedeutung von monasterium), wahrhaftig in der Wöste afgesondert van aller Werelt under dem Krüze in der Leer- und Tuchtschole Godes endhalden werde..." Aber eine Aufforderung zur Übergabe wies Johann von Leiden auch jetzt noch (2. Juni) ab; so mußte denn doch das Schwert entscheiden.

Ende Mai erboten sich zwei Männer, die heimlich die Stadt verlassen hatten, diese dem Bischof in die Hand zu liefern; es waren der Landsknecht Hensken (Hänschen) von der Langenstrate, der vordem als Schanzmeister im Belagerungsheere gedient hatte, und der Bürger Heinrich Gresbeck, der demnächstige Chronist. Der Plan wurde eingehend geprüft und zu seiner Ausführung die auf den Tag Johannes des Täufers (!) (24. Juni) folgende Nacht bestimmt. Ein Gewittersturm machte die Nacht noch finsterer. Geführt von den beiden Überläufern, gelang es der Vorhut, den breiten Stadtgraben am Kreuztor unbemerkt zu überqueren, den Wall zu ersteigen, die Wachen niederzustechen, die Zugbrücken herabzulassen und das Stadttor zu öffnen. So konnte eine Truppe von 400 Mann unter dem bischöflichen Befehlshaber Wilken Steding in die totenstille Stadt einrücken, die jedoch unter dem Lärme schnell erwachte. Von allen Seiten sammelten sich die Täufer und gingen zum Angriffe gegen die Landsknechte auf dem Domplatze über. Unbegreiflicherweise hatten diese es versäumt, am Kreuztor eine Besatzung zurückzulassen, so daß dieses durch die herzueilenden städtischen Wachen wieder geschlossen war. Dadurch wurde der draußen mit der Hauptmacht haltende Graf Wirich von Daun verhindert nachzurücken, schon glaubte er an Verrat. Die drinnen fechtenden Landsknechte kamen in eine bedrängte Lage, sie mußten sich in eine Gasse bei der Margaretenkapelle zurückziehen und auf Unterhandlungen einlassen. Doch im Morgengrauen konnte der von ihnen entsandte Fähnrich Johann von Twickel vom Walle aus in Verbindung mit dem Hauptheer treten und es zur Hilfe herbeirufen. Von draußen her erstiegen Landsknechte die schwach besetzten Wälle und eröffneten das Jüdefelder Tor, durch das nunmehr die Hauptmacht in die Stadt eindrang. Jetzt war kein Halten mehr. Nur auf dem verbarrikadierten Hauptmarkt wehrte sich noch der letzte täuferische Haufe, etwa 200 Mann, mit dem Mute der Verzweiflung, geführt von Bernhard Krechting; schließlich mußte auch er sich gegen freien Abzug ergeben, ohne daß diese Zusage gehalten wäre. Um die Mittagsstunde des 25. Juni war die ganze Stadt nach fast achtzehnmonatiger Belagerung in der Gewalt des Siegers; „das grob Teufelspiel zu Münster", wie Luther es nannte, war zu Ende. *Die Eroberung der Stadt*

Die erbitterten Landsknechte stellten unter den Einwohnern ein Gemetzel an, tagelang währte das Morden und Plündern. Hierbei suchte und fand der „Anfänger dieses Spiels", Bernhard Rothmann, den ehrlichen Soldatentod, auch Tilbeck wurde erschlagen. Johann von Leiden dagegen und Knipperdolling, die sich verkrochen hatten, wurden aus ihren Schlupfwinkeln hervorgezogen und gefangengenommen. Eine Zeitlang ließ der Bischof den gefesselten Wiedertäuferkönig im Lande zur Schau stellen, doch am 22. Januar 1536 war auf dem Markte zu Münster, an derselben Stelle, wo vordem sein Thron gestanden hatte, das Blutgerüst aufgerichtet, auf dem die letzte Szene des grausigen Trauerspiels sich vollzog. Johann von Leiden, Knipperdolling und Krechting, der zuletzt des Königs Stellvertreter gewesen war, wurden mit glühenden Zangen gezwickt und hingerichtet. Johann von Leiden hatte zuvor bekannt, wohl zehnmal den Tod verdient zu haben; ohne einen Laut von sich zu geben, ließ er die Marter über sich ergehen. Dann wurden die Leichname in drei Käfigen hoch oben am Lambertiturm den Vögeln zum Fraße dargeboten, der Stadt Münster zum warnenden Beispiel. Noch heute schauen die drei Eisenkörbe auf den Markt in Münster hernieder, als Wahrzeichen und Denkmal an die niemals zu vergessende Zeit der Wiedertäufer.

Dietrich Schäfer hat in seiner deutschen Geschichte die Frage aufgeworfen, wie es doch gekommen sein mag, daß die Wiedertäufer der gefährlichsten Richtung gerade in der ehrenfesten Bischofsstadt Münster den günstigen Boden gefunden haben, ohne daß er eine Lösung für dieses Rätsel wüßte; er verweist auf die Nachbarschaft der Niederländer, besonders der Friesen, „die von jeher an lebendigster Volksbetätigung und frischester Lust an Hader und Lärm das Möglichste geleistet haben". Auf den ersten Blick steht das nüchtern-verständige Wesen des Westfalen gewiß im denkbar größten Gegensatze zu dem wahnwitzigen Treiben der Jahre 1534 und 1535. Aber es ist doch nicht etwa so, als ob dieses ganz oder überwiegend den zugewanderten Niederländern zur Last gelegt werden könnte. Rothmann und Knipperdolling, Dusentschuer und Krechting waren von Geburt Münsterländer, von der Mutter her auch Johann von Leiden; zweifellos hat sich die Phantastik des Täufertums mit einem verwandten Wesenszuge der einheimischen Bevölkerung berührt. Man hat mit Recht darauf verwiesen, daß der Westfale, namentlich der Münsterländer, durchaus nicht phantasielos ist, es braucht nur an die verbreitete Gabe des zweiten Gesichts erinnert zu werden; in einer gewissen Doppelpoligkeit vereinen sich das Nüchterne des Alltages und das Phantastische aufgewühlter Zeiten. Aber auch daran sei erinnert, daß der Karneval in Münster von jeher mit der größten Ausgelassenheit gefeiert wird. Gleichwohl würde der täuferische Umsturz kaum in der Stadt zur Herrschaft gelangt sein, wenn nicht ihre Verfassung schon seit den Tagen Johanns von Hoya der Gefahr des Demagogentums ausgesetzt gewesen wäre. So konnte sich nach dem Bauernkrieg und der Erhebung der Ritterschaft in Süd- und Mitteldeutschland die norddeutsche Revolte des Bürgertums in Münster und gleichzeitig in dem Lübeck Jürgen Wullenwebers abspielen. —

Die Wiederherstellung der Ordnung

Nach der Eroberung lag Münster zunächst wie ausgestorben da; was das Schwert der Landsknechte verschont hatte, war geflohen. Auch der einziehende Bischof konnte sich wegen des Leichengeruchs nur einige Tage in der Stadt aufhalten. Erst allmählich kehrten die früher Vertriebenen zurück, von der letzten Einwohnerschaft, wer auf Gnade zu hoffen hatte. Unter den Heimkehrenden war auch die Geistlichkeit: die Klöster füllten sich mit den alten Bewohnern, soweit diese nicht abgefallen waren, die Domherren fanden sich wieder ein. Am 1. Advent 1537 wurde der wiederhergestellte Dom neu geweiht. Es fragte sich, welchem Bekenntnis die Pfarrkirchen fortan dienen würden. Vor dem Umsturz waren die Evangelischen die letzten Besitzer gewesen; Münster war mit Hilfe beider Bekenntnisse zurückerobert worden. Aber die Reichsstände beschlossen im November 1535 zu Worms — unter Protest der Evangelischen —, daß die katholische Kirche in vollem Umfange wiederherzustellen sei. Zwar verwandte sich der Landgraf bei Bischof Franz, doch wenigstens einen oder zwei lutherische Prädikanten in Münster zuzulassen, und dieser war dem im stillen nicht abgeneigt. Doch seine Verbündeten Köln und Kleve, denen er von der Belagerung her stark verschuldet war, bestimmten ihn, alle Kirchen den Katholiken zurückzustellen. Für diese war das ein um so größerer Glücksfall, als wenige Jahre später der Kurfürst Hermann von Wied und der Herzog Wilhelm von Kleve wie auch Franz selbst Anhänger des neuen Glaubens waren. Daß Münster wieder katholisch wurde, war die erste Wiederherstellung des altkirchlichen Wesens in ganz Deutschland, ein bedeutungsvoller Vorgang.

Die Wiedertäufer hatten ihre politische Bedeutung mit Münsters Fall verloren. Ausgerottet waren sie freilich durchaus nicht, wie sie denn schon im folgenden Jahre in Bocholt eine Synode abhielten und Anhänger ihrer Sekte in Münster immer wieder entdeckt und blutig gerichtet wurden; auf lange hinaus galten sie als Feinde jeder gesellschaftlichen Ordnung. Auch im Münsterlande und anderwärts tauchten sie auf, so im Osnabrückschen, Lippischen und bei Dortmund, wo sogar adlige Damen ihnen zugehörten (1545).

Bezüglich der künftigen politischen Stellung der Stadt Münster hatten die Reichsstände in Worms auf Betreiben der Reichsstädte bestimmt, daß sie die Selbstverwaltung zurückerhalten, ihre Befestigung dagegen einschließlich der vom Bischof am Eintritt und Ausfluß der Aa neu angelegten Zwinger geschleift werden sollten. Aber diese Regelung entsprach keineswegs den Absichten des Bischofs und der Landstände; die übermütige Stadt, die seit Jahrhunderten ihre eigenen Wege gegangen war, sollte gründlich gedemütigt und fest an die Kette gelegt werden. Die neue, mit Zustimmung des Domkapitels und der Ritterschaft erlassene Ordnung vom 30. April 1536 legte die Verwaltung zwar wieder in die Hand eines Rates von 24 Mitgliedern, darunter 12 Erbmännern, doch wurden sie nicht wie bisher alljährlich frei gewählt, sondern vom Bischof mit Beirat der Stände auf Lebenszeit ernannt; die Gilden, das demokratische Element, blieben abgeschafft, Versammlungen der Bürger waren verboten. Die Hälfte der städtischen Einkünfte fiel an den Landesherrn zum Festungsbau; finanziell wurde die Stadt scharf unter Aufsicht genommen. Die Schlüssel zu den Stadttoren erhielt der bischöfliche Kommandant und Statthalter, Bernhard von Oer, der nach eigenem Gefallen in der Stadt schaltete. Nach einigen Jahren (1541) erfuhren diese allzu scharfen Bestimmungen eine wesentliche Milderung. Die Besatzung verließ die Stadt, diese wurde förmlich in ihre alten Rechte und Freiheiten wieder eingesetzt. Die Bürgerschaft durfte den Rat alljährlich neu wählen; freilich behielt sich der Bischof die Bestätigung vor, und wenn auch die Stadt über ihre Einkünfte wieder frei verfügen konnte, so erfolgte die jährliche Rechnungsablage doch in Gegenwart landesherrlicher Räte. Vor allem blieben die Gilden nach wie vor verboten. — Durch die Niederwerfung Münsters hatte das Ansehen der Städte insgesamt einen schweren Stoß erhalten, war das fürstliche Übergewicht entscheidend gestärkt worden. Auch das Schicksal der Reformation lag nun mehr noch als bisher in der Hand der Landesherren. Umgekehrt wurde freilich auch deren ganze Politik und Stellung wesentlich durch die Glaubensfrage bestimmt.

4. Kapitel

Vorstöße und Rückschläge bis zum Augsburger Religionsfrieden 1555

Kleves Kampf um Geldern

Dem mächtigsten der rheinisch-westfälischen Fürstenhäuser, dem klevischen, winkte demnächst eine bedeutende Machterweiterung, die ihm eine der führenden Stellungen in Deutschland zu eröffnen und auch dem Protestantismus zugute zu kommen schien. Es handelte sich um das niederländische Herzogtum Geldern. Noch gab es zwischen Deutschland und den Niederlanden keine feste Grenze, hier wie dort pulste voll Kraft und Saft das gleiche niederdeutsche Volkstum. So hatte die habsburgische Regierung in Brüssel den freilich vergeblichen Versuch machen können, die Hände nach den Hochstiftern Münster, Osnabrück und Bremen auszustrecken. Andererseits gab es in den Niederlanden neben Karl V. als selbständigem Reichsfürsten noch den ungestümen Herzog Karl von Geldern aus dem Hause Egmont, den Todfeind des Hauses Habsburg. Auch mit Kleve hatte er lange in Unfrieden gelebt, bis das Entgegenkommen des Herzogs Johann III. 1527 ein freundlicheres Verhältnis herstellte. Der Herzog Karl war bejahrt und ohne männlichen Erben. Deshalb beschlossen die geldrischen Stände zu Ende 1537 in Nimwegen, daß bei seinem Tode der Jungherzog Wilhelm von Kleve sein Nachfolger sein solle; als Karl ein halbes Jahr darauf starb, trat Wilhelm die Regierung des Herzogtums Geldern mit der Grafschaft Zütfen an und folgte seinem Vater nach dessen baldigem Hinscheiden am 6. Februar 1539 auch in dessen Ländern. Das Herzogtum Geldern bestand aus einem südlichen Gebiete beiderseits der Maas um Venlo und dem davon getrennten Hauptteile, der sich vom Niederrhein mit der Hauptstadt Arnheim bis an die Zuidersee sowie nach dem Münsterlande herüber erstreckte. Das Ganze stellte eine wohlgelegene und bedeutende Erweiterung der klevischen Länder dar, die nun ein geschlossenes Gebiet von den Bergen des Sauerlandes bis an die salzige See bildeten.

Gleich seinem Vater war Herzog Wilhelm von Kleve ein liebenswürdiger und gutherziger Fürst, doch nur mäßig begabt und von geringer Entschluß- und Willenskraft, zeitlebens von seinen Räten abhängig. Geboren 1516, hatte er sich im frischen Jugendmut auf das geldrische Abenteuer eingelassen, denn das war das Unternehmen, weil kein Geringerer als Karl V. gleichfalls auf das Herzogtum Anspruch erhob, der Mann, in dessen Reiche die Sonne nicht unterging, der Meister einer Politik, die nicht immer grade Wege ging. Einstweilen freilich war er fern und anderweit beansprucht. Herzog Wilhelm fand Anlehnung bei des Kaisers altem Widerpart, König Franz I. von Frankreich, und suchte sie beim Schmalkaldischen Bunde; mit beider Hilfe konnte er hoffen, dem Gegner die Waage zu halten. Kirchlich stand Wilhelm, in erasmischen Anschauungen erzogen, von vornherein den Protestanten nicht fern, 1541 oder 1542 nahm er das Abendmahl in beiderlei Gestalt und vollzog damit seinen Übertritt. Er durfte erwarten, daß die Schmalkalder ihn als wichtigen neuen Bundesgenossen mit offenen Armen aufnehmen würden, zumal der Kurfürst Johann Friedrich von Sachsen sein Schwager war. Aber der Kaiser verdarb ihm das Spiel. Der tatkräftigste und weitschauendste Führer des Bundes, Philipp von Hessen, hatte damals seine unselige Doppelehe geschlossen und ließ, wie Brandi sagt, seinem moralischen Sündenfall den politischen folgen; um der reichsrechtlichen Strafverfolgung zu entgehen, näherte er sich dem Kaiser und verpflichtete sich ihm gegenüber zu Regensburg 1541, weder selbst den Herzog von Kleve zu unterstützen, noch dessen Aufnahme in den Schmalkaldischen Bund zuzulassen, was sich bei der Kleinmütigkeit der meisten Mitglieder unschwer bewerkstelligen ließ.

So war der Herzog in dem im Sommer 1542 ausbrechenden Geldrischen Kriege allein auf die Hilfe der Franzosen angewiesen. Sie stießen zwar nach Flandern vor und der geldrische Feldhauptmann Martin von Rossem reichte ihnen die Hand, doch gelang es ihm nicht, Antwerpen zu nehmen. Dazu zogen sich die Franzosen zurück; treulos im Stich gelassen, sah Herzog Wilhelm sich nun selbst in seinen Erblanden bedroht. Im nächsten Frühjahr hatte er zwar die Genugtuung, dem Gegner bei Sittard eine empfindliche Schlappe beizubringen, doch im August 1543 erschien Karl persönlich im Felde, mit einer großen Heeresmacht, Spaniern, Italienern und deutschen Knechten, den Rhein abwärts ziehend, ungeachtet, daß ihm die Wahlkapitulation verbot, fremde Kriegsvölker ins Reich zu führen. Nach wenigen Tagen hatte er die jülische Hauptfestung Düren im Sturm genommen. Das Hoffnungslose weiteren Widerstandes einsehend, warf Herzog Wilhelm sich dem Kaiser im Lager von Venlo gnadeflehend zu Füßen. Sie ward ihm gewährt gegen den Verzicht auf Geldern und die Rückkehr zur katholischen Kirche; alle vorgenommenen Religionsänderungen hatte er abzustellen. Um ihn dauernd an die habsburgische Politik zu fesseln, wurde die Versöhnung durch die Hochzeit Wilhelms mit der Erzherzogin Maria, Karls Nichte und Tochter des späteren Kaisers Ferdinand I., gekrönt; daß Maria als Enkelin der spanischen Johanna der Wahnsinnigen erblich schwer belastet war, sollte sich an den Nachkommen furchtbar rächen. — Dem Kaiser aber hatte sich bei der Niederwerfung Kleves die Schwäche der in sich uneinigen Protestanten geoffenbart; seitdem ging sein Trachten dahin, sie insgesamt mit den Waffen zu bezwingen.

Schon jetzt war die Niederlage Kleves zugleich eine solche für Deutschland und den Protestantismus. Der größte Teil Gelderns war damit dem Reiche und dem deutschen Volkstum für immer verloren, darunter die altwestfälischen Gebiete von Bredevort und Winterswyck, mochte auch der Kaiser die 1512 von Karl von Geldern eroberte kleine Herrschaft Anholt der Herren von Bronckhorst-Batenburg wiederherstellen. Für das Evangelium war der Tag von Venlo der zweite schwere Schlag nach dem Wiedertäuferaufstand in Münster; war hier die sichere Aussicht auf das größte westfälische Bistum verdorben, so wurde dort, was noch schwerer wog, der bedeutendste nordwestdeutsche Landesherr der evangelischen Partei entfremdet.

Reformationsversuch Hermanns von Wied

Es war wie ein Verhängnis, daß die keineswegs aufhörenden Bestrebungen der einheimischen größeren Landesherren, die Reformation einzuführen, ohne engere Fühlung miteinander und der protestantischen Partei im Reiche erfolgten; so mußten sie an der überlegenen Staatskunst des Kaisers scheitern. Dem kölnischen Kurfürsten Hermann von Wied, einem Manne mit einem milden, schlichten und lauteren Herzen, wurde im Laufe der Zeit die Notwendigkeit einer Kirchenreform immer deutlicher. Der Soester Bürgermeisterssohn Johann Gropper, der, erasmisch gerichtet, kirchlich zunächst eine vermittelnde Stellung einnahm, stand in seinen Diensten; mit seiner Hilfe suchte der Erzbischof 1536 durch eine Provinzialsynode eine Reform in Leben und Lehre herbeizuführen. Allmählich ging er weiter, er brachte Gropper zeitweise in freundschaftliche Berührung mit dem Straßburger Reformator Martin Butzer. Doch als Hermann diesen 1542 zu sich berief, um im Erzstift Köln gradeswegs die evangelische Lehre einzuführen, eine Absicht, die den weltlichen Ständen des kölnischen Landtages durchaus willkommen war, erklärte sich Gropper dagegen und war fortan zusammen mit dem Domkapitel der entschiedene Feind des Kurfürsten. Im April 1543 wurde auch Melanchthon an dessen Hof nach Bonn berufen und eine evangelische Kirchenordnung erlassen. Auch im kölnischen Herzogtum Westfalen fand das Luthertum Eingang, wie wir aus Geseke und Werl wissen; das ganze hohe Sauerland soll ihm zugefallen sein, nur Rüthen blieb dem alten Glauben treu. Aber als Karl V. im August 1543 auf dem Zuge gegen Kleve die Umgegend von Bonn schrecklich verheerte, dachte Hermann nicht daran, mit dem Herzoge gemeinsame Sache zu machen, während der Kaiser sich auf Drohungen beschränkte, denen gegenüber der Kurfürst fest blieb. Im Jahre 1545 übersandte er als Administrator des Stifts Paderborn auch dem dortigen Domkapitel und Rate seine Kirchenordnung zur Annahme und entband die Landeshauptstadt von ihren 1532 eingegangenen Verpflichtungen bezüglich der Religion (s. o. S. 20 f.). Doch im nächsten Jahre war für den Kaiser der Augenblick gekommen, um mit den Waffen auf der ganzen Linie gegen den Protestantismus vorzugehen, — Hermann fand auch jetzt nicht den Entschluß, sich auf die Seite der Schmalkalder zu schlagen. So war er das erste Opfer der katholischen Wiederherstellung, zu Anfang 1547 wurde seine Absetzung durchgeführt. Einen Widerruf, der ihn vielleicht gerettet hätte, verschmähte er, wie denn sein ganzes Vorgehen reinen Beweggründen ohne persönliche Nebenabsichten entsprang. Hermanns Nachfolger in Köln wurde ein Westfale, der streng katholische Adolf von Schaumburg, in Paderborn, das nun wieder einen eigenen Bischof erhielt, der ebenso gerichtete bereits siebzigjährige Rembert von Kerssenbrock. Die neue Lehre wurde im ganzen Erzstift unterdrückt, schon 1543 bezogen, von Gropper mit berufen, die Jesuiten ihre erste deutsche Station im heiligen Köln. So endete der Reformationsveruch Hermanns von Wied mit einem vollen Siege des alten Glaubens. „Aber," so darf man mit Ranke fragen, „hätte sich Holland wohl je von Deutschland getrennt, wenn es einen protestantischen Erzbischof von Köln gegeben hätte?"

Reformationsversuch Franz von Waldeck

Wie die Herren von Köln und Kleve, so befreundete sich auch der dritte große westfälische Landesfürst, Franz von Waldeck, Inhaber der Stifter Münster, Osnabrück und Minden, im Laufe der Zeit mit dem Gedanken, sich der Reformation anzuschließen. Eine selbständige kraftvolle Persönlichkeit war er so wenig wie jene. Hatten sein Bruder und sein Vetter, die regierenden Grafen von Waldeck, schon längst mit ihren Ländern das Luthertum angenommen

(s. o. S. 17), so stand er selbst in dauernder Fühlung mit dem hessischen Landgrafen. Andererseits war er bei seiner Wahl in Münster und Osnabrück bezüglich „des giftigen lutherischen Handels" die Verpflichtung eingegangen, das alte Herkommen zu erhalten und alle Neuerungen abzustellen. Unter dem Einflusse seiner Domkapitel und der Nachbarn in Köln und Kleve war er dem bisher nachgekommen, wie wir bei der Wiederaufrichtung des katholischen Glaubens im eroberten Münster sahen. Aber dann schlug der Wind in Köln und Kleve um und Franz, im Herzen wohl stets der neuen Lehre nicht abgeneigt, ließ es zu, daß diese seit 1538 im Niederstift, vor allem der Stadt Meppen, Fuß faßte. Wenn er sich am 1. Januar 1541 endlich die Bischofsweihe erteilen ließ, geschah das augenscheinlich deshalb, um seine Stellung den altgläubigen Domkapiteln gegenüber zu stärken. Mit Berufung auf den Regensburger Reichstagsabschied von 1541, der den Protestanten die christliche Reformation der Klöster und Stifter gestattete, trat Franz im Oktober des Jahres an den münsterschen Landtag auf dem Laerbrocke mit dem Ansinnen heran, gleichfalls die Reformation einzuführen. Aber er stieß auf den heftigsten Widerstand und mußte es erleben, daß man ihm mit der Absetzung drohte. Nach den schlimmen Erfahrungen, die das Stift Münster mit den Wiedertäufern gemacht hatte, bestand hier keine Neigung, sich abermals auf gewagte Neuerungen einzulassen, wenngleich das Luthertum in den Städten sowie in Bernhard von Westerholt, einem Wortführer der Ritterschaft und Besitzer der Herrlichkeit Lembeck (Kr. Recklinghausen), Anhänger besaß.

Im stillen verband Franz von Waldeck mit seinem Reformationsplan die weitere Absicht, seine Hochstifter in weltliche Fürstentümer zu verwandeln und zu seinen Erblanden zu machen, weshalb er auch an eine Heirat dachte. Diese Gedanken lagen damals in der Luft, schon 1525 hatte der Hochmeister des Deutschen Ordens, Albrecht von Brandenburg, das Ordensland Preußen sich zum weltlichen Herzogtum umgeschaffen, aber zur Durchführung eines derartigen Unterfangens hätte es eines Stärkeren bedurft, als Franz es war. Ganz abgesehen von dem entschiedenen Widerstand der altkirchlichen Seite erweckte der Plan die Eifersucht des um Rat gefragten Landgrafen, dem die Aussicht auf ein einheitlich nordwestfälisches Land, bedeutender als sein eignes, keineswegs behagte.

Hermann Bonnus

Günstigeren Boden fand die Einführung der neuen Lehre im Hochstift Osnabrück, vor allem bei der im Herzen längst lutherisch gesinnten Hauptstadt. Im Jahre 1542 überließ ihr der Bischof die drei Bettelordensklöster, deren Insassen stark zusammengeschmolzen waren; der Rat wünschte, aus dem Vermögen eine evangelische höhere Schule zu errichten. Zu Ende des Jahres beriefen Bischof und Stadt gemeinsam den Superintendenten von Lübeck, Hermann Bonnus, um die Reformation im ganzen Hochstift planmäßig einzuführen. Hermann Bonnus (von Bunnen) war ein Landeskind. Er hatte in Quakenbrück als Sohn eines Schuhmachers, der jedoch im Rate saß, das Licht der Welt erblickt und die berühmte Schule in Münster, demnächst die Wittenberger Hochschule besucht, war später Prinzenerzieher am Hofe des Dänenkönigs Friedrichs I. zu Gottorp bei Schleswig gewesen und 1530 mit erst 26 Jahren Superintendent der soeben lutherisch gewordenen Reichsstadt Lübeck geworden. Als solcher hatte er alsbald eine ernste Charakterprobe bestanden. Lübeck war durch eine innere Umwälzung des Bürgermeisters Jürgen Wullenweber in ein radikales Fahrwasser geraten; die Zustände hatten eine gewisse Ähnlichkeit mit dem münsterschen Wiedertäuferreich und es bestand die Gefahr, daß sie in täuferische Schwärmerei ausarteten. Da trat Bonnus, anders als Rothmann in Münster, dem „unordentlichen Rate", wie er ihn nannte, mannhaft entgegen, was ihn vorübergehend sein Amt kostete, aber dazu beitrug, daß das lutherische Bekenntnis sich in Lübeck behauptete. — Vom dortigen Rate beurlaubt, erschien Bonnus Anfang 1543 in Osnabrück und predigte hier am Tage Mariae Reinigung (2. Febr.) zum ersten Male in der Marienkirche, dann auch in der Sylvesterkirche seiner Vaterstadt sowie vor dem Bischof in Iburg. Er verfaßte lutherische Kirchenordnungen für die Stadt und das Stift Osnabrück, überall führte er den evangelischen Gottesdienst ein. Der erste Superintendent wurde Johann Pollius, der vormals in tecklenburgischen Diensten gestanden hatte (s. o. S. 17). Nur das Domkapitel, sowie einige andere Stifter und Klöster, z. B. Herzebrock, blieben standhaft beim alten Glauben.

Gern hätte Bischof Franz durch Bonnus auch das Stift Münster reformieren lassen, doch glückte es ihm hiermit so wenig wie mit seinen anderweiten Bemühungen, einen tüchtigen Theologen, etwa Butzer oder den aus Warburg gebürtigen Anton Corvinus, den Reformator Niedersachsens, für diesen Zweck zu gewinnen. Als das Erscheinen von Bonnus dem münsterschen Domkapitel angekündigt wurde, drohte es, ihn in einen Sack zu stecken und zu ersäufen. Immerhin konnte jener seine Tätigkeit auf das Amt Kloppenburg und die Grafschaft Delmenhorst im Niederstift mit Erfolg ausdehnen. Dazu gingen auch die benachbarten Grafschaften Bentheim und Steinfurt, seit 1530 in der Hand des Grafen Arnold II. vereint, im Jahre 1544 zur neuen Lehre über.

Hermann Bonnus lebt fort als der Reformator des Osnabrücker Landes. Er war der rechte Mann für diese Aufgabe, gewiß kein himmelstürmendes Genie, dafür als echter Westfale schlicht, treu und praktisch, von einem stetigen Feuer erwärmt und, aus einer tiefen Frömmigkeit heraus, voll sittlichen Ernstes; mehr als einen Gegner hat er durch die Macht seiner Persönlichkeit zu sich hinübergezogen. Bemerkenswert ist die konservative Gesinnung dieses tätigen Kirchenerneuerers. Nach Möglichkeit behielt er die alten Bräuche, die lateinischen Hymnen im Gottesdienst, die Meßgewänder und Lichter bei. Auf politischem Gebiete wollte er nicht dulden, daß der gemeine Mann der Obrigkeit Richter sei. Auch an der niederdeutschen Sprache, die damals allgemein, vor allem durch Luthers Einwirkung, vor der hochdeutschen zurücktrat, hielt er in Wort und Schrift fest. Von den westfälischen Reformatoren ist Bonnus, wenn nicht die bedeutendste, so jedenfalls die anziehendste Gestalt. Noch vor Ablauf des Jahres 1543 hatte er sein Werk im Lande vollendet und kehrte nach Lübeck zurück, wo er bereits 1548 gestorben ist.

Zuspitzung der politischen Lage

Der Übergang des Stiftes M i n d e n zur neuen Lehre machte am wenigsten Schwierigkeiten. Wir sahen (s. o. S. 21), wie der Prädikant Nikolaus Krage in der Stadt einen Umsturz der Verfassung herbeigeführt hatte; nach dem Ende der Wiedertäufer kehrte die Bürgerschaft zur alten Ordnung zurück und verwies den wenig würdigen Kirchenmann aus ihren Mauern. Dazu gelang es 1536 dem Bischof Franz, die Stadt und das Domkapitel zu versöhnen, worauf dieses zurückkehrte und im Dome den katholischen Gottesdienst wiederaufnahm. Ein Versuch Krages, durch einen neuen Aufstand seine Stellung zurückzugewinnen, schlug fehl; er wurde nach Hoya abgeschoben, von wannen er gekommen war. So kehrten im Innern der Stadt ruhigere Verhältnisse ein und auch das Land erschloß sich dem lutherischen Bekenntnis. Nun aber erlangte die noch immer vertriebene Stifts- und Klostergeistlichkeit ein obsiegendes Urteil beim Reichskammergericht gegen die Stadt, und weil diese dem keineswegs gehorchte, verfiel sie 1538 der Reichsacht. Einen Augenblick schien es, als ob der Vollzug der Reichsacht gegen Minden der

Funke sein würde, woran sich die seit langem drohende kriegerische Auseinandersetzung zwischen den evangelischen und katholischen Mächten im Reiche entzünden würde. Es bestand die Gefahr, daß der soeben geschlossene Nürnberger Bund katholischer Fürsten, dessen norddeutscher Vorkämpfer der längst auf Minden erpichte Herzog Heinrich von Wolfenbüttel war, die Acht mit Waffengewalt durchführen würde. Die Stadt aber gehörte als einzige Westfalens seit 1536 dem Schmalkaldischen Bunde an, der sich ihrer nachdrücklich annahm. Auf beiden Seiten rüstete man, da sicherte der „Frankfurter Anstand" 1539 noch einmal den Frieden, indem er die gegen die Evangelischen schwebenden Prozesse beim Reichskammergericht einstweilen aufschob.

So war die Lage in den drei Stiftern des Waldeckers schließlich die, daß in Minden und Osnabrück das evangelische Bekenntnis durchdrang und im wesentlichen nur noch die Domkapitel am alten Glauben festhielten, während in dem größeren Münster das übermächtige Kapitel die amtliche Einführung der Kirchenerneuerung zumindest im Oberstift verhinderte, ohne daß es dieser hier an Anhängern ganz gefehlt hätte. Politisch stand Franz in enger Fühlung mit dem Landgrafen und stellte ihm 1542 Hilfstruppen gegen seinen alten Gegner von der Mindener Bischofswahl her, Herzog Heinrich von Wolfenbüttel (s. o. S. 10), der damals von Hessen und Kursachsen aus seinem Lande verjagt wurde. Aber dadurch machte Franz sich den Welfen vollends zum Feinde, dessen Umtriebe sich noch verstärkten, seit er heimatlos war, und der auch mit dem münsterschen Domkapitel Pläne schmiedete. Franz dagegen bemühte sich, mit Hilfe des Landgrafen in den Schmalkaldischen Bund aufgenommen zu werden. Indes befürchteten hier die kleineren Herren und die immer vorsichtigen Städte, durch Franz bei seiner gefährdeten Lage in einen Krieg verwickelt zu werden; ohne daß die Aufnahme geradezu abgelehnt worden wäre, wurde sie von einer Bundestagung zur anderen verschleppt. Im Frühjahr 1545 bestand die Besorgnis, daß Herzog Heinrich mit gewaffneter Hand in das Stift Münster einbrechen und der Kaiser darauf unter dem Vorgeben, den Frieden wiederherzustellen, gleichfalls einrücken werde, um den Krieg gegen die Schmalkalder zu eröffnen. Im Herbste schlug Heinrich wirklich los, um sich seines Landes wieder zu bemächtigen, doch das Glück war ihm nicht hold, er fiel als Gefangener in die Hand seines geschworenen Feindes, des Landgrafen. Auch seine Parteigänger, die

Grafen Otto von Rietberg und Johann von Schaumburg, traf die Rache des Hessen, der das Schloß Rietberg eroberte und der Gemahlin des Grafen erneut als Lehen übertrug; in Schaumburg ging die Regierung auf den Grafen Otto über.

Der Schmalkaldische Krieg

Im Jahre 1546, Luthers Todesjahr, brach die langbefürchtete gewaltsame Auseinandersetzung um den Glauben in Deutschland wirklich aus, der Schmalkaldische Krieg begann. Im stillen war es, wie der Landgraf Philipp gelegentlich aussprach, all die Jahre hindurch das unverrückte Ziel Karls V. gewesen, „die reine Lehre des Evangeliums zu vertilgen und die Freiheit der Nation zu unterdrücken;" jetzt hatte er die Arme frei, um sich dem mit voller Kraft zuzuwenden. Im Januar erging ein Befehl des Kaisers an die münsterschen Stände, alle kirchlichen Neuerungen abzustellen; auf dem Landtage erhoben jene darauf entsprechende Forderungen gegen den Bischof und verlangten nachdrücklich dessen Neutralität. Seit dem Juni stand der Krieg des Kaisers mit den Schmalkaldern in sicherer Aussicht; ein bald darauf von ihm in Nordwestdeutschland aufgestelltes Heer unter dem Niederländer Egmont Graf von Büren hatte zeitweise alle drei Stifter Franzens in der Gewalt, wurde dann aber zur Unterstützung des Kaisers in Oberdeutschland benötigt. Als sich dort die Dinge zugunsten Karls entschieden hatten, ließ er zu Ende des Jahres den Statthalter von Seeland, Jobst von Groningen, und den bekannten Söldnerführer Christoph von Wrisberg ein weiteres Heer in Westfalen anwerben, Musterungsplatz war Lüdinghausen. Die beiden Führer bemühten sich um ein gutes Verhältnis zum Bischof und behandelten das Münstersche als Freundesland; Franz kam es nun zustatten, daß er niemals dem Schmalkaldischen Bunde angehört hatte.

Groningens erstes Ziel war T e c k l e n b u r g , dessen Graf Konrad schon im Oktober zuvor als Mitglied des Bundes vom Kaiser geächtet worden war. Das Land wurde furchtbar verheert, kopflos übergab der Graf bereits am zweiten Tage (26. Jan.) das mit Vorräten aller Art gut versehene Schloß. Nach dem Vertrage hatte er 15000 Tlr. zu bezahlen und die ihm 1541 nach dem Tode des Grafen Nikolaus IV. zugefallene Grafschaft Lingen dafür als Pfand einzuräumen. Im Vorbeiziehen nötigte das kaiserliche Heer der Stadt O s n a b r ü c k eine beträchtliche Kriegskontribution ab und marschierte auf R i e t b e r g , das von seiner Gräfin gleichfalls ohne Kanonenschuß übergeben wurde (3. Febr.); ihre Söhne erlangten die

Grafschaft als Reichslehen zurück. „Zur Vermeidung gänzlichen Verderbnisses" unterwarf sich am 7. Februar der junge Graf Bernhard VIII. zur Lippe; er hatte dem Schmalkaldischen Bunde und der Freundschaft mit dem Landgrafen zu entsagen und eine hohe Brandschatzung zu zahlen. Die Grafen von Hoya, Schaumburg und Diepholz kamen gelinder davon. Zwei Tage darauf lagerte das Heer vor Minden; ungeachtet seiner starken Befestigungen und obwohl es dem Gegner an Geschütz fehlte, kapitulierte auch Minden auf Gnade und Ungnade.

Die Widerstandslosigkeit, mit der die evangelischen Herren und Städte Westfalens die Waffen streckten, war wenig rühmlich. Das Land war bekannt als Werbeplatz für tüchtige Soldaten, hier waren die meisten und besten Reiter zu finden, so daß es sich sehr wohl hätte wehren können. Was ihm fehlte, war die einheitliche, entschlossene Führung. Dem Bischof Franz waren durch die münsterschen Stände die Hände gebunden, unter den kleinen weltlichen Herren wurde viel zu spät, Mitte Januar, ein Bündnis geplant, aus dem dann doch nichts wurde, Minden ging umsonst die Unterstützung der ihm nahestehenden sächsischen Städte an. Verständlich wird der allgemeine Kleinmut einmal durch die angeborene Scheu, dem Reichsoberhaupt entgegenzutreten, das sich nach Jahrhunderten zum ersten Male wieder in Westfalen kraftvoll zur Geltung brachte, sodann durch das üble Beispiel, das Philipp von Hessen gab. Seit zwei Jahrzehnten war er der anerkannte Vorfechter der evangelischen Sache in Westfalen wie weithin im Reiche gewesen; jetzt waren dem Heißblütigen wieder einmal die Schwingen gelähmt, mut- und tatenlos saß er den ganzen Winter über zu Hause, ohne doch sein Schicksal, die demnächstige Gefangenschaft durch den Kaiser, zu wenden. Daß das eilig zusammengeraffte Heer Groningens und Wrisbergs keineswegs unwiderstehlich war, zeigte sich bald darauf, als es das tapfer sich wehrende Bremen vergeblich belagerte; trotzdem der Herzog Erich von Kalenberg die Kaiserlichen noch verstärkte, erlitten sie bei Drakenburg an der Weser am 25. Mai eine empfindliche Niederlage durch das Heer der Protestanten.

Die ersten Folgen des Krieges

Aber inzwischen war die Schlacht bei Mühlberg geschlagen (24. April), der Kaiser triumphierte, im Juni lag ihm ganz Deutschland zu Füßen. Für Westfalen hatte dieser Ausgang zunächst in gebietlicher Hinsicht einige Folgen. Nach Bezahlung seiner Schuld erhielt der Graf Konrad von Tecklenburg die zum Pfande gesetzte Grafschaft Lingen keineswegs zurück, vielmehr übertrug der Kaiser, der sich als Herzog von Geldern als deren Lehnsherrn betrachtete (s. o. S. 9), seinem Feldherrn, dem Grafen von Büren, das Land als Lehen, und als dieser bald darauf starb, kaufte er sie von dessen Tochter zurück (1551) und schlug sie seinen niederländischen Besitzungen zu, mit denen er im gleichen Jahre seinen Sohn Philipp belehnte. So drangen die spanischen Habsburger nun doch in Westfalen ein, und zwar an dem wichtigen Punkte, wo die Straße von Münster nach Emden sich mit der von den Niederlanden nach dem nördlichen Westfalen kreuzte. Tecklenburg verlor auf diese Weise die Hälfte seines Gebietes, alle Vorstellungen und Proteste des Grafen Konrad waren vergeblich, nicht minder die seiner Nachfolger, die noch länger als hundert Jahre ihre Ansprüche auf Lingen im Reichstage immer wieder zur Sprache brachten.

Der andere Leidtragende war das Hochstift Münster. Bei der Belagerung Bremens erhielt die Stadt ihre Zufuhr zum Teil über das münstersche Delmenhorst. Der auf kaiserlicher Seite fechtende Graf Anton von Oldenburg nahm das zum Anlaß, die alten unvergessenen Ansprüche seines Hauses auf die Grafschaft Delmenhorst, aus der es 1482 verdrängt worden war (Bd. I, S. 399), wieder hervorzuholen. Alljährlich hatte er das Schloß durch einen Trompeter zur Übergabe auffordern lassen, schon 1538 hatten die Oldenburger Grafen es gemeinsam versucht, sich mit gewaffneter Hand wieder in den Besitz zu setzen, indem sie das Niederstift überfielen, ohne doch zum Ziele zu gelangen. Jetzt bemächtigte sich Anton von Oldenburg mit Hilfe der kaiserlichen Truppen der Stadt, des Schlosses und der Grafschaft Delmenhorst. Damit hatte Münster diesen seinen entferntesten Besitz wieder eingebüßt, auch ein über hundert Jahre am Reichskammergericht hingeschleppter Rechtsstreit vermochte an der Tatsache nichts zu ändern. Fortab reichte das Hochstift im Nordosten nicht mehr bis zur Weser, sondern nur noch an die Hunte mit Wildeshausen; jenseit verblieb ihm nur das zum Amte Vechta gehörige Twistringen.

Demütigung Franz' von Waldeck

Einschneidender waren die Folgen des kaiserlichen Sieges auf dem kirchlichen Gebiete. Vor allem Franz von Waldeck bekam sie zu spüren, und zwar war es jetzt das Osnabrücker Domkapitel, das ihn in Bedrängnis brachte. Schon im April hatte es von ihm die Wiederherstellung des katholischen Gottesdienstes in Stadt und Land gefordert, wogegen die Stadt sich zur Wehr setzte; dazu erhob es gegen ihn Klage in Rom wegen Ketzerei und beantragte seine Absetzung. In dieser Lage bewies Franz nicht die Charakterstärke, wie vordem Hermann von Wied; im März 1548 widerrief er die durch Bonnus eingeführte Reformation, im Mai mußte er auf wiederholte Ladung des Kapitels unter der Hohen Linde bei Osede vor dem Landtage erscheinen und sich Demütigungen gefallen lassen. Dadurch erreichte er es, daß die Klage in Rom erfolglos blieb, zumal überraschenderweise das Münstersche Kapitel dort für ihn eintrat und auf die Dienste hinwies, die er der Kirche im Kampfe gegen die Wiedertäufer geleistet hatte. Mit stark gemindertem Ansehen ging der Bischof aus diesen Auseinandersetzungen hervor, den Kapiteln gegenüber hatte er alle Freiheit des Handelns eingebüßt; ohne den Rat ständischer Abgeordneten, der sog. Landräte, konnte er nichts mehr unternehmen.

Das Interim

Auf dem sog. geharnischten Reichstage zu Augsburg erließ der Kaiser am 30. Mai 1548 die „Erklärung, wie es der Religion halber im heil. Reiche bis zum Austrag des gemeinen Concilii gehalten werden soll", das sog. Interim, das bis auf wenige äußerliche Zugeständnisse wie Laienkelch und Priesterehe — diese den Wünschen der Geistlichen, jener denen des Volkes entsprechend —, die alte Kirche in Lehre und Brauch wiederherstellte. Auch für die abgefallenen Teile Westfalens hatte das Interim Geltung und brachte einen starken Gewissensdruck mit sich.

Am besten sind wir über die Wiederherstellung der alten Kirche in Soest unterrichtet. Der Herzog Wilhelm von Kleve begab sich persönlich dorthin, offenbar um gleichzeitig die weitgehende Selbständigkeit der Stadt zu beschneiden; auch der hier beheimatete Johann Gropper, Stiftsherr von St. Patrokli, erschien und war dauernd der Antreiber. Der Rat mußte sämtliche Prädikanten mit Weib und Kind ausweisen, auch das städtische Gymnasium zugunsten der Kapitelschule preisgeben. Ungeachtet daß die Stadt seit 18 Jahren sich zum Luthertum bekannte, wurde das Abendmahl unter beiderlei Gestalt nicht zugelassen, alle Gegenvorstellungen der Bürgerschaft ließ der Kaiser unbeantwortet, der im übrigen mit Erlassen an die Stadt nicht sparte. Freilich war es schwer, für die verwaisten Kirchen brauchbare katholische Geistliche aufzutreiben, ein an St. Pauli eingesetzter Kaplan machte sich alsbald der Irrlehre verdächtig und mußte wieder entfernt werden. Die Bürger blieben im Herzen lutherisch, der Rat leistete versteckten Widerstand und konnte nur mit Mühe den Ausbruch offener Unruhen hintan halten. Ähnlich sah sich im benachbarten Lippstadt der Rat durch die beiden Landesherren genötigt, dem evangelischen Bekenntnis zu entsagen, zwei Geistliche taten desgleichen, drei andere, die sich nicht anbequemten, wurden ausgewiesen.

Die Durchführung des Interims in der Grafschaft Mark, wo auch nach dem Vertrage von Venlo 1543 die neue Lehre Fortschritte gemacht hatte, litt darunter, daß der Herzog Wilhelm einer von dem kölnischen Erzbischof angeordneten Visitation Schwierigkeiten in den Weg legte. In der Reichsstadt Dortmund hatte sich unter Führung des Schulrektors Johann Lambach und seines Freundes, des Pastors Schöpper, seit 1543 ein religiöser Zustand entwickelt, der in wesentlichen Punkten der lutherischen Auffassung nahekam; jetzt kehrte mit den friedfertigen beiden Gelehrten auch Dortmund zum alten Glauben zurück. In der klevischen Grafschaft Ravensberg wußte der dem Luthertum zugetane Droste Mathias von Altenbockum Härten zu vermeiden, so daß das Interim in dem seit 1542 evangelischen Bielefeld wie auf dem Land nur sehr äußerlich durchdrang. Ähnlich verfuhr der eifrig lutherische Graf Wolrad von Waldeck, der 1543 Korbach, der letzten Feste des alten Glaubens im Lande, die Reformation aufgenötigt hatte; jetzt lavierte er mittels einiger scheinbaren Zugeständnisse durch die schwierige Zeit.

Anders erging es in der Grafschaft Lippe. Nach dem Tode des katholischen Grafen Simon V. 1536 war sein unmündiger Sohn Bernhard VIII. am Hofe des Landgrafen im evangelischen Glauben erzogen worden, unter hessischem Einfluß hatte das Land 1538 eine Kirchenordnung erhalten und Anton Corvinus demnächst die kirchlichen Dinge im einzelnen geregelt. Jetzt griff hier der eifrige Diözesanbischof Rembert von Kerssenbrock in Paderborn mit Strenge, z. T. mit Waffengewalt, zugunsten des Interims durch. Ebenso verfuhr er im Gebiete von Korvey zu Höxter und vor allem im eigenen Lande, wo er eine Visitation abhielt; die meisten Pfarrer fügten sich seinen Anordnungen, widersetzliche wurden vertrieben.

Dagegen gelang es dem Bischofe nicht, sich in der alten Reichsabtei Helmarshausen durchzusetzen. Jahrzehntelang hatte sie sich bei völlig verfallener Klosterzucht im Zustande der Auflösung befunden, ihr Gebiet, das Städtchen Helmarshausen und die Krukenburg, waren so gut wie paderbornisch gewesen. Da hatte Philipp von Hessen 1540 sich von dem letzten Abte, Georg von Marenholtz, gegen eine Entschädigung dessen Rechte abtreten lassen, sich der noch vorhandenen Abteigüter bemächtigt und die Huldigung der Stadt entgegengenommen. So anfechtbar dieses Vorgehen war, alle Proteste Paderborns blieben wirkungslos, Helmarshausen gehörte seitdem zum Hessenlande.

Ähnlich wie im Paderbornschen wird es mit dem Interim im Kölnischen ergangen sein; der Erzbischof Adolf von Schaumburg bemühte sich, durch Synoden die Pfarrgeistlichkeit wieder fest in die Hand zu bekommen und ihr Leben zu bessern. Ihm tat Franz von Waldeck es nach, das Verbot der wilden Ehen nahm sich freilich in seinem Munde eigentümlich aus. Von Franzens drei Stiftern war und blieb Münster amtlich katholisch. In Osnabrück setzte das Kapitel es durch, daß das Interim auf dem Lande wie auch in der Stadt eingeführt wurde; diese mußte die ihr überlassenen drei Klöster zurückstellen. Aber die Bürgerschaft blieb überwiegend dem Luthertume treu, ebenso die Geistlichen, die großenteils das Land räumten. Nicht überall gelang es, Ersatz zu beschaffen, die Katharinenkirche blieb länger als ein Jahr ohne Gottesdienst. Die Stadt Minden dagegen wehrte sich mit Erfolg gegen das Interim, eine dieserhalb vom Bischof berufene Synode tagte außerhalb in Lübbecke und es bezeichnet die Sachlage, daß hier der erst vierundzwanzigjährige Hermann Hamelmann aus Osnabrück zum Redner bestellt wurde, der spätere Vorkämpfer und Geschichtsschreiber der Reformation.

Umschwung durch die Fürstenerhebung

Nicht in Westfalen allein, weithin im Reiche begegnete das Interim der Abneigung und offenen Ablehnung. Daneben erfüllte die alles beherrschende Stellung des Kaisers die deutschen Fürsten mit steigender Besorgnis, „zu einer solchen viehischen, untreglichen und ewigen Servitut, wie in Hispania", niedergedrückt zu werden. Unter Führung von Moritz von Sachsen, dessen Verrat an der evangelischen Sache der Kaiser den Sieg über die Schmalkalder verdankte, bildete sich eine Fürstenverschwörung gegen ihn und erkaufte die Hilfe des französischen Königs durch die schmähliche Preisgabe von Metz, Toul und Verdun. Moritz, der sich seinem Lehrer jetzt als Meister in der Kunst der Verstellung erwies, schlug im Frühjahr 1552 los; der völlig überraschte wehrlose Kaiser mußte über den Brenner entfliehen, das zu Trient versammelte Kirchenkonzil stob auseinander. Mit einem Schlage war die Sachlage völlig gewandelt. Vorläufig sollte der Passauer Vertrag den Frieden wiederherstellen.

Aber bald mußte die Welt erfahren, was man in fürstlichen Kreisen unter der zurückgewonnenen deutschen Libertät verstand. Durch den Schmalkaldischen Krieg hatte Herzog Heinrich von Wolfenbüttel die Freiheit und sein Herzogtum wiedererlangt; nun sann er auf Rache an seinen alten Widersachern. Sein Sohn, der Herzog Philipp Magnus, zog im Frühjahr 1553 einige Truppen, fünf Reitergeschwader und acht Fähnlein Knechte, unter dem grauen Wolfe als Feldzeichen zusammen und verlangte von Bischof Franz von Waldeck 80 000 Tlr. zur Sühne dafür, daß dieser 1542 Hilfstruppen zur Vertreibung seines Vaters gestellt hatte, — mit Hessen, dessen Landgraf der Führer des Unternehmens gewesen war, hütete er sich anzubinden. Als die Verhandlungen nicht gleich zum Ziele führten, setzte Philipp Magnus seine „Defension", wie er seinen frevelhaften Angriff nannte, ins Werk, indem er zunächst den Grafen zur Lippe brandschatzte und dann in das Stift Osnabrück einfiel. Ungeachtet der eingelaufenen Warnungen war man hier völlig ungerüstet. Auf der Iburg, des Bischofs gewöhnlicher Residenz, gab es zwar eine prunkvolle Rüstkammer, aber keinen Schuß Pulver, so fiel das Schloß mit all seinen Vorräten und Schätzen ohne Gegenwehr dem Feinde zur Beute; der Bischof und seine Räte waren mit knapper Not entkommen. Die Stadt Osnabrück brannte in Eile die unbefestigten Vorstädte ab; zu einem ernsthaften Angriff war der Herzog zu schwach. Nachdem er vom Stifte Osnabrück eine Summe von 29 000 Tlrn. erpreßt hatte, zog er, alles verwüstend, weiter ins Münsterland, wo er alsbald Sassenberg und Warendorf einnahm und sich mit nicht weniger als 100 000 Tlrn., einer Tonne Goldes, abkaufen ließ. Dazu mußte Bischof Franz zugunsten von des Herzogs jüngerem Bruder Julius auf das Stift Minden verzichten, das damit wieder in braunschweigische Hand überging; auf dem Rückzuge besetzte Philipp das Stift und ließ seinem Bruder huldigen. Nur die Stadt Minden setzte sich zur Wehr, vertrug sich aber schließlich, nachdem ihre Vorstädte erstürmt waren. Auch die Grafen von Tecklenburg, Hoya und Schaumburg kamen nicht ohne Brandschatzung davon. Das Stift Paderborn endlich, gegen das irgendein einleuchtender Grund zum Angriff nicht vorlag, mußte sich mit 25 000 Tlrn. loskaufen, dazu hatte der bejahrte Bischof von Kerssenbrock den Herzog Julius zum Koadjutor mit dem Rechte der Nachfolge anzunehmen.

Raubzug des Herzogs Philipp Magnus

Wiederherstellung der münsterschen Stadtverfassung

Wieder wie schon 1547 waren die westfälischen Krummstabslande und die kleinen weltlichen Herren die wehrlose Beute eines keineswegs starken feindlichen Überfalls geworden und hatten damit den Beweis geliefert, daß ihr Dasein im Grunde überlebt war; noch im späteren Mittelalter hatten sich die größeren geistlichen Gebiete durch die nachdrückliche Wahrung des Landfriedens hervorgetan. Den Bischof Franz hatte der Überfall nicht nur das Stift Minden gekostet; in den ihm verbliebenen war jetzt auch der Rest seines Ansehens dahin. Schonungslos gaben die Osnabrücker Stände seinem Unfleiß und Versäumen die Schuld an dem Unglück und wollten nicht leiden, daß er wieder ins Land käme und die Regierung übernähme; in Münster dachte man nicht ganz so schroff. Dabei waren die Stände selbst es gewesen, die die Leitung der Geschäfte dem Fürsten mehr oder weniger aus der Hand genommen hatten. Die Folge war, daß der Bischof nun bei der Stadt Münster Anlehnung suchte: am 17. Mai 1553 gab er ihr, ohne den Landtag zu fragen, nach längeren Verhandlungen die freie Rechtsstellung und Verfassung uneingeschränkt zurück, wie sie diese bis zur Wiedertäuferzeit besessen hatte. Eben damals gingen die sich festigenden größeren deutschen Länder planmäßig darauf aus, die überkommene Selbständigkeit der großen wie der kleinen Städte, die sie zu Staaten im Staate machte, abzubauen und auch die Gemeindeverwaltung ihrer Aufsicht zu unterwerfen; in Münster dagegen wurde nun die alte Verfassung, die sich zweimal, bei den hoyaschen wie bei den Wiedertäuferwirren, für Stadt und Land als unheilvoll erwiesen hatte, vorbehaltlos wieder hergestellt — mit dem Ergebnis, daß schon 1566 sich der Bischof Bernhard von Raesfeld über die Unbotmäßigkeit der Stadt bitter beklagte und daß Münster 100 Jahre später noch einmal mit den Waffen bezwungen werden mußte.

Der Tod Franz' von Waldeck

Es war die letzte Tat des Bischofs Franz von Waldeck. Am 16. Juli 1553, auf dem Schlosse Wolbeck bei Münster, brach ihm der Gram über die Demütigung durch den Braunschweiger das Herz. Länger als 20 Jahre hatte er in entscheidungsvoller Zeit an erster Stelle in Westfalen gestanden. Es ist schwer, seiner Persönlichkeit gerecht zu werden. Zwischen dem alten und neuen Glauben wiederholt schwankend, hat er von beiden Seiten eine wenig günstige Beurteilung erfahren. Ein Zeitgenosse, der junge Osnabrücker Edelmann Jasper von Schele, macht ihm neben der Annahme des Interims sein Verhältnis zu Anna Polmann, seiner Lebensgefährtin, zum Vorwurf, die Schele mit ihrem beherrschenden Einfluß als eine Vorläuferin der Marquise von Pompadour schildert. Doch war er offensichtlich voreingenommen. Von katholischer Seite hat noch neuerdings Josef Lortz über den „armseligen Franz von Waldeck" als charakterlich minderwertig abgeurteilt. Daß er kein Staatsmann großen Stiles und ebensowenig ein unbeugsamer Charakter war, liegt auf der Hand; einig sind sich seine Zeitgenossen darin, daß sie seine Herzensgüte anerkennen. Aber damit allein hätte er sich in den stürmischen Zeiten kaum so lange behaupten können, einiges Eigengewicht wird man ihm schon zubilligen müssen. Wir sahen, daß er die verlockenden niederländischen Anmutungen auf seine Stifter zurückwies, denen sein Vorgänger Friedrich von Wied sicherlich erlegen wäre; an der Bekämpfung der Wiedertäufer hielt er unweigerlich fest und später bis 1546 an den reformatorischen Bestrebungen. Äußerlich eine gewinnende Erscheinung, war er auch im Wesen der große Herr aus altem Hause, der sich mit einer gewissen Lässigkeit äußeren Einflüssen, wie denen der Anna Polmann oder seiner Räte, überließ, ohne doch sich selbst darüber zu verlieren.

Die Schlacht bei Sievershausen

Wenige Tage vor Franzens Tode, am 9. Juli 1553, gab die Schlacht bei Sievershausen Nordwestdeutschland für einige Jahrzehnte die äußere Ruhe zurück. Philipp Magnus war nicht der einzige fürstliche Räuber jener Zeit; ihn übertraf noch sein Gegner, der Markgraf Albrecht von Brandenburg-Kulmbach, „der schamloseste Friedbrecher des Jahrhunderts". Auch er stattete Westfalen einen, wenngleich kurzen Besuch ab. Auf die Kunde nämlich, daß das Stift Münster einen größeren Teil der Kontribution, 40 000 fl., an Philipps Bevollmächtigte zu Herford ausbezahlt habe, eilte er, in der Nähe stehend, herbei und schnappte jenem das Geld weg. Dann hauste er im Stifte Minden, das er als Feindesland betrachtete, und belagerte Petershagen. Bald darauf ereilte ihn sein Schicksal. Kurfürst Moritz von Sachsen hatte ein Bündnis gegen ihn zustande gebracht, dem auch Herzog Heinrich von Wolfenbüttel angehörte; bei Sievershausen zwischen Braunschweig und Hannover wurde die Macht des Brandenburgers gebrochen. Aber die blutige Wahlstatt bedeckten auch der Kurfürst Moritz und der Herzog Philipp Magnus, beide ihre geschichtliche Schuld büßend.

Religionsfriede zu Augsburg

Im Jahre 1555 kam auf dem Reichstage zu Augsburg nach langen Verhandlungen der Religionsfriede zustande, der das erste Menschenalter des deutschen Kirchenkampfes beendete. Vom Interim war keine Rede mehr. Die Anhänger der Augsburgischen Konfession von 1530 erhielten freie Religionsübung nach dem Grundsatze „Wes das Land, des der Glaube“ (Cujus regio, ejus religio), d. h. der Landesherr bestimmt das Glaubensbekenntnis seiner Untertanen, so daß die Glaubensfreiheit im Grunde nur jenem zustand. Mehrere Streitpunkte blieben offen; tatsächlich war der Religionsfriede nicht mehr als ein Waffenstillstand.

5. Kapitel

Westfalen und Livland

Wolter von Plettenberg

Noch einmal haben wir das Westfalen über See, das ferne Livland, in den Kreis unserer Betrachtung zu ziehen. Die engen persönlichen Verbindungen vom Mutterlande nach dort bestanden noch über die Mitte des sechzehnten Jahrhunderts hinaus fort, eben jetzt wurde das Schicksal des Baltenlandes für lange Zeit durch zwei bedeutende Westfalen bestimmt. Der erste ist Wolter von Plettenberg. Er war ein Sohn der Soester Börde, der wohl auf dem elterlichen Sitze Meyerich um 1450 das Licht der Welt erblickt hatte. Schon im Knabenalter nach Livland und in den Deutschen Orden gelangt, stieg Plettenberg im Verwaltungs- und Grenzdienst schnell empor, so daß er 1489 als Landmarschall oberster Rat des Ordensmeisters wurde. Groß-Livland befand sich seit längerer Zeit in einer inneren Krisis. Trotz der Führung durch den Orden krankte die Einigkeit des „Fünfstaats“ (Bd. I, S. 408) an der starken, eifersüchtig behüteten Stellung der Bischöfe, voran des Erzbischofs von Riga; in dem gemeinsamen Organe, dem Landtage, trat die „gestrenge, ehrbare und wohltüchtige Ritter- und Mannschaft“ mit trotziger Selbstherrlichkeit auf, die drei großen Städte Riga, Reval und Dorpat standen darin nicht zurück — die Weite und Ellenbogenfreiheit des Koloniallandes steigerten gewaltig das Herrenbewußtsein. An diesen Schwierigkeiten waren drei Ordensmeister nacheinander mehr oder weniger gescheitert, als 1494 Wolter von Plettenberg kraft einstimmiger Wahl an die erste Stelle trat.

Wenn es ihm gelang, die Einigkeit im Lande herzustellen, so geschah das unter dem Drucke eines von außen heraufziehenden schweren Unwetters. Seit langem befand Rußland sich im Aufstieg. Der Zar Iwan III. (1462—1505) hatte das Tartarenjoch abgeschüttelt, die Republiken Nowgorod und Pleskau unterworfen und war unmittelbar an Livland herangerückt, das ihn noch von der See schied. Was man von Iwan zu erwarten hatte, zeigten der Überfall und die Schließung des alten Hansekontors in Nowgorod 1494. Der Moskowiter brüstete sich, die Deutschen säßen in Livland „als de Swiine yn enen Swynkaven" (Schweinestall), ihm gehöre das Land und er werde alle Ritter mit der Peitsche hinausjagen.

Plettenberg bereitete die unausbleibliche Auseinandersetzung sorgfältig vor. Freilich waren die Kräfte des eigenen Landes im Vergleich zu dem russischen Koloß nur gering, der Hochmeister in Preußen zu keiner durchgreifenden Hilfe imstande, die Hanse versagte ganz (Bd. I, S. 408), nur mit dem Großfürsten Alexander von Litauen kam ein Bündnis zustande. Gleichwohl schlug Plettenberg im August 1501 los: an der Spitze von 2000 Landsknechten, über 4000 Reitern, darunter die Ritterschaften des Ordens und des Landes, und zahlreichen, aber wenig kriegstüchtigen Undeutschen, d. h. Letten und Esten, überschritt er die Grenze. Am Bache Seritza westlich von Isborsk im Gebiete von Pleskau stießen die Livländer auf das Russenheer. Nach heftigen Geschützkämpfen und Reitergefechten schlugen sie es in die Flucht und machten gewaltige Beute. Die Sieger rückten vor Ostrow an der Welikaja; nun aber blieben die Litauer treulos aus und der Rückmarsch mußte angetreten werden, um so mehr, als ein Einfall der Russen Narwa und Estland bedrohte. Wieder daheim, wurde das Heer von einer Seuche befallen, erst nach Wochen erstand Plettenberg vom Krankenlager. Diese Ungunst benutzten die Russen, 90 000 Mann stark, zu einem verheerenden Einfall nach Livland, Mord und Brand bezeichneten ihren Weg, 40 000 Menschen trieben sie mit sich fort. Plettenberg eilte ihnen nach, vermochte sie aber nicht mehr zum Kampfe zu stellen.

Den Winter nutzte der Ordensmeister zu neuen Rüstungen aus, nach Preußen und Litauen freilich wandte er sich umsonst um Hilfe. Gleichwohl sah er auch jetzt die beste Deckung im Angriff. Er legte sich vor Pleskau, die Belagerung machte gute Fortschritte, als ein gewaltiges feindliches Heer heranmarschierte. Am 13. September 1502 kam es zur Schlacht bei Pleskau am Smolinssee, 5000 Deutsche standen 18 000 Russen gegenüber. Als Plettenberg sorgenvoll feststellte: „Vele Volkes, vele Volkes!", erwiderte ihm unverzagt sein Marschall Johann von dem Bröle genannt Plater, ein westfälischer Landsmann: „Jo der Fiende mehr sin, jo wy ohrer mehr dothschlagen willen!" Diese Antwort gefiel dem Meister. Ein dreimaliger Angriff der Eisenritter unter seiner Führung schlug die Russen immer wieder in die Flucht und löste sie vollständig auf, ihrer 8000 sollen gefallen sein. Bei Pleskau hat zum ersten Male in der Geschichte das deutsche Schwert, geführt von Plettenberg, über die ungeheure Übermacht russischer Massenheere den Sieg erfochten und die abendländische Kultur gerettet.

Der Hochmeister Friedrich von Sachsen beglückwünschte den Ordensmeister zur „ritterlichen Tat und glückseligen Viktorien", der aber mußte „mit bitterem Mute" sehen, wie der erboste Zar es sich gestattete, seine Gesandten schlecht zu behandeln, und wie zunächst Polen-Litauen die Früchte seiner Siege erntete; für Livland schaute nicht mehr als ein sechsjähriger Beifriede heraus. Doch dieser Waffenstillstand wurde immer wieder verlängert, noch 1531 um 20 Jahre. So lange wirkte der Tag von Pleskau in der Vorstellung der Russen nach; zugleich führte er ein Zeitalter wirtschaftlicher und kultureller Blüte für das Baltenland herauf. Freilich war das auch der meisterlichen Politik Plettenbergs in der Folgezeit zu verdanken. War Rußland der Feind Livlands, Polen der von Preußen, so vereinigten sich Ordensmeister und Hochmeister zu gegenseitigem Schutze.

Eine neue Zeit begann zu tagen, als 1511 der junge Hohenzoller Albrecht von Brandenburg den Stuhl des Hochmeisters in Königsberg bestieg. In den ersten Jahren bestand zwischen ihm und dem alten Ordensmeister vertraute Freundschaft, aber als jener den Versuch unternahm, die seit 1466 bestehende polnische Oberhoheit abzuschütteln, hörte er nicht auf die Warnungen des Klugerfahrenen. Der unglückliche Verlauf des preußisch-polnischen Krieges bewies, wie sehr Plettenberg recht gehabt hatte. Als Preis für seine Waffenhilfe erhielt der livländische Orden einen Gebietszuwachs, sein Meister stieg zum Fürsten des Deutschen Reiches auf. Dann aber tat Albrecht einen entscheidungsvollen Schritt, indem er 1525 sich mit dem Polenkönig vertrug, zum Luthertum übertrat und Preußen zum weltlichen Herzogtum machte. Plettenberg wies es weit von sich, mit Livland auf dieser Bahn zu folgen; „ehe das Land zu einem Fürstentum gemacht sollt werden, wollen wir eher alle die Hälse verlieren!", äußerte er Albrechts Abgesandtem gegenüber.

Schon 1520 war die erste Welle der reformatorischen Bewegung in das Baltenland hinübergeschlagen, früher als nach dem Wittenberg so viel näher gelegenen Westfalen, ein Beweis für die geistige Aufgeschlossenheit des Kolonialbodens. Auch hier gingen die Städte, unter ihnen Riga, die größte von ihnen, voran; es geriet darüber mit dem Erzbischof, dem verschlagenen Johann Blankenfeld, in Zwist. Die Stadt stand unter der gemeinsamen Oberhoheit des Ordensmeisters und des Erzbischofs; jetzt wollte sie sich jenem allein unterstellen. Auf dem stürmischen Landtage zu Wolmar 1525 kam die Sache zur Sprache. Gegen den Orden, die Prälaten und die Ritterschaft vermochten die Städte sich nicht durchzusetzen, immerhin wurde die Glaubensfreiheit gesichert, wie denn Plettenberg, persönlich am alten Glauben festhaltend, durchaus duldsam war. Um zu verhüten, daß Riga sich dem Herzog Albrecht in die Arme würfe, übernahm der Ordensmeister dann doch das alleinige Regiment in der Stadt und setzte den Erzbischof Blankenfeld fest, als er in landesverräterische Verbindung mit Rußland und Polen trat. Aber als im nächsten Jahre auf dem Wolmarer Landtage Riga und Reval Plettenberg vorschlugen, sich zum weltlichen Alleinherrscher von Livland zu machen, versagte er sich. Nicht ohne Grund, denn noch gab es eine katholische Partei innerhalb des Ordens und der Ritterschaft, von den Bischöfen zu schweigen, ein Bürgerkrieg aber hätte Livland aller Wahrscheinlichkeit nach zur Beute der es umlauernden Polen und Russen gemacht. Statt dessen gelang es Plettenberg, sich mit den Bischöfen dahin zu einigen, daß sie die Oberhoheit des Ordens anerkannten. Wortbrüchig entzog sich Blankenfeld später dieser Abmachung, und Plettenberg gab schließlich die errungenen Vorteile freiwillig wieder auf, alles in dem Bestreben, die Einigkeit im Lande aufrechtzuerhalten. Solange er Ordensmeister war, blieb er das Maß der Dinge.

Im hohen Alter von etwa 85 Jahren, nach 41jähriger Regierung, wurde Wolter von Plettenberg am 28. Februar 1535 in seiner Residenz Wenden vom Tode abgerufen, sitzend auf seinem Stuhle und umgürtet mit seinem Schwerte. Er hat dort auch die letzte Ruhe gefunden. Mit ihm war Livlands größter Ordensmeister, einer der besten Söhne der Roten Erde, dahingegangen. Freilich hat man ihm zum Vorwurf gemacht, die einmalige Gelegenheit, aus dem zerrissenen Baltenlande einen einheitlichen weltlichen Staat zu machen, nicht ergriffen zu haben. Unzweifelhaft war die Uhr des längst verweltlichten Deutschen Ordens wie der übrigen geistlichen Fürstentümer abgelaufen, ein erneuertes, lebenskräftiges Livland hätte ganz andere Aussichten gehabt, fortan in dem Spiele der großen Mächte eine aktive Politik zu treiben und sich zu behaupten. Aber ob ein Staatsstreich, wie er Albrecht von Brandenburg dank besonders günstiger Umstände glückte, auch Plettenberg trotz seiner größeren Staatskunst gelungen wäre, wer will das sagen? Und wer darf ihn, der einer schon abgetretenen Generation angehörte, tadeln, wenn er nicht den Entschluß dazu fand? Ja, wenn er 30, 40 Jahre weniger auf dem Rücken gehabt hätte! Darüber besteht jedenfalls volle Einigkeit, daß es Plettenbergs Russensiegen und seiner erhaltenden zähen Politik zu danken war, wenn Livland noch eine „ausreichende Spanne gemeinsamer Entwicklung, eine Frist zum Einwurzeln und zur Festigung alter geistiger Stützen seines künftigen Bestandes" (L. Arbusow d. J.) beschieden waren, so daß es noch auf Jahrhunderte dem Deutschtum erhalten blieb.

Der Chronist zeichnet Wolter von Plettenberg als eine lange, herrliche Gestalt, freundlich von Angesicht. Sein Bildnis ist uns mehrfach überliefert, es zeigt einen schlanken, hochgewachsenen Mann, das längliche Gesicht von einem Vollbart umrahmt, unter der hohen Stirn ein Paar treue tiefliegende Augen und eine geschwungene, etwas gesenkte Nase. Der Kern seines Wesens war verhaltene Kraft; die Kühnheit, die er als Feldherr bewies, machte späterhin der Altersweisheit des Staatsmannes Platz. Seine seelische Grundhaltung war stets eine beharrende, dem Boden der Heimat entsprossen, von dort stammt auch das Praktisch-Nüchterne, Schlichte, Ernsthafte seines Wesens — mit einer Beimischung trockenen Humors—, seine unerschütterliche Ruhe. Was ihn in einer Zeit rücksichtslosen Eigennutzes besonders auszeichnet, ist seine Freiheit von Selbstsucht, seine strenge Ehrenhaftigkeit. So steht der große Ordensmeister vor uns, eine großartige Erscheinung und zugleich das Urbild eines Westfalen im allerbesten Sinne.

Gotthard Kettler

Nach Plettenbergs Tode ging es mit Livland trotz wirtschaftlicher Blüte politisch unaufhaltsam abwärts. Die folgenden Ordensmeister, Hermann von der Brüggenei genannt Hasenkamp (1535 bis 1549), Johann von der Recke (1549—1551), Heinrich von Galen (1551—1557) und Wilhelm von Fürstenberg — lauter gut westfälische Namen —, waren ältere Herren, die nicht das Zeug dazu hatten, die staatliche Erneuerung Livlands in die Hand zu nehmen. Die Reformation, die allmählich das ganze Land durchdrang, wurde hier so wenig wie im Reiche dazu benutzt, den Einheitsgedanken zu verwirklichen, statt dessen schritt hier wie dort die politische Zersetzung fort. Die Fürstbistümer, für Westfalen eine schwere Belastung, erwiesen sich im bedrohten Grenzland gradezu als Sprengpulver. Ehrgeizige junge Fürstensöhne aus dem Reiche drängten sich hinein: Wilhelm von Brandenburg, Albrechts von Preußen Bruder, wurde 1530 Koadjutor, 1539 Erzbischof von Riga, er nahm 1555 Christoph von Mecklenburg zum Koadjutor an. Später brachte der Herzog Magnus von Holstein die Bistümer Kurland und Ösel in seine Hand. Das Bestreben aller ging dahin, ihre Stifter, die mit der Reformation den Sinn verloren hatten, zu weltlichen Staaten zu machen, was die Einheit des Landes vollends auflösen mußte. Dabei wurde dieses durch Polen wie durch Rußland immer stärker bedroht. So bildete sich im Orden eine Partei, die im Anschluß an Polen das Heil erblickte; als der Ordensmeister Fürstenberg ihr entgegentrat, griff der polnische König Sigismund II. ein. Vor seiner Übermacht mußte Fürstenberg sich im Vertrage von Poswol (Sept. 1557) ohne Schwertstreich demütigen und in ein Bündnis gegen Rußland willigen, ungeachtet, daß dieser Schritt nach dem letzten Beifrieden mit dem Zaren den Kriegsfall bedeutete, während Polen kraft eines Vertrages mit Rußland verhindert war, vor 1562 dem Bundesgenossen Beistand zu leisten. So wurde Livland Moskau, wo jetzt Iwan IV. der Schreckliche regierte, geradezu ans Messer geliefert. Im Januar 1558 brach der Zar in das wehrlose Land ein, eine dreiundzwanzigjährige Kriegszeit begann.

Nunmehr trat ein anderer Westfale in den Vordergrund, um eine bedeutsame Rolle im livländischen Trauerspiel zu übernehmen, Gotthard Kettler. Geboren 1517 oder 1518 auf Eggeringhausen (Kr. Lippstadt) als Sohn eines führenden Adelsgeschlechts, hatte er von der Mutter her, Sibylle von Nesselrode, auch rheinisches Blut in den Adern. Groß geworden am glanzvollen Hofe des Kurfürsten Hermann von Wied in Bonn, kam er erst 1538 nach Livland und in den Orden; sein Bruder war der Bischof Wilhelm von Kettler in Münster, der 1557 aus Gewissensbedenken sein Amt niederlegte (s. S. 84). Gotthard war unbeschwerter, dazu von starkem Ehrgeize erfüllt, so daß er dank seiner Befähigung und Gewandtheit im Dienste des Ordens schnell vorwärtskam. Seit 1552 war er dessen leitender Finanzbeamter, 1554 wurde er Komtur zu Dünaburg, was ihn in engere Beziehung zu dem benachbarten Polen-Litauen brachte.

Dem ersten Einfalle Iwans folgten weitere; „wer kann vor Herzeleid alle Grausamkeit desselben tartarischen Wüteriches erzählen," klagt der Chronist. Kaiser und Reich, immer wieder um Hilfe angegangen, versagten vollständig und schmählich; sie sahen in dem Todeskampfe Livlands, das doch alter Reichsboden war, nichts als fremde Händel. Auch Kettler flehte in Wien den Kaiser Ferdinand umsonst an. Im Juli 1558 wurde er zum Koadjutor des Ordensmeisters bestellt und errang demnächst einige militärische Erfolge, aber daß die Russen im Januar 1559 bis vor Rigas Mauern vordrangen, konnte auch er nicht hindern. Die polnische Politik erntete ihre Früchte: am 31. August 1559 mußte Kettler in Wilna den Vertrag unterschreiben, der das Ordensland der Schutzherrschaft König Sigismunds unterwarf; der Erzbischof von Riga tat das gleiche. Die Folge dieser Vorgänge war, daß Kettler den Ordensmeister Fürstenberg aus dem Amte verdrängte und dieses selbst übernahm. Aber in den gleichen Tagen unterstellte der Herzog von Holstein die soeben erlangten Bistümer Ösel und Kurland der dänischen Oberhoheit. Vergeblich stemmte sich Kettler dagegen an; so war mit der Selbständigkeit Livlands auch die Einheit dahin.

Als Ordensmeister bemühte Kettler sich, das Land gegen die Russen in Verteidigungszustand zu setzen, er erfocht auch noch einmal einen Sieg über sie. Aber mit den unbezahlten meuternden Landsknechten waren keine großen Erfolge zu erringen; das vom Feinde besetzte Dorpat ließ sich nicht zurückgewinnen. Statt dessen brachten die Russen am 2. August 1560 bei Ermes dem vom Landmarschall befehligten Ordensheere eine vernichtende Niederlage bei, 120 kriegsgefangene Ritter ließ Iwan der Schreckliche in den Straßen Moskaus zu Tode martern. Durch die Verräterei der Landsknechte fiel die stärkste Ordensburg Fellin, ihr Verteidiger Fürstenberg starb nach Jahren in russischer Gefangenschaft als der letzte mannhafte Vertreter alten Ordensrittertums. Kettler aber mußte sich gegen den Vorwurf verteidigen, Fellin nicht rechtzeitig entsetzt zu haben. Der einzige Lichtblick in dem allgemeinen Zusammenbruch war die heldenmütige erfolgreiche Verteidigung der estländischen Feste Weißenstein durch den jungen westfälischen Ordensritter Kaspar von Altenbockum.

Um zu retten, was zu retten war, schloß Kettler am 28. November 1561 in Wilna einen zweiten Vertrag mit dem Polenkönig, wodurch diesem als Preis für seinen endlich einsetzenden Beistand das eigentliche Livland abgetreten wurde; dessen Sonderrechte, was Verwaltung, Sprache und Glauben anging, blieben vorbehalten, wenigstens auf dem Papier. Kurland dagegen, das Land südlich der Düna, wurde als polnisches Lehen weltliches Herzogtum unter Kettler; seine weitergehenden, auch Livland umfassenden Pläne mußte er begraben. Am 2. März 1562 legte Gotthard Kettler im Ordensschloß zu Riga das weiße Ordensgewand mit dem schwarzen Kreuze ab und leistete König Sigismund den Treuschwur. Schon ein Jahr zuvor hatte Estland, wo Herzog Magnus und die Dänen sich nicht behaupten konnten, dem König Erich XIV. von Schweden gehuldigt. Damit hatten das alte Livland und der Deutsche Orden livländischer Zunge aufgehört zu bestehen; der einzige Trost war, daß es nunmehr, wenn auch erst in langen Kämpfen gelang, den Russen aus dem Lande zu drängen.

Kettler hat fortan als Herzog von Kurland und Semgallen sein neues, vom Kriege weniger berührtes Herzogtum regiert, Mitau wurde Residenz. Er verstand es, das Land durch eine gute Verwaltung wieder in die Höhe zu bringen; der Organisation der lutherischen Kirche, dem Volksschul- und Armenwesen galt seine besondere Fürsorge. Durch seine Verheiratung mit einer mecklenburgischen Prinzessin begründete er ein Fürstenhaus, das bis 1737 im „Gottesländchen" Kurland geherrscht hat. Er selbst starb 1587. Kettler ist eine, man möchte sagen, modernere Persönlichkeit als der noch ganz mittelalterliche Plettenberg. An dessen militärische und staatsmännische Bedeutung, seine menschliche Größe reicht er, dessen Tun und Handeln durch die Rücksicht auf die eigene Person mitbestimmt wurde, nicht heran; als ein tüchtiger Regent hat auch er sich bewährt.

Seit dem Zusammenbruch Livlands, dem Ende des Ordens, lösten sich allmählich die alten Verbindungen Westfalens dorthin; Konfession und starke geistige Beziehungen wiesen die Balten fortan nach Mitteldeutschland. Aber wenn sie sich jahrhundertelangen Bedrückungen zum Trotze bis an unsere Tage heran als die vielleicht wertvollsten aller Auslandsdeutschen behauptet haben, darf man diese Zähigkeit doch wohl als westfälisches Erbteil in ihrem Blute betrachten.

6. Kapitel

Die aufziehende Gegenreformation. Der Kölnische Krieg (bis 1585)

Das Wesen der Gegenreformation

Der Augsburger Religionsfriede gab Deutschland für die nächsten Jahrzehnte äußerlich die Ruhe zurück. Aber die Auseinandersetzung zwischen altem und neuem Glauben war damit keineswegs abgeschlossen, noch war man von einem Zustande des Gleichgewichts weit entfernt. Dem Frühling, wie ihn Luthers Auftreten dem Großteil der Nation angekündigt hatte, folgte kein Sommer, keine Zeit der Reife und Ernte nach. Immer schärfer, immer bitterer wurden die Glaubenskämpfe; es begann das Zeitalter der Gegenreformation, das häßlichste der deutschen Geschichte, wie Treitschke es genannt hat. Nebenbei bemerkt, gehen Wort und Begriff Gegenreformation auf einen Westfalen zurück, den Göttinger Professor Joh. Stefan Pütter aus Iserlohn (1776).

Die katholische Kirche erwachte aus jenem Zustande der Ermattung und Wehrlosigkeit, aus dem heraus sie bis dahin den Dingen weitgehend ihren Lauf gelassen hatte. Statt des von den Evangelischen ersehnten „gemeinen freien christlichen Konzils der deutschen Nation", das eine einige gereinigte deutsche Kirche hatte bringen sollen, erneuerte und verjüngte das vom Papste einberufene Konzil zu Trient (1545—1563) die katholische Kirche, indem es die Glaubenslehre endgültig bestimmte, grobe Mißstände beseitigte und dem Ganzen frischen Schwung und Stoßkraft verlieh. Das Papsttum, das sich, durch Luther aufgerüttelt, zu seiner kirchlichen Aufgabe zurückfand, übernahm die Führung und suchte tatkräftig und zielbewußt weiteren Abfall zu verhüten, das Verlorene zurückzubringen. Die Vorkämpfer der streitenden Kirche im neuen Geiste der Gegenreformation wurden die klugen, unermüdlichen Väter der Gesellschaft Jesu. Auf der andern Seite war die Reformation, die in Westfalen erst verhältnismäßig spät Anklang gefunden hatte, dafür länger noch im Vordringen, fast bis zum Ausgang des Jahrhunderts taten sich ihr immer weitere Kreise auf. Der Katholik Friedrich von Fürstenberg, des späteren Paderborner Bischofs Dietrich von Fürstenberg Vater, sah 1564 in seinem Testament ausdrücklich den Fall vor, daß die geistlichen Stifter „sampt der alten catholischen Religion dermaißen... zu Boden gehen würden", daß seine in solchen untergebrachten Kinder sich nicht länger darin erhalten könnten; noch 1598 traf sein Sohn Kaspar für den gleichen Fall letztwillige Bestimmungen. Auch der Adel bekannte sich jetzt überwiegend zum Protestantismus, mitbestimmt durch das ständische Bewußtsein gegenüber dem zum Absolutismus neigenden Landesfürstentum. Wurde das Luthertum gehemmt durch die Zersplitterung in viele Landeskirchen, den von ihm geübten Gehorsam gegen die Obrigkeit, so war der ihm zur Seite tretende Kalvinismus kämpferisch und fest geschlossen, aus der Gemeindeverfassung seine Kraft ziehend. Allerdings gewann die Lehre Calvins in Westfalen nur bescheiden Boden und wesentlich auf Kosten der lutherischen; der dadurch entstehende Gegensatz zwischen beiden mochte die reformatorischen Kräfte eher schwächen als fördern.

Bei all dem ist nicht außer acht zu lassen, daß weite Kreise Westfalens sich, z. T. noch über das sechzehnte Jahrhundert hinaus, in einem Schwebezustand befanden, der, von den erasmischen Strömungen herkommend, seiner zugleich fortschrittlichen und verharrenden Sinnesart am meisten zusagen mochte. Indem es im äußeren Kirchentum das Überlieferte weitgehend festhielt, gefielen ihm die Zugeständnisse des Interims, Laienkelch und Priesterehe — der Bischof Kerssenbrock führte sie selbst im Stifte Paderborn ein —, nicht weniger deutscher Kirchengesang und die lutherische Rechtfertigungslehre; diese wurde z. B. auch von dem münsterschen Fraterherrn Johann Holtmann vertreten, der 1533 als katholischer Wortführer bei dem Glaubensgespräch mit Rothmann aufgetreten war (s. o. S. 31). In den klevischen Gebieten sowie in den geistlichen Ländern war diese Haltung weit verbreitet, also überall dort, wo nicht der Landesherr oder eine größere Stadt sich grundsätzlich zur Annahme der neuen Lehre entschlossen und eine Kirchenordnung erlassen hatten. Je entschiedener sich im Laufe der Zeit die kirchlichen Fronten ausprägten und voneinander absetzten, um so weniger vermochte sich die vermittelnde Richtung zu behaupten; welcher Seite ihre Anhänger zufallen würden, war die eine große Frage an die Zukunft.

Sie hing zusammen mit der anderen, was aus den geistlichen Ländern werden würde, diesen unseligen Zwittergebilden geistlicher und weltlicher Macht (Gerh. Ritter). Als Teile der Kirche und zugleich als politische mit weltlichen Machtmitteln ausgerüstete Körperschaften waren sie ausgesprochene Kinder des Mittelalters, wohingegen der weltliche moderne Staat das stärkste Kennzeichen der anbrechenden Neuzeit darstellte. Wäre Deutschlands kirchliche und politische Erneuerung im Anschluß an Luthers Tat gelungen, so hätten die geistlichen Fürstentümer wohl an das Reich, dem sie einst durch den Investiturstreit entfremdet waren, zurückfallen und nicht wenig zu dessen Vereinheitlichung und Stärkung beitragen können. Statt dessen behaupteten sich die Hochstifter, zu Anachronismen geworden, der Mehrzahl nach, gestützt von der alten Kirche und zugleich deren Bollwerke; da wo sie ihr zeitweise verloren waren, bot ihre Verfassung, die Besetzung der Bischofssitze und Domkapitel, Ansatzpunkte zur Wiedereroberung. Der Augsburger Religionsfriede enthielt bezüglich ihrer den sog. geistlichen Vorbehalt, der die den Katholiken bis dahin verbliebenen Stifter ihnen dauernd zusicherte, wogegen König Ferdinand, Karls Bruder, den Protestanten eine geheime Deklaration gewährt hatte, die ihnen in den geistlichen Ländern Glaubensfreiheit verhieß. Diese Bestimmungen, die auf eine weitere Ausbreitung der Reformation keine Rücksicht nahmen, enthielten die Keime schwerer Kämpfe. In ganz Norddeutschland rechts der Weser mit alleiniger Ausnahme von Hildesheim sind die Hochstifter schließlich doch den Protestanten zugefallen, nachdem die Bevölkerung zu ihnen übergegangen war, fast alle wurden säkularisiert, in den weltlichen Besitz evangelischer Fürstenhäuser umgewandelt. Andererseits war die wiedererstarkte katholische Kirche in den von ihr behaupteten Stiftern des Westens und Südens weit davon entfernt, den Protestanten Glaubensfreiheit zu gewähren. Westfalen mit seinem gehäuften geistlichen Länderbesitz lag inmitten dieser beiden Gebiete und wurde infolgedessen mit dem engverbundenen Niederrhein ein Hauptschauplatz der konfessionellen Kämpfe, das Schlachtfeld der Gegenreformation, um so mehr, als beide Gebiete das Vorfeld der Niederlande waren, wo sich die europäische Auseinandersetzung zwischen Katholizismus und Protestantentum, spanischem Absolutismus und bürgerlicher Freiheit vollzog. Die westfälische Geschichte in der zweiten Hälfte des sechzehnten Jahrhunderts und darüber hinaus wird infolgedessen fast ganz durch den religiösen Gegensatz bestimmt.

Beseitigung des Interims

Der Sturz Karls V. durch die Fürstenerhebung hatte zur Folge, daß die vordem evangelischen Landesteile Westfalens die durch das

Interim aufgedrungenen kirchlichen Maßnahmen alsbald wieder abschüttelten. Aller herzoglichen Verbote ungeachtet, wurde in Soest seit dem Frühjahr 1552 das Abendmahl wieder unter beiderlei Gestalt ausgeteilt, zunächst in einer Kapelle, dann gewann das Luthertum eine Pfarrkirche nach der anderen zurück. Das nahe Lippstadt fiel ihm 1554 wieder zu, ebenso Osnabrück, wohin der vertriebene Superintendent Pollius zurückkehrte. Auch das Kloster Iburg wandte sich ihm damals fast ganz zu. An die Stiftskirche in Bielefeld wurde der inzwischen evangelisch gewordene Hermann Hamelmann berufen. Freilich brachte ihn seine Predigt in Schwierigkeiten mit der klevischen Regierung; abgesetzt, fand er 1555 eine neue Wirkungsstätte in Lemgo. Unter seiner Mitwirkung wurde im nächsten Jahre auf einer Synode zu Brake das Interim in der Grafschaft Lippe förmlich beseitigt.

Kleve-Mark

Der Herzog Wilhelm von Kleve, befreit von dem Drucke der kaiserlichen Übermacht, kehrte zu seiner früheren vermittelnden Stellung zurück, indem er die Kirchenordnung von 1533 wieder hervorholte. Bald darauf schien es, als ob er sich nach und nach ganz der Reformation anschließen würde. Auf dem Wormser Reichstage 1555 befreundete er sich mit den evangelischen Herren von der Pfalz, Württemberg und Hessen, zwei Jahre später nahm er an einem protestantischen Fürstentage in Frankfurt teil und berief demnächst einen Hofprediger, der den Gottesdienst im Schlosse auf evangelische Art einrichtete, ungeachtet der Vorstellungen seines Schwiegervaters, des Kaisers Ferdinand. In den herzoglichen Ländern, wo Laienkelch und Priesterehe freigegeben waren, gewann die Reformation zusehends an Boden. In der Grafschaft Ravensberg wurde sie fast ausschließlich geltend, in der Mark, wo Soest längst den Weg zu ihr gefunden hatte, war die Stadt Hamm schon 1533 übergetreten. Landgemeinden wie Oberwengern, Frömern, Brackel und die Freiheit Wetter waren gefolgt, die beiden letzten selbst während des Interims. Im Jahre 1558 wurde Iserlohn lutherisch, um 1563 auch Unna, Kamen, Schwerte und Lüdenscheid, 1564 erließ das Städtchen Neuenrade bei Altena sogar eine Kirchenordnung, die freilich nicht die Billigung der Regierung fand. In dem benachbarten Dortmund war man nach dem Passauer Vertrage 1552 unter Führung von Lambach und Schöpper zu einer vermittelnden Stellung zurückgekehrt. Aber die evangelische Richtung gewann hier ständig Boden, im Jahre 1562 erlaubte der Rat, daß das Abendmahl nach katholischem und nach evangelischem Brauche ausgeteilt wurde; ein großer Teil der Bürgerschaft entschied sich für den zweiten. Schließlich wurde 1570 ein von der städtischen Geistlichkeit aufgestelltes Glaubensbekenntnis, das sich nach dem Augsburgischen richtete, in aller Form vom Rate angenommen. Damit hatte die Reichsstadt ihre Wahl getroffen, nur die drei städtischen Klöster blieben katholisch. Auch die gleichfalls der Mark benachbarte Stadt Essen war 1563 evangelisch geworden.— Auf den klev-märkischen Landtagen wurden die Städte nicht müde, um eine neue Kirchenordnung zu bitten, „welche in Gottes Wort gegründet sei". Wirklich trat darauf 1564 in Düsseldorf ein Ausschuß unter dem Vorsitze des evangelisch gesinnten, vormals münsterschen Bischofs Wilhelm von Kettler zusammen, der eine freilich nicht allen Wünschen entsprechende Kirchenordnung ausarbeitete. Drei Jahre später wurde sie noch einmal durchgesehen, aber zu ihrer Verkündigung ist es niemals gekommen. Zwar hatten auf dem Reichstage zu Augsburg 1566 die evangelischen Fürsten auf den schwankenden Herzog Wilhelm noch einmal stark eingewirkt, aber ebendort erlitt dieser einen Schlaganfall, der sich wiederholte, und seitdem war Wilhelm von Kleve, wenn er auch noch lange Jahre dahinsiechen sollte, ein körperlich und geistig gelähmter Mann. Die Regierung ging fast ganz in die Hand der Räte über. So begann die Tragödie des klevischen Hauses, die erst mit dessen Erlöschen ihr Ende finden sollte.

In jungen Jahren war Herzog Wilhelm mit seiner selbständigen, auf den Erwerb Gelderns ausgehenden Politik an der Übermacht Karls V. gescheitert. Inzwischen hatten die Zeiten sich geändert. Seit Karls Abdankung gärte es bedenklich in den Niederlanden, ihr Abfall von der Krone Spaniens unter der Führung Wilhelms von Oranien bereitete sich vor. Auf der andern Seite war der Bestand der geistlichen Länder Köln, Münster, Osnabrück und Paderborn durch die Fortschritte der Reformation ernstlich in Frage gestellt. Eine zielklare staatsmännische Steuerung des Herzogtums Jülich-Kleve-Berg inmitten hätte unter dieser Gunst der Umstände unschwer eine gewaltige Steigerung ihres Ansehens und ihrer Macht herbeiführen können, mochte sie sich nun auf die katholische oder die evangelische Seite schlagen. Statt dessen entbehrte die klevische Regierung mit dem kranken Herzog jeder eigenen Steuerung, überließ sich vielmehr willenlos dem Einfluß fremder Mächte, wobei die katholische Partei zusehends das Übergewicht gewann, im ganzen ein trauriges Bild. Im Jahre 1567 sandte König Philipp II. seinen starken Mann, den Herzog Alba, in die Niederlande, um sie durch ein Schreckensregiment zur Unterwerfung zu zwingen; er dachte auch daran, den Herzog von Kleve „um desselben Leibesunvermögenheit" unter Vormundschaft zu nehmen, und Alba stieß unverblümte Drohungen aus, wie er auch die ihm feindlichen Räte in Düsseldorf fast ganz verdrängte. Andererseits verstärkten die aus den Niederlanden flüchtenden Protestanten deren Zahl in den herzoglichen Ländern, so in Unna. In Hamm war schon 1561 der aus Deventer vertriebene Prädikant Karl Gallus aufgetaucht, der den reformierten Gottesdienst einführte und die Bilder aus den Kirchen warf; hier entstand wohl die erste kalvinische Gemeinde in Westfalen.

Im Jahre 1571 faßte die klevische Regierung den Plan, den freilich erst neunjährigen jüngeren Sohn des Herzogs, Johann Wilhelm, zum Koadjutor und Nachfolger des Bischofs von Münster wählen zu lassen, um den Prinzen zu versorgen und zugleich ihren Einfluß in dem Nachbarlande zu verstärken. Alba unterstützte den Plan und benutzte ihn, um die katholische Erziehung der beiden klevischen Jungherzöge Karl Friedrich und Johann Wilhelm durchzusetzen; ihre älteren Schwestern waren im lutherischen Bekenntnis aufgewachsen. Die erstgeborene Prinzessin, Marie Leonore, gab eines Tages in einem Briefe an Maria von Nassau, die Schwester Wilhelms von Oranien, ihrer Herzensmeinung ungeschminkten Ausdruck, indem sie die Freundin zu den Erfolgen ihres Bruders im Kampfe gegen die spanischen Bedrücker beglückwünschte. Das Schreiben fiel Alba in die Hände und hatte — eine Ironie der Geschichte — zur Folge, daß die Prinzessin alsbald an den bis dahin abgewiesenen Herzog Albrecht Friedrich von Preußen im fernen Königsberg verheiratet wurde (1573), um sie vom klevischen Hofe wegzuschaffen, — so kam es, daß sie die Stammutter der künftigen evangelischen Landesherren von Kleve-Mark aus dem Hause Hohenzollern wurde. Ein Jahr darauf heiratete die zweite Prinzessin Anna den gleichfalls lutherischen Pfalzgrafen Philipp Ludwig von Neuburg an der Donau. Inzwischen war Johann Wilhelm in Münster zum Koadjutor gewählt worden, aber der Papst machte die Bestätigung von Bedingungen abhängig und sandte 1573 Kaspar Gropper, Johann Groppers jüngeren Bruder, als Nuntius nach Westfalen und an den Niederrhein. Er überbrachte weitgehende Forderungen, wie die Rückkehr der herzoglichen Länder zur katholischen Kirche und die Erziehung Johann Wilhelms in Rom. In der Tat wurde die Gegenreformation von der klevischen Regierung überall anbefohlen und nach Möglichkeit durchgeführt, „aber," so lautet ein Bericht, „im Land von der Mark und Ravensberg halten sich noch vest und wöllen nitt in die Papisterei willigen für eins". Die Protestanten hatten ihren Rückhalt bei den Landständen, die die Bewilligung der geforderten Steuern von der Abstellung der Religionsbeschwerden, insbesondere der ins Werk gesetzten „Examination" in Glaubenssachen abhängig machten. Die klev-märkischen Landtage von 1577, 1580 und 1583 verliefen in dieser Weise, die Regierung gab ausweichende Antworten und hielt sich nicht an gegebene Zusagen. Inzwischen war der hoffnungsvolle neunzehnjährige Erbherzog Karl Friedrich, der durch einen längeren Aufenthalt am Kaiserhofe dem katholischen Glauben gewonnen war, 1575 auf der Reise in Rom vom Tode dahingerafft worden. Das war ein neuer Schicksalsschlag für den Herzog Wilhelm und zugleich für den Fortbestand des klevischen Hauses, das jetzt auf den Augen des zarten Jungherzogs Johann Wilhelm stand. —

Bischofswahlen

Die Unklarheit und das Schwanken der kirchlichen Verhältnisse zeichnete sich nicht minder in den Bischofswahlen ab. Nach dem Tode Franzens von Waldeck 1553 hatten die Stifter Münster, Minden und Osnabrück den Herrn gewechselt und das Domkapitel zu Münster, von Kleve beeinflußt, den Domherrn Wilhelm von Kettler aus seiner Mitte zum Oberhirten gewählt. Kettler, eine milde und aufrichtige Persönlichkeit, stand der evangelischen Auffassung nahe, ohne doch die Einheit der Kirche preisgeben zu wollen. Da er es mit seinem Gewissen nicht vereinbaren konnte, dem Papste den Treueid zu leisten, legte er 1557 sein Bischofsamt nieder und trat in seine Stellung als klevischer Rat zurück; wir sind ihm oben schon als solchem begegnet. Sein Nachfolger Bernhard von Raesfeld aus einem verbreiteten münsterschen Adelsgeschlecht dachte katholischer, wollte jedoch von einer gewaltsamen Bekehrung der Protestanten, die sich im Stifte Münster weiter ausbreiteten, nichts wissen. Wiederum, wie vor zehn Jahren durch Philipp Magnus, war das Stift Münster 1563 einem ruchlosen Überfall durch einen Welfenherzog, Erich d. J. von Kalenberg, ausgesetzt, der mitten im Frieden unter nichtigem Vorwande mit einem Heere einrückte, Warendorf besetzte und mit 32 000 fl. abgekauft werden mußte. Das trug dazu bei, daß auch Raesfeld auf die Bischofswürde verzichtete (1566), teils wegen der zerrütteten Stiftsfinanzen, aber auch, „da keiner vom Adel seinen Gleichmäßigen als einen Obern erkennen wolle". — Auf das Stift Minden hatte Franz von Waldeck noch bei Lebzeiten zugunsten des Herzogs Julius von Wolfenbüttel verzichten müssen. Doch nachdem dessen ältere Brüder bald darauf in der Schlacht bei Sievershausen gefallen waren, trat Julius in den weltlichen Stand zurück, legte auch den Koadjutor von Paderborn nieder und folgte 1568 seinem Vater Heinrich in die Regierung des Herzogtums. Bischof von Minden wurde 1554 sein bejahrter Oheim, Herzog Georg von Braunschweig, der später auch zum Erzbischof von Bremen aufstieg. Einst hatte er als Domherr zu Köln und strenger Katholik zum Sturze Hermanns von Wied beigetragen, doch im Alter milde geworden, ein Humanist und Genießer, ließ er das in seinen Ländern herrschende evangelische Bekenntnis unangefochten.

Bischof Johann von Hoya

Der bedeutendste unter den Nachfolgern des Waldeckers war Johann von Hoya, der den Osnabrücker Stuhl bestieg; mit ihm tritt noch einmal ein Glied des hoyaschen Grafenhauses in den Vordergrund. Er hatte 1529 zu Wiborg in Finnland das Licht der Welt erblickt, wo sein Vater als Schwager des Schwedenkönigs Gustav Wasa dessen Statthalter war. Von Hause aus lutherisch, früh verwaist, mit bescheidenen Mitteln versehen, hatte Johann in Paris und Italien den Studien obgelegen und sich eine umfassende, namentlich juristische Bildung angeeignet. Gleichzeitig waren katholische Anschauungen ihm nahegetreten, dazu hatte sein Wesen in Welschland etwas Undurchsichtiges angenommen. Als ihn der Ruf nach Osnabrück erreichte, war er Beisitzer am Kammergericht zu Speier. In seinem neuen Amte erwies er sich zunächst Andersdenkenden gegenüber duldsam, wie denn sein Aufwand und seine schlechte Finanzwirtschaft ihn nötigten, auf die steuerbewilligenden Stände Rücksicht zu nehmen; beim Adel und den Städten aber war die evangelische Richtung verbreitet. Auch seine Bischofsweihe zögerte Johann lange hinaus; andererseits erwog er als erster in Westfalen die Gründung einer Jesuitenniederlassung in Osnabrück, 1561, und erneut vier Jahre später, als der berühmte Jesuit Petrus Canisius ihn aufsuchte.

Im Jahre 1566 wurde Johann von Hoya vom münsterschen Domkapitel ebenfalls zum Bischofe erwählt, zwei Jahre danach trat er auch die Nachfolge des als Neunziger verstorbenen Bischofs Rembert von Kerssenbrock in Paderborn an. Nunmehr leistete er als einer der ersten deutschen Bischöfe den Eid auf das Tridentinische Glaubensbekenntnis mit seiner scharfen Verdammung der protestantischen Ketzerei und verfolgte seitdem eine ausgesprochen katholiche Richtung. Wenn er gleichwohl dem Landgrafen Wilhelm von Hessen versicherte, er werde auf seiten der Augsburgischen Konfessionsverwandten stehen, sollten auswärtige Potentaten einen Religionskrieg entfachen, so verdiente das geringen Glauben.

Der Beginn einer planmäßigen Gegenreformation in Westfalen ist mit dem Namen Johanns von Hoya verknüpft, er fällt in die Zeit um 1570. Zuerst griff der Bischof in seinem jüngsten Stifte Paderborn durch. Hier war Bischof Rembert bei seinen hohen Jahren zu nachdrücklichen Schritten gegen die Reformation nicht mehr fähig gewesen, der sich ein großer Teil des Adels, die Edelherren von Büren an der Spitze, zugewandt hatten, sie war auch in das Domkapitel eingedrungen und in die beiden größeren Städte Paderborn und Warburg, ja der „mehrere Teil" der Stiftsuntertanen soll ihr angehangen haben. In der Paderborner Marktkirche hielt seit 1566 Martin Hoitband evangelische Predigten; jetzt (1569) wurde er durch den Bischof vertrieben und der katholische Gottesdienst in der Stadt wiederhergestellt. Die Bürger gingen seitdem in dem nächsten lippischen Dorfe Schlangen zur Kirche. Von weiteren Schritten wurde Johann durch einen Streit mit dem katholischen Teile des Domkapitels zurückgehalten, der seiner Überzeugungstreue nicht recht traute. — Im Stifte Osnabrück wandte der Bischof sich 1571 gegen „die Pestseuche der Irrtümer", indem er auf der Frühjahrssynode den Pastoren außerhalb der Hauptstadt kurzab befahl, sich fortan nach der Lehre des Tridentinischen Konzils und dem römischen Katechismus zu richten. Hier war das Interim auf dem Lande durch einen ungeklärten Religionszustand abgelöst worden, der der Mehrzahl der Geistlichen jetzt den Gehorsam erleichterte, während andere ihre Stellen aufgaben. Doch erregte die Wiederherstellung des katholischen Gottesdienstes in Quakenbrück bei dem „Herrn Omnes" lebhaften Unwillen.

Am wichtigsten war das, was in Münster, dem größten westfälischen Bistume, geschah. Hier fand der Bischof Hoya nachdrückliche Unterstützung bei dem katholischen Teile des Domkapitels unter Führung des klugen und gelehrten Dechanten Gottfried von Raesfeld. Zunächst wurde bei dem arg verweltlichten Kapitel selbst die Hand angelegt — die Domherren hatten sich nicht lange zuvor den Vorwurf gefallen lassen müssen, daß sie in ihrer weltlichen Kleidung den Landsknechten und Lotterbuben glichen —; eine Satzung schärfte ihnen ein ehrbares Leben, insbesondere die Entlassung ihrer Geliebten sowie die Erfüllung der Amtspflichten ein. Vor allem aber wurde in den Jahren 1571—1573 eine Visitation des Hochstifts Münster — ohne das zum Osnabrücker Sprengel gehörige Niederstift — durchgeführt. Ihr nächster Zweck war, ein wahrheitsgetreues Bild der kirchlichen Lage in allen Pfarrgemeinden, Stiftern und Klöstern zu gewinnen. Das Ergebnis war recht verschiedenartig. Allgemein war die Klage über die unzureichende Vorbildung der Pfarrer, zu der ein Hochschulstudium noch keineswegs gehörte. Die der Anstellung vorhergehende Prüfung im Paradies des Domes war bis zu den Zeiten des Bischofs Kettler „anders nicht, als eine Spiegelfechtung" gewesen. In vielen Fällen stand die Pfarrpfründe irgendeinem vornehmen Geistlichen zu, der das Amt nach mittelalterlicher Weise durch einen Vertreter versehen ließ. Daß die Pfarrer und Kanoniker in wilder Ehe lebten, war ganz gewöhnlich, freilich wurden auch die Ehen der lutherischen als solche betrachtet. Äußerlich verrieten sich die nicht mehr streng kirchlichen Pfarrherren dadurch, daß sie statt der Tonsur einen langen Bart zu tragen pflegten. Die Mehrzahl der Gemeinden und ihrer Seelsorger bekannte sich bei der Visitation zu der katholischen Kirche, mochte es gleich von mehr als einem heißen, „dragt uff beiden Schulderen". Insbesondere die Stadt Münster war äußerlich einwandfrei katholisch. Immerhin hatte das lutherische Bekenntnis weite Verbreitung, vor allem unter dem Adel, der es auch in seinen Patronatskirchen eingeführt hatte, so die von Westerholt in Lembeck. Auch die eingesprengte kleine Herrschaft Gemen war seit etwa 1564 lutherisch, die Bürger der benachbarten Stadt Borken besuchten dort die Kirche. In Bocholt, das seit 1556 eine evangelische Ratsmehrheit gehabt und 1564 einen protestantischen Stadtpfarrer berufen hatte, waren die ketzerischen Geistlichen schon 1569 durch den Domdechanten von Raesfeld vertrieben worden. Andere stark verdächtige Städte waren Ahlen und Warendorf; in Ahlen und Rheine hatten sich auch Kalvinisten eingeschlichen. Vereinzelt wurden noch Wiedertäufer angetroffen. Von den Klöstern und Stiftern hatten nur wenige die alte Zucht bewahrt, das reiche Varlar war nach den Worten des Bischofs „durch ein unordentliches Wesen, Leben und Wandel zum ärgerlichen Exempel in Verachtung geraten", in dem vornehmen Stifte Kappenberg stand es schwerlich besser, Langenhorst hatte sich in ein evangelisches Fräuleinstift umgewandelt.

Bevor auch in den Stiftern Osnabrück und Paderborn eine Visitation durchgeführt und die Ergebnisse der münsterschen, die der Volksmund Inquisition nannte, im gegenreformatorischen Sinne ausgewertet werden konnten, wurde Bischof Johann von Hoya, ein „epicurischer Herr", am 5. April 1574 auf dem Schlosse Ahaus vom Tode ereilt, erst 45 Jahre alt. Er war seit längerer Zeit fallsüchtig, dies und seine Neigung zu Trinkgelagen mochten das Ende beschleunigt haben. Nicht ganz zu Unrecht wird er von katholischer Seite als Retter der Kirche im Hochstift Münster gepriesen. Eine tiefere religiöse Natur war er wohl kaum, auch die altkirchliche Partei wurde ein gewisses Mißtrauen ihm gegenüber nicht los. Der kühle gewandte Jurist hat sich um das Stift Osnabrück durch Erlaß einer Amtsordnung, in Münster durch eine Justizreform Verdienste erworben.

Heinrich von Sachsen-Lauenburg

Der Tod Johanns von Hoya erledigte wiederum drei westfälische Bistümer. In Osnabrück ging aus der Wahl des von einer Mittelpartei beherrschten Domkapitels der lutherische Herzog Heinrich von Sachsen-Lauenburg hervor, der bereits Erzbischof von Bremen war. Er hatte keine Aussicht auf die päpstliche Bestätigung, aber das Kapitel ließ ihn zur Regierung zu, nachdem er sich verpflichtet hatte, diese niederzulegen, falls er sich nicht der katholischen Religion gemäß verhalten, heiraten oder nicht bestätigt werden sollte. Unbedenklich ging Heinrich hierauf ein, ebenso unbedenklich ließ er sich bald darauf mit seiner Geliebten heimlich trauen, eine Unwahrhaftigkeit, die damals unter dem hohen Adel nicht allein stand, wenn es galt, in alter Weise Bischofsstühle einzunehmen. Daß die eigentümlichen Verhältnisse der geistlichen Stifter das in gewisser Weise herausforderten, kann Heinrichs Verhalten nur teilweise entschuldigen. Das Osnabrücker Domkapitel zog indes keine Folgerung aus dem Bruche des Versprechens, sondern war es zufrieden, daß die Katholiken ungekränkt blieben. Die gegenreformatorischen Ansätze Johanns von Hoya verfielen unter diesen Umständen im Stifte sehr bald wieder, die Pfarrgeistlichkeit setzte sich über den dem Tridentinum geleisteten Eid ebenso leicht hinweg, wie sie ihn geschworen hatte, sowenig das ihr Ansehen heben konnte.

Das Paderborner Domkapitel erkor 1574 den Kurfürsten von Köln, Salentin Grafen von Isenburg, zum Administrator des Stiftes. Er war zwar ein entschiedener Katholik, sträubte sich aber lange gegen die Anerkennung des Tridentinums, wie er auch die Weihen nicht empfing und in kriegerischer Rüstung wie ein mittelalterlicher Kirchenfürst zu Paderborn einritt. Hier betätigte er sich durch die Gründung eines katholischen Gymnasiums, dessen erster Rektor Hermann von Kerssenbrock wurde, der Geschichtsschreiber der münsterschen Wiedertäufer. Wie verbreitet der Protestantismus im Stifte war, zeigte sich darin, daß in Abwesenheit des Administrators ein Evangelischer, Johann von Büren, als Statthalter schaltete und daß mehrere junge Domherren, ein Plettenberg, Hatzfeld und Hörde, auf oranischer Seite in den Niederlanden das Schwert geführt hatten.

Schon 1577 verzichtete Salentin von Isenburg auf seine geistlichen Würden; nun entschied sich auch das Paderborner Domkapitel für Heinrich von Sachsen-Lauenburg als Nachfolger. Er verpflichtete sich, „alle abtrünnigen, unberufenen ketzerischen Prädikanten aus seinem Stifte zu schaffen und darin nicht zu tollerieren," aber da man seine Stellung kannte, war diese Auflage auch von dem Domkapitel kaum ernstlich gemeint. Nun gewann das Luthertum in Stadt und Land vollends die Oberhand und wurde in fast allen Pfarrkirchen gepredigt, in dem Städtchen Steinheim z. B. gab es nur noch 10 bis 20 Katholiken.

Der münsiersche Wahlstreit

Am schwierigsten gestaltete sich die Lage nach Johann von Hoyas Tode im Hochstift Münster, hier bestanden die schärfsten Gegensätze. Schon 1573 hatte der Papst durch den Nuntius Gropper die Einführung der Inquisition und die Berufung der Jesuiten verlangt, andererseits bestand im Domkapitel in der Partei der Junioren eine evangelisch gerichtete Mehrheit, so zielbewußt auch die Minderheit der Senioren unter Gottfried von Raesfeld ihren Standpunkt wahrte. Nun hatte freilich der Bischof Hoya noch bei Lebzeiten durch die Wahl des Koadjutors Johann Wilhelm von Kleve (geb. 1562) für einen, wenn auch noch im Knabenalter stehenden Nachfolger gesorgt und dadurch, wie er sich ausdrückte, dem Domkapitel einen Daumen auf die Nase gesetzt. Die laufende Verwaltung des Stiftes führte ein landständischer Ausschuß des Domkapitels und der Ritterschaft, als Statthalter stand der Domherr Konrad von Westerholt an der Spitze, der lutherischer Neigungen stark verdächtig war. Durch den Tod des Jungherzogs Karl Friedrich zu Anfang 1575 wurde nun aber Johann Wilhelm der Anerbe und Stammhalter der klevischen Herzogtümer und damit ergab sich die Notwendigkeit, den münsterschen Bischofsstuhl in absehbarer Zeit anderweit zu besetzen. Die alsbald eingeleitete Neuwahl veranlaßte einen langjährigen Wahlstreit, ein erbittertes, zähes Ringen um das Hochstift Münster begann. Das ausgedehnte münstersche Gebiet bildete die Brücke zwischen dem evangelischen Deutschland und den aufständischen Niederlanden; für diese wie für die Spanier war es von Wichtigkeit, welcher Seite der künftige Bischof sich zuwenden würde. Für das Stift selbst mochte der Ausfall der Wahl endgültig über das Glaubensbekenntnis der Einwohner entscheiden. Der Bewerber der katholischen Partei war der 21jährige Herzog Ernst von Baiern, der als Sohn des altkirchlichen Vorkämpfers in Deutschland, des Herzogs Albrecht V. von Baiern, bereits Bischof von Freising und Hildesheim war; durch seine Mutter, eine Tochter Kaiser Ferdinands, war er der rechte Vetter des Administrators Johann Wilhelm, so daß auch der klevische Hof sich zu seinen Gunsten verwandte. Als Gegenkandidat trat Heinrich von Sachsen auf, der Erwählte von Bremen und Osnabrück, für den sich aus persönlicher Freundschaft Kurfürst Salentin von Köln einsetzte. Als die Wahl am 12. November 1575 stattfinden sollte, ergaben sich 10 oder 11 Stimmen für Herzog Ernst, während Herzog Heinrich 17 Stimmen erhielt, — da verließ der Dechant von Raesfeld mit seinem Anhange zornig den Saal und verhinderte dadurch den Abschluß der Wahlhandlung. — Aus einem eigentümlichen Grunde konnte auch der katholische Teil des Domkapitels sich längere Zeit nicht für den bairischen Bewerber erwärmen. Im Jahre 1557 hatte der Papst dem aus einem münsterschen Erbmannsgeschlecht stammenden Dr. Johann Schenking eine Domherrnpfründe verliehen, der jedoch vom Kapitel als nicht rittermäßiger Geburt zurückgewiesen worden war, obwohl seit Jahrhunderten Erbmänner unangefochten im Domkapitel gesessen hatten. Aber der hier und auch sonst sich immer mehr abschließende Landadel hielt die Stadtjunker, deren Vorfahren hansische Großkaufleute gewesen waren, nicht mehr für ebenbürtig. So wurde der Fall Schenking von grundsätzlicher Bedeutung, er beschäftigte seit Jahren die römische Rota, den höchsten kirchlichen Gerichtshof, und hatte schon Unsummen von Geld gekostet. Daß der Spruch der Rota wiederholt zugunsten Schenkings ausfiel,. stimmte das ahnenstolze Kapitel nicht um, und daß jener zufällig der Hofmeister des Herzogs Ernst war, nahm es auch gegen diesen ein, bis er Schenking entließ.

Andererseits konnte auch die Wahl des evangelischen Bewerbers nicht vollzogen werden, solange Herzog Wilhelm von Kleve den Rücktritt seines Sohnes hinauszögerte; er wollte ihn erst dann aussprechen, wenn die Nachfolge des Baiern gesichert wäre, obwohl seinerzeit bei der Wahl des Koadjutors ausgemacht worden war, daß ein etwaiger Verzicht nicht an Bedingungen geknüpft werden dürfe. Auf einem neuen Wahltage des Kapitels am 23. Febr. 1577 gelang es dem Statthalter Westerholt, unter der Vorspiegelung, daß die Wahl nunmehr in dem gewünschten Sinne erfolgen werde, den klevischen Abgesandten den Verzicht des Koadjutors zu entlocken, aber als dann die Abstimmung begann und erneut zugunsten des Herzogs von Sachsen auszugehen drohte, wurde sie wiederum von der Gegenseite abgebrochen. Westerholt erhielt demnächst eine Vorladung nach Rom, um sich zu verantworten, und als er nicht erschien, wurde er vom Papste vorläufig seines kirchlichen Amtes enthoben. Auf die zum Landtage versammelten münsterschen Stände, „so leider mehrenteils lutherisch", machte das keinen Eindruck, aber als der Papst nunmehr Westerholt bannte und absetzte, hielt dieser es doch für rätlich, selbst nach Rom zu gehen, wo man ihn mehrere Jahre lang festhielt.

Zu Ende des Jahres 1579 ernannte der Papst den Jungherzog Johann Wilhelm zum Verwalter des Hochstifts Münster in allen weltlichen Dingen — ein Eingriff in die Rechte von Kaiser und Reich —, zu seinem Berater machte er den Domdechanten von Raesfeld. Hierdurch sowie durch die Entfernung Westerholts gewann die katholische Partei allmählich Oberwasser und sie glaubte, die Wahl des Herzogs Ernst nunmehr durchsetzen zu können. Aber zum Wahltage (25. April 1580) stellte sich dessen alter Nebenbuhler, Herzog Heinrich von Sachsen, persönlich mit stattlichem Gefolge in Münster ein, von der Bürgerschaft jubelnd begrüßt; im Auftrage des Statthalters der Niederlande, Wilhelms von Oranien, erschien ferner dessen Bruder, Graf Johann von Nassau, staatische (niederländische) Truppen rückten in das Hochstift ein. Die allgemeine Abneigung gegen den der Inquisition und den Jesuiten zugetanen Baiern war so stark, daß ein Aufruhr in der Stadt drohte und die Wahl wieder einmal vertagt werden mußte. Nun fand sich auch Johann Wilhelm von Kleve in Münster ein, übernahm die Verwaltung des Landes und führte sie in den nächsten Jahren, ohne nach Lage der Dinge zu durchgreifenden Maßnahmen die Kraft zu haben. Erst der Ausgang des Kampfes um das Erzstift Köln entschied auch über die Zukunft Münsters.

Der Kölnische Krieg

Seit dem Sturze Hermanns von Wied hatte der Kurfürst Adolf IV. von Schaumburg (1546—1556) im Erzstift Köln die katholische Kirche wieder zur Herrschaft gebracht, die sich längere Zeit unangefochten behauptete. Freilich vertraten zunächst fast nur die Kölner Jesuiten die schärfere Richtung; der Kurfürst Friedrich von Wied, ein Neffe Hermanns, legte 1567 sein Amt nieder, weil er den Eid auf das Tridentinum verweigerte, auch sein Nachfolger Salentin von Isenburg war diesem, wie wir sahen, nicht sonderlich geneigt. Salentin verzichtete 1577 auf die Regierung, um zu heiraten und seine angestammte Grafschaft zu übernehmen. Der Herzog Ernst von Baiern, der hartnäckige münstersche Bistumsbewerber, bemühte sich um die Nachfolge, aber auch hier drang er jetzt nicht durch, das Domkapitel wählte aus seiner Mitte den nicht eben bedeutenden Gebhard Truchseß von Waldburg, einen schwäbischen Grafensohn, zum Kurfürsten. Einige Jahre führte Truchseß sein geistliches Amt nach alter Weise, in der Form katholisch, ohne bei seiner Lebensführung viel Rücksicht darauf zu nehmen. Zwischen ihm und einem Stiftsfräulein zu Gerresheim, der schönen Gräfin Agnes von Mansfeld, entspann sich ein Liebesverhältnis; auf die Vorhaltungen ihrer Angehörigen entschloß sich Gebhard Truchseß im Herbste 1581, die verletzte Ehre des Fräuleins durch eine Heirat, zunächst im geheimen, wiederherzustellen. Schon sein Vorgänger hatte bei seinen Heiratsplänen mit dem Gedanken gespielt, gleichwohl Erzbischof zu bleiben; Truchseß faßte jetzt diesen Entschluß und daraus ergab sich der weitere, zum Protestantismus überzutreten. Das waren Schritte von außerordentlicher Tragweite. Die von den Protestanten seit Jahrzehnten geforderte „Freistellung der Religion“, die es auch den geistlichen Reichsständen gestatten sollte, ohne Verlust ihrer Würden zur Augsburgischen Konfession überzutreten, war damit in dem vornehmsten Erzstift des Reiches zur Entscheidung gestellt. Wurde die Frage bejaht, so war damit auch die Bevölkerung des Kurfürstentums dem Protestantismus gewonnen, selbst die Reichsstadt Köln, bis dahin die standhafte Hochburg der Altkirchlichen, wäre der Reformation kaum noch länger verschlossen geblieben. Hiermit nicht genug. Durch den Beitritt des Kurfürsten von Köln hätten die Protestanten im Kurfürstenkolleg die Mehrheit erlangt, die demnächstige Wahl eines evangelischen deutschen Kaisers wäre durchaus in den Bereich der Möglichkeit gerückt. Es war klar, daß die römische Kirche sich aus der entscheidenden Stellung in Köln nicht ohne harten Kampf verdrängen lassen würde.

Kurfürst Gebhard aber ließ es an genügender Vorbereitung hierfür durchaus fehlen. Seine Bekanntmachung vom 19. Dez. 1582 bestätigte, was man sich längst erzählte, seinen Übertritt zum Kalvinismus und daß er sein Amt beibehalten wolle; gleichzeitig verkündete er Glaubensfreiheit im Erzstift. Hier fand der Schritt eine kühle Aufnahme. Äußerte ein am 24. Jan. 1583 in Arnsberg abgehaltener westfälischer Landtag sich vorsichtig zurückhaltend, so entschied sich gleich darauf ein rheinischer in Köln, beim katholischen Glauben bleiben zu wollen. Ritterschaft und Städte nahmen dort offen Partei für das Domkapitel, das sich in seiner großen Mehrheit von dem Kurfürsten lossagte. Nachdem Gebhard sich der Stadt Bonn bemächtigt hatte, begab er sich ins Herzogtum Westfalen, wo er mehr Sympathien besaß.

War hier einst schon zu den Zeiten Hermanns von Wied das Luthertum verbreitet gewesen, so hatte es seit einem Menschenalter in den nach Hessen und Waldeck zu gelegenen Städten Volkmarsen, Marsberg und Brilon wie auch in Geseke erneut Wurzel gefaßt. Jetzt wurde der Kurfürst in Brilon vom Rate und der Gemeinde mit offenen Armen aufgenommen, die Mehrheit der Bürger erklärte sich für die Annahme der Augsburgischen Konfession. Am 12. März trat der westfälische Landtag erneut in Arnsberg zusammen. Sieben überwiegend evangelischen Städten, darunter die genannten, standen zunächst 17 altgläubige, so Arnsberg, Werl und Rüthen, doch die meisten unbedeutend, gegenüber; Attendorn ließ sich zur evangelischen Seite herüberziehen. Unter der Ritterschaft hatte Truchseß zahlreiche Anhänger, an der Spitze Otto von Wolmeringhausen und Temme von Hörde; die Führer der Städte waren der Geseker Ratsverwandte Johann Grote und der Briloner Bürgermeister Heinrich Jakobs. Die Gegenseite vertraten namentlich der Drost zu Bilstein, Kaspar von Fürstenberg, und der Licentiat Gerhard von Kleinsorgen aus Werl. Nach heftigem Streite und Einschüchterung der Andersgesinnten erklärte der Landtag in der Mehrheit seine Zustimmung zu dem Vorgehen des Kurfürsten. Im Veste Recklinghausen, das erst

1576 nach mehr als hundertjähriger Verpfändung an die Herren von Gemen zum Erzstift zurückgekehrt war, hatten sich die beiden Städte sowie die Ritterschaft der ablehnenden Stellungnahme des rheinischen Landtages angeschlossen. Mit Hilfe einiger evangelischer Bürger gelang es dem Kurfürsten doch, die Stadt Recklinghausen für sich zu gewinnen, während Dorsten beim Domkapitel verblieb.

Die Gegenpartei war inzwischen nicht müßig gewesen. Der Papst Gregor XIII. erklärte das Scheusal Gebhard für abgesetzt und ordnete die Neuwahl an. Als Bewerber trat wiederum Herzog Ernst von Baiern, seit 1581 auch Bischof von Lüttich, auf. Mit Hilfe reichlicher Bestechungsgelder wurde er am 23. Mai 1583 zum Erzbischof gewählt. Zwar ließ das Tridentinum die Häufung mehrerer Bischofsämter in einer Hand nicht zu, aber jetzt, wo es ums Ganze ging, stieß man sich in Rom an diesem Verbote so wenig wie an dem der Simonie oder daran, daß Ernst moralisch keineswegs höher stand als Gebhard — es hatte schwer gehalten, den leichtsinnigen jungen Herrn aus zarten Banden in Freising zu lösen und an den Rhein zu bringen—; daß er zuverlässig katholisch war, mußte genügen.

Schon seit Anfang des Jahres bestand zwischen Truchseß und dem Domkapitel der offene Kriegszustand. Freilich gehörte zum Kriegführen Geld, zumal in den Zeiten der Söldnerheere, und daran fehlte es zunächst hier wie dort. Aber Herzog Wilhelm V. von Baiern unterstützte seinen Bruder Ernst immer wieder mit sehr bedeutenden Mitteln, handelte es sich doch um die Ehre der Kirche und zugleich des Hauses Wittelsbach, und ebenso spendete Papst Gregor XIII. wiederholt mit offenen Händen — die Dinge hatten sich seit den Tagen des Ablaßhandels sehr gewandelt. Dagegen fand Gebhard bei seinen neuen Glaubensgenossen nur ganz geringe Hilfe. Die ihm nahestehenden Herren, Graf Johann von Nassau und der in ähnlicher Lage wie er selbst befindliche Heinrich von Sachsen, waren zu wirkungsvollem Eingreifen zu schwach, der Kurfürst Ludwig von der Pfalz gewährte ein bescheidenes Darlehen, die beiden anderen evangelischen Kurfürsten, August von Sachsen und Johann Georg von Brandenburg, ebenso die hessischen Landgrafen versagten sich vollständig mit der Begründung, daß der Religionsfriede nicht gestört werden dürfe. Es fragte sich nur, wie lange dieser künstliche Bau noch aufrechterhalten werden konnte. Der seit 15 Jahren in den Niederlanden wütende Brand des Glaubenskrieges sprang ohnehin durch die kölnischen Wirren jetzt auch nach Deutschland über, spanische und staatische Truppen, von beiden Seiten zur Hilfe gerufen, fochten fast von Anfang an mit. Als Kriegshauptmann des Domkapitels bemächtigte sich der vormalige Kurfürst Salentin des Oberstifts Köln bis auf das von Truchseß behauptete Bonn. Dessen Heerführer war der vielgeschäftige, wenig schaffende Pfalzgraf Johann Kasimir. Besser bewährte sich auf Gebhards Seite der Graf Adolf von Neuenahr im Niederstift unterhalb Köln. Im Herbst dankte Johann Kasimir seine Heerhaufen ab, die er nicht länger bezahlen konnte. Bonn fiel nach einiger Zeit Ernst in die Hände. Derweil gingen fruchtlose Friedensverhandlungen im Reiche hin und her, auch ein hessischer Vorschlag, wonach der Baier das Kurfürstentum mit dem rheinischen Erzstift, Truchseß dagegen das Herzogtum Westfalen erhalten sollte, verlief im Sande.

Tatsächlich war Gebhard im wesentlichen auf diesen Landesteil beschränkt. Er hatte ihm Glaubensfreiheit in der Weise verheißen, daß die evangelischen Einwohner in besonderen Gemeinden zusammengefaßt und die Pfarren zwischen Alt- und Neugläubigen geteilt werden sollten. Aber hierbei ging es nicht ohne Gewaltsamkeiten ab, in Werl z. B. erhob sich ein häßliches Gezänk der beiderseitigen Geistlichen von der gleichen Kanzel, so daß hier schließlich der katholische Gottesdienst ganz verboten wurde. Starke Verbitterung bei Katholiken wie Lutherischen erregte die Einführung des kalvinischen Gottesdienstes schon wegen der damit verbundenen Bilderstürmerei in den Kirchen; der Chronist Gerhard von Kleinsorgen hat über diese Vorgänge ein trübes Bild entworfen. Allgemein sank Gebhards Beliebtheit durch die hohen Steuern, die er zu erheben genötigt war.

Der letzte Ausweg für Gebhard war der Anschluß an Wilhelm von Oranien. Die Abrede ging dahin, daß er zunächst diesem zu Hilfe ziehen sollte, um die Spanier aus dem Lande links der Yssel zu werfen; mit vereinten Kräften wollte man dann das Erzstift zurückerobern. Demgemäß setzte sich Gebhard mit seinen westfälischen und anderen Truppen nach den Niederlanden in Marsch. Aber unterwegs wurde seine Nachhut bei dem Flecken Terborg an der alten Yssel unterhalb von Anholt vom Feinde ereilt und vernichtet (31. März 1584). Dieser war jetzt stark genug, um Gebhard die Rückkehr nach Deutschland zu verlegen; dessen nicht sehr rühmliche Rolle war damit ausgespielt. Ernsts Heerführer und Bruder, Herzog Ferdinand von Baiern, wandte sich nunmehr mit seinen

Heerhaufen nach Westfalen. Als Recklinghausen nicht gleich fiel, nahm er zunächst Werl (16. April); die standhaft katholischen Bürger Arnsbergs öffneten freiwillig ihre Tore, alle anderen Städte taten desgleichen, die truchsessischen Besatzungen verliefen sich. Mehrere Städte suchten die Freiheit des evangelischen Bekenntnisses zu retten und wurden zunächst aufs Ungewisse vertröstet. Schließlich kapitulierte auch Recklinghausen (4. Mai). Kurfürst Ernst konnte als Sieger im Veste einziehen; demnächst betrat er bei Werl durch die Landwehr am sagenberühmten Birkenbaum, der hier zum ersten Male genannt wird, den Boden seines westfälischen Herzogtums und nahm die Huldigungen entgegen. Der Landtag trat diesmal in Geseke zusammen, der Stadt, die für die Kirchenreform am entschiedensten Partei genommen hatte; Ernst wurde als Kurfürst anerkannt und erhielt neue Steuern bewilligt. Nach Schluß der Tagung kam es in der Stadt zu einem Tumult, als ein starkes Fähnlein Knechte unversehens einrückte; am Tore und auf dem Markte wurden verschiedene Bürger erschossen oder verwundet. Das Ergebnis war, daß das evangelische Bekenntnis auch in Geseke völlig unterdrückt wurde. Nur an der Grenze, in Marsberg und Volkmarsen, behauptete es sich, auch die Lennejunker hielten noch längere Zeit am Kalvinismus fest.

Sowenig bedeutend die Kriegshandlungen in Westfalen gewesen waren, die Verwüstungen des Landes durch die zuchtlosen Heerhaufen beider Parteien waren furchtbar. Dazu hörte der Kriegszustand noch keineswegs auf. Am 9. Nov. 1584 eroberten die Kurfürstlichen das tapfer verteidigte Schloß Hohenlimburg an der Lenne, das Gebhards Heerführer, dem Grafen Adolf von Neuenahr, gehörte; erst 1611 gelangte es in die Hand seines Schwestersohns und Erben, des Grafen von Bentheim-Tecklenburg, zurück. Andererseits unternahm der waghalsige truchsessische Parteigänger Martin Schenk von Blyenbek im Februar 1586 einen Handstreich gegen Werl, überrumpelte die Stadt und veranstaltete bei dem Dorfe Bremen unter dem in Eile aufgebotenen kölnischen Landsturm ein Gemetzel, dem viele hundert Bauern zum Opfer fielen; mit reicher Beute zog er wieder ab. Auch das Vest wurde von dem kecken Freibeuter wiederholt heimgesucht. Diese fortgesetzten Verheerungen und der Steuerdruck ließen Stadt und Land gleichmäßig verarmen und herunterkommen.

Ernsts von Baiern Wahl in Münster

Der für Ernst von Baiern und die katholische Partei siegreiche Ausgang des Kölnischen Krieges ließ beide endlich auch im Stift Münster die Oberhand gewinnen, der langjährige Wahlstreit kam nunmehr zur Entscheidung. Sie hatte sich schon 1583 durch eine Satzung vorbereitet, wonach jeder neu eintretende Domherr wie auch jeder Beamte bei der Anstellung sich auf das Tridentinum zu verpflichten hatte. Als im Herbste darauf die Bürger der Stadt Borken sich an den dortigen katholischen Beamten vergriffen und ein Marienbild verhöhnten, ohne daß der Rat eingeschritten wäre, tat die Landesregierung das um so nachdrucklicher: die Stadt mußte sich unterwerfen und alle Bürger ausweisen, die auswärtige Predigten aufsuchten. So groß und allgemein die Abneigung gegen die „Hispanisierten" war, insbesondere die der Stadt Münster und eines Teiles der Ritterschaft gegen Ernst von Baiern, er wurde nun doch am 18. Mai 1585 vom Domkapitel auch zum Bischof von Münster erwählt. Endlich war er am Ziele; der Herzog Johann Wilhelm legte sein Amt als Administrator nieder. Aber die Übernahme der Regierung durch Ernst verzögerte sich noch längere Zeit, weil die Niederländer seine Wahl als feindliche Handlung betrachteten und das Stift durch fortgesetzte Einfälle unsicher machten. Der Lieblingssitz des Kurfürsten wurde späterhin das feindlichem Zugriff entzogene Arnsberg mit seinem stattlichen Schlosse. Hier lockte die hohe Jagd im waldreichen Sauerlande, nicht minder verstand es die Jungfer Gertrud von Plettenberg, den lebenslustigen Herrn an sich zu fesseln. Das bairische Haus hatte durch die in Ernsts Hand vereinigten Stifter Köln, Münster, Lüttich und Hildesheim in Nordwestdeutschland eine Machtstellung erlangt, die es durch nachgeborene Söhne im geistlichen Stande fast zwei Jahrhunderte hindurch hat behaupten können. Der katholischen Kirche aber war durch den Zusammenschluß dieser Stifter in zuverlässiger Hand die Bildung eines gewaltigen Blockes gelungen, der ihr Gewicht ungeheuer verstärkte. Das Stift Münster und die kölnischen Gebiete, der Fläche nach etwa das halbe Westfalen, waren, wenn auch nicht ohne weitere Kämpfe und Bekehrungsarbeit, der alten Kirche fortan gesichert. Es kam nun darauf an, wie sich das Schicksal der übrigen Landesteile in konfessioneller Beziehung gestalten würde.

Das Stift Minden

Doch zuvörderst bleibt noch die Entwicklung der Dinge im Stifte Minden nachzutragen, das bei seiner Randlage dem kölnischen Einfluß am weitesten entrückt war. Zum Nachfolger des 1566 verstorbenen Bischofs Georg von Braunschweig wählte das Domkapitel den jungen Hermann von Schaumburg, einen Sohn des Grafen Otto IV. Ein Schwiegersohn von Herzog Ernst dem Bekenner zu Braunschweig-Lüneburg, hatte Otto 1559 in seiner Grafschaft die Reformation eingeführt und damit die katholische Kirche aus dem letzten weltlichen Gebiete Westfalens verdrängt. Wenn das Mindener Domkapitel der Werbung des Schaumburgers Gehör schenkte, war das wohl ein Versuch, sich der welfischen Übermacht zu erwehren, hatte doch im Jahr zuvor der Herzog Erich von Kalenberg, übrigens ein eifriger Katholik, ohne jeden Rechtsgrund dem Stifte das reiche Kloster Lockum weggenommen und betrachtete es seitdem als sein Eigentum. Aber die Wahl Hermanns erwies sich nicht als besonders glücklich. Der neue Bischof vermochte Lockum nicht zurückzubringen, wenn er auch, ein Zeitbild, gelegentlich den Abt auf offener Straße überfiel und seiner Widersetzlichkeit halber höchsteigenhändig derbe abprügelte. Hermann zerfiel schließlich mit seinem Kapitel wie mit seiner Hauptstadt. Minden strebte kühnlich nach der Reichsfreiheit, wie es denn im sechzehnten Jahrhundert den doppelköpfigen Reichsadler zu den seither geführten Petersschlüsseln in sein Wappenschild aufnahm. Doch eine Verkehrssperre nötigte es zum Nachgeben, seine Stellung wurde durch den Lübbecker Rezeß von 1573 festgelegt. Wie es scheint, um sich gegen seine Landstände zu behaupten, legte Hermann den Eid auf das Tridentinum ab und wurde darauf vom Papste bestätigt, ohne daß sich aus diesem Stellungswechsel Folgen in kirchlicher Hinsicht für das Stift ergeben hätten; der päpstliche Nuntius fand 1575 zwar in einigen Kloster- und Stiftskirchen der Stadt noch katholischen Gottesdienst, die Bevölkerung dagegen voll Feindschaft gegen diesen wie gegen die altkirchliche Geistlichkeit. Schließlich (1582) verzichtete Bischof Hermann um den Preis von 30 000 Tlrn. auf das Stift zugunsten von Heinrich Julius, dem ältesten Sohne des Herzogs Julius von Braunschweig-Wolfenbüttel, der bereits Administrator des Stiftes Halberstadt war; er selbst heiratete eine Bauerntochter und zog sich auf die angestammte Arensburg zurück. Das Domkapitel wählte in Heinrich Julius wieder einen Welfen zum Bischof, nachdem er versprochen hatte, die Gebietsansprüche des Stiftes Minden dem braunschweigischen Hause gegenüber zur Geltung zu bringen.

Hoya und Diepholz fallen an das Welfenhaus

Das hatte eben damals seine Bedeutung im Hinblick auf die Grafschaft Hoya. Im Jahre 1583 starb nämlich mit dem Grafen Otto das alte Geschlecht der Grafen von Hoya aus, das die westfälischen Bischofsstühle jahrhundertelang immer wieder besetzt hatte. Doch aus den Schulden war es zuletzt nicht mehr herausgekommen, so befand sich „die arme, wüste Herrschaft“ in kläglichem Zustande. Sie fiel an die Lehnsherren, die braunschweigischen Herzöge von Lüneburg, Wolfenbüttel und Kalenberg, die sie unter sich teilten; die Ämter Uchte und Freudenberg (Bassum) kamen an den Landgrafen von Hessen. Aber dem Wahlversprechen von Heinrich Julius zum Trotze blieben die Ansprüche des Stiftes Minden namentlich auf dessen alten Besitz Steierberg unberücksichtigt (Bd. I, S. 235, 351). Im Jahre 1585 erlosch mit dem Tode des Grafen Friedrich auch das benachbarte Haus Diepholz, das gleichfalls sich durch mehrere westfälische Bischöfe bekanntgemacht hatte; auch dieses Ländchen fiel kraft der kaiserlichen Anwartschaft (s. o. S. 7) dem Herzog von Braunschweig-Lüneburg zu bis auf das Amt Auburg, das wieder an Hessen gelangte. Während die hessischen Erwerbungen bedeutungslose Einsprengsel blieben, wurden die braunschweigischen für die Zukunft wichtig. Nicht allein, daß die beiden altwestfälischen Gebiete Hoya und Diepholz fortan mit dem benachbarten Niedersachsen zu einer Einheit verschmolzen, die Welfen hatten damit in breiter Front nach Nordwestfalen hinein Raum gewonnen, waren die Grenznachbarn von Münster und Osnabrück geworden und umklammerten von Norden her das Stift Minden, das sie längst als ihnen gehörig betrachteten. Seit sie im beginnenden fünfzehnten Jahrhundert durch den Erwerb der Grafschaft Everstein zuerst die Weser in ihrem Oberlauf überschritten hatten, waren sie dort im Berglande steckengeblieben; das nordwestfälische Flachland bot ihnen bessere Aussichten. Dies um so mehr, als das Haus der Welfen damals durch das Aussterben der Linien Kalenberg und Grubenhagen eine einheitlichere Macht als seit langem darstellte.

7. Kapitel

Kriegs- und Glaubensnöte. Der Kampf um Paderborn

Die Einfälle der Spanier und Staatischen

Durch den Kölnischen Krieg waren die Spanier und die Niederländischen Generalstaaten zuerst veranlaßt worden, den Schauplatz ihrer nicht endenwollenden Kriegführung auf die angrenzenden nordwestdeutschen Länder auszudehnen; weil sie ihre Heere nicht mehr laufend besolden konnten, fielen diese seitdem, vielfach von der Not getrieben, aus den verheerten niederländischen in die friedlichen rheinisch-westfälischen Landschaften ein, um sich zu entschädigen und zu erholen. Nennenswerter Widerstand trat ihnen hierbei nicht entgegen und so war es ihnen gleichgültig, daß das Reich sich weder mit Spanien noch den Niederlanden im Kriege befand. Nach Beendigung des Kölnischen Krieges wiederholten sich die größeren und kleineren Einfälle beider Parteien Jahr für Jahr, bis zur Weser und ins Sauerland dehnten sie sich aus, vor allem waren die Grafschaft Mark, Recklinghausen, das Münsterland, Bentheim, Tecklenburg und Osnabrück ihnen ausgesetzt. So lernten die unglücklichen Bewohner dieser Länder schon 30 Jahre vor dem Dreißigjährigen Kriege dessen Schrecken ausgiebig kennen.

Im Jahre 1587 fielen spanische Völker in die Grafschaft Mark ein, versuchten Dortmund zu überrumpeln und verbreiteten sich weiter in das Vest und das Münsterland. In Senden schlug ein ergrimmtes bäuerliches Aufgebot eine vereinzelte Abteilung größtenteils tot, konnte aber der feindlichen Hauptmacht nicht widerstehen, und diese nahm mit Mord und Brand weithin fürchterliche Rache; schließlich mußte sie mit 80 000 Tlrn. abgekauft werden. Im gleichen Jahre besetzten die Staatischen Meppen und ließen sich nur durch Zahlung von 30 000 Tlrn. zum Abzuge bewegen. Zwei Jahre später kam es in der Nähe von Haltern bei Lippramsdorf zwischen eingefallenen spanischen und staatischen Truppen zu einem größeren Gefechte, wobei die ersten über 500 Tote zurückließen. Das hinderte andere Spanier nicht, am 28. August den großen Jahrmarkt zu Greven an der Ems zu überfallen, wobei allein die Marktbesucher aus der Stadt Münster einen Schaden von mehr als 30 000 Tlrn. erlitten. Im gleichen Jahre unternahmen die Spanier einen Angriff auf Rheine, die Staatischen auf Dülmen.

Unmöglich können all die weiteren größeren und kleineren Streif- und Raubzüge beider Parteien aufgeführt werden, genug, daß sie sich Jahr für Jahr wiederholten und von dem unglücklichen Lande wehrlos hingenommen werden mußten. Der Lehnsdienst der Ritterschaft wie die Kriegsbrauchbarkeit des ungeübten Bauernstandes, vielfach nur mit Federspießen, Hellebarden oder Äxten ausgerüstet, versagten dem Berufssoldaten gegenüber vollständig. Zwar versuchte man es immer wieder mit der Landesbewaffnung, z. B. im Stifte Osnabrück, aber als man hier Bauernscharen dem feindlichen Kriegsvolk entgegenstellte, war das Blutbad im Gehn die Folge (1591), wobei ein spanischer Reiter, dagegen 300 Bauern als Tote das Feld bedeckten und jener mit 2000 Tlrn. gesühnt werden mußte. Als 1604 Spanier das Delbrücker Land durchzogen, sammelten sich die Bauern, eingedenk der Heldentat ihrer Väter von 1410 (Bd. I, S. 357), auf den alten Kriegsruf „Hilrio, Hilrio tom Haspelkamp hento!" an diesem ihrem Waffenplatz und fielen mutig die feindliche Nachhut an. Das traurige Ergebnis war, daß die Spanier ein furchtbares Gemetzel unter ihnen anrichteten. Nur die Mauern der mittleren und größeren Städte waren streifenden Scharen gegenüber einstweilen noch unbezwinglich. Um das Land zu schützen, blieb nichts übrig, als gleichfalls Soldaten anzunehmen. In den klevischen Gebieten wurde 1587 eine gemeinsame Landesverteidigung beschlossen, wonach jede Landschaft eine bescheidene Anzahl geworbener Knechte und Reiter unterhalten und die Nachbarn, so Mark und Berg, sich gegenseitig zur Hilfe kommen sollten; den Oberbefehl führte, wenig zweckmäßig, ein ständischer Ausschuß. Doch mit diesen Söldnern, landesüblich Hahnenfedern genannt, machte man nirgends erfreuliche Erfahrungen, es waren zuchtlose, dem Trunke ergebene Rotten, die die eigene Bevölkerung bestahlen und beraubten, wo sie konnten, ohne gegen größere Einfälle Schutz zu gewähren. Dagegen kostete ihre Unterhaltung viel Geld, das von den verheerten Ländern mühsam zusammengesteuert werden mußte. Entsetzliche Leiden, schwere Verluste an Gut und Blut hatte mehr oder weniger ganz Westfalen auf diese Weise zu tragen, sie zehrten am Marke des Landes, „nicht anders, als ob man auf der Unchristen und Türken Grenze gelegen wäre", wie man 1591 klagte.

Auch dadurch wurde Westfalen in den niederländischen Freiheitskampf hineingezogen, daß die Ober- und Niedergrafschaft Lingen mit der festen Hauptstadt als vorgeschobener Posten sich in spanischer Hand befand; die Plünderungen im Emsland und im Osnabrückschen kamen zum guten Teile auf die Rechnung der Besatzung von Lingen. Im Jahre 1597 eroberte Moritz von Oranien die Stadt, fortan waren die Peiniger Staatische, bis sie 1605 Lingen wieder an die Spanier verloren.

Die spanischen Winterquartiere 1598/99

Die Nichtachtung der Neutralität erreichte ihren Höhepunkt im Jahre 1598. Nachdem die Spanier durch den im Jahre zuvor mit Frankreich abgeschlossenen Frieden den Niederländern gegenüber freiere Hand bekommen hatten, erhielt der Oberbefehlshaber ihres seit neun Jahren unbezahlt gebliebenen Heeres, der Admiral Don Francesco de Mendoza, den Befehl, sich entweder gegen die nördlichen niederländischen Provinzen zu wenden oder in den benachbarten Reichsgebieten Winterquartiere zu beziehen und den Unterhalt der Truppen durch Kontributionen aufzubringen. Mendoza wählte den zweiten, bequemeren Weg; am 5. November 1598 überschritt sein aus Spaniern, Italienern, Deutschen und Wallonen gemischtes großes Heer von 24 000 Mann den Rhein und breitete sich nach und nach über Kleve, Mark und das Stift Münster mit den eingeschlossenen kleineren Gebieten aus. Unna, Kamen, Lünen und Hamm, Dorsten und Recklinghausen sowie alle Städte des Oberstifts Münster wurden besetzt und geplündert, nur Münster, Dortmund und Soest konnten sich mit Hilfe geworbener Knechte und durch angestrengten Wacht- und Besatzungsdienst ihrer Bürger behaupten. Um die Spanier zu beobachten, stellte sich Moritz von Oranien mit 7000 Mann beiderseits der Grenze auf. Grauenhaft hausten die Spanier im Lande, keine Schandtat ließen sie ungetan und verschonten auch die Klöster nicht. Feuersäulen bezeichneten ihren Weg, verwüstete Fluren, entvölkerte Dörfer und Städte ließen sie hinter sich. Das Stift Münster berechnete den erlittenen Schaden auf annähernd eine halbe Million Taler. Auch die Nachbargebiete wurden durch Naturallieferungen und Kontributionen ausgesogen. Überall herrschten Teuerung und Hungersnot, in ihrem Gefolge zog die Pest einher, die weitere zahlreiche Opfer forderte. Noch Kinder und Kindeskinder wußten von diesem Winter des Entsetzens zu erzählen. Der Oberbefehlshaber Mendoza aber, das Bild der Verschlagenheit, gab überallhin gute Worte, und seine Spanier suchten die Ketzer nach Möglichkeit auszurotten und vorübergehend wenigstens den katholischen Gottesdienst wiederherzustellen.

Dieser ungeheure Frevel in dem neutralen Lande rief nun endlich doch so etwas wie eine nationale Gegenwehr hervor. Aber jetzt sollte sich das ganze Chaos offenbaren, worin das Deutsche Reich inzwischen durch die jahrzehntelangen Glaubenskämpfe versunken war. Der unfähige Kaiser Rudolf II. begnügte sich mit nutzlosen Schreibereien, die Spanier ließ es kalt, wenn er ihnen mit der Reichsacht drohte. Auf die Vorstellungen des Kurfürsten Ernst „passeden sie so viele, als die Kreie — wie man secht — uf den Sontagh"; so berichtet der münstersche Chronist Röchel. Die Reichskreise nahmen die Verteidigung in die Hand, wozu der Westfälische der nächste war, der bislang von einem gemeinsamen Vorgehen der bedrohten Länder nichts hatte wissen wollen. Das ging nun doch nicht mehr an, der Kreisoberst Graf Simon VI. zur Lippe ließ es an Bemühungen zum gemeinsamen Widerstande nicht fehlen. Aber ein von ihm auf Ende September nach Dortmund berufener Tag wurde kaum beschickt, auch eine gemeinsame Versammlung des Westfälischen, Kur- und Oberrheinischen Kreises zu Köln im Januar 1599 hatte kein greifbares Ergebnis. Endlich im März, als der Spanier fast ein halbes Jahr im Lande hauste, kam man in Koblenz auf einer Tagung von fünf Reichskreisen zu dem Beschlusse, ein Reichsexekutionsheer aufzustellen, dessen Oberbefehl schließlich dem westfälischen Kreisobersten übertragen wurde. Nach einem weiteren Vierteljahr, im Juni, setzte es sich, 16 000 Mann stark, langsam in Bewegung, vornehmlich aus Hessen, Braunschweigern und Ansbachern bestehend. Westfalen, um dessen Schutz es sich doch handelte, stellte noch nicht 1000 Mann dazu, weil die Landesregierungen von Kleve und Münster das Unternehmen gegen die glaubensverwandten Spanier mit unverhohlenem Mißtrauen begleiteten. Es kam hinzu, daß der Oberbefehlshaber Simon zur Lippe ein umständlicher gelehrter Herr, aber kein Soldat, geschweige denn ein Feldherr war, dem überdies die Hände in jeder Weise gebunden waren. Nun hatten die Spanier bereits, oder vielmehr endlich, Mitte April das verwüstete Westfalen geräumt und das Erscheinen des Reichsheeres wurde von der Bevölkerung keineswegs freudig begrüßt, da seine Mannszucht nicht viel besser war, zumal die Kriegskasse von vornherein leer blieb. Das Heer marschierte an den Niederrhein, um die in Rheinberg (Kr. Mörs) und Rees von den Spaniern zurückgelassenen Besatzungen zu vertreiben. Ende August war man wirklich so weit, daß die Belagerung von Rees beginnen konnte, wozu die Niederländer die Kanonen leihen mußten. Aber ein Ausfall der 1700 Mann starken Besatzung richtete Verwirrung und Mutlosigkeit in dem ohnehin durch Krankheit und Fahnenflucht geschwächten Heere an; in den nächsten Tagen lief es meuternd auseinander, nicht ohne daß seine Trümmer noch wochenlang Westfalen drangsaliert hätten. Damit fand das Unternehmen ein schmähliches Ende. Es beleuchtete grell die Ohnmacht der Reichsgewalt, die Uneinigkeit und den konfessionellen Zwiespalt unter den Reichsständen. So blieb es denn dabei, daß das Land den Einfällen der Spanier wie der Staatischen wehrlos preisgegeben war; höhnisch pflegte der Soldat zu sagen, die westfälische Schinkenkammer dürfe nicht aus der Gewohnheit kommen.

Die Anfänge Dietrichs von Fürstenberg in Paderborn

Der Ausgang des Kölnischen Krieges und die Wahl Ernsts von Baiern zum Bischof von Münster waren Siege der Gegenreformation, die nun auf der ganzen Linie weiter vorrückte. Der Protestantismus erlitt einen neuen Stoß durch das frühzeitige Ende Heinrichs von Sachsen-Lauenburg, Administrators der Stifter Osnabrück und Paderborn. Erst 35 Jahre alt, kam er durch einen Sturz mit dem Pferde am 22. April 1585 zu Tode; bei längerem Leben würde sich die Reformation in seinen westfälischen Gebieten wohl so befestigt haben, daß sie schwerlich zu erschüttern gewesen wäre. Wir betrachten nacheinander die Ereignisse in den einzelnen Ländern.

In Paderborn ging am 5. Juni 1585 der Dompropst Dietrich von Fürstenberg aus der Wahl des Kapitels als Bischof hervor. Geboren 1546, entstammte er dem bekannten sauerländischen Geschlechte; seinem Bruder Kaspar, dem Kölnischen Rate, begegneten wir schon (s. o. S. 93). Mit Dietrich betrat ein Mann die politische Bühne, der den Glaubensfanatismus der neuen Zeit mit dem Streben nach der absoluten Fürstengewalt in sich vereinte. Kalt, klug und verschlagen, mit allen Mitteln seine Ziele verfolgend, hätte er bei Macchiavelli in die Schule gegangen sein können. Daß die Wahlkapitulation ihn zur Ausrottung der Ketzerei verband, entsprach seinem Herzenswunsch. Wenn er freilich weiter dem Domkapitel in dessen Dörfern die Blutgerichtsbarkeit zugestehen mußte, die dieses demnächst zu einer großen Hexenverfolgung mißbrauchte, paßte das weniger in seine Päne, aber in den geistlichen Staaten ließ sich die fürstliche Allmacht den wahlberechtigten Kapiteln gegenüber ohnehin nicht rein verwirklichen. In den ersten Jahren seiner Regierung hütete Dietrich sich, die Religionsfrage offen anzufassen, sein scharfes weltliches Regiment genügte schon, daß die drei Landstände sich 1590 wider alle Eingriffe und Neuerungen zusammenschlossen, sieben Jahre später warf ihm das Kapitel erneut vor, daß er sich die Landesregierung allein anmaße.

Stadt und Land, voran die Ritterschaft, waren damals nahezu ausnahmslos lutherisch, fast in allen Pfarrkirchen wurde evangelisch gepredigt, in den katholisch verbliebenen Klöstern herrschte tiefer Verfall. Daß die Zeit gleichwohl für die Katholiken arbeitete, verdankten sie den Jesuiten, die schon seit 1580 in Paderborn eine Niederlassung besaßen, die erste in Westfalen; damals hatte das Domkapitel zwei von ihnen für die Predigt im Dome herbeigerufen. Trotz anfänglicher Zweifel im eigenen Schoße des Ordens, ob die Arbeit „in dem großen barbarischen und häretischen Westfalen" Erfolg haben werde, ungeachtet der allgemeinen Abneigung des Volkes gegen die „schwarzen Füchse im Schafspelz", mehrte sich allmählich die Zahl der Jesuiten, vor allem übernahmen sie das Gymnasium und hatten 1586 bereits 400 Schüler. Gern sandten der Adel und angesehene Bürger ihre Söhne zu den klugen und gewandten Vätern, Bischof Dietrich war zumeist ihr besonderer Gönner. Im Jahre 1591 hatten sie den ersten großen Erfolg, indem es ihnen gelang, mit dem Bürgermeister Herbold von Geismar in Warburg die Bürgerschaft dieser zweiten Stadt des Landes in der Mehrheit der alten Kirche zurückzugewinnen. Fünf Jahre später waren die Dinge so weit gediehen, daß Dietrich, der ein feines Gefühl für das Mögliche besaß, die ersten Schritte zur kirchlichen Wiederherstellung tun konnte. Er berief alle Geistlichen des Landes, die das Abendmahl nach evangelischer Weise spendeten oder — seiner Auffassung nach — in wilder Ehe lebten, nach Paderborn und verlangte von ihnen, daß sie sich fortan nach den Vorschriften der römischen Kirche verhalten oder ihr Amt niederlegen sollten. Wer sich dessen weigerte, wurde bei Wasser und Brot so lange eingesperrt, bis er nachgab. Auch in der Herrschaft Büren versuchte der Bischof, die evangelischen Pfarrer durch katholische zu ersetzen, nur die Stadt Paderborn blieb einstweilen verschont. Vergeblich suchte der Landtag die Glaubensfreiheit durch eine Steuerbewilligung zu erkaufen; bei dieser Gelegenheit wurden Verwünschungen laut gegen die Jesuiten, von denen „alles Unheil über die Stadt und das Stift in Zwietracht, Gewissensnot und feindlichen Überfällen hereingebrochen" sei. Als Ende 1598 das spanische Heer unter Mendoza in Westfalen einfiel und der General drohte, in Paderborn „die teuflischen Verführer", die evangelischen Geistlichen, aufzuknüpfen, benutzte Dietrich die Gelegenheit, um die Marktkirche, die lutherische Hauptpfarre der Stadt, zu schließen. Aber als im nächsten Frühjahr die hessische Abteilung des Reichsheers eine zeitlang in der Stadt lag, führten die Bürger ihren Pastor Tünneken im Triumphe wieder in die alte Kirche zurück. Der Bischof ließ es hingehen, „er war," wie der Paderborner Chronist Martin Klöckener sich ausdrückt, „ein Wirt, der wohl eine Zeche borgen kann".

Der Bischof und die Stadt Paderborn

Indes kam die Zeit für die große Abrechnung zwischen dem Fürsten und seiner seit Jahrhunderten ihre eigenen Wege gehenden Hauptstadt nun doch heran; es ging dabei ebensosehr um die politische wie um die Glaubensfreiheit. Dabei war es für die Stadt nicht von Vorteil, daß ihre Selbstverwaltung sich seit längerer Zeit in augenscheinlichem Niedergange befand. Alljährlich wurden die 24 Ratsherren von der weiteren Vertretung, den 24 Gemeindeherren, gewählt, die ihrerseits wieder aus der Wahl des Rates hervorgingen; auf diese Weise war die Verwaltung in die Hand eines Familienklüngels geraten, der seine Stellung zum eigenen Vorteil mißbrauchte, während er die städtischen Dinge vernachlässigte. Der wohlhabende Lohgerber und Ratsherr Liborius Wichart, ein aufrechter Mann, der dagegen aufzutreten gewagt hatte, war 1586 genötigt worden, die Stadt zu verlassen; er hatte sich zeitweise nach Warburg gewandt und kehrte erst kurz vor 1600 nach Paderborn zurück. In ihm erhielten die Unzufriedenen einen Wortführer, den der Katholik Klöckener mit den Worten schildert: „er war scharfsinnig, wohlberedt, aber eigenköpfig und eines trotzigen hitzigen Gemüts, der niemandem wollte gewonnen geben, niemanden über sich leiden."

Eben damals griff Bischof Dietrich zum ersten Male in die Angelegenheiten der Stadt ein, indem er ihre fünf Bauerschaften, die Sondergemeinden, veranlaßte, je fünf Vertrauensleuten, die demnächstigen Fünfundzwanziger, zu wählen, denen er seine Beschwerden über Eingriffe des Rates in seine Hoheitsrechte vortrug und zugleich seine Hilfe gegen den Rat für ihre eigenen Klagen anbot. Aber so leicht waren die Paderborner nicht auseinanderzubringen; der Rat beschwichtigte die Bürgerschaft, indem er ihr versprach, sie baldigst zufriedenzustellen. Demnächst wählte die Gemeinde fünf Männer, die Fünfer, die das verwahrloste Finanz- und Rechnungswesen der Stadt wieder in Ordnung bringen sollten. Als der Bischof sah, daß er auf diesem Wege nicht weiterkam, griff er zur

Gewalt. Mitten im Winter, im Januar 1601, verhängte er eine Verkehrssperre gegen die Stadt, ohne Rücksicht darauf, daß erst wenige Tage zuvor die Bürger zusammen mit dem Stiftshauptmann eine größere berittene Schar Staatischer, die im Lande übel hauste, aufgerieben hatten. Die Sperre machte sich namentlich den ärmeren Bürgern fühlbar; deren Unzufriedenheit wuchs, als die Fünfer durch ihre Untersuchung arge Mißstände in der städtischen Verwaltung an den Tag brachten. Das bewog den Rat, nunmehr seinerseits Anlehnung beim Bischof zu suchen, er verzichtete ihm gegenüber auf den der Stadt bis dahin zustehenden Anteil an der Blutsgerichtsbarkeit, ein nach der damaligen Auffassung sehr weitgehendes Zugeständnis; die Glaubensfreiheit wurde der Stadt einstweilen belassen. An ihrem Wohlstande war sie empfindlich getroffen, als die Sperre nach neun Monaten wieder aufgehoben wurde.

Eine Justizkomödie

Derweil hatte sich im verborgenen, im Schoße der mit dem Ratsregiment unzufriedenen Bürgerschaft, ein Bund gebildet unter Führung des Volksmanns Liborius Wichart, dem ein gewandter junger Rechtsgelehrter, Wolfgang Günther, zur Seite stand. Als alle Vorstellungen, alle Zusagen des Rates, die Mißwirtschaft abzustellen, ohne Ergebnis blieben, gingen Wichart und sein sich mehrender Anhang zu kräftigeren Mitteln über. Alljährlich am Lichtmeßabend pflegte die Stadtrechnung in Gegenwart des abgetretenen und des neuen Rates öffentlich vorgetragen zu werden; nach altem, freilich längst nicht mehr geübtem Brauche durften die Herren das Rathaus nicht verlassen, bevor sie auf etwaige Beanstandungen „die Mängel richtig gemacht" hatten. Am ersten Februar 1602 fanden sich Wichart und die Seinen zahlreich zur Rechnungsablage ein, erhoben über die Vergeudung des städtischen Vermögens die schwersten Vorwürfe und verlangten Wiedergutmachung; als der Rat sich sträubte, wurde er mehrere Tage und Nächte hindurch auf dem Rathause festgehalten. Schließlich berief er sich auf den Bischof, der damit endlich die gewünschte Handhabe zur Einmischung erhielt. Dietrich selbst vernahm wiederholt im Schlosse Neuhaus die Parteien und ernannte seinen Bruder Kaspar, einen gewandten Juristen, zum Vorsitzenden des Gerichtes. Die Beweisaufnahme ergab, daß die Beschuldigungen im wesentlichen begründet waren. Das Rathaus und die städtischen Befestigungen waren verwahrlost, der Weinkeller „wie ein Saustall ohne einiges Tröpflein Wein ganz verwüstet", die Ratsherren hatten städtischen und geistlichen Besitz für eigene Rechnung verschleudert oder sich selbst angeeignet. Auch mit den städtischen Einkünften und angeliehenen Geldern hatten die Herren großen Unterschleif getrieben, dazu fast täglich auf Stadtkosten Zechgelage veranstaltet. Zunächst wurde nun der Rat durch erneute Haft im Rathause gezwungen, sich dem Gerichte des Bischofs zu unterwerfen. Sodann erhob der fürstliche Anwalt gegen sieben Bürgermeister, neun Stadtkämmerer und 34 Ratsverwandte förmlich Anklage. Bis in den September fanden Verhandlungen in dem Riesenprozeß statt — dann aber versandete er; soweit die Angeklagten im Amte waren, blieben sie es, und als die Bürgerschaft auf Fortsetzung des Verfahrens drängte, verlangte der Bischof Ersatz der Prozeßkosten.

In Wirklichkeit hatte Dietrich gar nicht die Absicht, den Prozeß durch ein gerechtes Urteil zu beenden, vielmehr handelte es sich bei dem von ihm mit so viel Nachdruck aufgenommenen Verfahren um nichts anderes als eine Justizkomödie. Ihm genügten die errungenen Vorteile über die bis dahin so selbständige Stadt noch keineswegs, er wollte sie ganz zu Boden werfen. Solange er den Spruch über die schwerbelastete Ratspartei in der Schwebe hielt, hatte er diese in der Hand, brauchte er von ihr keinen Widerstand zu fürchten. Aber auch die starke Unruhe, die sich der breiten Bürgerschaft wegen der ausbleibenden Sühne bemächtigte, paßte in das Spiel des schlauen Rechners, der einen Aufstand sehr wohl gebrauchen konnte. In der Stadt durchschaute man dieses falsche Spiel zunächst nicht, wer konnte auch erwarten, daß der Landesfürst persönlich sein oberstes Richteramt so schnöde mißbrauchen würde? Die einzige Folge, die Dietrich aus dem Prozeß zog, war sein Verbot, in den Rat des Jahres 1603 die Angeklagten oder ihre Söhne, noch auch die die Klage vertretenden Fünfer hineinzuwählen; indem fast alle mit den Geschäften Vertrauten ausgeschlossen wurden, sollte die Stadt hilflos gemacht werden. Die Neuwahl brachte demgemäß lauter Neulinge, „gute, fromme, einfältige Handwerksleute", ins Amt. Freilich gewann nun Wichart durch die Fünfundzwanziger den größten Einfluß in der Stadt, seine rechte Hand, Günther, wurde Ratssyndikus. Der Bischof ging jetzt schon so weit, daß er „die Abschaffung" der beiden verlangte — wirklich verlor Günther sein Amt — und die Beseitigung der auf seine eigene Veranlassung ins Leben gerufenen Fünfundzwanziger befahl; freilich bestanden sie als Volksausschuß weiter.

Inzwischen brachte eine zum kirchlichen Gebrauche zusammengestellte katholische Agende den Adel des Landes in Harnisch, um so mehr, als der Bischof zwei die Annahme verweigernden ritterschaftlichen Dörfern das Vieh pfänden ließ. Aber er mußte es erleben, daß die Pfandstücke von der Burg Dringenberg gewaltsam zurückgeholt wurden und daß am 15. November 1603 die Ritterschaft sich mit den Städten Paderborn, Brakel, Steinheim, Lügde und Driburg vereinigte, um Gewalt mit Gewalt zu vertreiben, unter Berufung auf das alte Privileg Bischof Bernhards von 1326, das Domkapitel und Ritterschaft zu bewaffnetem Widerstand gegen landesherrliche Eigenmacht ermächtigte (Bd. I, S. 330, 460). So empfindlich das sein fürstliches Selbstgefühl kränkte, Dietrich ließ der Ritterschaft den ihm angetanen Schimpf einstweilen hingehen, er brachte das Kapitel völlig auf seine Seite und richtete seine ganze Kraft gegen die Landeshauptstadt. Bei nächster Gelegenheit ließ er Günther in Neuhaus ergreifen und einsperren. Wicharts Antwort war, daß er eine städtische Sate in Anregung brachte, wonach Klagen des Bischofs gegen einen Bürger fortan nur vor das Stadtgericht gehören sollten. Er holte dafür einen alten Freiheitsbrief Kaiser Friedrichs III. von 1475 hervor; seine Absicht ging dahin, die vor kurzem zugestandene Ausdehnung der landesherrlichen Gerichtsbarkeit rückgängig zu machen. Der Rat hatte gewichtige Bedenken gegen eine solche offene Kriegserklärung; seine Verlegenheit wuchs, als der Bischof die Auslieferung des Volkstribunen Wichart verlangte. Schließlich zwang dieser durch einen Volksauflauf den Rat, die Sate anzunehmen. Damit hatte er sich zum Herrn der Stadt, den Bischof aber zum unversöhnlichen Feinde gemacht.

Wichart wird Bürgermeister

Die Neuwahl des Rates am Silvestertage 1603 brachte Wicharts Partei den vollen Sieg, er selbst trat als regierender Bürgermeister an die Spitze der Stadt, Günther wurde erneut Syndikus. Überraschenderweise hatte der Bischof diesen wenige Tage zuvor auf freien Fuß gestellt, vermutlich in der Absicht, die Volkspartei ans Ruder zu bringen, um mit ihr die Freiheit und den Glauben der Stadt tötlich zu treffen. Diese beiden höchsten Güter seiner Vaterstadt kraftvoll zu behaupten, war auf der andern Seite das Programm, mit dem Wichart sein Amt antrat. Am Tage nach der Wahl fand ein feierlicher Kirchgang des gesamten Rates, begleitet von seinen Frauen, in die Marktkirche statt. Von den Schwierigkeiten seiner Aufgabe, daß er einen von vornherein verlorenen Posten bezog, hatte der neue Bürgermeister kaum die richtige Vorstellung. Durch höfliche Formen dem Bischof und Kapitel gegenüber, durch sachliches, gerechtes Vorgehen in der Stadt suchte er sich zunächst in Achtung zu setzen; die schuldigen vormaligen Ratsglieder konnten sich auf eine strenge Abrechnung gefaßt machen. Aber der erste demnächst auftretende Kriminalfall, den Wichart ohne Rücksicht auf die Zuständigkeit des Bischofs an sich zog, riß den Zwist aufs Neue auf. Er verschärfte sich, als Wichart den Bürgern untersagte, ihre Kinder den Jesuiten zuzuschicken oder deren auswärtige Schüler bei sich aufzunehmen. Seitdem ging Wicharts Bestreben dahin, die Stadt wieder wehrhaft zu machen, er ließ die verfallenen Befestigungen in Eile möglichst instand setzen und eifrig Geschütze gießen; der Wachdienst, von dem auch Geistliche sich nicht ausschließen durften, wurde neu geordnet und die Bürger auf die Kriegsartikel vereidigt.

Zu diesen Rüstungen bot den nächsten Anlaß ein heranrückendes Kriegsvolk von 4000 Spaniern, das sich gleich einem Strome der Verwüstung über Westfalen ergoß und das Blutbad unter den Delbrückern veranstaltete (s. o. S. 101); schließlich wurde es vom Stifte Paderborn mit Geld abgefunden. In Wirklichkeit bereitete sich die bewaffnete Auseinandersetzung zwischen dem Landesherrn und der Stadt vor, zu der jener längst entschlossen war.

Dietrich hatte einen erfahrenen Kriegsobersten in dem benachbarten Grafen Johann von Rietberg bei der Hand, der vor kurzem katholisch geworden war und ihm eine Truppe von 1000 Mann zu Fuß nebst 50 Reitern sammelte; so umging Dietrich die Wahlkapitulation, die es ihm verbot, ohne Zustimmung der Landstände Kriegsvolk anzuwerben. Auf den 6. April hatte er einen Landtag nach Dringenberg ausgeschrieben, ohne die Paderborner einzuladen. Diese protestierten und die weltlichen Landstände, selbst unentschlossen und kleinmütig, suchten zu vermitteln, natürlich ohne Erfolg. Nicht besser erging es der Stadt, als sie sich an das Domkapitel wandte. Nun war es klar, daß sie dem drohenden Unheil gegenüber im Lande selbst auf keine wirksame Unterstützung rechnen konnte, und so blieb nichts übrig, als auswärts Beistand zu suchen. In einer Sitzung des erweiterten Rates am 17. April erreichte Wichart es durch Einsatz seiner ganzen Persönlichkeit, daß ihm, Günther und zwei anderen Vollmacht erteilt wurde, um, reichlich spät, die nötigen Schritte zur Rettung der Vaterstadt einzuleiten.

Der Mann, der Hilfe bringen konnte, war der Landgraf Moritz von Hessen, dem Bischof an Macht weit überlegen. Er hatte schon seit längerer Zeit ein Auge auf das Stift Paderborn geworfen, das alte Ziel des hessischen Ehrgeizes. Freilich war Dietrich schon 1597 so klug gewesen, durch eine Grenzregelung, die Helmarshausen und den Reinhartswald endgültig Hessen zusprach, diesem eine passende Gelegenheit zu nehmen, sich in stiftische Dinge einzumischen. Neuerdings war Moritz darauf aus, einen seiner Prinzen zum Koadjutor in Paderborn zu machen, ohne beim Domkapitel Gegenliebe zu finden. Jetzt erschien der Stadtsyndikus Günther bei ihm in Kassel, um seinen Schutz oder auch Erbschutz für Paderborn zu erbitten, mit andern Worten, um ihm die Oberhoheit über die Stadt anzutragen, so etwa, wie einst Soest es Kleve gegenüber getan hatte. Auch die übrigen paderbornschen Städte außer Warburg und die Ritterschaft faßten gleichzeitig den Beschluß, sich mit demselben Anliegen an den Landgrafen zu wenden. Dieser brauchte nur rasch zuzugreifen, so hatte er das Stift Paderborn der großen Mehrheit nach auf seiner Seite. Aber Moritz, der in der Geschichte den Beinamen der Gelehrte führt, pflegte in seinen Beschlüssen etwas „unsputig" zu sein, ihm war es eben damals wichtiger, sein Land zum Kalvinismus herüberzuziehen. So fand er Günther gegenüber nicht den Entschluß zu einem glatten, tatkräftigen Ja; immerhin rückte er am 26. April mit einer stattlichen Macht an die Grenze bei Warburg.

Der Fall Paderborns

Inzwischen war in Paderborn die Entscheidung schon gefallen. Wenn die Stadt auch überwiegend evangelisch war, es gab hier doch, nachdem die Jesuiten nun schon 20 Jahre tätig waren, eine zwar kleine, aber durch ihre Verbindungen mächtige katholische Partei. Ihr gesellten sich die unter Anklage stehenden ehemaligen Ratsverwandten mit ihrem Anhange zu — es fragt sich, ob Wichart, Bürgermeister geworden, sie nicht durch großzügiges Verzeihen für sich hätte gewinnen sollen, aber das verbot ihm sein strenger westfälischer Rechtssinn. Statt dessen hatte er manche anderen Bürger durch sein entschiedenes, von der Not gebotenes Vorgehen vor den Kopf gestoßen, unversehens sah er sich einer gefährlichen Gegenströmung gegenüber und das in dem Augenblick, wo Einigkeit mehr denn je vonnöten war. Am Nachmittag des 23. April sammelten sich die ihm feindlichen Bürger, etliche hundert, bewaffnet auf dem Marktplatz und besetzten die Treppe des Rathauses, worin sich der Bürgermeister aufhielt. Alsbald stellten sich auch dessen Anhänger unter Waffen vor dem Rathause ein. Von einem Fenster aus schalt und tobte Wichart, dann suchte er wieder durch Nachgiebigkeit zu begütigen; bis zum Abend währte dieser unentschiedene Zustand. Nicht zufällig hatte zur gleichen Zeit der Graf Johann seine Heerschar von Rietberg aus gegen die Stadt in Marsch gesetzt, um Mitternacht meldete er sich in Neuhaus beim Bischof, um zwei Uhr früh war er mit seiner Leibkompanie vor der Stadt am Westerntor angelangt. Mit eigener Hand schraubte er eine Petarde an das Außentor. Gleichzeitig waren drinnen einige von Wicharts Widersachern dabei, die Binnenpforte aufzuschließen, wurden jedoch von dem Stadtfähnrich Hermann Dornemann überrascht und verjagt. In diesem Augenblick entzündete sich die Petarde und sprengte die Außenpforte. Der starke Knall rief in Eile zahlreiche weitere Bürger herbei, es gelang, den Feind, dessen Hauptmacht noch zurück war, abzuwehren, und ihm, als es Morgen geworden war, von den Mauern und Türmen her empfindliche Verluste beizubringen. Das Blutbad, das der Rietberger unter der Bürgerschaft hatte anrichten wollen, war glücklich verhindert.

Nach diesem Fehlschlage nahm Dietrich seine Zuflucht zur List. Er schickte am 24. einen Trompeter in die Stadt, um sie zur Übergabe aufzufordern, und hier, wo trotz des Erfolges der letzten Nacht die Stimmung geteilt war, beschloß man eine Abordnung aus beiden Parteien zur weiteren Verhandlung nach Neuhaus hinauszuschicken. Der Bischof empfing sie, die ihm ergebenen Abgeordneten kehrten am gleichen Tage nach Paderborn zurück und verbreiteten die frohe Kunde, daß der Landesherr zur Gnade geneigt sei. Wenn die Stadt sich ergebe, wolle er ihr alle Freiheiten belassen und behalte sich nur vor, seine Gegner auf dem Rechtswege in der Stadt zu belangen; einstweilen bewillige er Waffenstillstand. Ein so großmütiges Anerbieten mochte die Bürgerschaft nicht ablehnen, am 25. wurden die entsprechenden Übergabebedingungen auf dem Rathause entworfen und durch die Unterhändler dem Bischof zur Vollziehung überbracht — darin, daß ein Teil von ihnen die ganze Zeit über in Neuhaus festgehalten wurde, hatte man kein Arg. Am 26. April in aller Frühe trat der Rat zusammen, um die vollzogene Urkunde aus der Hand der Abgesandten entgegenzunehmen. Nun aber enthüllte sich das schmähliche Spiel, das sie zusammen mit Dietrich von Fürstenberg getrieben hatten: sie legten ein Schriftstück vor, wonach die Stadt sich auf Gnade und Ungnade dem Bischof übergab und den Bürgermeister Wichart lebend in seine Hand lieferte. Eben als das verlesen wurde, kündigte Trompetenschall von der Westernstraße her den Einmarsch des Rietbergschen Kriegsvolkes an.

Wicharts Ende

Jetzt war alles verloren. Der überraschte Wichart wurde von seinen Feinden unter Mißhandlung aus dem Bürgermeisterstuhl gezerrt und, nachdem die Stadt ohne Schwertstreich besetzt worden war, bis zum Abend am Pranger auf dem Markte der allgemeinen Verhöhnung preisgegeben; ähnlich wurden zahlreiche seiner Getreuen in Ketten am Rathaus ausgestellt. Die Soldaten erhielten Quartier in den Häusern seiner Anhänger, die, soweit sie es noch konnten, die Stadt verließen. Am nächsten Tage schleppte man Wichart zur Folterbank und am 30. brach der Richter auf offenem Markte über ihn als Rebellen den Stab. Anschließend wurde er zum Westerntor hinaus zur Hinrichtung geführt, wo, wie Günther berichtet, Bischof Dietrich ihn bereits mit Ungeduld erwartete. Als Wichart ihn erblickte, rief er ihm zu: „Nun komm, Bischof Dietrich, und saufe dich satt in meinem Blute, danach du lange gedürstet!" Wichart starb als Christ und Held einen grausamen Tod. Der Henker schnitt ihm den Leib auf, riß ihm das Herz aus dem Leibe und schlug es ihm ins Gesicht; seine gevierteilten Körperteile wurden an den Stadttoren schmählich aufgesteckt. So fand der letzte Bürgermeister des freien evangelischen Paderborn sein tragisches Ende. Er, der einfache Mann aus dem Volke, war der treulosen Politik des Fürstenbergers nicht gewachsen gewesen, dafür ehrt ihn, „der für seine Hausaltäre kämpfend sank, ein Schirm und Hort", die Gradheit seines Wollens und Handelns. Die Schuld an dem Zusammenbruch trug im Grunde die Mißwirtschaft des früheren Rates, der die Einigkeit im Innern untergraben und dem Bischof das Tor geöffnet hatte. Seine evangelischen Glaubensgenossen haben Wichart nicht mit Unrecht als Märtyrer betrachtet. Allerdings berühmten sich demnächst die Jesuiten, ihn vor seiner Hinrichtung noch bekehrt zu haben, was die Gegenseite nachdrücklich bestritt; schwerlich hätten die lebensklugen Väter darauf verzichtet, den bekehrten Ketzerführer sein Glaubensbekenntnis in aller Öffentlichkeit ablegen zu lassen.

Der Stadtsyndikus Günther, der bei der Einnahme der Stadt von seiner Gesandtschaft nach Kassel noch nicht zurückgekehrt war, entkam; er hat später als Rat am Hofe des Landgrafen eine bedeutende Stellung eingenommen. Die gefangenen Anhänger Wicharts, etwa 30 an der Zahl, wurden gefoltert und zum Tode durchs Schwert verurteilt. Aber nachdem Dietrich seine Rache im Blute Wicharts gekühlt hatte, war er klug genug, mildere Seiten aufzuziehen; die Verurteilten wurden zu hohen Geldstrafen begnadigt und des Landes verwiesen. Die Bürgerschaft mußte die Waffen abliefern, ihre alte Verfassung wurde aufgehoben und der Bischof erließ eine neue, wonach fortan seine Beamten, ein Amtmann und ein Schultheiß, an der Spitze der Stadt standen, die Rechnungslegung kam unter Aufsicht, die Wahl des Rates bedurfte fortan der Bestätigung. Vergeblich legten 10 Jahre später die übrigen Städte Fürbitte für die Landeshauptstadt ein, die „an Macht, Freiheiten und Privilegien schlechter gestellt sei, als das geringste Dorf".

Kirchliche Wiederherstellung in Stadt und Land

Nicht minder vollständig war der Rückschlag auf kirchlichem Gebiete. In Paderborn wie in fast allen anderen Orten des Landes war seitdem der katholische Gottesdienst der allein herrschende. Aber es dauerte noch geraume Zeit, bis auch die Herzen gewonnen waren; in den meisten Paderbornern lebte noch lange eine furchtbare Erbitterung gegen den Unterdrücker all ihrer Freiheiten. Die Jesuiten hatten zwar jetzt freies Feld für ihre Bekehrungsarbeit, doch sie klagten über den unfruchtbaren Acker und über das Auslaufen, d.h. den Kirchenbesuch in „dem verfluchten Schlangensumpf", dem lippischen Dorfe Schlangen.

Die Bezwingung der Hauptstadt stellte die unumschränkte Gewalt des Landesherrn im ganzen Hochstift mit einem Schlage her. Unter dem ersten Eindruck des Ereignisses hatte freilich die Ritterschaft samt den Städten Brakel, Lügde und Steinheim einen förmlichen Schutzvertrag mit dem Landgrafen geschlossen, aber vier Jahre später entsagte sie dem und unterwarf sich dem Bischof. Längere Zeit hindurch suchten die aus der Stadt vertriebenen Bürger Dietrich auf alle mögliche Weise Schwierigkeiten zu bereiten; als er im Frühjahr 1611 erkrankte, entwarf der unermüdliche Günther gar den abenteuerlichen Plan, durch einen Handstreich sich der Stadt zu bemächtigen, wieder scheiterte das Unternehmen an der Entschlußlosigkeit des Landgrafen. Diese Enttäuschung veranlaßte zahlreiche Ausgewichene, in die Heimat zurückzukehren. Dietrich aber, der noch 1606 zwei lutherische Bürgermeister in Paderborn geduldet hatte, war nun an keine Rücksicht mehr gebunden: er stellte die Bürger vor die Wahl, sich zu bekehren oder auszuwandern. Von Stund an hatte der Seelenfang der Jesuiten gute Ergebnisse, nicht unter den Bürgern allein, auch unter dem Adel, wo es nach dem Zeugnis Kaspars von Fürstenberg noch 1598 nur einen einzigen entschiedenen Katholiken, den Landdrosten Raban Westphal, gegeben hatte. Vor allem gelang es den Vätern, nach dem Tode des eifrig evangelischen Edelherrn Joachim von Büren dessen Witwe mit ihrem noch unmündigen Sohne zu sich herüberzuziehen; nun wurden „die calvinistischen Wölfe" 1608 aus Stadt und Herrschaft Büren endgültig vertrieben. Wirkten die Jesuiten unter den höheren Ständen, so die Kapuziner seit 1612 unter der Menge. Aber ein Rest protestantischer Gesinnung blieb noch lange im Volke lebendig.

Daneben bemühte sich Dietrich, den Lebenswandel der katholischen Geistlichen zu bessern, „sie begannen," wie die Jesuitenchronik vermeldet, „wenn auch nicht keusch, so doch vorsichtig zu leben". An eine Stelle traute sich auch der Reformeifer des Bischofs nicht heran, das war das äußerlich längst rein katholische Domkapitel, der Schauplatz ewiger Parteiungen und Ränke. Vergeblich tadelte 1605 Papst Paul V. „die sehr verdorbenen Sitten der Mehrzahl der Paderborner Domherren"; als das Kapitel einige Jahre darauf seinen langjährigen Syndikus Johann Moller in Unfrieden entließ, breitete dieser dessen schmutzige Wäsche vor aller Welt aus, worauf es ihm die Antwort nicht schuldig blieb. Wenn Dietrich diese Dinge gehen ließ, so z. T. deshalb, weil er seinen Neffen Joh. Gottfr. von Fürstenberg zum Koadjutor des Hochstifts gewählt zu sehen wünschte, während man in Rom den Herzog Ferdinand von Baiern hierfür vorgesehen hatte; erst nach Jahren ließ Dietrich auf schärfsten Druck des Papstes seinen Widerstand fallen und Ferdinand wurde 1612 gewählt.

Dietrichs Ausgang

In seinen letzten Lebensjahren wandte Bischof Dietrich seine besondere Fürsorge und erhebliche Mittel den Paderborner Jesuiten zu. Für eine Pflanzschule des Ordensnachwuchses schenkte er 20 000 Tlr., bald darauf opferte er weitere 12 000 Tlr., um in Paderborn eine Hochschule für das Studium der Theologie und Philosophie zu errichten, die am 13. September 1616 feierlich eröffnet wurde. Zum Danke nahm der Ordensgeneral ihn unter die Gründer der Gesellschaft Jesu auf. Den Neubau des Gymnasiums schmückt noch heute Dietrichs Standbild, das er bei seinen Lebzeiten auf eigene Kosten dort errichten ließ. Für die eigene Familie hat Dietrich während seiner ganzen Amtszeit nach Kräften gesorgt, wozu der Nepotismus der Päpste im sechzehnten und siebzehnten Jahrhundert das Vorbild bot. Zwei Tage nach der Wahl schenkte er seinem Bruder und Vertrauten 2000 Goldgulden, was dieser mit dem Zusatze notierte, „das heisset, die Ernte ist groß und überreich". Gelang es Dietrich auch nicht, den Sohn Kaspars zu seinem Nachfolger zu machen, so hinterließ er den Seinen doch das von ihm angekaufte stattliche Gut Herdringen bei Neheim, den künftigen Familiensitz, sowie ein sehr ansehnliches Barvermögen, das freilich in den Wirren des Dreißigjährigen Krieges dem tollen Christian zur Beute werden sollte.

Am 4. Dezember 1618 starb Dietrich von Fürstenberg. Er kann als Musterbeispiel eines Bischofs der Gegenreformation gelten. Daß das Hochstift Paderborn wieder katholisch geworden ist, war wesentlich sein Werk; nach drei Seiten von evangelischen Ländern, Waldeck, Hessen, Braunschweig und Lippe, umgeben, wäre es ohne ihn wohl bei diesem Glauben verblieben. Ebenso hat Dietrich die fürstliche Macht wesentlich gestärkt, den Glanz seines Geschlechtes entzündet. Hat er sonach seine Lebensziele weitgehend erreicht, so könnte das Wort überraschen, daß unter seinem zeitgenössischen, übrigens sein Wesen gut widerspiegelnden Bilde steht: Judicium melius posteritatis erit; er selbst hat diesen seinen Wahlspruch, nicht eben glücklich, übersetzt:

Jetzt viele Ding beschnarcht der Neid,
so preisen wird die künftige Zeit.

Offenbar haben die Kälte und Hinterlist seines Wesens ihm in starkem Maße die Abneigung seiner Untertanen, die Verurteilung durch die Zeitgenossen zugezogen, und er erwartete eine gerechtere Würdigung seines Lebenswerks von der Zukunft. Wie lautet der Spruch der Geschichte über Dietrich von Fürstenberg? Daß er ein Meister der Politik war, die er auf weite Sicht anlegte, daß er geduldig abzuwarten und rechtzeitig zu handeln verstand, ist unbestreitbar, die erwähnten Flecken auf seinem Charakter bleiben daneben bestehen. Über seine kirchliche Tätigkeit wird das Urteil noch heute je nach dem Standpunkt des Betrachters verschieden ausfallen. Seine Leistungen als Landesfürst dagegen kann man unmöglich loben. Auch der Würzburger Bischof Julius Echter von Mespelbrunn hatte sein Hochstift nicht ohne Zwang wieder katholisch gemacht, aber als er ein Jahr vor Dietrich starb, schrieb einer seiner Untertanen: „Gott gebe uns Franken wieder einen solchen Vater und

Haushalter." Dieser Ruhm ist Dietrich nicht zuteil geworden, er hat sich, abgesehen von seinen kirchlichen und absolutistischen Bestrebungen, um das Gedeihen seines Landes, das Wohl seiner Untertanen wenig gekümmert. Krieg hat er nur gegen seine eigene Hauptstadt geführt, gegen die einfallenden spanischen und staatischen Kriegsvölker dagegen seine Tatkraft niemals eingesetzt. Der von ihm vertretene Absolutismus hatte doch nur dann ein besseres Recht gegenüber der überlebten ständischen Freiheit, wenn er ein besseres Regiment brachte. Statt dessen ging, wie 1614 das Domkapitel dem Bischof erklärte, „in der Administration der Justiz alles fast beschwerlicher zu" als früher, bevor er sich der Stadt bemächtigt hatte — eine verspätete Rechtfertigung Wicharts. Das ganze Land seufzte unter argem Steuerdruck, während der Landesherr prunkvolle Bauten aufführte und zum reichen Mann wurde, wenn er auch gleichzeitig die Landesschulden minderte. Bei seinem Tode ließ Dietrich von Fürstenberg das Hochstift Paderborn verarmt und verwildert zurück, ein Zustand, aus dem es sich infolge der späteren Ereignisse zwei Jahrhunderte lang nicht zu erheben vermocht hat.

Osnabrück

In dem durch Heinrichs von Sachsen-Lauenburg Tod gleichfalls erledigten Hochstift Osnabrück machte die Gegenreformation sehr viel langsamer Fortschritte. Das Domkapitel erwählte 1585 den unbedeutenden Bernhard von Waldeck, bis dahin Domherrn in Köln, zum Bischof. Von Hause aus lutherisch, nahm Bernhard keinen Anstand, das Tridentinum zu beschwören und erlangte auf diese Weise die päpstliche Bestätigung, was ihn durchaus nicht hinderte, demnächst wieder auf die andere Seite zu treten. Nach seinem Tode 1591 entschied sich die Mehrheit des Domkapitels für den Herzog Philipp Sigismund von Braunschweig-Wolfenbüttel als Nachfolger. Dieser bewies mehr Charakterstärke, als manch anderer Fürstensohn in gleicher Lage; Osnabrück war ihm keine Messe wert und er lehnte den angesonnenen Übertritt zur katholischen Kirche ab. Gleichwohl übertrug ihm das Kapitel, in dem eine vermittelnde Richtung die Oberhand hatte, angesichts der durch die spanisch-staatischen Kriegsunruhen gefährdeten Lage die Verwaltung des Hochstifts, neben der Philipp Sigismund auch die des Bistums Verden innehatte. Immerhin war seine Stellung nicht besonders stark; und so konnte er es nicht verhindern, daß im Kapitel die altkirchliche Richtung zusehends Fortschritte machte; ihr Sieg war entschieden, als seit 1615 nur noch Domherren aufgenommen wurden, die das Tridentinische

Glaubensbekenntnis abgelegt hatten. Das Domkapitel setzte es durch, daß die zum großen Teile lutherische Stifter gewordenen Landklöster wieder katholisch wurden; die entsprechenden Versuche bei der Pfarrgeistlichkeit stießen jedoch auf Widerstand beim Bischof, der wohlwollend und milde, aber seine Auffassung festhaltend, sich nicht ohne Erfolg bemühte, den bei seinem Amtsantritt vorgefundenen Bekenntnisstand zu schützen. Die besonderen Verhältnisse brachten es mit sich, daß er politisch meist mit der Stadt Osnabrück Hand in Hand ging; diese richtete ein lutherisches Ratsgymnasium ein, als die Domschule unter dem Rektor Timpe wieder ganz katholisch geworden war.

Minden Auch für das Hochstift Minden brachte das Jahr 1585 einen Bischofswechsel; damals verzichtete der erst seit kurzem im Amte befindliche Herzog Heinrich Julius von Braunschweig-Wolfenbüttel auf seine Würde, um zu heiraten. Er suchte seinem eben genannten Bruder Philipp Sigismund die Nachfolge zuzuwenden, aber die Wahl zog sich hin, weil das Domkapitel sie von der Rückgabe der alten Besitztümer Steierberg und Lockum abhängig machte, wofür die Welfen nicht zu haben waren. Darüber verstrich die dem Kapitel für die Wahlhandlung kirchenrechtlich zugemessene Zeit, der Kurfürst Ernst von Baiern griff ein und ernannte, nachdem die eigene Bewerbung des Unersättlichen fehlgeschlagen war, mit päpstlicher Ermächtigung zum Bischof den Kölner Domdechanten Graf Anton von Schaumburg, der sich als Gegner von Truchseß bewährt hatte. Nach anfänglichem Sträuben fand sich das noch immer großenteils katholische Domkapitel mit der Ernennung Antons ab. Dieser aber enttäuschte die Hoffnungen, die man in Rom auf ihn setzte; er verhielt sich religiös vollkommen gleichgültig. Freilich hätte er ein Mann vom Schlage Dietrichs von Fürstenberg sein müssen, um im Stifte Minden etwas zu erreichen, wo 1583 Heinrich Julius die Augsburgische Konfession zur alleinberechtigten erklärt hatte. Dagegen geriet Anton in einen heftigen Zwist mit der Stadt Minden, die wieder einmal eine lange Verkehrssperre über sich ergehen ließ, den Herzog Heinrich Julius, der inzwischen in Wolfenbüttel die Regierung angetreten hatte, zum Erbschutzherrn annahm (1597) und sich mit den Waffen zur Wehr setzte.

Als Nachfolger des Schaumburgers wußte sich wieder ein Welfe zu empfehlen, der Herzog Christian von Braunschweig-Lüneburg; er wurde 1597 zum Koadjutor gewählt, zwei Jahre später nach

Antons Tode konnte er dessen Amt übernehmen. Als er sich um die päpstliche Bestätigung bemühte, fädelte man von Köln aus einen nicht ungeschickten Versuch zu seiner Bekehrung ein. Schon dachten die Jesuiten an eine Niederlassung in Minden, doch im letzten Augenblick wurde Christian, persönlich ein schwächlicher Herr, durch seine Verwandten beim evangelischen Bekenntnis festgehalten. Dem mindischen Landtage mußte er darauf 1600 das Recht der freien Religionsübung ausdrücklich bestätigen. Christian überließ das Stift im wesentlichen sich selbst und residierte meist in Celle, zumal nachdem er 1611 regierender Herzog zu Lüneburg geworden war.

Korvey

Große Fortschritte machte die Gegenreformation in der Paderborn unmittelbar benachbarten Fürstabtei Korvey. Freilich hatte hier die Stadt Höxter schon 1553 die „interimistische Krätze" wieder abgelegt und war zum Evangelium zurückgekehrt, das sich unter dem Abte Reinhard von Bocholtz (1555—1585) im Landgebiet ebenfalls, namentlich beim Adel, ausbreitete. Aber in dem Schicksalsjahr 1585 bestieg auch in Korvey ein eifrig katholischer Herr, Dietrich von Beringhausen, den Abtstuhl. Nun nahmen die Dinge einen Verlauf nicht unähnlich dem in Paderborn. Auch in Höxter kam es 1601 zu heftigen Streitigkeiten innerhalb der Bürgerschaft, weil der Rat eine wenig soziale Kopfsteuer erhob; das Ergebnis war, daß die Gemeinde den alten Rat ab- und einen neuen einsetzte, mit dem Bürgermeister Ludwig Voß an der Spitze. Das gab dem Abte Anlaß, sich einzumischen, er verhängte eine Straßensperre gegen Höxter. Der von beiden Seiten angerufene Kaiser ernannte den Bischof Dietrich von Fürstenberg zu seinem Beauftragten; der Stadt, die zunächst zur Unterwerfung bereit war, dann aber sich den weitgehenden Forderungen des Abtes erneut widersetzte, drohte die Reichsacht. Als es offenbar wurde, daß der Abt Absichten gegen das evangelische Bekenntnis im Schilde führte, vertrugen sich der alte und der neue Rat, auch der Landgraf Moritz von Hessen als Erbschutzherr des Stiftes Korvey trat auf die Seite der Stadt und es kam zu einem Ausgleich mit dem Abte; der alte Rat übernahm erneut die Verwaltung.

Dennoch wollte der Friede in die Mauern der Weserstadt nicht zurückkehren. Der bisherige Bürgermeister Ludwig Voß war ein eifriger Kalvinist; unter seinem und hessischem Einfluß war ein großer Teil der Bürgerschaft reformiert geworden und hatte auch in den Kirchen diesen Gottesdienst eingeführt. Der wiedergekehrte alte

Rat dagegen hielt am lutherischen Bekenntnis fest und suchte die reformierten Geistlichen zu verdrängen, wobei er sich auf den Herzog Heinrich Julius von Braunschweig als Edelvogt des Stiftes und auf den Abt stützte. Begierig ergriff dieser die neue Gelegenheit, gegen die Stadt vorzugehen. Unter braunschweigischer Mitwirkung umstellten seine Soldaten in der Frühe des 18. Januar 1604 Höxter, erbrachen die verschlossenen Tore und bemächtigten sich der Stadt; Ludwig Voß und seine Anhänger wurden verhaftet. Auf Anrufen des Abtes befahl sodann Kaiser Rudolf dem Rate, die Pfarrkirchen St. Kilian und St. Peter sowie das verlassene Minoritenkloster den Katholiken zurückzugeben. Aber das war nun nicht die Meinung der Schutzherren in Wolfenbüttel und Kassel, sowenig sie sonst übereinstimmten, und so konnten sich die Lutherischen im Besitze der Kirchen behaupten. Auf dem Lande freilich setzte der Abt größtenteils seinen Willen durch, im Jahre 1608 gingen hier die Pfarrkirchen in katholische Hand über, bis auf die Patronatspfarren der Herren von Amelunxen zu Amelunxen und der von Kanne zu Bruchhausen.

Rietberg

Noch ein anderes Nachbarländchen kehrte damals zum katholischen Glauben zurück, die Grafschaft Rietberg. So klein sie war, sie machte durch ihre unruhigen Herren immer wieder von sich reden. Der Graf Otto IV. war 1551 vor Metz gefallen, als Karl V. sich bemühte, die Stadt den Franzosen wieder zu entreißen. Sein Bruder und Nachfolger hieß nicht zu Unrecht der tolle Johann; fortgesetzte Räubereien und Landfriedensbrüche, namentlich ein Überfall auf die lippische Burg Lipperode bei Lippstadt, brachten ihn schließlich in die Reichsacht. Bei dieser Gelegenheit trat der Westfälische Reichskreis wieder einmal in Wirksamkeit, seine Truppen eroberten nach siebenmonatiger Belagerung das Schloß Rietberg (2. Juni 1557) und der wilde Graf wurde durch Gefangenschaft in Köln zeitlebens († 1564) unschädlich gemacht. Das Land behielt der Kreis noch bis 1566 in der Hand, um sich für seine Unkosten schadlos zu halten. Mit Johann II. waren die Rietberger Grafen aus dem hoyaschen Geschlechte erloschen. Die Erbtochter Ermgard brachte Rietberg ihrem Gatten, dem Grafen Simon VI. zur Lippe, zu, doch die Vereinigung der beiden Nachbargebiete war von kurzer Dauer, da Ermgard 1584 kinderlos starb. Sie wurde von ihrer Schwester Walburg beerbt, die mit dem Grafen Enno von Ostfriesland verheiratet war; damit begann die Reihe der Rietberger Herren aus diesem

Hause. Zwar hatten auch Enno und Walburg keine Söhne, doch um die Hand der Erbtochter Sabine bemühte sich Ennos Bruder Johann, der uns schon als Helfer Dietrichs von Fürstenberg im Kampfe um Paderborn begegnete. Sabine war lutherisch, Johann dagegen katholisch geworden. Auf protestantischer Seite hatte man Bedenken gegen eine Heirat unter so nahen Blutsverwandten, dagegen gewährte der Papst großzügig den Ehedispens (1601); auch Sabine kehrte nun in den Schoß der Kirche zurück. Nicht lange und die Väter der Gesellschaft Jesu zogen in Rietberg ein, die Protestanten wurden ausgetrieben, bald war die Grafschaft wieder katholisch (1610).

Einem Glaubensdruck von anderer Seite, der kalvinischen, waren die Bewohner der Grafschaft Lippe ausgesetzt. Hier wie anderswo hatte das Volk aus eigenem Antriebe und innerem Bedürfnis heraus das Luthertum angenommen, die Gegenreformation und zumeist auch der Kalvinismus wurden ihm durch den Willen der Landesherren aufgezwungen und fanden zunächst überall lebhaften Widerspruch. In Lippe ließ der Graf Simon VI., uns schon bekannt als westfälischer Kreisobrist, sich durch den befreundeten Landgrafen Moritz von Hessen für dessen reformierte Anschauungen gewinnen und suchte alsbald in seinem Lande „der gereinigten Kirchenlehre" Eingang zu verschaffen. Eine 1602 durchgeführte Visitation eröffnete ihr die Bahn, es erging der Befehl, „die Götzenteufel sollen von den Altären genommen und die papistischen Kleider abgetan werden". (Die lutherischen Geistlichen behielten Chorröcke und Meßgewänder noch längere Zeit bei und tragen sie in Schweden noch heute.) Auf „unnütze Gemälsel" in den Kirchen war es besonders abgesehen. Geschmeidig fügte sich der Generalsuperintendent Dreckmeyer dem gräflichen Willen, aber im Lande erregte die Neuerung zunächst überall Unwillen, die Städte Detmold und Horn erhoben Gegenvorstellungen, die Blomberger wollten lieber katholisch als kalvinisch werden. Doch von 1607—1609 wurden die widersetzlichen Geistlichen überall ihres Amtes enthoben und durch reformierte ersetzt. Auf diese Weise konnte Graf Simon für die gleichzeitig im benachbarten Paderborn bedrängten evangelischen Glaubensgenossen keine Hand rühren. Aber seine Kirchenerneuerung setzte er schließlich überall durch bis auf das zur Hälfte märkische Lippstadt und bis auf Lemgo.

Lippe

In Lemgo, das damals seinen wirtschaftlichen Höhepunkt erreicht hatte, stand wie in so mancher anderen Stadt die religiöse und die politische Freiheit zusammen auf dem Spiele; auch der Herr des Lipperländchens fühlte sich gleichmäßig als Selbstherrscher und als oberster Bischof. Der Streit entzündete sich 1606 an einer Spottschrift, die der Lemgoer Pastor Stapel über den Kalvinismus verfaßt hatte; wiederholt verhängte der Graf Simon Verkehrssperren gegen die Stadt, die freilich auch das von seinem Marktorte abgeschnittene Land schädigten und von Vermittlungsversuchen namentlich des Grafen Ernst von Schaumburg unterbrochen wurden. Im Sommer 1609 gelang es dem Grafen Simon, in einem Vergleiche den Rat zu weitgehender Nachgiebigkeit zu bewegen, triumphierend zog er in Lemgo ein. Aber die neuen Verhältnisse hatten sich noch nicht eingelebt, als im Herbste eine Volkserhebung wieder alles über den Haufen warf. Der Rat wurde abgesetzt, die neuen reformierten Geistlichen verjagt, allen des Kalvinismus Verdächtigen übel mitgespielt. Nun warben der Landesherr wie die Stadt Soldaten und rüsteten sich zum blutigen Streite. Natürlich gab es wieder eine Straßensperre, es fielen kleine Scharmützel vor, aber zum richtigen Kriege kam es nicht, wie denn in dem ganzen langen Kampfe um Lemgo weniger Blut als Tinte in nutzlosen Verhandlungen und zahllosen Prozessen vergossen worden ist; die Unentschlossenheit und finanzielle Schwäche Simons mochten das verschulden. Ohne förmliches Abkommen stellten die Parteien im Herbste 1610 die Feindseligkeiten ein; Simon, der zuletzt die Niederländer gegen Lemgo in Bewegung zu setzen versucht hatte, starb 1613 und hinterließ dem Lande eine riesige, z. T. durch sein Kreisoberstenamt entstandene Schuldenlast. Sein Sohn und Nachfolger Simon VII. versuchte es nach einigen Jahren noch einmal, mit Gewalt Lemgos Herr zu werden, und bereitete ernsthaft eine Belagerung vor, doch die Bürger rüsteten sich nicht minder entschlossen zur Gegenwehr. Schließlich kam es durch Vermittlung der Landstände und der Nachbarn zu dem Rezeß vom 21. August 1617, der der Stadt gegen eine mäßige Geldzahlung ihre kirchliche wie politische Selbständigkeit einschließlich der hohen Gerichtsbarkeit beließ. Nach zwölfjährigem Streite hatte hier alter Bürgersinn der neuzeitlichen Fürstenmacht gegenüber den Sieg davongetragen. Und doch ward er der Stadt auf die Dauer nicht zum Heile, denn infolge des im Stillen fortwirkenden Gegensatzes zum gräflichen Hause wurde Detmold, nicht Lemgo die Landeshauptstadt, dieses rückte im Laufe der Zeit an die zweite Stelle.

Bentheim

Noch ein zweites westfälisches Grafenhaus nahm die Wendung zum Kalvinismus, das bentheimsche, das in der zweiten Hälfte des Jahrhunderts seinen Höhepunkt erlebte. Von den Söhnen Arnolds II. hatte der ältere Evervin Bentheim erhalten und durch seine Gattin Anna, die einzige Tochter des Grafen Konrad von Tecklenburg, auch dessen übriggebliebene Besitzungen, Tecklenburg und Rheda, erheiratet. Bei seinem Tode 1562 war sein Sohn Arnold IV. noch minderjährig; vier Jahre später fiel diesem auch die Grafschaft Steinfurt von seinem kinderlosen Oheim Arnold III. zu. Freilich insofern nicht unbestritten, als das Stift Münster seit längerer Zeit die Landeshoheit über Steinfurt in Anspruch nahm und ein endloser Prozeß sich dieserhalb beim Reichskammergericht entspann. Arnold IV. studierte 1571/72 in Straßburg und kam dadurch mit kalvinischem und französischem Wesen in Berührung. Dann übernahm er die Regierung der drei Grafschaften Bentheim, Steinfurt und Tecklenburg sowie der Herrschaften Rheda und Gronau, insgesamt ein nicht unbedeutender Streubesitz im nordwestlichen Westfalen, wozu noch die rheinische Herrschaft Wevelinghofen kam; durch seine Gattin Magdalene, Gräfin von Neuenahr zu Limburg, erhielt er Erbansprüche auch auf diese kleine südwestfälische Grafschaft (s. o. S. 96), endlich erlangte er von Hessen den Lehnbesitz der hoyaschen Ämter Uchte und Freudenberg. Im Jahre 1575 trat Arnold zum reformierten Bekenntnis über, und weil „das gemeine Volk der groben lutterschen Lehr noch anhengig", führte er jenes nach und nach auch in seinen Ländern ein, so 1588 in Tecklenburg, wobei ihm der gelehrte Edelmann Johann von Münster zur Hand ging, und 1591 in Steinfurt, „obwohl deshalb von den Unverstendigen und Einfeltigen viel Klagens" war. Im Jahre 1604 hielt der Graf eine Synode für alle seine Länder ab, zugleich wurden Presbyterien für alle Kirchengemeinden eingesetzt und damit die reformierte Gemeinde- und Synodalverfassung eingeführt. Arnold betätigte sich als Vorkämpfer des Protestantismus, indem er 1591 die Hohe Schule in Burgsteinfurt gründete, für die er nicht weniger als 30 000 Tlr. aufwandte. Gedacht als Trutzburg gegen das Jesuitengymnasium in Münster, hatte sie schon 1596/97 fast 500 Schüler und Studenten, darunter Schweizer, Pfälzer, Böhmen und Mähren. Arnolds nicht unbedeutende Stellung hätte der Ausgangspunkt eines schlagkräftigen Kalvinismus werden können, doch bei seinem Tode 1606 brach sein Länderbesitz wieder auseinander. Sein ältester Sohn Adolf erhielt Tecklenburg und den Anteil an Hoya, später auch Limburg, Arnold Jobst Bentheim und Wilhelm Heinrich Steinfurt. Nachgeborene Söhne protestantischer Häuser konnten im siebzehnten Jahrhundert nicht mehr mit geistlichen Pfründen abgefunden werden.

Münster Im Stifte Münster war Ernst von Baiern zwar 1585 zum Bischof erkoren worden (s. o. S. 94), aber die Statthalter, ein ständischer Ausschuß, führten die Regierungsgeschäfte weiter. Vor allem war es der allgemeine Widerwille gegen den mit Spanien eng verbundenen Kurfürsten, der das Domkapitel veranlaßte, ihn fernzuhalten; beschwerte er sich doch 1589 über das feindliche Verhalten des Stiftes gegen die eingefallenen spanischen Völker, unbekümmert um deren Gewalttaten. Noch im Jahre darauf, als Ernst unversehens in Münster erschien, blieb ihm der Bischofshof auf dem Domplatz verschlossen. Erst allmählich gewann er einen stärkeren Einfluß auf die Regierung des Landes, namentlich seitdem dieses durch Mendoza schwer gelitten hatte. Aber wirklich führend wurde er bei seiner Schwäche niemals. Unter diesen Umständen war es ein folgenreiches Ereignis, daß seit 1588 die Jesuiten, von Ernst gefördert, endlich in Münster festen Fuß faßten; der bereits verstorbene eifrig katholische Domdechant Gottfried von Raesfeld hatte letztwillig bedeutende Mittel für diesen Zweck ausgeworfen. Trotz mancher Widerstände in der Bürgerschaft wie auch bei der Geistlichkeit schritt die Ordensniederlassung planmäßig voran; ihr erster Rektor war der gewandte, unermüdliche Pater Michael Brillmacher. Zuvörderst übernahmen die Väter die Domschule, die einst eine Leuchte des deutschen Humanismus gewesen war; bald erstrahlte ihre Flamme aufs neue, wenngleich in anderen Farben des Spektrums. Bereits 1592 zählte das Jesuitengymnasium mehr als 1100 Schüler, die z. T. weither aus Norddeutschland, von Bremen und Lübeck kamen und vorbereitet wurden, überallhin den Samen der katholischen Kirche auszusäen.

Zunächst freilich war der Protestantismus im Stifte Münster immer noch stark verbreitet, vor allem in den Städten und beim Adel. Ernst veranlaßte, daß die Bekämpfung der Ketzerei einem neugeschaffenen Geistlichen Rate unter Vorsitz des Weihbischofs anvertraut wurde, der sogleich ans Werk ging. Vor allem richtete sich sein Vorgehen gegen „die teuflische Sekte“ der Wiedertäufer, auch Tibben (Hündinnen) genannt. Es handelte sich um das durch Menno Simons auf die ursprüngliche Grundlage zurückgeführte, auf

Gewaltanwendung verzichtende Täufertum, die Mennoniten; sie hatten namentlich im Westen des Landes zu Borken, Bocholt und Vreden, aber auch in Warendorf ihre Anhänger, die Herren von der Recke zu Drensteinfurt neigten ihnen zu. Sie selbst nannten sich Brüder der Gemeinde Christi und waren stille, fleißige Leute; vergeblich baten sie um Duldung. Aber ausgewiesen, kehrten sie meist nach einiger Zeit zurück, lange war ihnen nicht beizukommen. Allgemein erging das Verbot, solche, die sich nicht zum Abendmahl gehalten hätten, an geweihter Stätte zu begraben, ihre Beisetzung im Erbbegräbnis wurde auch dem Adel nicht gestattet. Nur gegen starken Widerstand ließ diese Maßnahme sich durchsetzen, in Münster kam es deshalb fast zum Aufruhr. Hier wagte der Rat es sogar, eine neu eingeführte Prozession zu untersagen. Das weitere fürstliche Verbot, Nichtkatholiken in den Rat zu wählen, wurde als Eingriff in die Selbstverwaltung empfunden, wie denn auch im Münsterland der Kampf um die politische und Glaubensfreiheit Hand in Hand ging. So fanden sich 1600 noch einmal die 14 Städte des Oberstifts zu einem förmlichen Bündnis „zur Defension ihrer Frei-, Recht- und Gerechtigkeiten" zusammen, die Landeshauptstadt Münster an der Spitze. Wirklich wurde eine von der Landesregierung erhobene, Handel und Wandel schädigende Akzise zu Falle gebracht. In dem überwiegend evangelischen Bocholt kam es 1611 zu einem Tumult der Gilden, als der Besuch des Gottesdienstes in der benachbarten Herrlichkeit Werth verboten wurde; die Regierung wagte es nicht, dagegen einzuschreiten.

An ihrem Schützling Ernst von Baiern, dem Inhaber von fünf Bischofstühlen, erlebte die römische Kurie im ganzen wenig Freude. Die Geschäfte seinen Räten überlassend, unter denen Dr. Gottfried Gropper, der Neffe von Johann und Kaspar Gropper, hervorragte, führte er im Stifte Köln eine ausgesprochene Mißregierung, so daß der päpstliche Nuntius in Köln ständig Anlaß zu Eingriffen in die Verwaltung wie auch zu Vorhaltungen über den Lebenswandel des Kurfürsten hatte. Bessere Hoffnungen erweckte Ernsts Neffe Ferdinand, der Bruder des Herzogs und späteren Kurfüsten Maximilian von Baiern, gleich ihm begabt, tatkräftig und kriegerisch, der eine wie der andere überzeugter und zielbewußter Vorkämpfer der katholischen Kirche in Deutschland. Geboren 1577, war Ferdinand schon 1595 Koadjutor im Erzstift Köln geworden, 1611 gelang es trotz niederländischen Einspruchs, ihm auch im Stifte Münster diese

Würde zu verschaffen, ebenso ein Jahr später in Paderborn. Der 1609 von Maximilian von Baiern gegründeten Liga der katholischen deutschen Fürsten war Ernst schon damals auch für das Stift Münster beigetreten. Der Liga stand die protestantische Union feindselig gegenüber. So verschärften sich die politisch-konfessionellen Gegensätze in Deutschland von Jahr zu Jahr und drängten einem gewaltsamen Austrage zu.

Am 17. Februar 1612 starb Ernst von Baiern in Arnsberg, der neue Kurfürst Ferdinand, sein Nachfolger auch in Lüttich und Hildesheim, hielt am 11. April seinen feierlichen Eintritt in die Stadt Münster. Damit zog für das Hochstift eine neue Zeit herauf, die alte der Unklarheiten und Kompromisse war zu Ende. Eine der ersten Amtshandlungen des neuen Bischofs war die, daß er an Stelle des mehrköpfigen Geistlichen Rates einen Generalvikar mit umfassenden Vollmachten einsetzte, auf den auch die kirchlichen Aufsichtsbefugnisse der Archidiakonen, d. h. der oft wenig geeigneten Domherren, großenteils übergingen. In dem Dr. Joh. Hartmann wurde ein Mann von besonderer Tatkraft und Umsicht für das neue Amt gewonnen. Ein kurfüstlicher Erlaß vom 1. Juli 1612 sah umfassende Maßnahmen zur Bekämpfung des Irrglaubens und zur Wiederbelebung der katholischen Kirche vor. So wurde das Auslaufen zum evangelischen Gottesdienst in der Nachbarschaft streng verboten; wer Übertretungen hiergegen anzeigte, sollte ein Drittel der verfallenden Strafe als Belohnung erhalten. Die Geistlichen hatten darüber zu wachen, daß die Beamten ihre kirchlichen Pflichten erfüllten, wie diese den Lebenswandel der Geistlichen zu beaufsichtigen hatten. Freilich säte die allgemeine gegenseitige Bespitzelung überall Mißtrauen und Unbehagen aus. Um das noch immer fast ganz lutherische Niederstift, das sog. Emsländische Quartier, das in kirchlicher Hinsicht zum Osnabrücker Sprengel gehörte, für den rechten Glauben zurückzugewinnen, weilte der Kurfürst selbst wiederholt an Ort und Stelle und Dr. Hartmann trieb persönlich einen Teil der dortigen Pfarrer aus. Die Jesuiten, die überall ihre Augen hatten, errichteten in Meppen, später auch in Vechta Missionsstationen. Ihr münstersches Kollegium zählte 1615 34 Mitglieder, sie waren der Mittelpunkt der neuen katholischen Bewegung, die sie durch ihre Schüler überallhin verbreiteten, durch die Stiftung von Bruderschaften und glanzvolle Prozessionen wirksam belebten. Schon regte der Rektor Mathäus Timpe (Tympius) in einer Schrift an, in Münster, Westfalens Hauptstadt, den Jesuiten eine Universität zu errichten „als eine besondere starke Mauer wider die Feinde der katholischen Religion"; der Gedanke fand den Beifall des Kurfürsten, ohne doch zur Tat zu werden, anscheinend wegen der Eifersucht der kölnischen Hochschule. — In den Jahren 1613—1616 fand wiederum eine Kirchenvisitation, diesmal durch das ganze Hochstift, statt, die Hartmann großenteils persönlich leitete, und jetzt wurden die festgestellten Schäden nachdrücklich abgestellt. Freilich erregte das nun auch bei der rechtgläubigen Geistlichkeit manchen Unwillen. Noch gab es im stillen überall Protestanten, auch in der Stadt Münster, sie hielten selbst in Koesfeld, von jeher der gehorsamsten Stadt, geheime Versammlungen ab. Ein ansehnlicher Teil des mächtigen Adels, der Erbmarschall von Morrien zu Nordkirchen, die von Merveldt, Wendt zu Krassenstein, von Diepenbrock zu Buldern, vor allem Konrad von Ketteler zu Assen bekannten sich offen als kalvinisch oder lutherisch; nicht überall war das Vorgehen gegen das „ketzerische Exercitium" in ihren Patronatspfarren oder auf ihren Häusern von Erfolg.

Alles in allem hatte der Protestantismus in den geistlichen Ländern seit dem Ausgang des Kölnischen Krieges Niederlage auf Niederlage hinnehmen müssen. Erst war ihm das Herzogtum Westfalen verlorengegangen, sodann Paderborn, in Korvey behaupteten sich nur Reste, in Münster schickte die Gegenreformation sich an, die noch vorhandenen Überbleibsel auszutilgen, und befand sich auch in Osnabrück auf dem Vormarsch; einzig Minden war noch unbestritten evangelischer Besitz.

8. Kapitel

Das Erlöschen des klevischen Hauses 1609 und der Erbe Brandenburg—Preußen

Die Verhältnisse der klevischen Länder

Auch in dem größten weltlichen Gebiet Rheinland-Westfalens, in Kleve befand sich der Protestantismus seit langem in der Verteidigung. Den duldsamen Herzog Wilhelm verließen zunehmend die geistigen und Körperkräfte, sein Sohn Johann Wilhelm befand sich völlig im katholischen Fahrwasser. Nachdem er die Verwaltung des

Stiftes Münster niedergelegt hatte, vermählte er sich 1585 mit der ihm von Baiern bestimmten, dort katholisch erzogenen Markgräfin Jakobe von Baden; die Hochzeit in Düsseldorf war äußerlich ein glanzvolles Fest. Aber der Niedergang des herzoglichen Hauses war unaufhaltsam. Die Ehe blieb kinderlos, Johann Wilhelm in seiner ungestümen, wirren Art geriet mit seinem bedächtigen Vater in Zwiespalt, bis im Sommer 1589 bei ihm eine Geistesstörung hervortrat, die sich Anfang 1590 zum Verfolgungswahn steigerte. Fortan war Johann Wilhelm unheilbar geisteskrank. Der hart geprüfte Vater mußte auch das noch erleben; am 5. Jan. 1592 erlöste ihn der Tod. Patience war das letzte Wort des armen Herzogs Wilhelm, den die klevische Geschichtsschreibung den Reichen nannte. Schon vordem war es notwendig geworden, eine Regentschaft einzusetzen. Die Landstände übergehend, wußten die allmächtigen Räte, an der Spitze der Marschall Wilhelm von Waldenburg genannt Schenkern, spanisch gesinnt, wie sie waren, es mit Hilfe des Kaisers zu erreichen, daß sie die Geschäfte weiterführten, statt daß der Herzogin Jakobe oder dem nächsten Erben die Vormundschaft über Johann Wilhelm zugefallen wäre. Vergeblich war Jakobe, zeitweise sich den der Mehrheit nach evangelischen Ständen nähernd, bemüht, eine Änderung zu ihren Gunsten herbeizuführen; auch als der Kaiser nach dem Tode des alten Herzogs ihr einen Anteil an den Regierungsgeschäften zusprach, vermochte sie sich nicht durchzusetzen. Ebensowenig gelang es der vorübergehend aus Königsberg nach Düsseldorf zurückkehrenden Herzogin Marie Leonore von Preußen, „bei währender fürstlicher Blödigkeit" die Regentschaft zu erhalten. Am Düsseldorfer Hofe begann ein verschlungenes Ränkespiel gegen Jakobe, woran sich neben Schenkern die jüngste noch unverheiratete Prinzessin Sibylle beteiligte. Die lebenslustige Herzogin wurde des Ehebruchs beschuldigt, verhaftet und eines Morgens tot, wie kaum zu bezweifeln, ermordet im Bette aufgefunden. Um doch noch Nachkommen zu erzielen, wurde der wahnsinnige Herzog, ein widerwärtiges Schauspiel, mit der Herzogin Antonie von Lothringen wieder verheiratet. Der Kaiser Rudolf sandte eigens seinen Beichtvater nach Düsseldorf, um durch Austreibung des Teufels Johann Wilhelm die Zeugungskraft wiederzugeben. Aber der Erbe blieb aus, statt dessen erreichte Antonie es, daß Schenkern wegen schwerer Dienstvergehen verurteilt und gestürzt wurde. — So entschieden katholisch die klevische Regierung auftrat, zu so mancher Beschwerde sie den klev-märkischen Landtagen Anlaß gab, die unentwegt Glaubensfreiheit verlangten, sie war in ihrer Stellung doch zu schwach, um in den beiden westfälischen Ländern vollen Ernst mit der Gegenreformation machen zu können. — Auch die Reichsstadt Dortmund sah sich in die Bewegung hineingezogen. Hier gehörten zu den wenigen, dem katholischen Bekenntnis Treugebliebenen neben den drei Klöstern einige Patrizierfamilien, wie die Kleppinge; der Rat untersagte den Klöstern, kirchliche Handlungen bei der Bürgerschaft vorzunehmen. Darauf hob Kaiser Rudolf II. nicht allein das Verbot auf, sondern befahl auch dem Rate, alle Pfarrkirchen in Stadt und Land den Katholiken zurückzugeben (1604). Führer im Streite war der junge Guardian des Franziskanerklosters, Johann Pelking, der uns als katholischer Vorkämpfer noch öfter begegnen wird. Der Rat machte der Sache ein Ende, indem er nunmehr die Religionsübung freigab.

Der Tod Johann Wilhelms

Am 25. März 1609 erlosch das trübe Lebenslicht des Herzogs Johann Wilhelm von Kleve, des letzten vom Stamme der alten Grafen von der Mark, die in vergangenen Jahrhunderten das aufstrebendste, taten- und waffenfreudigste aller westfälischen Herrengeschlechter gewesen waren; das Trauerspiel des klevischen Hauses war zu Ende. In wessen Hand der reiche Länderbesitz nunmehr übergehen würde, das war schon lange zuvor eine viel erwogene Frage der großen Politik geworden. Spanien wünschte sich einen Fürsten zum Nachfolger, der die enge Verbindung mit seinen südlichen Niederlanden und die Herrschaft der katholischen Kirche im Lande aufrechterhielte; umgekehrt legten die Generalstaaten den größten Wert darauf, daß an ihrer Südostgrenze nach dem evangelischen Deutschland hinüber ein Herrscher dieses Bekenntnisses geböte. Nach den von Herzog Wilhelm seiner Zeit erlassenen Bestimmungen sollte beim Erlöschen des Mannesstammes der ganze Besitz auf seine älteste Tochter Marie Leonore von Preußen ungeteilt übergehen, bei deren etwaigem erblosen Tode auf die zweite mit dem Pfalzgrafen Philipp Ludwig von Neuburg verheiratete Tochter Anna; der Kaiser hatte das genehmigt, ohne Rücksicht darauf, daß das Haus der Wettiner in Sachsen schon seit dem fünfzehnten Jahrhundert Ansprüche auf Jülich-Berg, ihr Ernestinischer Zweig durch die Heirat der älteren Herzogin Sibylle mit dem Kurfürsten Johann Friedrich (s. o. S. 17) solche auf die ganze Erbschaft besaß. Die Herzogin Marie Leonore († 1608) hatte aus ihrer Ehe mit dem in Geisteskrankheit verfallenen Herzog Albrecht Friedrich von Preußen eine Tochter Anna hinterlassen, die mit dem Kurfürsten Johann Sigismund von Brandenburg verheiratet war und ihm die Erbansprüche, wie auf das Herzogtum Preußen so auf Kleve zubrachte. Die klevischen Anrechte wurden indes von dem Pfalzgrafen Philipp Ludwig und seinem Sohne Wolfgang Wilhelm bestritten mit Berufung darauf, daß nur etwaige Söhne der Marie Leonore in Kleve erbberechtigt seien, in deren Ermangelung die Neuburger die Nachfolge für sich in Anspruch nahmen. Diese Meinungsverschiedenheit unter den beiden lutherischen Bewerbern kam der katholischen Partei gelegen, um sich in Kleve behaupten zu können. Bereits am 2. April 1609 verfügte Kaiser Rudolf, daß die Regierung im Lande von der Herzogin-Witwe mit Unterstützung kaiserlicher Kommissare weiterzuführen sei, bis die strittigen Erbansprüche vor dem — rein katholischen — Reichshofrat entschieden sein würden. Es sollte also zunächst eine kaiserliche Verwaltung, eine auf längere Dauer berechnete Sequestration eintreten; im stillen ging Rudolfs Absicht dahin, den ganzen Besitz als erledigtes Reichslehen für die eigene Hausmacht einzuziehen. Mithin streckten die bedeutendsten deutschen Fürstenhäuser, die Habsburger, Hohenzollern, Wittelsbacher und Wettiner, ihre Hände nach dem reichen Erbe aus; nimmt man hinzu, daß die Welfen und Hessen seit langem auf westfälischem Boden vordrangen — wie denn jetzt der Herzog von Braunschweig-Lüneburg verjährte Ansprüche auf das ravensbergische Amt Vlotho mit den Waffen geltend zu machen suchte —, daß die bairischen Wittelsbacher auf den Bischofstühlen von Köln und Münster eine Art geistlicher Sekundogenitur errichtet hatten, daß endlich das Haus Nassau-Oranien nach der Grafschaft Lingen griff, so fand kaum je ein solcher Wettlauf von allen Seiten in eine andere deutsche Landschaft statt. Das lag daran, daß Westfalen politisch ein luftleerer Raum geworden war, der nach allen Richtungen seine Saugkraft ausübte.

Die juristische Frage nach dem nächstberechtigten Erben war verwickelt, die Lage der Erbschaft — nahe dem Punkte, wo die Kraftlinien der europäischen Mächte sich überschnitten — machte ihr künftiges Schicksal zu einer politischen Frage erster Ordnung, auch der Gegensatz Frankreich—Spanien spielte hinein. Unter diesen Umständen hatte der Bewerber die meiste Aussicht, sich durchzusetzen, der am ersten zugriff und sich in die neuen Verhältnisse am kräftigsten und geschicktesten einzufinden verstand. Da war es ein geschichtlicher Augenblick, als am Nachmittag des 4. April 1609 der klevische Edelmann Stefan von Hertefeld, seit langem hierzu bevollmächtigt, an der fürstlichen Kanzlei zu Kleve das brandenburgische Wappen, den roten Adler, anschlug und die von hier aus regierten Länder Kleve und Mark wie auch das alte Herzogsschloß förmlich in Besitz nahm, eine Handlung, die er in den nächsten Tagen im Bergischen wiederholte. Am nämlichen 4. April war der Märkische Landtag in Wickede zusammengetreten, wo sich Ritterschaft und Städte für Brandenburg als ihren rechten Herrn erklärten. Aber gleich darauf erschien auch der Pfalzgraf Wolfgang Wilhelm, und zwar persönlich im Lande, heftete in Düsseldorf sein Wappen neben das brandenburgische und schritt ebenfalls zur Besitzergreifung. Die kaiserlichen Kommissare ließen auf sich warten. Die bisherige Landesregierung suchte für den katholischen Glauben, den Kaiser und nicht zuletzt, um selbst im Sattel zu bleiben, die beiden lutherischen Bewerber fernzuhalten. Der Landtag von Jülich-Berg trat ihr bei, während der klev-märkische jetzt wünschte, daß Brandenburg und Neuburg sich vertragen möchten.

Für Brandenburg traf es sich schlecht, daß der Kurfürst Joachim Friedrich im Vorjahr gestorben war und sein Sohn und Nachfolger Johann Sigismund fern in Preußen weilte, um an seiner Statt die Vormundschaft über den kranken Herzog Albrecht Friedrich und die Belehnung mit Preußen von der Krone Polen zu erlangen, eine ebenso umständliche wie kostspielige Aufgabe, aber für den späteren Erwerb dieses Landes unumgänglich. So war Johann Sigismund verhindert, in der klevischen Angelegenheit sein persönliches Gewicht zur Geltung zu bringen, und bevollmächtigte mit der Vertretung seinen Bruder, den jungen Markgrafen Ernst, ohne ihn doch mit den erforderlichen Geldmitteln versehen zu können; die brandenburgischen Stände brachten für die in Aussicht stehende Machterweiterung kein Verständnis auf. So schwierig die Verhältnisse waren, der Hohenzollernaar regte doch zum ersten Male seine Schwingen von der Memel bis zur Maas.

Anders stand Wolfgang da. Kam die Macht des an der oberen Donau gelegenen neuburgschen Ländchens auch nicht entfernt an die von Brandenburg heran, sein sonst haushälterischer Vater hatte für ihn tief in die Tasche gegriffen und er selbst, wendig und betriebsam wie er war, verstand es schnell, sich im Lande eine Stellung zu schaffen.

Der Vertrag zu Dortmund 1609 Der Markgraf Ernst richtete seine Reise in den Westen über Kassel, um beim Landgrafen Rat und Hilfe zu suchen. Einst in der Paderborner Sache hatte Moritz versagt, aber jetzt schlug seine Stunde. Beraten durch seinen Schwiegervater, den Grafen Johann VII. von Nassau-Siegen, vertrat er eine protestantisch-deutsche Politik, und von hier aus wünschte er einen Ausgleich zwischen Brandenburg und Neuburg, um die klevische Erbschaft der katholischen Hand endgültig zu entwinden. Es gelang ihm, Ernst von der Notwendigkeit eines Vergleiches zu überzeugen; seine Vollmacht überschreitend, schloß dieser am 10. Juni 1609 zu Dortmund einen Vertrag mit Wolfgang Wilhelm, demzufolge der Besitz der klevischen Länder den beiden Bewerbern gemeinsam zustehen sollte, bis zum gütlichen oder schiedsrichterlichen Austrage des Erbrechts. Die über diesen Ausgang erfreute Reichsstadt lud die Fürsten zum festlichen Mahle, der Jubel pflanzte sich fort in Bochum und Essen bis zum gemeinsamen Einzuge von Ernst und Wolfgang Wilhelm in Düsseldorf, wo der Versuch der Räte, sie abzuweisen, von der Bürgerschaft durchkreuzt wurde. Am 14. Juli gelobten die klev-märkischen Landstände den beiden Fürsten, die jetzt die Possidierenden genannt wurden, durch Handschlag Gehorsam — eine förmliche Huldigung wurde noch vermieden — und diese versprachen dagegen, „die katholisch-römische wie auch andere christliche Religion, wie sie in öffentlichem Gebrauch und Übung", zuzulassen und zu schützen „und darüber niemanden in seinem Gewissen zu betrüben". Damit war zum ersten Male in einem deutschen Lande die freie Religionsübung zum Gesetze gemacht, Brandenburg und Neuburg hatten den Hebel in die Hand genommen, der ihnen den Weg zur Herrschaft frei machte. Auch die jülich-bergischen Landstände leisteten ihnen demnächst der Mehrzahl nach das Handgelübde.

Doch nicht ohne Widerstand räumte die katholische Partei das Feld. Der Kaiser erkannte den Dortmunder Vertrag nicht an und verbot den beiden Fürsten die Besitznahme, drohte gar mit der Reichsacht; wirksamer war es, daß in seinem Namen der abenteuernde Erzherzog Leopold, Bischof von Passau und Straßburg, sich der Festung Jülich bemächtigte. Die Kriegsgefahr rückte dadurch näher. Freilich verfügte Leopold so wenig wie die Possidierenden über größere Streitkräfte, und weder Spanien noch die Generalstaaten, die im Hintergrunde standen, verspürten Neigung, einen Waffenstillstand, den sie nach vierzigjährigem Kriege soeben auf 12 Jahre abgeschlossen hatten, alsbald wieder zu brechen. Schließlich brachten Brandenburg und Neuburg doch eine Truppenmacht auf die Beine und ernannten den Fürsten Christian von Anhalt, in der Kunst des Krieges wie der Diplomatie gleich erfahren, zu ihrem Feldherrn. Christian bewog nicht allein die protestantische Union, ihre Partei zu ergreifen, er verstand es auch, ein Hilfsversprechen des Königs Heinrichs IV. von Frankreich zu erlangen. In dem Kopfe dieses Meisters der Politik reifte damals ein kühner Plan: er wollte die klevische Frage zum Ausgangspunkt nehmen, um den hundertjährigen weltgeschichtlichen Gegensatz zwischen Frankreich und Spanien-Habsburg endgültig auszutragen, und zunächst mit Hilfe Englands, der Generalstaaten und der Union Spanien ganz aus den Niederlanden verdrängen. Spanien rüstete gegen den drohenden Angriff, ihm zur Seite der Erzherzog Leopold und die Liga. Eben war Heinrich IV. im Begriffe, zum Heere nach den Niederlanden aufzubrechen, als ihn der Mordstahl Ravaillacs dahinraffte. Damit zog das drohende Gewitter eines großen europäischen Krieges noch einmal vorüber; für die Possidierenden sprang bei dem Unternehmen immerhin so viel heraus, daß die Niederländer und Unierten mit einer französischen Hilfstruppe Jülich am 1. September 1610 für sie eroberten. Nunmehr hatten sie die Erbländer vollständig im Besitz; ein Versuch des Kaisers, ihnen durch die Förderung der sächsischen Erbansprüche Schwierigkeiten zu machen, blieb ohne greifbares Ergebnis.

Einstweilen herrschte nun Ruhe im Lande. Die lange unterdrückten Evangelischen freuten sich der Glaubensfreiheit und organisierten ihre Kirchen durch Verfassungen. Nachdem reformierte Synoden in Jülich, Berg und Kleve abgehalten worden waren, fand die erste märkische 1611 in Unna statt; ein Jahr später tagte dort auch eine lutherische Synode. Es bezeichnet die Selbständigkeit der Bevölkerung, daß von einer Mitwirkung des Landesherrn hierbei keine Rede war. Aber kaum des katholischen Druckes ledig, gerieten die evangelischen feindlichen Brüder untereinander in die Haare. In dem reformierten Hamm war dem lutherischen Teile der Bürgerschaft die Abhaltung des Gottesdienstes verboten, die umgekehrt in dem lutherischen Essen den Reformierten verwehrt blieb; diese meinten, auch anderwärts über Glaubensdruck klagen zu müssen. Hierbei trat der Gegensatz zutage, der zwischen Brandenburg und Neuburg von Anfang an bestand, wie sich denn ihre beiden Vertreter schon 1610 zum Zweikampf gefordert, wenn auch wieder vertragen hatten. Der

Markgraf Ernst wandte seine Gunst den Reformierten zu und trat 1610 selbst zu ihnen über. Wolfgang Wilhelm dagegen beförderte die Lutherischen, hielt sich aber stets eine Hintertür nach der katholischen Seite offen. Die schwierige Frage, wie sich die beiden Fürsten über die Teilung der Erbmasse auseinandersetzen würden, war noch völlig ungeklärt; jeder strebte möglichst nach dem Alleinbesitz. Wolfgang Wilhelm war bei weitem der Behendere und Zähere, auch der Unbeschwertere. Er freite um eine Tochter des Kurfürsten von Brandenburg und ging darauf aus, bei der Teilung der Klevischen Lande einen „ergiebigen Voraus" als Heiratsgut für sich herauszuschlagen. Als er hiermit nicht zum Ziele gelangte, bemühte er sich um die Herzogin Magdalene von Baiern, die Schwester des Herzogs Maximilian, des Hauptes der Liga; er erhielt ihre Hand, nachdem er im Juli 1613 zum katholischen Glauben übergetreten war. Wolfgang Wilhelm gewann durch diesen Schritt nicht nur die Unterstützung des mächtigen bairischen Hauses, sondern der gesamten katholischen Partei. Für diese war es kein geringer Triumph, bezüglich der klevischen Länder, die ihr 1609 entglitten waren, nun wieder einen Fuß im Steigbügel zu haben.

Im gleichen Jahre nahm Johann Sigismund das reformierte Bekenntnis an. Innerlich neigte der Kurfürst ihm seit langem zu, so entsprang sein Entschluß religiösen, nicht politischen Beweggründen. Angesichts des Unwillens seiner lutherischen Landeskinder sah er sich genötigt, auf jeden Glaubensdruck ihnen gegenüber zu verzichten (1615); damit wurde den Hohenzollern die religiöse Duldung allmählich Regierungsgrundsatz und Richtweg in die Zukunft. Jetzt trat Brandenburg durch das reformierte Bekenntnis in besonders enge Beziehung zu den Generalstaaten, deren Unterstützung es freilich ohnehin sicher war.

Der Vertrag zu Xanten 1614

Der Glaubenswechsel der beiden Possidierenden hatte den endgültigen Bruch zwischen ihnen zur unmittelbaren Folge — die Sage läßt ihn durch eine Ohrfeige geschehen, die Wolfgang Wilhelm von Johann Sigismund in Düsseldorf beim Gelage bezogen haben soll. Nun schienen doch die Waffen entscheiden zu sollen. Wolfgang Wilhelm war dadurch weiterhin im Vorteil, daß er seine Sache persönlich führte, während der erst sechzehnjährige Kurprinz Georg Wilhelm an die Stelle des Markgrafen Ernst trat. Aus eigener Kraft vermochten weder Brandenburg noch Neuburg des Gegners Herr zu werden; rief jener die Hilfe der Generalstaaten herbei, so wies König Philipp III. von Spanien seine Brüsseler Regierung an, dem Pfalzgrafen mit allen Kräften zur Seite zu stehen. Ein staatischer Handstreich auf Düsseldorf mißlang, ein anderer auf Jülich glückte; dafür besetzte Wolfgang Wilhelm Düsseldorf, und Georg Wilhelm mußte seine Residenz nach Kleve verlegen. Im August 1614 überschritt ein großes spanisches Heer unter Spinola die Maas und nahm Düren und Wesel weg. Darauf setzte sich auch Moritz von Oranien in Bewegung und rückte in Emmerich und Rees, dann auch in Kamen, Hamm und Unna ein. Aber auch jetzt wünschten Spanien wie Holland den zwölfjährigen Waffenstillstand aufrechtzuerhalten. So kam es unter der Vermittlung der französischen, englischen und holländischen Gesandten am 12. November 1614 in Xanten zu einem neuen Vertrage unter den Possidierenden. Grundsätzlich blieb die Einheit der klevischen Länder auch weiterhin gewahrt, aber für die Verwaltung wurden sie in zwei Teile zerlegt, deren einen die Herzogtümer Jülich und Berg bildeten, den andern das Herzogtum Kleve und die Grafschaften Mark und Ravensberg. Welchen Teil jeder Fürst erhielte, sollte das Los entscheiden. Der Gesamtertrag der Einkünfte wurde beiden zu gleichen Teilen zugesprochen. Spanier und Staatische hatten das Land zu räumen.

Der Vertrag zu Xanten machte der Gefahr des offenen Krieges ein Ende, im übrigen blieb er im wesentlichen unausgeführt. Das Los ist niemals über die Länder geworfen und die Teilung nicht ausgeführt worden, wenn auch dadurch, daß Georg Wilhelm in Kleve, Wolfgang Wilhelm in Düsseldorf residierte, die Verwaltung von Kleve-Mark vorzugsweise in brandenburgische Hand kam, wie die von Jülich-Berg in neuburgische. Immerhin war der Gedanke der Teilung hier zum ersten Male ausgesprochen. (Die Darstellung der meisten Geschichtsbücher, daß durch den Xantener Vertrag die Länder, der späteren Regelung entsprechend, erstmalig den beiden Fürsten zuerkannt worden seien, ist durchaus irrtümlich.) Ebensowenig wurde die Bestimmung verwirklicht, daß die Heere der Spanier und Holländer das Land zu räumen hatten; im Gegenteil suchten beide Parteien in dem verdeckten Kriege, den sie miteinander führten, ihre militärischen Stellungen weiter auszubauen. Als im November 1615 ein staatisches Heer unter dem Grafen Friedrich Heinrich von Nassau der Stadt Braunschweig, die von ihrem Herzoge belagert wurde, zu Hilfe zog, besetzte es beim Marsche durch Westfalen die Städte Bielefeld und Herford und stärkte damit die brandenburgische Stellung in Ravensberg. Als Gegenschlag marschierte im Frühjahr 1616 eine spanische Truppenmacht unter dem Grafen Heinrich von dem Berge vom Niederrhein die Lippe aufwärts, besetzte Essen und Iserlohn und rückte vor Soest. Noch 1609 hatte die Stadt Soldaten angeworben, um einem bei dem Regierungswechsel befürchteten Anschlage des alten Feindes, des Kurfürsten von Köln, zu begegnen; sie suchte auch jetzt ihre Selbständigkeit zu wahren und verweigerte dem in der Nähe eingelagerten Fähnlein staatischer Reiter den Einlaß. Ebenso ablehnend verhielt sie sich dem Verlangen des Grafen von dem Berge gegenüber. Aber als die Spanier alsbald mit der Beschießung begannen, entfiel den Bürgern der Mut. Am nächsten Tage, dem 8. April, öffneten sie ihre Tore, die einst den Böhmen widerstanden hatten und durch die nun zum ersten Male ein Feind einzog. Soest erhielt eine demnächst auf 700 Mann erhöhte spanische Besatzung, die ihm zum schweren Bedruck gereichte. Auch in das benachbarte Lippstadt rückten die Spanier ein und nahmen es für den Pfalzgrafen in Besitz. Unter ihrem Schutze errichteten die Paderborner Jesuiten hier in dem verlassenen Augustinerkloster eine Niederlassung. Andererseits behaupteten die Holländer ihre Stützpunkte im Herzogtum Jülich.

Im Jahre 1616 verließ der Kurprinz Georg Wilhelm Kleve, und sein vornehmster Berater, der Graf Adam von Schwartzenberg, übernahm die brandenburgische Statthalterschaft. In der damals noch märkischen Herrschaft Gimborn angesessen, hatte Schwartzenberg, obwohl Katholik und Sohn eines kaiserlichen Feldmarschalls, den Possidierenden bei der Besitznahme des Landes 1609 wertvolle Hilfe geleistet und war im Jahre darauf in brandenburgische Dienste getreten, ein zweifellos fähiger Mann, doch nicht ohne Eigennutz.

Wenngleich der Anteil Brandenburgs an der klevischen Erbschaft territorial noch keineswegs geklärt und ebensowenig politisch-militärisch gesichert war, der Erwerb war für die Zukunft von höchster Bedeutung. Der bis dahin rein ostdeutsche Kurstaat faßte damit zum ersten Male im Westen Fuß und wurde in dessen Fragestellungen hineingezogen. Um ihre Erbansprüche zu bekunden, übernahmen die Hohenzollern von den Klevern den Namen Wilhelm und brachten ihn im Laufe der Geschichte zu Ehren. Dem in Ohnmacht und elende Kleinstaaterei versunkenen Westfalen aber wurde der Besitzübergang geradezu zur Schicksalswende. Mochte der Kurprinz Georg Wilhelm in der langen Reihe hohenzollernscher Fürsten der schwächste sein, mit seinen anders gearteten Nachfolgern trat in die Reihe der westfälischen Regenten endlich wieder ein Herrengeschlecht, das als kraftvoller Eroberer wie als treuer Verwalter seinen Besitz planvoll mehrte und so in dem sich auflösenden Westfalenland der Kristallisationspunkt für eine neue Gestaltung wurde, ebenso wie es dem Hause Brandenburg bestimmt war, das ganze deutsche Vaterland der Einheit wieder zuzuführen. Vor Jahrhunderten hatte Westfalen bei der Eindeutschung des Nordostens das Beste getan, fortan kehrte von dort ein Kraftstrom in das Land zurück. Gleichzeitig gewannen die westfälischen Protestanten, seit Jahrzehnten im Rückgange und in der Gefahr völliger Vernichtung, einen festen Halt. Nun konnte Westfalen nicht mehr mit dem Rheinland zusammen ein einziger katholischer Block werden.

Einstweilen freilich war die Lage der klevischen Erbschaft noch völlig unentschieden und verworren. Der heraufziehende Brand des Großen Krieges fand auch hier seine Nahrung, dafür brachte er schließlich die Lösung der schwebenden Fragen.

9. Kapitel

Der Dreißigjährige Krieg. Erster Teil

Christian von Halberstadt

Im Jahre 1618 kam der Krieg der dreißig Jahre mit dem Prager Fenstersturz, der Erhebung der Böhmen gegen das Haus Habsburg zum Ausbruch. Die Herrlichkeit des von den dortigen Ständen erwählten Friedrichs V. von der Pfalz, des Winterkönigs, fand 1620 in der Schlacht am Weißen Berge ein schnelles Ende. Als dann die Heere der Liga und der Spanier die kurpfälzischen Erblande heimsuchten, rührten sich nur vereinzelte Mitglieder der Union, wohl aber nahmen zwei auf eigene Faust handelnde Heerführer die Partei des Kurfürsten und des bedrohten Protestantismus, Ernst von Mansfeld und Herzog Christian von Braunschweig, Administrator des Stiftes Halberstadt; durch sie wurde auch Westfalen in den Krieg hineingezogen.[1])

[1]) Die Geschichte des Dreißigjährigen Krieges in Westfalen stößt auf besondere Schwierigkeiten. Eine Gesamtdarstellung fehlt; die einzelnen

Mehr als Mansfeld, der, ein echter Condottiere, die Partei je nach dem Vorteil wechseln konnte, geht uns der Halberstädter an. Noch jung an Jahren, geboren 1599, besaß er im Übermaß das, was seinem schlaffen Bruder, dem in Wolfenbüttel regierenden Herzog Friedrich Ulrich, an Tatkraft abging, ein kühnes Draufgängertum, er war Soldat mit Leib und Seele, „des Lagers Abgott und der Länder Geißel". Dazu beseelte ihn ein wilder Pfaffenhaß, im übrigen hatte er weder vom Feldherrn noch vom Staatsmann viel an sich. Das Volk kennzeichnete ihn mit dem Namen des Tollen Christian und bekundete dadurch, durch das Lied vom „kühnen Halberstädter wohl bekannt" sowie durch zahlreiche Legenden eine gewisse Sympathie für ihn, die später noch Annette von Droste geteilt hat, trotz seiner unleugbaren Roheit und Gewissenlosigkeit. Von schwärmerischer Verehrung für seine Base Elisabeth Stuart, die Gattin des Winterkönigs, erfüllt, warb Christian, um ihr Hilfe zu bringen, im Herbste 1621 in Niedersachsen Kriegsvolk an. Er versprach ihm, es mangels Soldes durch die Ausplünderung der geistlichen Stifter zu entschädigen, nach dem aufkommenden Grundsatz: „Der Krieg ernährt den Krieg;" freilich erwies sich diese Art der Entlöhnung, die den Soldaten dem Räuber annäherte, für den Kampfwert der Truppe als wenig förderlich. Rechts der Weser nicht geduldet, verlegte der Halberstädter seine Scharen ins Lippische und Ravensbergische, um sich im November in Richtung auf die Pfalz in Marsch zu setzen. Aber in Oberhessen trat ihm ein Unterfeldherr der Liga, Anholt, in den Weg.

Joh. Jak. von Anholt

Johann Jakob von Anholt, eines anderen Geistes Kind, war westfälischen Blutes, der zweite Sohn des Freiherrn Jakob von Bronckhorst zu Anholt. Um 1580 geboren, hatte er nach italienischen Studienjahren 1603 in den Niederlanden spanische Dienste genommen, sodann als Dragoneroberst 1610 den Krieg um Jülich mitgemacht (s. o. S. 132 f.) und sich im Heere der Liga am Böhmischen Feldzuge, namentlich in der Schlacht am Weißen Berge, sowie demnächst

Landschaften und Städte sind sehr ungleichmäßig behandelt, der Süden fällt fast ganz aus. Auch die vorliegenden Bearbeitungen werden für die zweite Kriegshälfte immer dürftiger. In den Darstellungen der allgemeinen deutschen Geschichte wird Nordwestdeutschland für die spätere Zeit kaum noch berücksichtigt. Von den westfälischen Kriegshelden besitzen wir nur über Anholt eine einigermaßen ausreichende Lebensbeschreibung.

im Kampfe um die Oberpfalz ausgezeichnet; sein Lohn war die Erhebung in den Grafenstand durch Kaiser Ferdinand II. Jetzt führte Anholt das nordwestdeutsche Heer der Liga, am 20. Dezember 1621 schlug er den Herzog Christian bei Kirdorf an der Gleen in Oberhessen und zwang ihn zum Rückzuge nach Westfalen.

Christian haust in Westfalen

Acht Tage darauf überschritt Christian bei Warburg die Grenze des Hochstifts Paderborn. Den Protest der bischöflichen Regierung wies er hohnlachend zurück und forderte eine Kontribution von 150 000 Tlrn. Zwar ließ er sich schließlich mit 20 000 Tlrn. zufriedenstellen, doch unbekümmert um das getroffene Abkommen hausten seine Soldaten im Lande mit Raub und Brand, Morden und Schänden; das Heer besaß eigene „Brandmeister". Die Dörfer erhielten Brandbriefe, die „zu mehrem Schrecken" an den vier Ecken angebrannt waren. Am 2. Januar 1622 erschien eine halberstädtische Reiterabteilung vor Lippstadt, das seit 1616 eine spanische Besatzung hatte. Diese wurde mit Hilfe der Bürger überwältigt und der Herzog bekam einen festen, dank der Lage in der Lippeniederung leicht zu verteidigenden Platz in die Hand, den er zum Mittelpunkt seiner weiteren Unternehmungen machte. Formell stellte er in Lippstadt die brandenburgische Herrschaft wieder her. Von hier wandte er sich in den nächsten Tagen gegen das von pfalzneuburgischen Truppen besetzte Soest. Die Stadt erkaufte einen Schutzbrief von ihm, der sie 4000 Tlr. kostete, was ihn jedoch keineswegs hinderte, sie am 22. Januar mit ansehnlicher Heeresmacht von zwei Seiten anzugreifen. Trotz tapferer Gegenwehr gelang es Christian, in das Osthofentor einzudringen und die Stadt zu nehmen, die seinen erneuten Zusicherungen zuwider durch eine starke Besatzung schweren Druck erlitt. Dazu fiel der hierhin geflüchtete Paderborner Domschatz mit seinem gewaltigen Metallwert samt dem stattlichen Barnachlaß weiland Bischof Dietrichs von Fürstenberg in die Hände des Ketzers. Ein Anschlag gegen die Reichsstadt Dortmund mißlang durch die Ungunst des Winterwetters.

Er nimmt Paderborn

Die im stillen immer noch meist lutherische Bürgerschaft von Paderborn sah in dem Herzoge den Befreier vom Glaubensdruck und wünschte ihn herbei: „Hei mott darin un sall darin!", so ging es von Mund zu Munde. Schon machte sich der größte Teil der zahlreichen katholischen Geistlichkeit aus dem Staube und eine städtische Gesandtschaft suchte Christian in Lippstadt auf; sie bewilligte sein Verlangen, auf drei Tage mit wenig Volk in die Stadt eingelassen zu werden. Vergeblich warnte der bischöfliche Kanzler Wippermann, am 29. Januar rückte der Kapitän Neuhoff mit einem Fähnlein Fußvolk in Paderborn ein, während die kurkölnische Besatzung ohne Schwertstreich abzog. Zwei Tage später erschien der Herzog selbst mit zahlreichen Truppen und begab sich alsbald zum Dome, den er aller verbliebenen Kostbarkeiten beraubte, vor allem des Silberschreins mit den Gebeinen des Stiftsheiligen Liborius. Die Beute wanderte sogleich in die Münze; auf den daraus geschlagenen Talern las man „Gottes Freundt der Pfaffen Feindt". Man erzählte sich, Christian habe die am Schreine befindlichen Apostelgestalten angesprochen: „Was macht ihr hier? Ich meine, es stünde geschrieben: Gehet hin in alle Welt. Doch ich will euch schon hineinschicken." Sein Hauptquartier nahm er im Jesuitenkolleg, das nun ein wildes Treiben und arge Verwüstungen sah. In der Marktkirche dagegen wurde wieder evangelischer Gottesdienst eingerichtet, der Rat mit Protestanten besetzt, die noch an den Stadttoren bleichenden Gebeine Wicharts endlich bestattet. Am 6. Februar zog Christian wieder nach Lippstadt ab, in Paderborn ließ er eine starke Besatzung zurück, kein Haus, das nicht mit Soldaten, ihren Weibern und Kindern, Troßbuben und Pferden überfüllt gewesen wäre. Dem übrigen Stifte erging es nicht besser, auch Warburg, das sich anfänglich mit Erfolg gewehrt hatte, erhielt Besatzung. Zu Anfang März mochte das Stift Paderborn 12 000 Mann unterhalten mit einem etwa ebenso zahlreichen Troß.

Inzwischen hatte Christian sich auch in dem benachbarten Stifte Münster zur Geltung gebracht. Hier war man nicht ganz so wehrlos wie in Paderborn, schon 1619 war eine Stiftstruppe von 1200 Mann zu Fuß und 200 Reitern angeworben worden, dazu zahlte man alljährlich einen festen Betrag an die Generalstaaten, in deren Diensten auch Christian stand, um von ihrer Seite Sicherheit zu erkaufen. Aber angesichts seiner Drohungen hielt man es in Münster doch für besser, sich durch Zahlung von 30 000 Tlrn. vor Einquartierung und Plünderung zu sichern. Den Halberstädter freilich hinderte das nicht, seine Beute- und Erpressungszüge auch in das Münsterland auszudehnen. Die wilden Scharen seines Reiterobersten Fleckenstein verbreiteten Schrecken bis nach Ravensberg, Minden und Osnabrück und trieben überall Kriegssteuern ein.

Derweil war der Generalwachtmeister Graf Anholt auf Geheiß des Kurfürsten Ferdinand mit seiner Heeresgruppe, deren seit langem unbezahlte Soldaten die Bevölkerung nicht glimpflicher behandelten, ins Herzogtum Westfalen eingerückt; die Verhandlungen mit Hessen wegen des Durchmarsches hatten ihn aufgehalten. Im März 1622 warf Anholts Oberst Dietrich Othmar von Erwitte, auch er aus altem heimischen Edelgeschlecht, die Halberstädter aus Geseke. Dagegen mißlang ein Anschlag des Obersten von Nievenheim gegen Soest; südwestlich der Stadt bei Meiningsen brachte Christian ihm eine Schlappe bei. Anholt nahm darauf durch Handstreich Warburg, das Christian ihm vergeblich wieder zu entreißen suchte. Im April versuchte der Herzog, das von Erwitte und der Bürgerschaft entschlossen verteidigte Geseke wieder zu nehmen, mußte aber abziehen, nachdem vier Anstürme abgeschlagen waren und er den Belagerten durch einen Trompeter seine Anerkennung für ihr mutiges Verhalten hatte aussprechen lassen.

Er verläßt Westfalen

Um die gleiche Zeit stellte der Herzog an das Stift Münster erneute Anforderungen, indem er nicht weniger als 200 000 Tlr. binnen drei Tagen verlangte. Als man sich nicht darauf einließ, rückte er Anfang Mai in das Münsterland ein und gelangte unter argen Verwüstungen bis in die Nähe der Hauptstadt. Schließlich erpreßte er doch noch 10 000 Tlr., Anholt war zu schwach, um ihm entgegenzutreten. Allmählich hatte Christian nämlich ein zahlreiches Heer unter seinen Fahnen versammelt und zugleich einen großen Teil Westfalens gehörig zur Ader gelassen; kein Zweifel, daß die großen, von ihm erbeuteten Schätze in der Hand eines erfahrenen Kriegsobersten sich noch ganz anders hätten auswerten lassen. So mit neuen Kräften versehen, rüstete der Halberstädter sich zum Abschiede aus Westfalen, um in der Pfalz, noch immer dem Hauptkriegsschauplatz, sich erneut einzusetzen. Die Festungen Lippstadt und Soest überlieferte er den Generalstaaten; eine furchtbare Enttäuschung bedeutete sein Abmarsch für die evangelischen Paderborner. Kniefällig baten ihre Führer ihn, eine Besatzung in der Stadt zu lassen, Christian blieb ungerührt; um seine Truppen mit Waffen zu versehen, hatte er schon vorher der ganzen Bürgerschaft die ihren genommen. Am 15. Mai verließ er Paderborn, mit Mühe brachte man ihn davon ab, das stattliche Jesuitenkolleg in die Luft zu sprengen. Der Halberstädter marschierte mit seinem Heere nach Süddeutschland ab; bereits am 19. rückte Anholt in die Stadt ein. Über diese erging wiederum ein strenges Gericht. Zwei der evangelischen Führer verfielen dem Henkerschwert, andere Verurteilte wurden zwar begnadigt, aber mit zahlreichen Genossen in hohe Geldstrafen genommen und des Landes verwiesen. Der Kurfürst Ferdinand von Baiern hatte bei seinem Regierungsantritt 1618 der Stadt einen Teil ihrer bei Wicharts Sturze verlorenen Rechte zurückgegeben; jetzt stellte er die Verfassung von 1604 in ganzer Strenge wieder her. Dieser Ausgang des halberstädtischen Unternehmens beraubte die Paderborner Protestanten ihrer letzten Hoffnungen. Nun waren die verbliebenen Überreste der Ketzerei in der Stadt wie auf dem Lande, namentlich in dem zur Hälfte pyrmontschen Lügde, durch den eifrigen Weihbischof Pelking bald ausgetilgt und die glaubenseifrigen Jesuiten erkannten Gottes Finger, indem sie in ihre Jahrbücher schrieben: „Glücklich das Unglück, das zum Heile führt." Aber die wirtschaftlichen Schläge, die „das Jahr des Unglücks und des Elends" 1622 über Stadt und Stift Paderborn brachte, verzehrten das Mark des Landes; der größte Teil des ligistischen Heeres lag hier längere Zeit in Quartier.

Durch den Abzug des Halberstädters bekam die katholische Partei in Westfalen freie Hand. Schon im Frühjahr 1622 hatte sich Pfalz-Neuburg in der Mark weiter ausgebreitet, indem es Altena und Lüdenscheid besetzte; am 15. Mai nahm der spanische General von dem Berge Lünen, noch im gleichen Monat wurde das von den Staatischen wieder geräumte Soest nach kurzer Gegenwehr der Bürger gleichfalls erobert, am 8. Juni erlitt das von jenen verteidigte Hamm dasselbe Schicksal. Auch Soest wurde durch die Kriegsereignisse von 1622/23 hart mitgenommen, wie es denn in diesen beiden Jahren nicht weniger als 60 000 Tlr. Schulden aufnehmen mußte. Nur Lippstadt hielt sich einstweilen noch.

Münstersche Rüstungen

Kriegerisch wie die Zeiten waren, dachte man in dem größten der westfälischen Stifter, in Münster, daran, sich besser als bisher zu rüsten. Im April 1622 schlug die münstersche Regierung den Ständen vor, die Wehrmacht auf 3000 Mann zu verstärken und sie unter dem Befehle des Obersthauptmanns Alexander von Velen d. Ä. einheitlich in den Dienst des ganzen Landes zu stellen. Aber die ständischen Vertreter ließen sich von der alten unzeitgemäßen Verteilung der Wehr auf die vier Quartiere des Landes nicht abbringen; sie bewilligten nur 2500 Mann, von denen je 600 zum Schutze der Stadt Münster und des Dreinschen Quartieres, der Rest zu gleichen Teilen den drei übrigen Quartieren zugewiesen wurden. Der Kurfürst Ferdinad plante demgegenüber, die Kräfte von ganz Münster, Paderborn und dem Herzogtum Westfalen zu einem einheitlichen Defensionswerk zusammenzufassen; im August 1622 verhandelte in Beckum ein Konvent der ständischen Deputierten aus den drei Ländern über diesen Plan. Auch hier entsprach jedoch das Ergebnis nicht den Erwartungen, denn wenngleich eine gemeinsame Abwehr beschlossen wurde, so nahm man das doch zum Anlaß, die eigene Truppenzahl zu vermindern. Die Abneigung der Landstände, für eine wirksame Landesverteidigung die unvermeidlichen Opfer zu bringen, war in den geistlichen Gebieten noch ärger als in den weltlichen. Nicht ohne Grund befürchtete man, die ungeübten, schlecht bewehrten münsterschen Stiftstruppen würden anderen Soldaten in einer gemeinsamen Schlachtordnung zum Gespötte gereichen.

Christians erneutes Erscheinen

Dabei war die Gefahr eines erneuten feindlichen Angriffs keineswegs gebannt. Bei seinem Versuche, sich mit den protestantischen Heeren in der Pfalz zu vereinigen, hatte der Halberstädter am 20. Juni 1622 bei Höchst am Main eine schwere Niederlage durch Tilly und Anholt — seit kurzem Feldmarschall — erlitten. Er war darauf zusammen mit Mansfeld in die Niederlande abgezogen, wo beide im Dienste der Generalstaaten die Spanier bei Fleurus aufs Haupt schlugen; der zwölfjährige Waffenstillstand zwischen den beiden Mächten war 1621 abgelaufen. Aber die Generalstaaten hüteten sich, Mansfelds zuchtlosen Scharen Winterquartier bei sich zu gewähren; diese, „ein über die Maßen schlimm Volk", brachen am 1. November 1622 in das Stift Münster ein. Stadtlohn wurde geplündert, „das Wehklagen der armen Leute möchte ein steinernes Herz bewegen". Weiter ging Mansfelds durch Plünderung und Brand gekennzeichneter Marsch über die Grafschaft Bentheim und das Niederstift nach Ostfriesland, um dieses Land gegen den spanischer Gesinnung verdächtigen Grafen Enno für die Holländer zu sichern; hier bezog er Winterquartiere. Zum Schutze des Münsterlandes traf bald nach ihm Anholt mit dem Heere der Liga ein, aber auch seine Soldaten, „der Mißbezahlung halber" schwierig, hausten nicht viel besser als die Mansfelder. So kam es, daß die münsterschen Städte sich mit aller Macht dagegen sträubten, Besatzungen in ihre Mauern aufzunehmen, in der Befürchtung, Anholts Truppen möchten ähnliches Verderben über sie bringen, wie die Spanier Anno 1598. Alle Gegenvorstellungen der münsterschen Regierung blieben fruchtlos, ebenso ein ausdrücklicher Befehl des Kaisers Ferdinands II. So mußte Anholt sich zu seinem Verdruß mit der Einquartierung auf dem Lande und in den „schlechten Flecken" begnügen. Als Rückhalt für ihn breitete sich im November Gonzalo de Corduba mit seinen verwahrlosten Spaniern über die Grafschaft Mark aus.

Im Januar 1623 erschien der Halberstädter, der bei Fleurus den linken Arm verloren hatte, bei Mansfeld in Ostfriesland. Er fand bei den bedrängten Protestanten des Niederstifts Sympathien, so daß er Kloppenburg besetzen konnte, aber dann veruneinigten sich die beiden Heerführer, und Christian besetzte die Weserlinie mit den Gebieten von Hoya und Schaumburg, von Rinteln aus brandschatzte er Lippe und Ravensberg. Als Antwort rückte der ligistische Oberst von Nievenheim in das Stift Osnabrück ein.

Die Unterwerfung der münsterschen Stiftsstädte

Zweifellos behinderte die Neutralität der Städte im Oberstift Münster Anholt in seiner Bewegungsfreiheit, so verständlich ihr Verhalten sein mochte. Immerhin bestand wohl nur für die Besetzung von Rheine eine militärische Notwendigkeit als Deckung gegen Meppen, wo der mansfeldsche Oberst Limbach sich festgesetzt hatte. Anholt aber sah in dem Verhalten der Städte „ein weitaussehend Werk, dem böhmischen Wesen nicht ungleich". Nun dachten die Städte so wenig wie der Adel des Münsterlandes an eine bewaffnete Erhebung nach dem Vorbilde der böhmischen Stände von 1618, immerhin lag insofern eine gewisse Ähnlichkeit vor, als die weltlichen Stände in Münster eifrig darauf bedacht waren, ihre überkommenen Rechte zu wahren, und sich auf konfessionellem Gebiete in einem stillen Gegensatze zur Landesregierung befanden. Noch immer war aller Bekehrungsarbeit zum Trotze der Protestantismus im Lande weit verbreitet. In Warendorf gab es nach dem Berichte eines Jesuiten unter 600 Bürgern kaum sieben wirkliche Katholiken und waren fast alle Irrlehren vertreten. In Ahlen war 1623 der ganze Rat bis auf eine Ausnahme evangelisch, in Beckum stand es nicht viel anders, ebenso hielt die Ritterschaft, an der Spitze der Erbmarschall Johann von Morrien zu Nordkirchen, großenteils am evangelischen Bekenntnis fest. Wieder gingen politische und Glaubensfreiheit Hand in Hand. Um gegen beide entscheidende Schläge zu führen, kam dem Kurfürsten Ferdinand und der münsterschen Regierung die Anwesenheit des ligistischen Heeres äußerst gelegen. Indem der Adel klug geschont, die Stadt Münster von der Maßnahme ausgenommen wurde, sahen sich die übrigen Städte vereinzelt und auf sich selbst angewiesen.

Als Anholt zu Anfang 1623 den erwünschten Befehl zum gewaltsamen Vorgehen erhielt und auch spanische Hilfstruppen ihm zuzogen, war Widerstand von vornherein aussichtslos. Gleichwohl ging es nicht ohne solchen ab. Zuerst kam Dülmen an die Reihe. Hier hatte sich die Bürgerschaft unter Eidschwur verpflichtet, mit Gut und Blut ihre Gerechtsame zu verteidigen und lieber den Tod zu erleiden, als sich mit einer Besatzung beschweren zu lassen. Aber als am 12. Februar 1623 der Oberstleutnant Matthias von Gallas — nachmals als kaiserlicher General und „Heerverderber" bekannt geworden — mit vier Geschützen heranrückte, öffneten sich auf den ersten Kanonenschuß die Tore des geängsteten Städtchens. Hartnäckiger wehrte sich Rheine, das eine Nacht und einen Tag mit acht Kartaunen bombardiert wurde, bis es sich ergab (21. Febr.). In Beckum war der Rat zur Unterwerfung bereit, doch die Handwerkergilden verharrten im Widerstande und erwiderten aus zwei Kanonen die feindliche Beschießung. Aber am zweiten Tage fand die Stadt sich in ihr Schicksal, Christian von Halberstadt, der bis auf drei Stunden Weges zum Entsatze genaht war, mußte umkehren. Unter dem Eindruck dieser Vorgänge nahmen Ahlen, Koesfeld, Haltern und Bocholt gutwillig Besatzung ein, Borken nach kurzem Widerstande. Weit länger und hartnäckiger wehrte sich Warendorf, die nächst Münster bedeutendste Stadt des Stiftes. Es wurde dadurch nicht nachgiebiger gestimmt, daß die übrigen Städte weit stärker, als die Übergabebedingungen vorsahen, mit Soldaten belegt wurden; bestätigte sich doch damit die Behauptung, daß die Besatzung den Städten „nicht zur Defension, sondern zum Untergang" gereiche. Wurden Warendorf seit Mitte März die Zufuhren gesperrt, so nahm es dagegen Söldner an, verstärkte die Befestigungen, goß Geschütze und unternahm einen Angriff gegen das vom Feinde besetzte Freckenhorst sowie sonstige Ausfälle. Am 11. Juni begann Anholt die förmliche Belagerung und Beschießung. Eine Zeitlang hielt die Stadt tapfer aus, schließlich sah sie sich doch zu Verhandlungen genötigt, zumal der Hunger sich fühlbar machte. Am 22. Juni zog Anholt als Sieger in Warendorf ein, das für längere Zeit sein Hauptquartier wurde. Die eingelegte Besatzung verursachte der Stadt wöchentlich über 1500 Tlr. Kosten, die bis zum Juli 1624 auf mehr als 50 000 Tlr. anwuchsen.

Damit war „die Rebellion" der münsterschen Stiftsstädte niedergeworfen; im Grunde hatte es sich doch nur um eine durchaus entschuldbare Abwehr gegen die unerwünschte Einquartierung gehandelt. Trotzdem mußten die Städte schwer büßen. Zwar legten die fürstlichen Räte schließlich Fürbitte für sie bei Anholt ein, doch der erwiderte spöttisch, er könne mit dem Blute der ihm anvertrauten Soldaten und Kavaliere nicht so leicht spielen, wie die Räte ihre Federn nach Gefallen laufen ließen. Vor allem säumte der Kurfürst nicht, seinen Sieg weitgehend auszunutzen. Mit der Selbständigkeit der Städte — abgesehen von Münster — war es vorbei, sie verloren alle ihre Privilegien und zum Teil ihre Einkünfte, die Räte wurden abgesetzt und neue aus „katholischen, wohl qualifizierten Bürgern" ernannt. Eine Landesordnung von 1627 legte das dauernd fest und behielt alle Gerichtsbarkeit dem Landesherrn vor, wenn auch ein Restitutionsrezeß von 1632 den Bürgerschaften die Ratswahl unter fürstlicher Bestätigung zurückgab. Auf kirchlichem Gebiete war in dem hundertjährigen Kampfe um den Glauben des Hochstifts Münster nun die letzte Entscheidung gefallen. Ein Religionsedikt belegte die Versäumnis des katholischen Gottesdienstes mit Strafe und verfügte die Ausweisung aller Andersgläubigen. Der Erfolg war, daß die Jesuiten in Warendorf z. B. schon nach zwei Jahren die ganze Bürgerschaft wenigstens äußerlich zum katholischen Glauben zurückgebracht hatten. Zahlreiche Protestanten wanderten aus, unter der Asche blieb ein Funke von Ketzerei in den münsterschen Städten noch eine Zeitlang lebendig. Endlich wurden den widersetzlichsten Städten überhohe Geldstrafen auferlegt: Warendorf hatte 60 000 Tlr. zu zahlen, Beckum 25 000, Bocholt 13 000 Tlr. usw., Summen, die bei der allgemeinen Verarmung schließlich doch herabgesetzt werden mußten. So triumphierten im Jahre 1623 Absolutismus und Gegenreformation im Hochstift Münster. Freilich wurde die Einheit der Staatsgewalt und des Glaubens mit dem Verluste des Wohlstandes und der bürgerlichen wie der geistigen Freiheit teuer genug bezahlt.

Die Schlacht bei Stadtlohn

Zu größeren Kriegshandlungen war es während der ersten Hälfte des Jahres 1623 in Westfalen nicht gekommen. Der Herzog Christian hatte, um den Niedersächsischen Kreis mitzureißen, sich zeitweise in sein Stift Halberstadt begeben, während der General Graf Tilly mit dem Hauptheer der Liga von Süden her nahte. Unter seinem Drucke sperrte der Niedersächsische Kreis dem Heere Christians bei Northeim die Zufuhr, worauf dieser erneut in die Kriegsdienste der Generalstaaten trat und am 11. August in Rees erwartet wurde. Mit 16 000 Mann zu Fuß und 5900 Reitern, freilich neu geworbenen, wenig geübten Truppen, überschritt er am 27. Juli bei Hameln die Weser und zog durch das Lippische und Ravensbergische nach Iburg, wo er sich durch Unterhandlungen mit Mansfeld, den er aus Ostfriesland an sich zu ziehen hoffte, mehrere Tage aufhalten ließ. Aber der blieb aus und Christian hatte kostbare Zeit verloren. Drei Tage nach ihm war nämlich Tilly mit 21 000 Mann zu Fuß und 11 000 zu Pferde bei Höxter über die Weser gegangen und näherte sich in Eilmärschen. Als Christians Nachhut am 4. August von Greven an der Ems abmarschierte, rückte Tilly eine halbe Stunde später dort ein und vereinigte sich mit der Heeresgruppe Anholt zu einer erdrückenden Übermacht. Der nächste Tag brachte ein Vorpostengefecht bei Burgsteinfurt, am Morgen des 6. August fand zunächst eine Reihe von Rückzugsgefechten des halberstädtischen Heeres mit dem scharf nachdrängenden Tilly statt, dessen Vorhut Anholt befehligte. Hierbei kam die Landesnatur Christian zustatten, die es ihm erlaubte, den Feind aufzuhalten, denn immer wieder führte die Heerstraße durch enge Pässe, während die Gegend ringsum durch die überall sich findenden Landwehren und Wallhecken, vor allem aber durch die ausgedehnten Moore unwegsam war. Aber dieser Vorteil konnte den geringen Kampfwert von Christians Truppen nicht wettmachen, an dem ersten Engpaß südwestlich von Nienborg erlitt seine berittene Nachhut eine Schlappe. Auch die nächsten Engen bei Ahaus, Wessum und Wüllen überwältigte Tilly ohne nennenswerten Widerstand, vergeblich setzte sich drüben der General von Knyphausen persönlich ein. Am Nachmittag um 3 Uhr zwischen Wüllen und Stadtlohn, im Lohner Bruche, sah sich der Halberstädter mit der Hauptmacht zur Schlacht gezwungen. Seine Stellung war nicht schlecht gewählt, die linke Flanke deckte sumpfiges Gelände, die rechte ein Wald. Aber in den vorhergehenden Gefechten hatten die Gegner sich genügend kennengelernt; siegesgewiß stürmte Tillys Reiterei unter Anholt vorwärts, obwohl von der Hauptmacht die Hälfte des Fußvolks noch zurück war. „Nachdem beiderseits die Ordnung gemacht, haben die Kanonen und Musketen angefangen zu musizieren und zu spielen, daß Alles erzittert, gleich als wann Himmel und Erde vergehen wollten." Der Wind trieb dem Heere der Liga Wolken von Rauch und Staub ins Gesicht, doch nur kurze Zeit leisteten die Halberstädter Widerstand. Vergeblich warf sich der Feldherr selbst den Fliehenden in den Weg und suchte sie zum Halten zu bewegen. Die Kroaten stellten ein furchtbares Gemetzel unter ihnen an, woran der Flurname Blutkamp noch heute erinnert. Schließlich gelang es Anholt, beide Flanken zu gewinnen, Moorgrund und die vorüberfließende Berkel hemmten die weitere Flucht der Halberstädter. So wurde fast der ganze Rest gefangengenommen, dazu fiel der gesamte Geschützpark von 17 Kanonen nebst 70 Fahnen und Standarten in die Hände des Siegers. „Nächst Gott," berichtete Tilly dem Kaiser, „gehört der ganze Ruhm des Tages dem Grafen Anholt;" er gab die Zahl der gefallenen Feinde auf 6000, die der Gefangenen, unter ihnen zwei sächsische Herzöge, auf 4000 an, während seine Verluste nur 1700 Mann betrugen.

Dem Herzog Christian war es gelungen, von Knyphausen und dem nachmals berühmten Kriegshelden Bernhard von Weimar begleitet, nach dem niederländischen Bredevort zu entkommen. Er machte Knyphausen für den Verlust der Schlacht verantwortlich und ein Kriegsgericht verurteilte diesen zum Tode; schon war der Sand für die Hinrichtung angefahren, als eine nochmalige Untersuchung die Unschuld des Generals ergab. Ein schöner Zug der Menschlichkeit mitten im grausamsten aller Kriege war es, daß die münsterschen Bürger die an ihrer Stadt vorbeigeführten, zum Teil verwundeten Gefangenen labten und pflegten.

Die Belagerung von Lippstadt

Für die katholische Partei war der Tag von Stadtlohn ein großer Erfolg, er besiegelte ihre Vorherrschaft in Westfalen und setzte sie instand, auch die noch verbliebenen feindlichen Stellungen im Lande auszuräumen. Die Belagerung von Lippstadt wurde am 6. September von spanischen und pfalzneuburgischen Truppen eröffnet, die der uns durch die Einnahme Paderborns 1604 schon bekannte Graf Johann von Rietberg befehligte. Die Stadt besaß eine den damaligen Regeln der Kriegskunst entsprechende Befestigung durch ein fortlaufendes Werk von Umwallungen mit scharfwinklig vorspringenden Außenwerken, halbe Monde genannt, geschützt durch breite und tiefe, von der Lippe gespeiste Gräben. Dazu hatte die staatische Besatzung einen tüchtigen Kommandanten in dem General Heinrich Ludwig von Hatzfeld, und vor allem war die Bürgerschaft zum äußersten Widerstand entschlossen, während überall sonst Zaghaftigkeit herrschte. Die Angriffe Rietbergs richteten sich vor allem gegen die Klusepforte im Osten, daneben gegen die Soestpforte westwärts und die Kappelpforte an der Lippe, denen gegenüber die Batterien aufgepflanzt und durch Schanzen gesichert wurden. Dazu suchte sich der Feind durch Laufgräben an die städtischen Festungswerke heranzuarbeiten, wobei ihm jedoch der hohe Grundwasserstand lästig wurde. Tag und Nacht währte die Beschießung, immer wieder brachen Brände in der Stadt aus, deren Bekämpfung den entschlossenen Frauen mit den Kindern zufiel. Als eine größere Feuersbrunst auch die Bürger von den Wällen herbeizog, benutzte der Feind das zu einem Ansturm, aber die schnell Zurückkehrenden warfen ihn unter blutigen Verlusten zurück. Der langsame Fortgang der Belagerung gab Rietberg den kühnen Gedanken ein, die Lippe abzuleiten, um die Festungsgräben trockenzulegen. Zu diesem Zwecke wurde mehrere Kilometer oberhalb der Stadt bei Lipperode ein tiefer Graben durch das Lippebruch gegraben, der erst unterhalb bei Kappel den Flußlauf wieder erreichte. Aber das mühselige Werk mißlang, in dem sandigen Boden stürzten die steilen Böschungen ein, zahlreiche Arbeiter kamen dabei ums Leben. Ebensowenig wollte es glücken, die Schleuse, die am unteren Ende der Festungsgräben das Wasser anstaute, zu sprengen. Aber ein heranrückendes staatisches Ersatzheer wurde von dem spanischen Oberbefehlshaber Corduba in Verein mit Anholt bei Wesel festgehalten, dazu begann in der Stadt die Munition zu mangeln. Darauf unternahm das Belagerungsheer am 20. Oktober in der Frühe einen allgemeinen Sturm. Es gelang ihm, am Klusetor in die Befestigungslinie einzudringen, doch der Heldenmut der Bürger, in deren Reihen selbst Frauen mit Hellebarden kämpften, warf schließlich alle Angriffe zurück. Ein zweiter Hauptsturm erlitt das gleiche Schicksal, der Feind ließ mehr als 600 Tote auf dem Platze. Aber schließlich nötigte der Munitionsmangel die Belagerten, sich auf Verhandlungen einzulassen. Der Besatzung wurde freier Abzug mit fliegenden Fähnlein und brennenden Lunten bewilligt, der Stadt die Beibehaltung des kirchlichen Zustandes und die Befreiung vom Unterhalt und der Bezahlung der Einquartierung zugestanden. Am 2. November marschierten die Staatischen ab und Rietberg hielt seinen Einzug. Doch bezüglich der eingelegten Besatzung hielt er sich so wenig an sein Wort, wie das sonst zu geschehen pflegte, und die Bürgerschaft wurde durch die spanische Einquartierung in den nächsten Jahren arg mitgenommen. — Nach dem Falle Lippstadts wandte Rietberg sich gegen die Bergfeste Sparrenberg über Bielefeld, die der feige Kommandant Viry beim ersten Kanonenschuß übergab. Die Grafschaft Ravensberg wurde von den spanisch-ligistischen Truppen besetzt, ebenso Herford, das bis zum Frühjahr 1625 einen Schaden von 100 000 Tlrn. hatte. Das Heer der Liga rückte auch in das Stift Minden ein, doch gegenüber den Drohungen Tillys wahrte die Hauptstadt noch ihre Neutralität; das gleiche tat Osnabrück.

Derweil stand Mansfeld mit seinem Heere noch immer in Ostfriesland. Ende Oktober fand sich auch der Halberstädter mit neu gesammelten Kriegsvölkern wieder bei ihm ein. Aber nun rächte sich die sinnlose Verheerung des Landes, das den Truppen keinen Unterhalt mehr bot. So versuchte Mansfeld, wieder in das Stift Münster vorzustoßen, nachdem Tilly dieses mit der Hauptmacht der Liga verlassen hatte. Doch ein Handstreich gegen Friesoythe mißlang, die Mansfeldschen zogen sich auf den Kirchhof des benachbarten Altenoythe zurück, wo sie in den nächsten Tagen (26. Dez. 1623) durch den Obersten von Erwitte größtenteils gefangen wurden. Nun sahen sich „die beiden Landverderber", Mansfeld und der Halberstädter, genötigt, mit den kläglichen Resten ihrer Truppen Ostfriesland zu Schiff zu verlassen.

Mark und Ravensberg

Der bisherige Kriegsverlauf hatte für den Kurfürsten Georg Wilhelm von Brandenburg — er war Anfang 1620 seinem Vater nachgefolgt — den völligen Verlust von Mark und Ravensberg mit sich gebracht. Dagegen behauptete er den größeren Teil von Kleve im Schutze der Generalstaaten, mit denen Schwartzenberg in seinem Namen ein Kriegsbündnis abgeschlossen hatte. Der Druck der spanischen wie der holländischen Besatzungen lastete schwer auf allen Ländern der klevischen Erbschaft, vergeblich beschwerte sich Wolfgang Wilhelm in Brüssel über das Verhalten seiner spanischen Bundesgenossen. Beide Fürsten mußten einsehen, welches Unheil sie heraufbeschworen hatten, als sie Fremde in ihren Streit hineingezogen, und das wie die Bitten der Landschaften legte ihnen erneut eine Versöhnung nahe. Am 21. Mai 1624 schlossen Wolfgang Wilhelm und Schwartzenberg in Düsseldorf einen dritten Vertrag über die klevischen Länder, der, über den Xantener von 1614 hinausgehend, eine endgültige Teilung vorsah: Brandenburg sollte Kleve, Mark und Ravensberg, Pfalz-Neuburg Jülich und Berg erhalten. Weil Brandenburg seinen Sitz in Kleve, Neuburg in dem bergischen Düsseldorf hatte, ergab sich die Zuweisung dieser beiden Herzogtümer von selbst. Mit Berg stand Jülich, mit Kleve die Mark von alters her in Verwaltungsgemeinschaft, dazu war Mark überwiegend evangelisch, Jülich katholisch. Um einen billigen Ausgleich zugunsten Brandenburgs herzustellen, wurde Ravensberg aus der alten Verbindung mit Berg gelöst; es war fast ganz lutherisch und lag zudem auf dem Wege nach Berlin.

Somit fielen die beiden westfälischen Länder an Brandenburg. Der Düsseldorfer Vertrag sah ferner die Abführung der fremden Kriegsvölker vor, der Kurfürst erhielt das Recht, Soest, Lippstadt und den Sparrenberg durch den Obersten von Gent zu besetzen. Aber trotz des guten Willens der Vertragschließenden — Wolfgang Wilhelm bemühte sich persönlich in Brüssel und Madrid um den Abzug der Spanier — blieb auch dieses Abkommen auf dem Papiere stehen, weil der vorgesehene Beitritt des Kaisers, der in Brüssel regierenden Infantin und der Generalstaaten nicht zu erreichen war. So schloß denn Schwartzenberg im Oktober 1624 ein neues Bündnis mit den Holländern und, während die Spanier Breda belagerten, benutzte der brandenburgische Oberst von Zoppenbroich die Abwesenheit ihrer Hauptmacht, um Unna, Kamen und Lünen von den spanisch-neuburgschen Besatzungen zu befreien. Zu Anfang 1625 warf der Oberst von Gent diese auch aus Soest, nahm weiter Herford und Bielefeld und berannte den Sparrenberg. Einige hundert Mann geübtes Landvolk unter Rembert von Kerssenbrock auf Brinke unterstützten ihn hierbei. Doch der ligistische Oberst von Erwitte entsetzte die Feste und die Bauern hatten ihre Erhebung schwer zu büßen. Tilly selbst hatte danach eine Zeitlang sein Hauptquartier in Bielefeld. Immerhin wurden die bisherigen Erfolge der Liga in Westfalen durch das Vorgehen Brandenburgs ein wenig aufgewogen.

Der Niedersächsisch-Dänische Krieg

Wir sind den Ereignissen vorausgeeilt. An den ersten Teil des Großen Krieges, den Kampf um Böhmen und die Pfalz, schloß sich als zweiter der Niedersächsisch-Dänische Krieg an. Der ehrgeizige und befähigte König Christian IV. von Dänemark, in „evangelischer Allianz" mit den Niederlanden und England, trat als niedersächsischer Kreisoberst in den Krieg ein, um den Protestantismus zu verteidigen, und zugleich in dem Bestreben, seine Macht durch den Erwerb norddeutscher Stifter auszudehnen; er bemühte sich für seinen Sohn, den Prinzen Friedrich, auch um die westfälischen Bistümer Minden, Paderborn und vor allem Osnabrück. Hier hatte der ihm versippte Bischof Philipp Sigismund seine Absichten unterstützt, war aber darüber hinweggestorben (21. März 1623), und das Domkapitel hatte dann statt des Dänenprinzen einen „starken katholischen Herrn", den Kardinal Eitel Friedrich von Hohenzollern aus dem süddeutschen Zweige des Hauses zum Bischof erwählt. Dieser säumte nicht, dem Geiste der neuen Zeit den Weg zu bereiten, indem er eine Kirchenvisitation im ganzen Lande abhielt und den Jesuiten in Osnabrück ein Kolleg gründete, die auch im Lande zeitweilig Missionsstationen unterhielten.

Derweil hatte König Christian den Feldzug in Niedersachsen eröffnet. Am 1. Juli 1625 hielt er auf der Lockumer Heide eine Generalmusterung ab und zog weseraufwärts bis nach Höxter. Tilly, der sich in dem ausgesogenen Westfalen ohnehin nicht länger halten konnte, rückte dem auf Hameln Zurückweichenden von Höxter aus nach. Am 20. August stand Tilly vor Minden, um es „zur Parition zu bringen"; es konnte nun nicht länger umhin, eine ligistische Besatzung aufzunehmen, die den Wohlstand der Stadt ruinierte. Gleich darauf starb in noch jungen Jahren Eitel Friedrich von Hohenzollern. Zwar empfahl König Christian dem Osnabrücker Kapitel erneut die Wahl seines Sohnes, aber dieses entschied sich für den eifrig katholischen Grafen Franz Wilhelm von Wartenberg. Die Folge war, daß Anfang März 1626 ein dänisches Heer unter dem Herzog Johann Ernst von Weimar in das Stift Osnabrück einrückte, Einlaß in die Stadt begehrte und diesem Verlangen dadurch Nachdruck gab, daß es den unmittelbar über ihr gelegenen Gertrudenberg besetzte. Osnabrück rüstete sich zwar zur Abwehr, doch zwei Prälaten, die sich zu Verhandlungen hinausbegaben, wurden vom Feinde durch eine List gefangen. So kam es am 16. März zu einem Vertrage, dem zufolge den Dänen Fürstenau, die Hauptfeste des Landes, eingeräumt und eine Kriegssteuer von 40 000 Tlrn. bewilligt wurde; dazu mußten die wenigen in der Stadt verbliebenen Domherren nunmehr den Prinzen Friedrich zum Koadjutor erwählen. Als darauf Tilly nahte, zog sich der Herzog von Weimar wieder zurück, nicht ohne Besatzungen im Lande zu hinterlassen, die sich jedoch auf die Dauer nicht behaupteten; schon im Juni nahm Anholt Wiedenbrück. — Der weitere Dänische Krieg spielte sich auf dem Boden Niedersachsens ab, am 27. August 1626 wurde König Christian bei Lutter am Barenberg von Tilly und einem Teile des von Wallenstein aufgestellten kaiserlichen Heeres entscheidend geschlagen. Gleichwohl schleppte sich der Krieg noch längere Zeit hin, namentlich Anholt war es, der das rechte Ufer der Unterweser vom Feinde säuberte. Es waren seine letzten Kriegstaten, am 13. Oktober 1630 fiel er zu Freiburg im Breisgau einem Lungenleiden zum Opfer. Zweifellos war er ein geschickter und erfolgreicher Heerführer, Kurfürst Maximilian bezeichnete ihn als den fähigsten Offizier der Liga nächst Tilly. Gleichwohl ist der kühle Aristokrat, anders als der Tollkopf Christian von Halberstadt, der ihm am 16. Juni 1626 im Tode vorangegangen war, auch in seiner westfälischen Heimat schnell vergessen worden.

Franz Wilhelm von Wartenberg

Der Sieg über den Dänenkönig stellte das Übergewicht der katholischen Partei in Norddeutschland wieder her und erweiterte es beträchtlich; die Folgen zeigten sich bald. Fortan tritt die Gestalt des neugewählten Bischofs von Osnabrück, Franz Wilhelm von Wartenberg, in den Vordergrund. Geboren 1593 in München als Sohn des Herzogs Ferdinand von Baiern aus einer nicht ebenbürtigen Ehe, war er von den Jesuiten in Ingolstadt erzogen und hatte auf dem von ihnen geleiteten Collegium Germanicum in Rom sechs Jahre lang seine weitere Ausbildung erhalten. Seit 1621 war er in Bonn Obersthofmeister und erster Minister des Kurfürsten Ferdinand, seines rechten Vetters, der durch seine zahlreichen geistlichen Würden und als Bruder Maximilians von Baiern einer der bedeutendsten Reichsfürsten war. Franz Wilhelm war ein Mann von bedeutenden Geistesgaben und gründlichen Kenntnissen, nicht minder zeichneten ihn Pflichttreue, Willensstärke und Charakterfestigkeit aus, die sich freilich bis zur Härte steigern konnten; menschengewinnende Liebenswürdigkeit und Herzensgüte dagegen fehlten ihm. In dieser schroffen Einseitigkeit, ganz von katholischer Frömmigkeit erfüllt, kommt der spanische Charakter des Zeitalters zur Geltung. Neben Dietrich von Fürstenberg und Ferdinand von Baiern war Franz Wilhelm von Wartenberg der dritte große Vorkämpfer der Gegenreformation in Westfalen und darüber hinaus.

Nach seiner Wahl in Osnabrück verzögerte der neue Bischof länger als zwei Jahre hindurch die Übernahme seines Amtes, um, auf die siegreichen Waffen der Liga gestützt, von vornherein in den zerfahrenen Verhältnissen des Hochstifts mit Entschiedenheit durchgreifen zu können. Zu Anfang 1628 war es so weit. Die Hauptstadt, die bis dahin unter finanziellen Opfern ihre Neutralität, zuletzt den Dänen gegenüber, behauptet hatte, mußte sich nunmehr unter dem Drucke des Anholtschen Heeres zur Aufnahme einer Besatzung verstehen. Das Domkapitel legte den Angriff und teilweisen Erfolg des Herzogs von Weimar 1626, sicherlich zu Unrecht, einer Verräterei der Stadt zur Last, die dadurch alle Rechte verwirkt haben sollte. So wurde sie wie eine eroberte behandelt und mit einer Besatzung von 1600 Mann unter dem Oberstleutnant Stephan Albrecht belegt, deren Unterhalt, wöchentlich 3000 Tlr., ihr zur Last fiel. Am 12. März 1628 ritt der neue Bischof feierlich in Osnabrück ein, die Bürgerschaft empfing ihn in herkömmlicher Weise unter Waffen, die sie tags darauf abliefern mußte. Und dann führte Franz Wilhelm die Gegenreformation mit einem Eifer, der keine Schonung kannte, in Stadt und Stift durch. In Osnabrück wurden die Evangelischen während des Gottesdienstes aus der Marien- und dann auch der Katharinenkirche vertrieben und die Kanzeln mit Ruten gestrichen, „grad als wenn das leblose Holz gesündigt hätte". Die Grabsteine der evangelischen Pastoren wurden abgemeißelt, denn nichts sollte mehr an die lange protestantische Vergangenheit der Stadt erinnern. Nicht minder wurde der Katholizismus im Lande überall wiederhergestellt, die andersgläubigen Pfarrer vertrieben, der Besuch des katholischen Gottesdienstes bei hoher Geldstrafe zur Pflicht gemacht. Verlassene Klöster füllten sich wieder mit Insassen, neue Ordenshäuser erstanden. In besonderem Maße erfuhren die Jesuiten, die die Domschule übernommen hatten, die Gunst des Bischofs; das evangelische Ratsgymnasium wurde unterdrückt. Kein Protestant wurde noch als Beamter geduldet und bei der Erneuerung des Rates die Wahl von Katholiken befohlen; in Ermangelung geeigneter Bürger erhielten zwei Landadlige die Bürgermeisterwürde. Wer zum katholischen Glauben übertrat, brauchte keine Kriegssteuern mehr zu bezahlen; für den Ausfall hatten die verbliebenen Protestanten neben ihrer bisherigen Last einzustehen.

Der furchtbare Glaubensdruck erregte auch bei dem Kurfürsten Maximilian und Tilly Kopfschütteln, dieser meinte, daß ein solches Verfahren „weder dem Bischof selbst, noch der Geistlichkeit, noch dem Werke der Konversion zum Nutzen gereiche". Nachdem er sich persönlich von dem Jammer der Stadt überzeugt hatte, befahl Tilly, die Einquartierung zu erleichtern, was indes der unerbittliche Franz Wilhelm hinauszögerte. Dieser begann den Bau einer mächtigen sternförmigen Zitadelle, der Petersburg, unmittelbar neben der Stadt, als Zwingburg für sie; auch sein Residenzschloß sollte darin Platz finden. Die Lieferungen, Dienste und Fuhren, die Stadt und Land jahrelang für den Festungsbau zu leisten hatten, verschärften weiter den wirtschaftlichen Druck.

Ein anderer Neubau war der des Jesuitenkollegs an Stelle des vormaligen Augustinerklosters, von wo vor hundert Jahren die Reformation ausgegangen war. Vor allem setzte Franz Wilhelm sich dafür ein, die alte, der Überlieferung nach von Karl d. Gr. gegründete Domschule zu einer Universität zu erweitern, der er die Aufgabe zuwies, eine brauchbare, glaubenseifrige Pfarrgeistlichkeit für Westfalen und Niedersachsen heranzubilden, die unerläßliche Voraussetzung, wenn das große Bekehrungswerk gelingen sollte. Kaiser und Papst gaben ihre Zustimmung, und so entstand mitten im Kriege die Academia Carolina oder, wie die Jesuiten gern sagten, das Athenaeum Carolinum mit drei Fakultäten für Theologie, Philosophie und Kirchenrecht und mit der Befugnis, den Doktorhut zu verleihen. Schon 1628 begannen die Vorlesungen, die förmliche Eröffnung verzögerte sich durch die Zeitverhältnisse bis in den Oktober 1632, wo sie mit großem Pompe begangen wurde. Durch ein Festspiel „Der erneuerte weise Salomo" verherrlichten die Jesuiten den bischöflichen Gründer.

Das Restitutionsedikt

Die rechte Hand Franz Wilhelms bei seiner Reformarbeit war der ihm an Härte des Wesens gleichkommende Paderborner Weihbischof Johann Pelking, den seine eigenen Ordensbrüder, die Franziskaner, als Tyrannen und Unruhestifter fürchteten. Der hatte bereits seit 1627 in den Städten Marsberg und Höxter sowie in dem lippischen Teile des Samtamts Schwalenberg und der Grafschaft Pyrmont unter dem Schutze der ligistischen Waffen die katholische Kirche wieder zur Herrschaft gebracht. Das einzige Recht, das er den Protestanten zubilligte, war das beneficium emigrationis, die Auswanderung, die sie den größten Teil ihres Vermögens zu kosten pflegte. Bald bot sich Franz Wilhelm und Pelking ein erheblich erweitertes Feld für ihre Tätigkeit. Unter dem 6. März 1629 erließ Kaiser Ferdinand II. das Restitutionsedikt, „den Zweck und die Frucht des Krieges", das alle seit dem Passauer Vertrage 1552 und dem Augsburger Religionsfrieden 1555 von den Protestanten in Besitz genommenen Stifter und geistlichen Güter den Katholiken zusprach. Zum Kommissar für die Durchführung im Westfälischen Kreise wurde der Kurfürst Ferdinand, dessen erster Minister noch immer Franz Wilhelm war, im Niedersächsischen Kreise dieser selbst ernannt. Beide waren Söhne des Hauses Baiern, bei dem sich die eifrige Förderung der Kirche von jeher mit dem eigenen Nutzen verband; Ranke spricht von der egoistischen Ader dieser Religiosität. Schon 1624 hatte Ferdinand sich vom Papste die weltliche und geistliche Verwaltung der Reichsabtei Korvey übertragen lassen, ein altes Ziel der Paderborner Bischöfe, und durch Pelking den Abt Christoph von Brambach unter dem Vorwurf eines ärgerlichen Lebenswandels gefangengesetzt. Erst nach Jahren gelang es diesem, mit Hilfe des Kaisers sein Amt zurückzuerlangen. Jetzt richtete Franz Wilhelm seine Blicke auf die benachbarten protestantischen Hochstifter. In

Bremen freilich mußte er einem jugendlichen Kaisersohne den Vortritt lassen, doch in Minden und Verden gelangte er zum Ziele, indem der Papst ihm diese beiden Bistümer übertrug. In Minden schob er den lutherischen Administrator Herzog Christian von Lüneburg beiseite und nahm keine Rücksicht darauf, daß das dortige Domkapitel den ehrgeizigen münsterschen Dompropst Bernhard von Mallinckrodt zu dessen Koadjutor erkor. Damit befanden sich sämtliche westfälischen Bistümer in der Hand von Sprößlingen des Hauses Wittelsbach. Im Auftrage Franz Wilhelms nahm Pelking das Stift Minden einstweilen in Besitz, er selbst zog erst am 21. Juli 1632 mit großem Gepränge in Minden ein und nahm den Huldigungseid der Bürgerschaft entgegen; die übrigen Stände, die sich dessen zunächst weigerten, wurden durch Geldstrafen hierzu gezwungen. In Herford ernannte der Kaiser eine Schwester Franz Wilhelms, Maria Klara von Wartenberg, zur Äbtissin an Stelle der protestantischen Gräfin Magdalene zur Lippe, die sich freilich zu behaupten wußte.

Die Durchführung der Gegenreformation in Minden und Ravensberg lag in der geübten Hand Pelkings. In der Stadt Minden wurde den Protestanten eine Kirche nach der andern genommen, die Jesuiten zogen in das Mindener Marienstift ein, auch das Kloster Möllenbeck wurde wieder von Mönchen bevölkert. In Bielefeld hatte der Drost des Sparrenberges, Lübbert de Wendt, vorgearbeitet, indem er schon 1628 die Evangelischen aus beiden Stadtkirchen vertrieben hatte. Pelking ließ sich vom Papste die Propstei über das adlige Fräuleinstift Schildesche übertragen, aber diese fette Pfründe verwickelte ihn in einen bösen Streit mit einem Mitbewerber, dem Paderborner Domdechanten Dietrich Adolf von der Recke. Die Bielefelder Observanten wagten sich nur in Begleitung von Soldaten nach Schildesche, um den katholischen Gottesdienst abzuhalten, während der evangelische auf dem Kirchhof unter der Linde stattfand, ein Bild aus der Zeit des Glaubensdrucks in einem seit fast hundert Jahren evangelischen Lande. — Bis weithin nach Niedersachsen erstreckte sich damals Franz Wilhelms gegenreformatorische Tätigkeit, und er berühmte sich, vier Dom- und zehn Stiftskirchen, 146 Klöster und zahlreiche Pfarrkirchen zum katholischen Glauben zurückgebracht zu haben. Auch die junge Hochschule, die der feinsinnige Graf Ernst von Schaumburg erst 1619 in Rinteln gegründet hatte, ging damals wider alles Recht in die Hand von Benediktinern, anscheinend aus Korvey, über.

Mark und Ravensberg

Nur in den klevischen Ländern ließen sich die Dinge etwas günstiger für die Protestanten an, weil sie an den Generalstaaten einen Rückhalt hatten. Selbst im Ravensbergischen faßten diese 1628 durch die Besetzung der Feste Ravensberg erneut Fuß und widerstanden einer Belagerung durch die Kaiserlichen. Freilich veranlaßte das Übergewicht der katholischen Waffen im Reiche eben damals den Kaiser Ferdinand, die klevische Erbschaftsfrage im Sinne seines Vorgängers Rudolf erneut in die Hand zu nehmen: er bestritt dem Kurfürsten wie dem Pfalzgrafen jedes Besitzrecht, verhängte über die klevischen Länder das Sequester und beauftragte Tilly, diese namens des Reiches in Besitz zu nehmen. Der Oberst von Erwitte eroberte Soest und wandte sich auch gegen Dortmund (März 1628), das auf Pelkings Betreiben soeben den kaiserlichen Befehl erhalten hatte, zum katholischen Glauben zurückzukehren. Aber die Reichsstadt verstand es, durch einen geschickten Agenten, Dr. Wortmann, die Ausführung des Befehls in Wien zu hintertreiben. Tillysche Truppen lagerten allerdings zehn Monate vor der Stadt, schnitten ihr zeitweise die Zufuhr ab und erpreßten eine hohe laufende Kriegssteuer; schließlich gelang es ihr doch noch einmal. die Kriegsvölker zum Abzuge zu bewegen. Die Unkosten, die Dortmund aus diesem Anlaß erwuchsen, beliefen sich auf nicht weniger als 80 000 Tlr.

Die gemeinsame Bedrohung durch den Kaiser führte die klevischen Erben wieder einmal zusammen. Durch einen zweiten Düsseldorfer Vertrag vom 9. März 1629 erneuerten sie den früheren für eine Geltungsdauer von 25 Jahren. Bald darauf verstärkte sich Brandenburgs Stellung dadurch, daß es den verbündeten Holländern gelang, den Spaniern das wichtige Wesel wieder zu entreißen. Auch Essen besetzten sie und machten die gegenreformatorischen Maßnahmen, die die Äbtissin Maria Klara von Spaur ein Jahr zuvor in der Stadt getroffen hatte — schon 1613 waren Jesuiten hierhin berufen —, wieder rückgängig. Gleichwohl ließ der Kurfürst Georg Wilhelm sich durch ein weiteres Abkommen vom 26. August 1630 zu dem Zugeständnis bestimmen, die Verwaltung Ravensbergs für die obige Vertragsdauer mit dem Pfalzgrafen zu teilen; das große Amt Sparrenberg fiel Neuburg, das Amt Ravensberg Brandenburg zu. Weiter fand Georg Wilhelm sich dazu bereit, das seit 1274 zur Grafschaft Mark gehörige, ursprünglich bergische Amt Neustadt (Bd. I, S. 234) seinem allmächtigen Minister Schwartzenberg als selbständige Herrschaft erblich zu übertragen; für Brandenburg und die Grafschaft Mark war das Amt damit verloren. — Die neuen Vereinbarungen zwischen Brandenburg und Neuburg traten diesmal wirklich in Kraft und es gelang schließlich auch, Spanier und Holländer wie Kaiserliche und Ligisten dahin zu bringen, daß sie im Frühjahr 1631 ihre Besatzungen aus den klevischen Ländern zurückzogen, bis auf einige feste Plätze am Niederrhein. Mark und Ravensberg wurde damit ein kurzes Aufatmen vergönnt.

10. Kapitel

Der Dreißigjährige Krieg. Zweiter Teil

Gustav Adolf und Wilhelm V. von Hessen

In der höchsten Not des deutschen Protestantismus erschien ihm unerwartet der Retter: am 6. Juli 1630 landete der Schwedenkönig Gustav Adolf an der pommerschen Küste. „Halt a Kriegel mehr!", so äußerte wienerisch-gemütlich der Kaiser Ferdinand II. seine Geringschätzung des Ereignisses, aber bald gab der Löwe aus Mitternacht dem Kriege eine ganz neue Wendung. Konnte Gustav Adolf die Eroberung Magdeburgs durch Tilly (20. Mai 1631) nicht verhindern — der tapfere Verteidiger der Stadt, der ihren Fall nicht überlebte, des Königs Hofmarschall Dietrich von Falkenberg, war ein Westfale, ein evangelischer Emigrant aus dem Stift Paderborn —, so bereitete der König am 17. September 1631 dem Feldherrn der Liga, Tilly, bei Breitenfeld eine vernichtende Niederlage, dem sein Siegeszug an den Rhein und bis nach München folgte. Einer der ersten deutschen Fürsten, der sich entschlossen auf die Seite Schwedens stellte, war der Landgraf Wilhelm V., der Beständige, von Hessen, seinem Vater Moritz im Wesen sehr ungleich. Um ein Heer aufzustellen, erhielt er von Gustav Adolf die Stifter Paderborn und Korvey, Münster und Osnabrück, dazu die kölnische Grafschaft Arnsberg und die evangelischen westfälischen Grafen zum Unterhalt angewiesen. So rückte der Landgraf am 24. Oktober 1631 vor Paderborn und begehrte, als „Oberkommandierender in den Ländern zwischen Rhein und Weser" in seinem und des Schwedenkönigs Namen Einlaß; einige Kanonenkugeln gaben dem Verlangen Nachdruck. Im Einvernehmen mit den fürstlichen Räten kapitulierte die Stadt und übernahm eine Brandschatzung von 15 000 Tlrn., die sie, ein Zeichen der Zeit, aus Mangel an Bargeld großenteils in Form von Silbergeschirr und Tuch entrichtete. Auch zur Huldigung wurde die Bürgerschaft gezwungen, aber von freiwilligem Anschluß oder Wiedereinführung des evangelischen Gottesdienstes war keine Rede mehr. Weiter besetzten die Hessen Volkmarsen, Warburg und Höxter, schon verhandelten sie über den Einmarsch in das Herzogtum Westfalen, als Gustav Adolf den Landgrafen mit seinem Heere zu sich nach Mainz berief (Nov. 1631); beim Abzuge aus Paderborn mußte der Weihbischof Pelking als Gefangener mitgehen. Demnächst marschierte der Feldmarschall von Pappenheim, ein ebenso schneller wie schlauer Soldat, der jetzt als Nachfolger Anholts das nordwestdeutsche Heer der Liga befehligte, im Stifte Paderborn ein (Dez. 1631) und bemächtigte sich auch Höxters, wo die Hessen eine Besatzung zurückgelassen hatten. In schnellem Wechsel fiel Warburg im Januar 1632 den Hessen erneut in die Hände, die auch Höxter zurückgewannen. Aber schon im März 1632 überfiel Pappenheim, der das Lipperland und Lemgo besetzt hatte, blitzartig Höxter, das der General von Uslar kopflos aufgab, indem er die Geschütze in die Weser werfen ließ; die Flammen von sieben brennenden Dörfern beleuchteten seinen Abzug. Auch Warburg ging den Hessen wieder verloren.

Inzwischen (Febr. 1632) hatte Gustav Adolf dem Landgrafen, seinem zuverlässigsten Verbündeten, die Stifter Fulda, Paderborn, Korvey und Münster — die freilich erst erobert werden mußten — zum Geschenk gemacht, wie er denn die deutschen geistlichen Länder als eine große Entschädigungsmasse für sich und seine Bundesgenossen betrachtete. Fortan nahm die Politik Hessens die Absichten des Landgrafen Philipp zur Zeit der Reformation in erweitertem Umfange wieder auf, indem sie darauf ausging, das Großteil der westfälischen Länder sich anzugliedern, wobei an die Stelle des Niederstifts Münster das günstiger gelegene Herzogtum Westfalen trat; den neu zu schaffenden nordwestdeutschen Staat sollte die Übertragung der kölnischen Kurstimme krönen. Für das doch nur kleine, seit Jahren von Tilly furchtbar ausgesogene Hessen-Kassel waren das erstaunlich kühne Pläne. Militärisch hatten sie zur Folge, daß der Landgraf Wilhelm, als Staatsmann und Soldat gleich unermüdlich, sich bemühte, Westfalen mit den Waffen zu behrrschen, zunächst um die Mittel zum Unterhalt eines ansehnlichen Heeres in die Hand zu bekommen, nicht minder im Hinblick auf den späteren Friedensschluß. Infolgedessen drehte sich der weitere Kriegsverlauf bis zum Ende in

Westfalen wesentlich um die Auseinandersetzung der kaiserlichen Partei mit den Hessen.

Zunächst kam diesen ein erneuter Vorstoß auf das kölnische Volkmarsen teuer zu stehen. Zwar nahmen sie das Städtchen nach mehrtägiger Belagerung am 26. Juni 1632 ein, doch am nächsten Morgen erschienen, wie aus dem Boden gewachsen, die Truppen der Liga unter dem Grafen Gronsfeld, richteten ein Blutbad unter den plündernden Eroberern an und führten zahlreiche Gefangene sowie die gesamte Artillerie davon. Demnächst hatte das unglückliche Volkmarsen das zu büßen, die Hessen brachen seine Mauern und Tore und verbrannten die ausgeraubten Häuser. Im Juli d. Js. unternahm Pappenheim einen Zug in die Niederlande, um den Spaniern in dem belagerten Maastricht zur Hilfe zu kommen. Auf dem Marsche besetzte er Lippstadt, Soest, Unna, ohne nach der Neutralität der Grafschaft Mark zu fragen. Auch Dortmund mußte das Nutzlose weiteren Widerstandes einsehen und nunmehr eine Besatzung aufnehmen; jetzt war nur noch Münster als einzige größere Stadt Westfalens frei von fremder Einquartierung. Immerhin kauften sich später Soest mit 10 000, Dortmund mit 29 000 Tlrn. von der kaiserlichen Besatzung los.

Am 16. November 1632 endete der Heldenlauf Gustav Adolfs auf dem siegreich behaupteten Felde von Lützen; einen der tödlichen Schüsse gab ein Paderborner ab, Moritz von Falkenberg, Dietrichs Bruder, der als Oberstleutnant auf kaiserlicher Seite focht. Der König erhielt in seinem Kanzler Axel Oxenstierna einen Nachfolger, der als Staatsmann wie auch in der Leitung des Kriegstheaters seiner nicht unwürdig war. Aber die günstige Gelegenheit, einen allgemeinen Frieden herbeizuführen, blieb ungenutzt, noch 16 Jahre sollte der grauenvolle Krieg währen, dem der große Zug mehr und mehr verlorenging.

Das Jahr 1633

Nun erst machte sich das Übergewicht, das die evangelischen Waffen erlangt hatten, in Nordwestdeutschland geltend. Der Herzog Georg von Braunschweig-Lüneburg, der erst in dänischen, dann in kaiserlichen Kriegsdiensten gestanden, demnächst, verlockt durch die Aussicht auf die Stifter Minden und Hildesheim, von Gustav Adolf den Auftrag entgegengenommen hatte, einige Regimenter zur Befreiung des Niedersächsischen Kreises aufzustellen, erschien zu Anfang 1633 im Felde, neben ihm, an der Spitze schwedischer Truppen, des Halberstädters ehemaliger General, der Feldmarschall von Knyphausen. Der kaiserliche General Gronsfeld suchte die Weserlinie mit den Festungen Nienburg, Minden, Hameln und Hildesheim zu halten, aber indem Herzog Georg und Knyphausen den Strom bei Bremen überschritten und durch das Osnabrücksche bis Meppen vordrangen, auch über Rinteln sich in das Lippische und Ravensbergische ausbreiteten, kamen sie jenem weit in den Rücken. Schon hatte sich auch der Landgraf Wilhelm erneut in Bewegung gesetzt; nach dem Feldzugsplan sollten die Hessen durch einen Vorstoß nach dem Nordwesten dem schwedisch-lüneburgischen Heere die Hand reichen, um Gronsfeld abzuschneiden. Der kühne Reiteroberst Jaques Mercier, unter dem Namen der kleine Jakob weit und breit bekannt, nahm das vielumkämpfte Warburg ein, während Obermarsberg auf seiner Höhe erfolgreich widerstand. Obwohl mit den Schweden im Bunde und gegen den Kaiser im Kriege, hielt der entschlußlose Kurfürst von Brandenburg an der Neutralität der Grafschaft Mark fest, weshalb die Hessen Lippstadt und Soest liegenließen; dagegen besetzten sie Werl, Unna und Dortmund, das soeben von den Kaiserlichen geräumt war. Weiter ging der Vormarsch nach Dorsten, das als Übergang an der unteren Lippe ein Hauptstützpunkt des Landgrafen wurde, sodann bemächtigte er sich des südwestlichen Münsterlandes mit Dülmen, Koesfeld, Borken und Bocholt. Die Einwohner ließ er „sampt ihrer Clerisey in puncto religionis frey und imperturbiret" und behandelte sie im Hinblick auf seine Zukunftspläne auch sonst glimpflich, nur die Koesfelder Jesuiten mußten weichen. Aber der weitere Vorstoß auf Ahaus und Rheine blieb erfolglos, da der Herzog Georg, auf die Fortschritte der Hessen scheel sehend, sie nicht unterstützte, sich vielmehr der Belagerung des zähe und geschickt verteidigten Hameln zugewandt hatte. Diese Kurzsichtigkeit rettete Gronsfeld, und die Möglichkeit, die evangelische Partei zum Herrn des ganzen deutschen Nordwestens zu machen, blieb ungenutzt, insbesondere ließ sich die Absicht Wilhelms, das wichtige Münster zu nehmen, nicht verwirklichen. Unter diesen Umständen mußte er sich darauf beschränken, seine Stellung im Münsterlande durch den Ausbau der Befestigungen von Dorsten und Koesfeld zu verstärken; um die Verbindung mit der Heimat zu sichern, wurde auch Paderborn durch eine mehrtägige Beschießung erneut genommen.

Die Schlacht bei Oldendorf

Um das von den Schweden und Lüneburgern belagerte Hameln zu entsetzen, brach der kaiserliche General von Merode von Köln auf und vereinigte sich mit ligistischen Truppenteilen aus dem Sauerlande unter Bönninghausen sowie mit Gronsfeld, der ihm die Garnisonen von Osnabrück, Minden und Nienburg zuführte. Knyphausen und der hessische General Melander waren ihnen bis Lübbecke entgegengerückt, jedoch, zum Schlagen zu schwach, links der Weser auf Rinteln zurückgegangen, während die Kaiserlichen auf dem rechten Ufer über Minden und Bückeburg auf Hameln losmarschierten. Bei (Hessisch) Oldendorf in der Grafschaft Schaumburg kam es zur Schlacht, die Franz von Geyso eine der merkwürdigsten der deutschen Geschichte genannt hat; es war eine Vernichtungsschlacht nach dem Vorbilde von Cannae. Die Kaiserlichen bewegten sich nach Überschreitung des Wesergebirges zwischen diesem und der Flußniederung auf Oldendorf zu. Hier fanden sie in der Frühe des 8. Juli 1633 den Weg durch den Feind verlegt, der das Belagerungsheer von Hameln großenteils an sich gezogen hatte. Hinter einem tief eingeschnittenen Bachlauf zwischen Oldendorf und dem oberhalb gelegenen Barksen stand das Fußvolk in Schlachtordnung aufmarschiert, verstärkt durch Artillerie und von Herzog Georg befehligt. Rechtwinklig hierzu war der eine Flügel unter Melander, aus Reiterei, Fußvolk und Geschützen bestehend, auf die Höhe westlich von Barksen vorgeschoben, wo der Waldrand des Oldendorfer Knicks Deckung bot, während der linke Flügel in dem Städtchen Oldendorf eine feste Stellung einnahm. Hier im Grunde war auch der Hauptteil der Reiterei unter Knyphausen zusammengezogen. Insgesamt zählten die Schweden und ihre Verbündeten etwa 7000 Mann zu Fuß und 6000 zu Pferde; die Schlachtordnung der Kaiserlichen, 11 000 Mann Fußvolk und 4000 Reiter, rückte um 6 Uhr morgens auf dem Höhenrücken nördlich von Oldendorf vor. Zu spät erkannte Gronsfeld, dessen Aufklärung völlig versagt haben muß, daß er in eine Falle gegangen war; Bönninghausen und Merode rieten ihm von einer im Angesichte des Feindes freilich bedenklichen Kehrtwendung ab. Er versuchte nun, Melander aus seiner vorgeschobenen Flankenstellung am Oldendorfer Knick zu werfen; als seinem Fußvolk das nicht gelang, verweigerte der mit dieser aussichtslosen Aufgabe betraute Reiteroberst von Merode-Asten den Gehorsam. Untätig ließ die kaiserliche Hauptmacht das zermürbende Kreuzfeuer der feindlichen Geschütze stundenlang über sich ergehen. Mittags um 12 Uhr erteilte dann Knyphausen der damals schlachtentscheidenden Reiterei im Grunde bei Oldendorf den Befehl zum Angriff. Freilich war es für sie nicht leicht, die in 20 m Höhe steil sich erhebenden Schieferberge zu überwinden, und die ersten acht- bis neunhundert Mann, die oben auftauchten, wurden von der feindlichen Reiterei zurückgeworfen. Aber diese geriet dabei selbst in Unordnung, und als die Hauptmasse der Angreifer durch andere Schluchten die Höhe gewonnen hatte, war die Schlacht entschieden. In die Verwirrung des kaiserlichen rechten Flügels sah sich alsbald auch die Mitte hineingezogen. In diesem Augenblick ging Melander vom Oldendorfer Knick gleichfalls zum Angriff über und faßte den Gegner im Rücken. Jetzt ergriff heilloser Schrecken die Kaiserlichen, sie wandten sich zur wilden Flucht, widerstandslos ließen die Massen sich niederhauen, die Reiterei kam erst zum Stehen, als sie die schützenden Mauern von Minden erreicht hatte. Der General von Merode erlag seinen Wunden, 7—8000 Gefallene bedeckten die Walstatt, 17—1800 Mann wurden gefangengenommen, viele Fahnen und Geschütze erbeutet. Das protestantische Heer soll nicht mehr als 60 Tote gehabt haben, seine Mitte war überhaupt nicht zum Schlagen gekommen. Knyphausen, der keinen geringen Anteil an dem glücklichen Ausgange hatte, wurde demnächst dadurch belohnt, daß er das münstersche Amt Meppen von der Krone Schweden als Mannlehen erhielt.

Die Eroberung Osnabrücks

Es war ein glänzender Sieg, der weittragende Folgen haben konnte. Aber wie einst der Sieger von Cannä, säumten die Verbündeten, die reifen Früchte zu pflücken. Hameln freilich fiel in den nächsten Tagen, und in Kassel wurde unter dem Vorsitz von Oxenstierna vereinbart, daß das niedersächsische Heer gemeinsam mit den Hessen den Feind verfolgen und sich der Stadt Münster bemächtigen solle, um die Verbindung mit den Generalstaaten herzustellen und ein Bündnis anzubahnen. Aber der Herzog Georg entzog sich dem Zusammenwirken und wandte sich gegen das bedeutungslose Pyrmont, am 30. August nahm er die Feste. Knyphausen war derweil mit dem schwedischen Heere vor Osnabrück erschienen. Hier hatte der Bischof Franz Wilhelm nicht ohne Schwierigkeiten die Stadt, deren Bürger nach langer Bedrängnis Morgenluft witterten, zur Aufnahme einer stärkeren kaiserlichen Besatzung bestimmt und sich dann selbst nach Köln zurückgezogen. Die Schweden eröffneten am Westerberge über der Stadt Laufgräben, mittels deren sie sich an die Festung heranarbeiteten. Ausfälle blieben erfolglos, bald war die Besatzung entmutigt, während die Bürgerschaft sich von vornherein wenig geneigt zeigte, Gut und Blut für ihren Bedrücker, den Bischof, in die Schanze zu schlagen. So kam man zu Verhandlungen und am 21. September zu einem Akkord, wonach die Besatzung die Stadt räumte und sich in die Petersburg, die Zitadelle, zurückzog, die sie auch nur noch 14 Tage zu halten vermochte. Ein zweiter Vertrag regelte die bürgerlichen und kirchlichen Verhältnisse, demzufolge der Zustand unter dem letzten evangelischen Bischof Philipp Sigismund wieder hergestellt wurde. Somit erhielten die Evangelischen die beiden Bürgerkirchen zurück, und die Schar der Jesuiten, nicht weniger als 47, verschwand. Das war zugleich das Ende ihrer kaum vor Jahresfrist eingeweihten Universität, Osnabrück war fortan wieder eine überwiegend evangelische Stadt. Der schwedische Reichsrat verlieh das Fürstentum Osnabrück dem Gustav Gustavson, Grafen von Wasaburg, einem natürlichen Sohne Gustav Adolfs, der, ein gutmütiger Polterer, längere Jahre hier residieren sollte.

Der Landgraf Wilhelm

Den Wünschen des Landgrafen Wilhelm hätte es entsprochen, wenn das siegreiche Heer nach dem Tage von Oldendorf in kühnem Zuge den Marsch zum Rheine angetreten, Köln, die entscheidende Stellung dort, genommen und eine enge Verbindung zu den Generalstaaten hergestellt hätte; das Gelingen dieses Planes wäre für die gesamte katholische Sache ein schwer zu verwindender Schlag gewesen. Aber für ein derartiges Unterfangen reichte die Kraft des sich selbst überlassenen Hessenfürsten nicht aus. Zwar gelangte er bis in die Nähe von Mülheim an der Ruhr, kehrte dann jedoch um und suchte sich zum Meister des ganzen Oberstifts Münster zu machen. Es glückte ihm, das tapfer verteidigte Rheine, dann auch Ahaus zu nehmen, seine Absicht ging auf die Landeshauptstadt. Vom 26. bis 30. August lagerte er vor Münster, aber der Oberst Alexander von Velen d. J. leistete ihm an der Spitze der stiftsmünsterschen Truppen nachdrücklich Widerstand. Velen ist der zweite erfolgreiche Heerführer des Dreißigjährigen Krieges aus westfälischem Blute, gleich Anholt ein Sohn des Münsterlandes. Als dritter wäre Lothar Dietrich von Bönninghausen zu nennen, der, in Apricke bei Iserlohn beheimatet, 1632 die Stadt und Grafschaft Dortmund „zu Kaiserlicher Majestät Diensten aufgewendet Expensen halber" von Wallenstein übertragen erhalten, freilich als Kürassieroberst in der Schlacht bei Lützen versagt hatte — Wallenstein ließ mehrere Offiziere seines Regiments wegen bewiesener Feigheit in Prag hinrichten — und auch bei Oldendorf ohne Ruhm geblieben war. Jetzt aber zwang er durch einen Zug, den er mit neugesammelten Kräften gegen Waldeck und Kassel unternahm, den Hessen dazu, seinem bedrohten

Stammland zu Hilfe zu eilen. Nachdem dieses geschehen, ging Wilhelm daran, seine Stellung in Westfalen weiter auszubauen.

Verwilderung des Krieges

Der Landgraf hatte es nicht hindern können, daß Velen die entferntesten Städte Bocholt, Borken und Dülmen zurückeroberte, dafür wandte er selbst sich gegen Werl und eroberte erst die Stadt, dann das Kastell. Von Soest ließ er ab, dem Kurfürsten von Brandenburg zu Gefallen, griff vielmehr Salzkotten an, wobei ihm Knyphausen zu Hilfe kam. Von hier wie von Brakel und Marsberg aus hielten kaiserliche Besatzungen durch Raubzüge das Land weit und breit in Schrekken, wie es denn der Grundsatz der damaligen Kriegsführung war, die Geld- und Naturallieferungen möglichst ausgedehnter Landschaften sich selbst durch Besatzungen zu sichern und gleichzeitig die dem Feinde nutzbaren Gebiete nach Kräften zu ruinieren. Am 21. Dezember begann die Beschießung von Salzkotten; schon am nächsten Tage leitete der Kommandant, von Niehaus, Verhandlungen wegen der Übergabe ein. Das Feuer wurde eingestellt, und während man die Bedingungen schriftlich ausarbeitete, luden die Bürger ihre bisherigen Feinde zu einem guten Trunke ans Stadttor ein, was diese sich nicht zweimal sagen ließen. Plötzlich wurde vom Tore aus ein starkes Feuer gegen sie eröffnet, das an die hundert Soldaten tötete oder verwundete. Der kopflose Kommandant hatte nämlich inzwischen seine Meinung geändert und sich entschlossen, die Stadt aufs äußerste zu verteidigen, ohne dafür zu sorgen, daß das bei Freund und Feind rechtzeitig bekannt wurde; durch die Annäherung zahlreicher feindlicher Soldaten hielt er anscheinend die Festung für gefährdet. Die Hessen und Schweden sahen in diesem Verhalten eine Hinterlist; sie nahmen die Beschießung wieder auf, erweiterten die vorhandene Bresche, erstürmten die Stadt und ließen Besatzung wie Bürgerschaft über die Klinge springen. Plünderung und Brand bei starkem Winde taten ein übriges, um das unglückliche Städtchen zugrunde zu richten.

Der Fall von Salzkotten erregte selbst in der damaligen Zeit Aufsehen und wurde mehrfach in Flugschriften behandelt. Katholischerseits prangerte man ihn als unerhörte Grausamkeit an und führte die Schießerei am Stadttor darauf zurück, daß während der Waffenruhe ein hessischer Hauptmann mit seinen Leuten versucht habe, das Wasser aus den Festungsgräben abzulassen, wofür nach Lage der Dinge kaum noch ein Anlaß vorlag. — Wie sehr der Krieg verwilderte, je länger er dauerte, zeigt ein fast gleichzeitiger Fall aus Iserlohn. Als Bönninghausen am 22. Dezember hier einrückte, wurde der

Bürgermeister Henrich Duisberg während eines Wortwechsels mit einem Offizier von einem Soldaten erstochen. Nicht genug hiermit, gab Bönninghausen in dem Glauben, der Bürgermeister habe dem Offizier etwas anhaben wollen, die Stadt drei Tage lang der Plünderung preis; wie der Bericht meldet, hat er „die Stadt ganz ausgeplündert, die Bürgerschaft dabey noch übel tractiret und elendiglich barbarischerweis massacriret". — Dem Landgrafen gelang es, in den letzten Tagen des ereignisreichen Jahres 1633 Lippstadt zu bewegen, eine Besatzung aufzunehmen; die an sich starken Festungswerke wurden weiter ausgebaut, und Lippstadt war fortan am oberen Ende der Lippelinie, wie Dorsten am unteren, der stärkste Rückhalt der hessischen Macht in Westfalen.

Das Jahr 1634

Im Frühjahr 1634 vereinigte sich Bönninghausen mit dem an Stelle Gronsfelds im nördlichen Westfalen kommandierenden General Huyn de Geleen, um das belagerte Hildesheim zu entsetzen. Zunächst wandten sie sich gegen das den Weserpaß beherrschende Höxter. Ein Teil ihrer Truppen, der über den Fluß gegangen war, erlitt durch die Schweden eine Schlappe. Aber an die Belagerung der Stadt konnten die Kaiserlichen ungehindert herangehen. Fünf Tage lang hielt sich die hessische Besatzung unter dem Oberstleutnant Krug, unterstützt durch die Bürgerschaft, im Vertrauen auf die Hilfe des in der Nähe stehenden Herzogs von Lüneburg. Aber die blieb aus, die Kaiserlichen drangen durch mehrere Breschen ein und metzelten die ganze Besatzung wie auch die Bürgerschaft nieder; den um Quartier (Gnade) Bittenden erwiderten sie erbarmungslos: „Salzkotter Quartier!", für die kriegsrechtlich wohlbegründete Behandlung Salzkottens Vergeltung übend. 1500 Leichen sollen in die Weser geworfen, nur 30 Bürger am Leben geblieben sein. Selbst der Abt und die Mönche von Korvey entrannen nur mit knapper Not der wütenden Soldateska. „Höxter trau Jürgen!" war seitdem eine im Volksmunde der dortigen Gegend gängige Redensart, in Erinnerung an die Unzuverlässigkeit des Herzogs Georg, der das wichtige Höxter aus Mißgunst gegen den hessischen Verbündeten schnöde im Stich gelassen hatte. Keine Stadt im ganzen Lande hat während des Großen Krieges so viel Ungemach über sich ergehen lassen müssen wie Höxter, eine Folge seiner Lage an dem Stromübergang, die es damals zur Westfälischen Pforte machte; die benachbarte Abtei Korvey wurde allein im Jahre 1632 fünfmal von Freund und Feind ausgeplündert. So war das zerstörte Höxter „Jedermanns Scheusal und Liedlein".

Die Kaiserlichen mußten den weiteren Zug auf Hildesheim aufgeben; nach Westfalen zurückgekehrt, eroberten sie Beckum und Lüdinghausen und setzten sich, ohne auf die Neutralität der Grafschaft Mark viel Rücksicht zu nehmen, in Lünen, Hamm und Soest fest. Im Mai kamen auch die Hessen, Schweden und Lüneburger in Bewegung und warfen den Feind aus den drei märkischen Städten wieder hinaus; „das Plündern (in Hamm) hat sechs Stunden gedauert, doch ohne Tyrannei" (!). Der Rat von Hamm sah die Sache anders an, er klagte: „wir sein mit einmal garaus gemacht und gleichsam zu einem dürren Halm geworden." — Unter starken Verlusten zogen die Kaiserlichen unter Bönninghausen sich auf Münster zurück, ein Vorstoß des protestantischen Heeres gegen die westfälische Hauptstadt blieb jedoch abermals erfolglos, wieder war Herzog Georg der Vater aller Hindernisse.

Der Lüneburger wandte sich jetzt einer Aufgabe zu, die ihm näherlag, der Belagerung von Minden, um mit der Stadt auch des Stiftes sich endgültig zu bemächtigen. Vom 19. Juli ab blockierte er die Stadt, die in dem Obersten Stephan Albrecht einen entschlossenen Kommandanten hatte, am 9. August wurde die eigentliche Belagerung eröffnet. Die Beschießung begann von einer Batterie vor dem Wesertor, dann auch vom Marien- und Simeonstore her; die Belagerten suchten sich durch wiederholte Ausfälle Luft zu machen. Schließlich mußten sie doch, durch Hunger gezwungen, sich zu Verhandlungen verstehen; sie erhielten freien Abzug, und Herzog Georg konnte am 20. November in das eroberte Minden einziehen. Auch hier kamen die Evangelischen wieder in den Besitz der ihnen von dem Bischof Franz Wilhelm genommenen Kirchen; dieser Vorkämpfer des Katholizismus in Nordwestdeutschland sah sich nun all seiner drei Bistümer beraubt.

Das Paderborner Land wurde damals durch das Bandenwesen ganz besonders unsicher gemacht und in seiner Leistungs- und Lieferungsfähigkeit schwer beeinträchtigt. Die Schnapphähne traten in Rotten von hundert Reitern und mehr bald hier bald da plündernd und sengend auf; einer ihrer Führer, Grasteufel genannt, überfiel mit 130 Pferden das leidgewohnte Höxter. Um dem Unwesen zu steuern, ernannte der Landgraf seinen Obersten Johann Geiß (Geyso) zum Statthalter des Stiftes Paderborn mit militärischen und Verwaltungsbefugnissen. Geyso gelang es, einigermaßen Ordnung zu schaffen, wie ihm denn der gefürchtete Bandenführer Paul Daube mit seiner Schar in die Hände fiel und unschädlich gemacht wurde.

Die militärische Lage Westfalens zu Ende des Jahres 1634 war die, daß der Norden in der Hand der Schweden und Lüneburger sich befand, von Knyphausen und Herzog Georg befehligt und gestützt auf die Festungen Minden, Osnabrück und Meppen. Im östlichen Oberstift Münster dagegen behaupteten sich die Kaiserlichen unter Velen, mit Münster und Warendorf als Hauptwaffenplätzen; ebenso hatten sie im Süden das kölnische und märkische Sauerland inne, wo Bönninghausen kommandierte. Zwischen diese beiden Gebiete schob sich der „Westfälische Kriegsstaat" des Landgrafen Wilhelm. In einem breiten Streifen zog er sich von der niederländischen Grenze mit den zum Teil wiedereroberten festen Plätzen Rheine, Burgsteinfurt, Ahaus, Vreden und Borken über Koesfeld und Lüdinghausen zur Lippe hinüber. An dieser waren Dorsten, Lünen, Hamm und Lippstadt in der Hand der Hessen, auch Recklinghausen, am Hellwege Dortmund, Werl, Soest und Geseke, dazu hatten sie das ganze Stift Paderborn einschließlich Höxter besetzt, ferner das benachbarte Lippe, um die Verbindung mit den Lüneburgern und Schweden in Nordwestfalen herzustellen, endlich Brilon und Rüthen am Rande des Sauerlandes. Insgesamt befand sich der größere Teil Westfalens damals in der Hand der Protestanten.

Folgen der Schlacht bei Nördlingen seit 1635

Derweil war schon wieder ein Umschwung der allgemeinen Kriegslage eingetreten. Am 6. September 1634 hatte das oberdeutsche Heer der Schweden bei Nördlingen eine schwere Niederlage erlitten, die das Übergewicht der protestantischen Waffen wieder aufhob und den Endausgang des Krieges ins Unabsehbare hinausschob. Die nächste schwerwiegende Folge war, daß Kursachsen sich von Schweden trennte und mit dem Kaiser den Vorfrieden von Pirna schloß (24. November 1634), dem im Prager Frieden vom 30. Mai 1635 zahlreiche protestantische Reichsstände, unter anderen Brandenburg, beitraten. Nun hielt auch der Herzog Georg es wieder einmal für geboten, die Partei zu wechseln und zum Kaiser überzutreten. So kam auch in Westfalen die protestantische Machtstellung stark ins Wanken. Die Hessen hatten schon Ende 1634 Brilon verloren, zu Anfang des neuen Jahres folgten Vreden und Bocholt, Velen überrumpelte das wichtige Rheine und belagerte im August Koesfeld, das indes von dem General von Rabenhaupt erfolgreich verteidigt wurde. Der Feldmarschall von Knyphausen war vom Kommando des schwedischen Heeres in Westfalen verärgert zurückgetreten, sein in Ravensberg und Lippe stehender Nachfolger, der General Sperreuter, ging für seine Person zu den Kaiserlichen über. Diese verstärkten sich weiter durch den Zuzug des Generalfeldzeugmeisters Marquis von Caretto mit starken Kriegsvölkern. Der Landgraf, ganz sich selbst überlassen, mußte nun auch an seinen Frieden mit dem Kaiser denken und sich im Oktober zu einem Waffenstillstand verstehen. Der kaiserliche Oberst von Lautersheim (Leutersum) überschwemmte das Osnabrücker Land sowie das Niederstift Münster mit seinen Truppen, bis auf Meppen und Osnabrück, wo die Schweden sich behaupteten.

Zu Ausgang des Jahres rafften diese sich zu einer Kraftanstrengung auf. Der bewährte Knyphausen übernahm aufs neue den Oberbefehl; freilich fiel er am 30. Januar 1636 in einem siegreichen Gefechte bei Haselünne (Kr. Meppen), wobei sein Gegner Lautersheim gefangen wurde. Nun erhielt der Schotte Leslie das Kommando über die Schweden und entsetzte das blockierte Osnabrück, während die Kaiserlichen sich in Fürstenau hielten. Ferner spielte der Kommandant von Minden, der Oberst Wolf von Lüdinghausen, diese Festung den Schweden in die Hände, obwohl der größere Teil der Besatzung wie auch der Bürgerschaft zu Herzog Georg stand (April 1635). Die Schweden richteten eine förmliche Verwaltung der Stadt und des Stiftes Minden ein; daß sie sich hier dauernd behaupteten, entschied über das spätere Schicksal des Landes. Nun faßte auch der Landgraf neuen Mut, er kündigte den Waffenstillstand und vereinigte sich bei Lippspringe mit Leslie; freilich vermochten beide im Münsterlande gegen den Feind nichts Entscheidendes auszurichten. Dann zog die Belagerung der hessischen Festung Hanau die Kräfte an sich; wie Velen mit dem Großteil seiner Kriegsvölker dort die kaiserliche Seite verstärkte, so entsetzte der Landgraf mit den seinen den wichtigen Waffenplatz. Auf dem Rückmarsch versuchte er einen Anschlag auf das noch immer unbezwungene Felsennest Obermarsberg, das die Grafschaft Waldeck in Kontribution hielt (Juli 1636). Schon hatte er Bresche in die Ringmauer geschossen, als ein tagelanges Unwetter ihn nötigte, die Belagerung aufzuheben.

Dann aber gewannen die Kaiserlichen erneut die Oberhand. Schon im Februar 1636 war das Heer der Liga unter Velen in die Grafschaft Ravensberg eingerückt und hatte bei Herford ein Lager bezogen, ihnen gegenüber die von Leslie befehligten Schweden. Die Stadt inmitten, die eine Kompanie von Herzog Georg aufgenommen hatte, berief sich auf ihre Neutralität als Reichsstadt, wurde jedoch durch Kontributionen und Lieferungen von beiden Parteien gehörig ausgesogen, bis diese nach sechs Wochen ohne Schwertschlag aus der gänzlich verwüsteten Gegend abzogen. Am 15. August 1636 erschien der kaiserliche General Graf Johann von Götz mit großer Truppenmacht vor Paderborn und eröffnete eine Beschießung von ungewöhnlicher Stärke. An der Spitze der kleinen hessischen Besatzung widerstand der Oberst Geyso fünf Generalstürmen; erst im allerletzten Augenblick, als das Westerntor bereits vom Feinde genommen war, verstand er sich zum Akkord, der freilich nicht gehalten wurde. Nach einem Vorstoße über die Weser wandte sich Götz gegen Soest, dessen Kommandant nach wenigen Schüssen, die jedoch eine verheerende Feuersbrunst verursachten, die Tore öffnete. Ebenso fielen kurz hintereinander Werl mit reichen Vorräten, Hamm, Dortmund und Lünen. In Werl war der Kommandant ein Verräter, aber auch der unzuverlässige hessische Oberbefehlshaber, General von Melander (Eppelmann), suchte „sich einen gnädigen Kaiser zu erhalten". Damit hatten die Hessen ihre Verbindung zwischen dem Stammlande und den verbliebenen Festungen im westlichen Westfalen eingebüßt; gleichwohl behaupteten sie sich in dem Dreieck Lippstadt, Dorsten, Koesfeld, erstürmten auch am 12. Dez. 1636 Warburg, trotzdem Schweden den General Leslie aus Nordwestfalen zu anderweiten Aufgaben abberief.

Gleichwohl blieb den Hessen, um sich zu behaupten, kein anderer Ausweg als die Anlehnung an Frankreich, dessen großer Staatsmann Richelieu längst die deutschen Dinge aufmerksam verfolgte und sich seit 1635 mit Spanien und dem Kaiser im Kriege befand, der dadurch vollends ein europäischer wurde. Französische Hilfsgelder ermöglichten es dem Landgrafen, sein Heer beieinander zu halten, wiewohl sein Land größtenteils in Feindeshand war. Anfang Mai 1637 setzte er sich von dort aus in Bewegung, über Warburg marschierte er durch Lippe und Minden, um sich im Niederstift Münster niederzulassen; nach der Einnahme von Vechta besetzte er auch Bielefeld und Lemgo. Dann aber sah er sich genötigt, nach Ostfriesland zurückzugehen; eine ihm zu Hilfe kommende, in französischem Solde stehende Truppe unter dem Obersten von Rantzau wurde im Bentheimschen und bei Rheine von Velen gezaust. Es war das erstemal, daß das französische Lilienbanner in Westfalen wehte. In Leer machten die ungeheuren Anstrengungen des Krieges dem Leben des erst fünfunddreißigjährigen Landgrafen Wilhelm V. ein Ende (1. Okt. 1637); er war zuletzt der einzige deutsche Fürst, der noch in Waffen gegen den Kaiser stand. Seine Witwe Amalie Elisabeth, die Enkelin Wilhelms von Oranien, setzte als Vormünderin ihres Sohnes seine Politik staatsklug und unerschütterlich fort; in den Jahren 1639/40 hat sie längere Zeit erst in Dorsten, dann in Lippstadt residiert. Ihr General Melander schloß im Dezember 1637 mit den Kaiserlichen einen Waffenstillstand, der den Hessen ihre Festungen und Quartiere beließ. Für die Bevölkerung der betroffenen Gebiete bedeutete das immerhin ein Nachlassen des Kriegsdrucks, wenn auch die Kontributionen und die Feindseligkeiten zwischen den Kaiserlichen und den Schweden in Osnabrück und Minden fortgingen.

Das pfälzische Zwischenspiel 1638

Ein merkwürdiges Zwischenspiel brachte das Jahr 1638. Des verstorbenen Winterkönigs ältester Sohn, der Pfalzgraf Karl Ludwig, erwarb von den Erben des Feldmarschalls Knyphausen deren Ansprüche auf das Amt Meppen, um einen Waffenplatz zur Wiedereroberung der pfälzischen Stammlande zu gewinnen. Er übernahm auch das Knyphausensche Regiment, wozu seine reichen englischen und holländischen Hilfsquellen ihn instand setzten. Doch nicht lange erfreute er sich des neuen Besitzes. Am 11. Mai in finsterer Nacht näherten sich kaiserliche Truppen unter dem Obersten von Ketteler Meppen, ein Verräter, der Rittmeister Hagedorn, wies ihnen eine Furt durch die Hase, und nach kurzer Zeit hatten sie sich der völlig überraschten starken Festung bemächtigt. Der Pfalzgraf warb nun in den Niederlanden Kriegsvolk, mit dem er quer durch das Münsterland dem im nordöstlichen Westfalen stehenden schwedischen General King zuzog und Lemgo belagerte. Zum Ersatze rückte der kaiserliche General Graf Hatzfeld von Dortmund heran, ereilte die ausweichenden Pfälzer und Schweden bei Vlotho und schlug sie aufs Haupt (17. Okt.). Ein Teil der Flüchtlinge ertrank in der Weser, der Pfalzgraf Karl Ludwig rettete sich zu Fuß nach Minden, sein jüngerer Bruder, der Pfalzgraf Ruprecht, der demnächstige berühmte Reitergeneral König Karls I. von England im Revolutionskrieg, fiel in Gefangenschaft. Karl Ludwig hatte damit in Westfalen ausgespielt. Die Kaiserlichen dagegen nahmen das tapfer verteidigte Vechta und hatten somit das Niederstift Münster fast ganz zurückerobert.

Ermatten des Krieges seit 1639

Je länger der unselige Krieg sich hinzog, um so mehr erlahmte schließlich seine Kraft. Der Glaubensfanatismus, der ihn heraufbeschworen hatte, erlosch allmählich, was sich unter anderm darin äußerte, daß der Protestant Melander 1645 in kaiserliche Dienste übertrat, der Katholik Bönninghausen in die der Franzosen, die in

Deutschland die Protestanten unterstützten. Freilich kehrte er später unter die kaiserlichen Fahnen zurück. Größere kriegerische Ereignisse wurden immer seltener, Schlachten kaum noch geschlagen, nur zu Belagerungen raffte man sich noch ab und zu auf, weniger aus strategischen Erwägungen, als um dem Gegner mit der Festung auch das zugehörige Kontributionsgebiet zu entreißen. Für gewöhnlich aber begnügte man sich damit, die vom Feinde beherrschten Gegenden durch ausgesandte Streifscharen, sog. Parteien, zu schädigen und in der Leistungsfähigkeit zu schwächen. Von diesen Zuständen gibt Grimmelshausen im zweiten und dritten Buche seines unsterblichen Schelmenromans „Der Abentheuerliche Simplizissimus" ein lebensvolles Bild; die Handlung spielt bekanntlich zum Teil in Soest und Umgebung zu Ende der dreißiger Jahre. Der Verfasser hat im Heere des Generals Graf Götz selbst Westfalen kennengelernt. — Daß manche Landschaften, so Osnabrück, Ravensberg, Lippe, Teile des Münsterlandes, die in greifbarer Nähe beider Parteien lagen, ihre Kontributionen an die eine wie die andere zahlen mußten, war man längst gewohnt. Schließlich kam es so weit, daß Freund und Feind sich über die Belastung gütlich verständigten, in der Erkenntnis, daß man in Ruhe und Ordnung mehr aus dem Lande ziehen konnte, als wenn man sich in sinnloser Zerstörung gegenseitig schädigte. So war fortan der Krieg des Soldaten wegen da, der auf Kosten von Bürger und Bauersmann ein mehr oder weniger gutes Leben führte. Die neuburgische Besatzung auf dem Sparrenberge verbesserte gar in der Weise ihre Lage, daß sie mit den Landeserzeugnissen, wie Garn und Leinwand, Handel trieb. Die paderbornschen Städte klagten 1645, daß die Offiziere und Soldaten der Garnisonen zum Verkaufe Bier brauten und Brot büken. Dem Lande brachte das Ermatten des Krieges wenig Vorteil, denn nach wie vor wurde es bis zum Letzten ausgepreßt.

Besonders tatenarm war das Jahr 1639, weil damals die Heere Bernhards von Weimar und des Schweden Baner in Südwestdeutschland und Böhmen die Kaiserlichen bedrängten, denen Hatzfeld aus Westfalen zu Hilfe zog. Geldzahlungen und erneute Aussichten, die die Schweden dem Herzog Georg auf die Stifter Minden und Hildesheim machten, veranlaßten die alte Wetterfahne, wieder einmal auf die protestantische Seite umzuspringen. Gleichwohl gelang es dem Generalwachtmeister von Velen, das von den Schweden besetzte Bielefeld zur Übergabe zu zwingen. Doch bald darauf zogen die

Schweden unter Hans Christoph von Königsmarck wieder ein, die die Stadt dann den Hessen überließen. — Baners Angriff auf Böhmen scheiterte, der junge Kriegsheld Bernhard von Weimar wurde von einem frühen Tode ereilt, und sein Heer trat in französischen Dienst über. Das Kriegsglück lächelte nun wieder den Kaiserlichen. Hatzfeld und ein Heer der Liga unter dem General von der Wahl kehrten nach Westfalen zurück, der Waffenstillstand mit den Hessen wurde nicht verlängert. Diese büßten Ahlen und Werne ein (Mai 1640), wenn sie auch in Lippstadt französische Verstärkungen erhielten. Die Schweden in Osnabrück waren wieder einmal fast ganz abgeschnitten. Im Herbste erschien auch der kaiserliche Feldmarschall Piccolomini mit einem starken Heere, an die 30 000 Mann, von Hessen her in Westfalen und wandte sich gegen den Weserpaß Höxter, das lüneburgische Truppen besetzt hielten. Da Baner nicht weit entfernt war, setzte der Angriff der Kaiserlichen ohne die üblichen Vorbereitungen vom linken Ufer her mit ungewöhnlicher Stärke ein (29. Sept.). Mehrere Generalstürme brachten ihnen schwere Verluste, da die Verteidiger unter dem Obersten Brauns sich tapfer wehrten. Angesichts der gewaltigen Übermacht sahen sie sich schließlich doch zur Übergabe gezwungen; zu spät erschien Baner mit der schwedischen Hauptmacht auf dem rechten Weserufer, immerhin brachte er bei Holzminden dem Gegner eine Schlappe bei. In dem unglücklichen Höxter war die Not wieder einmal so groß, daß viele Bürger entflohen und die Verwundeten und Kranken in den Lazaretten verschmachteten. Demnächst bezogen die Kaiserlichen in den Stiftern Korvey und Paderborn Winterquartiere. Aber „das Land konnte zu allem Volk nicht reichen, denn Alles befand man über die Maßen verwüstet und an manchem Ort zur Einöde gemacht", so daß mehrere Truppenteile nach auswärts verlegt werden mußten, was den Ausbruch einer Hungersnot unter der gequälten Bevölkerung nicht verhinderte. Wohl oder übel mußten Piccolomini und Hatzfeld endlich doch das verwüstete Westfalen aufgeben und nach dem Frankenlande abrücken.

Die Eroberung von Dorsten 1641

Im nächsten Jahre benutzten die Kaiserlichen die Schwäche der Hessen, deren Hauptmacht bei der Belagerung von Wolfenbüttel gebraucht wurde, zum Angriff auf ihren Waffenplatz Dorsten; der kaiserliche Feldmarschall Graf Hatzfeld und der münstersche Feldzeugmeister von Velen vereinigten sich zu diesem Zwecke. In Dorsten kommandierte der Oberst Geyso, der Paderborn 1636 bis zum Letzten verteidigt hatte. Es gelang ihm, mit Hilfe auswärtiger Truppen eine ausreichende Besatzung von 2000 Mann zusammenzuziehen, für die er aus dem Abbruch leerstehender Gebäude Baracken unmittelbar am Stadtwall und in dessen Schutze errichtete, dazu versah er sich mit Lebensmitteln und Munition und legte noch im Angesichte des Feindes Außenwerke an. Nur die nötige schwere Artillerie vermochte er nicht mehr heranzuschaffen. Mitte Juli eröffnete Hatzfeld die Belagerung auf der Südseite der Stadt, während Velen den Brückenkopf auf dem rechten, nördlichen Lippeufer angriff, er stellte auch das erforderliche Belagerungsgeschütz aus Münster zur Verfügung. Der Plan im Theatrum Europaeum gibt eine gute Vorstellung von dem Verlaufe der Belagerung: wie die beiden kaiserlichen Feldherren je ein festes Lager bezogen, durch mehrere Brücken die Verbindung untereinander herstellten, sodann durch kleine viereckige Schanzen (Reduits), die sie durch Palisadenzäune verbanden, die Festung einschlossen und sich endlich mittels weiterer, im Zickzack angelegter Laufgräben (Approchen) an diese heranarbeiteten. Nicht ohne auf nachdrücklichen Widerstand zu stoßen; die Verteidiger sparten nicht mit Ausfällen und zerstörten eine Batterie an der Lippepforte sowie weitere Geschütze. Doch Hatzfeld ließ erneut Mörser und Kanonen aus Kaiserswerth herbeischaffen; ein Anschlag hessisch-holländischer Truppen auf seine Munitionszufuhr endete mit der vollständigen Niederlage jener. So konnte Velen den Brückenkopf rechts der Lippe erstürmen und schob sich über den Fluß hinweg unmittelbar an die Festung heran, deren übrige Außenwerke gleichfalls verlorengingen. Unter dem überlegenen Geschützfeuer der Belagerer hatten die Verteidiger schwere Verluste. Schließlich war der Graben an der Lippepforte so weit ausgefüllt, daß ein Generalsturm sichere Aussicht auf Gelingen bot. Ohne Hoffnung auf Ersatz konnte Geyso die Aufforderung zur ehrenvollen Übergabe nicht länger abschlagen: am 19. September marschierte er, noch 650 Mann stark, mit Sack und Pack und fliegenden Fahnen aus der tapfer verteidigten Festung nach Lippstadt ab.

Die folgenden Kriegsjahre

Die Eroberung Dorstens war für längere Jahre die letzte größere Kriegshandlung in Westfalen, mochten auch die französischen, vormals weimarischen Kriegsvölker unter dem Marschall Guebriant zu Ende 1641 durch das Osnabrücksche und Münstersche dem Rheine zu marschieren und ein Jahr darauf hierher ihren Rückweg nehmen. Da den Hessen Lippstadt, Koesfeld und das von ihnen stark befestigte

Bocholt als Stützpunkte verblieben, konnten sie im ganzen ihre Stellung im Lande behaupten. Zur allgemeinen Beruhigung trug es bei, daß nach und nach auch katholische Fürsten des langen Haders müde wurden und schließlich nur noch die Brüder Maximilian und Ferdinand von Baiern auf kaiserlicher Seite ausharrten. Selbst Ferdinand fand sich 1643 bewogen, seine von Velen befehligten Truppen teilweise abzudanken; den Hessen, die sich damals Burgsteinfurts wieder bemächtigt hatten, gestand er ihre Kontributionsanteile und Quartiere im Münsterlande ausdrücklich zu. Demnächst machte er den Versuch, mit Hilfe des Westfälischen Kreises eine Neutralitätspolitik einzuleiten: die kaiserlichen Truppen sollten entfernt und durch eine vom Kreise zu unterhaltende Kriegsmacht von 4000 Mann zu Fuß und 1500 zu Pferde ersetzt werden. Ihr war die Aufgabe zugedacht, im Verein mit dem Kurrheinischen Kreise die Hessen und Franzosen zu vertreiben, die sich in den kölnischen und pfalzneuburgischen Ländern am Rheine ausgebreitet hatten. Aber daß der Oberbefehl in die Hand der kaiserlichen Generale Hatzfeld und Geleen, später Melanders gelegt wurde, zeigte deutlich, daß „die Westfälische Defensionsarmee" doch nur als Stärkung der katholischen Partei gedacht war. Da sie zudem eine unwillkommene neue Belastung der Kreisstände mit sich brachte, blieb der Versuch ohne größere Bedeutung. Der zum Reichsgrafen aufgestiegene Alexander von Velen nahm zu Anfang 1646 aus Gesundheitsrücksichten seinen Abschied; er erhielt später vom Kaiser den Rang eines Feldmarschalls. An seiner Stelle übernahm der Generalwachtmeister Otto Christoph von Sparr, ein protestantischer Brandenburger, den Oberbefehl über das Heer der Liga in Westfalen.

11. Kapitel

Der Friedenskongreß und der Kriegsausgang

Der Regierungsantritt des Großen Kurfürsten

Schon am 1. Dezember 1640 hatte der sieche Kurfürst Georg Wilhelm von Brandenburg die Augen geschlossen. Sein jugendfrischer Sohn Friedrich Wilhelm, der Große Kurfürst, trat die Nachfolge an. „Daraus man sich," bemerkt das Theatrum Europaeum, „eine Hoffnung machete, es würde dem Sprichworte nach mit dem alten Schnee viel abgegangen sein und besser Wetter hernach folgen." In Friedrich Wilhelms Adern rollte von der kurpfälzischen Mutter und der oranischen Großmutter her frisches, feuriges Blut; er war berufen, seinem gänzlich verwahrlosten Staate der Retter und Wiederhersteller zu werden, mit ihm beginnt der steile Aufstieg Brandenburg-Preußens zur Großmacht. Der Anfang war freilich schwer genug. Der neue Kurfürst war erst 20 Jahre alt, dazu hatte Schwartzenberg, der seinen alten Herrn nicht lange überlebte, ihn von den Geschäften grundsätzlich ferngehalten; vergeblich hatte er sich als Kurprinz, von den Ständen unterstützt, 1637 um die Statthalterschaft von Kleve-Mark beworben, die einst sein Vater innegehabt hatte. Der Klever Johann Friedrich von Kalckum genannt Leuchtmar war sein Erzieher gewesen wie der märkische Edelmann Johann von der Borch auf Langendreer. Borch hatte später das Amt eines Hofmeisters beim Kurfürsten Georg Wilhelm bekleidet und war wohl der erste Westfale in brandenburgischen Diensten.

Als der Kurfürst die Regierung antrat, besaß er in Bezug auf Kleve, Mark und Ravensberg, wo Kaiserliche, Hessen und Holländer schalteten, nicht viel mehr als einen recht umstrittenen Rechtsanspruch. In der Erkenntnis, „daß ein Lot Respects mehr wert sei, als ein ganz Pfund Rechts," stellte er als Grundlage für eine selbständige Politik seit 1643 ein eigenes, noch kleines Heer auf, von dem ein größerer Teil unter Johann von Norprath nach Kleve und Mark gelegt wurde, um diese beiden Länder von den fremden Besatzungen frei zu machen und endlich eine befriedigende Auseinandersetzung mit dem pfälzischen Miterben herbeizuführen. Infolge eines Abkommens mit der Landgräfin Amalie räumten die Hessen 1644 die Grafschaft Mark bis auf Lippstadt, im nächsten Jahre besetzten die Brandenburger auch Soest.

Der Friedenskongreß zu Münster und Osnabrück

Das tiefe Friedensbedürfnis des deutschen Volkes machte sich amtlich zuerst auf dem Reichstage geltend, der seit langen Jahren trotz des Krieges, von allen Ständen beschickt, im Herbste 1640 in Regensburg wieder zusammentrat; hier wurden Lübeck, Hamburg oder Nürnberg als Sitz der Friedensverhandlungen vorgeschlagen. Das Abkommen, das der Kaiser sodann am 25. Dezember 1641 in Hamburg mit Frankreich und Schweden schloß, setzte einen Friedenskongreß in Münster und Osnabrück fest; freilich wurde es September 1642, bis Ferdinand III. seine Unterschrift dazu gab. Am 25. März dieses Jahres hatte die Versammlung bereits eröffnet werden sollen, was auf den

11. Juni 1643 verschoben wurde, aber der Anfang der Verhandlungen verzögerte sich noch länger. Die Städte Münster und Osnabrück waren von den beiden auswärtigen Mächten wohl deshalb als Sitz der Verhandlungen ausgewählt worden, weil sie an der großen Straße, der alten Hochstraße der Hanse lagen, die Europas Westen mit dem Norden verband. Aus konfessionellen Gründen wurde das katholische Münster für die Verhandlungen mit den Franzosen, das lutherische Osnabrück für die mit den Schweden bestimmt, eine Zweiteilung, die die Verhandlungen keineswegs erleichterte und die großen Mächte nötigte, an beiden Orten Vertretungen zu unterhalten. Soweit gemeinsame Beratungen sich als unumgänglich erwiesen, fanden sie gelegentlich in der Kirche des kleinen, inmitten gelegenen Lengerich statt. Im ganzen, das wurde festgelegt, sollte es sich um die Arbeiten eines einzigen Kongresses handeln. So wurde Westfalen, bis dahin stets nur ein Nebenschauplatz des Großen Krieges, für dessen Beendigung in den Mittelpunkt der europäischen Aufmerksamkeit gerückt.

Als Erster erschien in Münster der kaiserliche Reichshofrat Johann Krane, ein aus Geseke gebürtiger Westfale, und erklärte die Stadt am 27. Mai 1643 für neutral; er wiederholte das am 8. Juni in Osnabrück, indem er beide Städte von dem Treueid gegen den Kaiser und ihre Landesherren entband. Die schwedische Besatzung verließ Osnabrück und der Landesregent Graf Wasaburg verlegte seinen Sitz nach dem benachbarten Amtshause Vörden. Zu Anfang des folgenden Jahres stellten sich dann nach und nach die Gesandtschaften der einzelnen Mächte ein, in Münster die kaiserliche, bestehend aus dem Grafen Trautmannsdorff, dem Grafen Johann Ludwig von Nassau und dem Geheimen Rat Volmar, ferner die Gesandten des Königs von Spanien und der Republik Venedig. Als am 6. März der französische Bevollmächtigte Graf d'Avaux eintraf, der gewiegteste aller Diplomaten, fuhren jene, begleitet von einigen Kompanien Soldaten und Bürgerwehr, ihm eine halbe Meile entgegen und geleiteten seinen stattlichen Zug unter dem Donner der Geschütze und Musketen ins Quartier. Demnächst erschien auch der päpstliche Botschafter Fabius Chigi, der spätere Papst Alexander VII. In Osnabrück wurde der schwedische Hauptgesandte, der Graf Johann Oxenstierna, des Reichskanzlers Sohn, in ähnlich festlicher Weise empfangen, der osnabrücksche Adel kam seinem überaus stattlichen Zuge von Reitern, Wagen und sechsspännigen Staatskutschen gar bis halbwegs Minden entgegen. Der schwedische Nebengesandte Adler Salvius hatte sich schon vordem eingestellt; Oxenstiernas Ankunft als Letzter unterstrich seine Bedeutung. Den Höhepunkt erreichte der Prunk beim Einzuge des französischen Hauptgesandten, des Herzogs von Orléans-Longueville, am 30. Juni 1645 in Münster. Sein Gefolge bestand aus 200 Herren vom Adel, dazu Schweizergarde, Lakaien und Dienern, insgesamt 1000 Personen; an prächtigen Pferden, Karossen, kostbarer bunter Kleidung und Schmuck bot der Franzose das Erdenkliche auf, um die Macht und den Reichtum des allerchristlichsten Königs der Welt vor die Augen zu führen. Seltsam genug mag sich all dieser Prunk auf dem Hintergrunde der durch jahrzehntelangen Krieg verödeten Landschaft ausgenommen haben. Die Anfahrt des holländischen Friedensgesandten Adrian Pauw vollzog sich dagegen republikanisch-einfach in einer einzigen Kutsche, von einigen Reitern und Fußknechten geleitet; dafür hat Gerhard Terborchs Meisterhand sie im Bilde verewigt. Außer den vielen am Kriege beteiligten Ländern, zu denen auch Portugal, die italienischen Mittelstaaten sowie später die zahlreichen deutschen Reichsstände gehörten, waren der Papst, Venedig und zeitweise Dänemark als Friedensvermittler vertreten, endlich auch Polen, Siebenbürgen und vorübergehend sogar der türkische Sultan. Zu den bedeutenderen Erscheinungen gehörte der brandenburgische Gesandte Graf Johann von Sayn-Wittgenstein sowie der Vertreter des Kurfürstenkollegs und des Kurfürsten von Köln, der Osnabrücker Bischof Franz Wilhelm von Wartenberg. Die Gesamtzahl der Gesandten belief sich auf 153, einzelne von ihnen, so der Herzog von Orléans und Oxenstierna, waren von ihren Gemahlinnen begleitet. „In Osnabrück und Münster sind der Gesandten so viele," bemerkte der Vertreter Mantuas, Graf Sannazaro, „daß du sie in sechs Stunden nicht zählen, auf hundert Wagen nicht fahren kannst, daß die Häuser, und nimmst du auch die Stallungen hinzu, nicht für sie genügen. Märkte und Straßen sind von ihnen angefüllt, und steckst du nur den Kopf zur Türe hinaus, gleich mußt du zehn Gesandte grüßen." Es war der erste große europäische Kongreß der Neuzeit. Hatten 200 Jahre zuvor die Reformkonzilien zu Konstanz und Basel die abendländische Christenheit zuletzt vereinigt, so sollte erst der Wiener Kongreß 1814/15 ein ähnliches Schauspiel wieder bieten.

Eine solch erlauchte und zahlreiche Versammlung in den beiden bescheidenen westfälischen Mittelstädten unterzubringen, bot keine geringen Schwierigkeiten. Der Reichshofrat von Krane schätzte die zu erwartende Menge auf zehn- bis zwölftausend Köpfe; berücksichtigt man den Schwarm von Sekretären, Schreibern, Kurieren, Bedienten, Köchen, Haarpflegern, Musikern und Handwerkern bei jeder größeren Gesandtschaft, nimmt man hinzu, daß zwischen Köln, Münster, Osnabrück und Hamburg ein besonderer Postdienst eingerichtet wurde, dazu all das, was von einem derartigen Jahrmarkt angezogen zu werden pflegt, das „leichtfertige Weibsvolk" nicht zu vergessen, so mag die Gesamtzahl für beide Städte kaum allzu hoch gegriffen sein. Dabei besaß Münster, das durch den Krieg verhältnismäßig wenig gelitten und keinen Feind in seinen Mauern gesehen hatte, nicht mehr die Einwohnerzahl von reichlich 10 000 im Jahre 1591, während Osnabrück, an sich kleiner, von der fünfjährigen Bedrückung durch Franz Wilhelm und die ihr folgende zehnjährige schwedische Besatzung nicht wenig mitgenommen war und bei Kriegsende nur noch rund 5000 Seelen zählen mochte. Ihr halb ländlicher Zuschnitt machte beide Städte wenig geeignet für einen europäischen Kongreß. Hier wie dort hatten die bischöflichen Landesherren von alters her ihre ständigen Residenzen außerhalb aufgeschlagen; freilich waren Kurien des Domkapitels und Adelshöfe, in Münster auch ausgedehnte Klosterbauten zur Unterbringung verfügbar, doch mußten die städtischen Wohnungsausschüsse daneben auf Bürgerhäuser zurückgreifen. Diese wandten der Mehrzahl nach, gleich den Bauernhäusern, die Einfahrt statt der Tür der Straße zu, woran sich die Viehstände anschlossen, mit der großen Küche und den bescheidenen Wohnräumen im Hintergrunde; so spottete man, zu Münster und Osnabrück lägen alle Schweinekoben (Ställe) voll Gesandter. Der Spanier Saavedra verstand es, ein Ackerbürgerhaus in Osnabrück durch eingezogene Bretterwände, die er mit gewirkten Tapeten verkleidete, zu einer standesgemäßen Wohnung umzugestalten. Hier stellte der Rat, um dem allzu ländlichen Eindruck entgegenzuwirken, einen Karrenführer an, um sonnabends den „Mist und Dreck" von den Straßen abzufahren, wie er auch beschloß, daß „die Schweineställe gänzlich vor den Häusern weg- und abgeschafft werden sollen". Kein Wunder, daß den Fremdlingen auf westfälischem Boden nicht alles zusagte, nicht einmal „der mund- und magenschreckende Pumpernickel"; der Schweizer Gesandte, Bürgermeister Wettstein aus Basel, nannte mit alemannischer Derbheit die einheimische Kost „ein seltsames versalzenes Gefräß". Als der päpstliche Legat Chigi in Lengerich den ortsüblichen Grüsing, ein Kräuterbier, kostete, äußerte er schaudernd:

„Adde parum sulphuris et erit potus infernalis" (füge ein wenig Schwefel hinzu und du hast den Trank der Hölle). Am meisten klagten die Südländer über das feuchte Klima, wie denn Chigi Münster die Wiege des Regengottes nannte; allen machte die durch den Krieg und die Menschenanhäufung verursachte Teuerung zu schaffen.

Die Arbeiten des Kongresses kamen nur sehr allmählich in Gang. Mit der Anerkennung und Auswechslung der Vollmachten ging viel Zeit verloren, nicht minder mit Rangstreitigkeiten, wie sie namentlich zwischen den Franzosen und Spaniern bei jeder Gelegenheit hervortraten. Noch gab es kein feststehendes Zeremoniell, keine Etikette im zwischenstaatlichen Verkehr, die vielmehr hier erst ausgebildet wurden. So dauerte es bis Ende 1644, ehe mit den sachlichen Beratungen überhaupt begonnen werden konnte, und diese waren um so umfangreicher, als nicht nur zwischen dem Kaiser, Frankreich und Schweden die Friedensbedingungen mühsam auszuhandeln waren, sondern auch zwischen Spanien und dessen Gegnern, Frankreich, den Niederlanden und Portugal. Es galt, eine neue europäische Ordnung zu schaffen, daneben war der zerfallende Bau des Heiligen Römischen Reiches unter ein Notdach zu bringen. Auf den jahrelang sich hinschleppenden, viel verschlungenen Gang der Verhandlungen braucht hier nicht eingegangen werden.

Natürlich entwickelte sich daneben ein mehr oder weniger reges gesellschaftliches Leben. In dem stillen Osnabrück freilich leistete sich nur Oxenstierna eine größere Hofhaltung, um seine Königin Christine von Schweden würdig zu vertreten; hier scheint die Apotheke am Markte ein beliebter Treffpunkt zu einer kleinen Herzstärkung gewesen zu sein, wie ein erhaltenes Stammbuch verrät. Dafür wurde in Osnabrück um so fleißiger gearbeitet. Anders in Münster, wo die Gesandten durch Aufwand einander zu überbieten suchten und sich gelegentlich dabei ruinierten. Zum Teil wohl deshalb blühte das Bestechungswesen auf dem „güldenen Friedenskongreß" ganz besonders. Für gesellschaftliche Zwecke hatte Franz Wilhelm von Osnabrück seine Wohnung in der fürstlichen Residenz am Domhofe mit Wandteppichen, Gemälden und Silbergeschirr aufs reichste ausstaffiert; seine Untertanen, soweit er sie noch erfassen konnte, bekamen das Auftreten ihres Herrn am erhöhten Steuerdruck zu spüren. Während ihres Aufenthaltes in Münster bildete die schöne und geistvolle Anna von Bourbon, die Gemahlin des Herzogs von Orléans, den gesellschaftlichen Mittelpunkt, wie die Verse unter ihrem Bildnis andeuten:

Ces Heros assemblez dedans la Westfalie,
Et de France et du Nord, d'Espagne et d'Italie,
Ravis de mes beautés et de mes doux attrais,
Crurent en voyant mon visage,
Que j'estois la vivante image
De la Concorde et de la Paix,
Qui descendoit des Cieux
Pour appaiser l'orage.

(Diese Söhne des Mars, vereint hier in Westfalen,
aus Frankreich und dem Nord, aus Spanien und Italien,
sie schwuren, als sie kaum mein Antlitz erblickt,
von meiner Schönheit holdem Reize berückt,
sie schauten in mir leibhaftig hienieden
das Abbild von Eintracht und göttlichem Frieden,
herabgestiegen aus Himmelshöhn,
zu stillen der Kriegesstürme Wehn. (Uppenkamp)

Einen Höhepunkt des Treibens stellte der in Münster von jeher besonders ausgelassen gefeierte Karneval dar, wobei gelegentlich französische Kavaliere ein Ballett tanzten; zu anderen Zeiten sorgten englische und holländische Komödianten oder Schlittschuhlauf auf den überschwemmten Aawiesen für Unterhaltung. Aber auch an feindlichen Zusammenstößen fehlte es nicht, trotzdem die Stadt eine ansehnliche Besatzung unter dem Obersten Johann von Reumont unterhielt: eines Tages stürmten 120 Leute des spanischen Gesandten Penerande das Quartier der verhaßten Portugiesen. Diese kamen überhaupt schlecht weg: als die Leiche ihres in Osnabrück gestorbenen Gesandten Botello nach Minden gebracht werden sollte, wurde sie unterwegs durch eine kaiserliche Streifschar geraubt — geraubt wurde draußen im Lande damals alles.

Brandenburg gewinnt Ravensberg zurück

Von sonstigen Ereignissen bis zum Friedensschluß war der neue Erbschaftsvergleich zwischen Brandenburg und Neuburg vom 8. April 1647 bedeutsam, der den gemeinsamen Besitz von Ravensberg wieder beseitigte. Er hatte sich als eine Quelle der Zwietracht erwiesen und die Grafschaft war tatsächlich zumeist in neuburgische Hand gelangt. Nun erhielt Brandenburg sie ganz zurück; im übrigen wurde das bestehende Abkommen über die Besitzverteilung weiter verlängert. Im November und Dezember 1647 schlugen Friedrich Wilhelm von Brandenburg und seine junge Gemahlin Luise Henriette von Oranien ihren Hofstaat auf dem Sparrenberge auf. Ein gleichzeitiger Bericht meldet von den Ravensbergern: „Diese guten, ehrlichen Leute tragen eine aufrichtige untertänigste Affektion zu Ew. Kurf. Durchlaucht." Die Zuneigung beruhte nicht zuletzt darauf, daß vom Kurfürsten, anders als von dem streng katholischen Pfalzgrafen, ein Glaubensdruck nicht zu befürchten war.

Nur an einer Stelle, in Herford, teilte man diese dem neuen Herrn entgegenkommende Stimmung nicht. Einst im Jahre 1547 hatte die Äbtissin Anna von Limburg, des Streites mit der die Reichsstandschaft beanspruchenden Stadt müde, alle ihre Hoheitsrechte über diese dem Herzog Wilhelm von Kleve abgetreten, wobei die Frage, ob Herford Reichsstadt war, offengeblieben war; beim Reichskammergericht entspann sich dieserhalb ein weitläufiger, unentschiedener Prozeß. Als das Restitutionsedikt Herford mit der Rekatholisierung bedrohte, hatte es den Prozeß wieder aufgegriffen, denn als Reichsstadt war es, schon vor 1555 evangelisch geworden, hiervor sicher. Wirklich hatte das Reichsgericht 1631 Herford in aller Form zur freien Reichsstadt erklärt, wogegen freilich beide Possidierenden Revision angemeldet hatten. Dank der Neutralität, die Herford als Reichsstadt für sich in Anspruch nahm, war es seitdem immer noch besser als manche landsässige Stadt über die Kriegsdrangsale hinweggekommen. Im Jahre 1637 hatte es den Herzog Georg von Lüneburg als Schutzherrn angenommen, dessen Schaukelpolitik es freilich in Ungelegenheit brachte; im folgenden Jahre war die Stadt von einem großen Brande betroffen worden. Jetzt nahm Friedrich Wilhelm als Herr von Ravensberg auch Herford nachdrücklich für sich in Anspruch. Er beauftragte den Kommandanten des Sparrenberges, den Rittmeister von Eller, sich mit einigen Truppen sowie einem bäuerlichen Aufgebot der widersetzlichen Stadt zu bemächtigen, wobei Feindseligkeiten und Plünderungen nach Möglichkeit vermieden werden sollten. Durch Überrumpelung führte Eller seinen Auftrag glücklich aus, ganz ohne Blutvergießen ging es freilich doch nicht ab. Die Stadt erhielt nun eine brandenburgische Besatzung. Vergeblich suchte sie durch den Bürger Anton Fürstenau, den Bruder ihres Bürgermeisters, den Friedenskongreß zu ihren Gunsten in Bewegung zu setzen. Schließlich blieb ihr nichts übrig, als sich äußerlich zu unterwerfen; am 7. Dezember 1647 nahm der Kurfürst persönlich in Herford die Huldigung der Bürgerschaft entgegen.

Letzte Kriegshandlungen 1646/48

Bevor die Kriegsfackel erlosch, erlebte Westfalen noch einmal ein jähes Auflodern. Die Schweden erlangten im Zusammenwirken mit den Franzosen erneut die Oberhand; von Thüringen kommend, klopfte im April 1646 ihr Oberbefehlshaber, Graf Karl Gustav Wrangel, wiederum in Höxter an die Pforte Westfalens. In seinem Heere stand als Oberst der nachmals berühmte Feldmarschall Derfflinger. Wrangel schoß von Süden und Westen her in die wiederhergestellte Stadtmauer Bresche und bereitete sich zum Sturme vor. Der Verteidiger, Oberstleutnant Forgell, bot die Übergabe gegen freien Abzug an, den jedoch nur die Offiziere bewilligt erhielten, die Unteroffiziere und Mannschaften mußten es sich gefallen lassen, von den Schweden „untergestellt", d. h. in ihr Heer eingereiht zu werden. Die Stadt aber, die von der Zerstörung im Jahre 1634 sich kaum erholt hatte, wurde durch Niederlegung ihrer Mauern und Schanzen zum offenen Orte gemacht und damit jedem Schnapphahn preisgegeben. Nunmehr wandten sich die Schweden gegen das Stift und die Stadt Paderborn. Zunächst wurde diese durch die Reiterei von allem Verkehr abgeschnitten; am 10. Mai erschien Wrangel selbst vor Paderborn und machte es durch eine zweitägige Beschießung sturmreif. Der schlaffe Kommandant verstand sich zur bedingungslosen Übergabe und die Bürgerschaft kaufte Brand und Ausplünderung mit 25 000 Tlrn. ab. Gleichwohl nahmen die Schweden alles, was sie irgend gebrauchen konnten, „Pferde, Schafe, Getreide, Speck, Hökerwaren, Wein, Bier, Gewürz und sämtlichen Vorrat, so auf viele tausend Taler anläuft". Der Zustand, worin Wrangel am 20. Mai Paderborn zurückließ, war der: „die ganze Umgegend verwüstet, die Stadt selbst vollständig ausgeplündert, sämtliche Pferde weggenommen, das Getreide aus den Scheunen geholt, die Saatfrucht abgeschnitten oder zerstampft, äußerster Mangel am Notwendigsten".

Auf Bitten der Landgräfin Amalie ging Wrangel weiter auf Obermarsberg los, das sich all die Jahre hindurch als unbezwungener, äußerst unbequemer Nachbar für Hessen erwiesen hatte; erst vor Jahresfrist war es noch verstärkt worden. Jetzt zeigte sich schon nach wenigen Schüssen der Kommandant, ein Franzose Corasco, zur Übergabe geneigt, aber die Bürger, noch ungebrochenen Mutes, drohten, ihn über die Stadtmauer den Berg hinabzuwerfen. Wirklich wurde der erste Sturm abgeschlagen, aber dann kam es am 25. Mai doch zur Kapitulation. Den Schweden fielen zahlreiche Geschütze und bedeutende Vorräte in die Hände; um keine Besatzung zurücklassen zu müssen, schleiften sie die Befestigung. Wrangel marschierte dann südwärts, um sich bei Frankfurt mit den Franzosen unter Turenne zu vereinigen.

Inzwischen war Hans Christoph von Königsmarck mit einem zweiten schwedischen Heere von Nordosten her in Westfalen erschienen. Als er Vechta nicht gleich nehmen konnte, zog er weiter auf Lemgo. Die Bemühungen der lippischen Regierung, für die Stadt und Grafschaft Neutralität zu erlangen, fanden zwar bei beiden Parteien Zustimmung, aber als die kaiserliche Besatzung zögerte, Lemgo zu räumen, schritt Königsmarck zum Angriff. Nach kurzer Beschießung gelang es ihm, die Stadt durch einen nächtlichen Sturm am 2. Juni 1646 zu erobern, sie wurde gänzlich ausgeplündert und die Besatzung gefangen nach Minden abgeführt. Am nächsten Tage streckte auch die kaiserliche Besatzung von Pyrmont die Waffen. Beim Weitermarsch nach Hessen berührten die Schweden Marsberg, dessen Bürger die Befestigungen inzwischen nach Möglichkeit wiederhergestellt und streifende kaiserliche Scharen bei sich aufgenommen hatten. Jetzt ließ Königsmarck die Oberstadt an allen vier Ecken anzünden und gründlich zerstören, um sie für die bis aufs Hemd ausgeplünderten Bürger unbewohnbar zu machen. Damit war auch diese einst gewerbfleißige und blühende Stadt, die der Krieg so lange verschont hatte, schließlich doch mit einem Schlage in das tiefste Elend hinabgestoßen.

Als auch Königsmarck mit seinen Scharen Westfalen verlassen hatte, benutzte das der kaiserliche Kommandant von Wiedenbrück, Balduin von Reumont, zu einem verwegenen Gegenschlage. Nach einem Nachtmarsch erschien er mit 800 Mann, seiner ganzen Besatzung, in der Frühe des 1. Dezember noch bei Dunkelheit vor Paderborn, wo die Hessen sich völlig überraschen ließen. Die Kaiserlichen erstiegen die Stadtmauer, öffneten das Westerntor von innen und außen zugleich und nahmen die verschlafene Besatzung gefangen, die größtenteils in ihren Dienst übertrat. Fortan war Paderborn wieder kaiserlich.

Im Mai 1647 kehrte Königsmarck mit seinen Kriegsvölkern aus Oberdeutschland zurück. Diesmal vermochte das stark befestigte Vechta seinem Angriffe nicht zu widerstehen. Sein nächstes Ziel war Fürstenau. Vergeblich suchte der Bischof Franz Wilhelm unter Berufung darauf, daß mit der Stadt Osnabrück auch das Hochstift der Friedensverhandlungen wegen als neutral zu betrachten sei, eine Belagerung abzuwenden; nach tapferer Gegenwehr nahmen die Schweden unter dem General Christoph von Hammerstein am 12. Juni Fürstenau ein. Sich Münster bis auf zwei Stunden nähernd, marschierte das schwedische Heer über Telgte auf Wiedenbrück zu, die letzte Feste, die die Kaiserlichen noch innehatten vom Stifte Osnabrück, dessen künftiges Schicksal einer der umstrittensten Punkte bei den Friedensverhandlungen war. Der Kommandant von Wiedenbrück, von Reumont, wehrte sich vier Wochen lang mannhaft, bis es den Schweden gelang, die Festungsgräben trockenzulegen, und auch er kapitulieren mußte (15. Juli). Die im Vorjahr in Paderborn gefangengenommenen und untergesteckten Hessen traten nun zu ihrer alten Fahne zurück. Jetzt griff Königsmarck den kaiserlichen Hauptwaffenplatz im Hochstift Münster, Warendorf, an und nahm sein Hauptquartier in Sassenberg. Die erschreckte Landbevölkerung flüchtete scharenweise nach Münster, bis unter dessen Mauern die Schweden ihre Beutezüge ausdehnten.

Zur Unterstützung der Kaiserlichen war inzwischen der Feldmarschall Freiherr von Lamboy, Kommandierender des Westfälischen Kreises, im Felde erschienen; Königsmarck dagegen hatte sich zwar mit den hessischen Völkern unter dem Generalwachtmeister von Rabenhaupt vereinigt, indessen einen großen Teil seines Heeres zur Verstärkung der schwedischen Hauptmacht nach Böhmen abgeben müssen. Er hob die Belagerung von Warendorf auf und wandte sich gegen Paderborn, dessen Besitz, gleichfalls im Hinblick auf den kommenden Frieden, der Landgräfin Amalie von besonderer Wichtigkeit war. Hier kommandierte die kleine Besatzung ein Wallone, Ernst von Bertremoville, ein Mann von Kaltblütigkeit und Umsicht. Der Kampf ging namentlich um die Kuhschanze, ein Außenwerk zwischen dem Western- und Neuhäusertore, das die Verteidiger behaupteten, wie sie es auch an erfolgreichen Ausfällen gegen den weit überlegenen Feind nicht fehlen ließen. Mehrere Stürme wurden abgeschlagen, die Aufforderung zur Übergabe beantwortete Bertremoville mit der Erklärung, sich bis zum letzten Blutstropfen wehren zu wollen. Und dem Tapferen half das Glück. Um Paderborn Luft zu machen, unternahm Lamboy einen Angriff auf Ostfriesland, wo die Hessen noch mehrere feste Plätze innehatten. Zu ihrer Rettung gaben Königsmarck und Rabenhaupt am 13. September die Belagerung Paderborns auf, die ihnen viel Blut gekostet hatte und die schwerste von allen war, die über die vielgeprüfte Stadt dahingingen.

Aus Ostfriesland verdrängt, bezog Lamboy ein verschanztes Lager zwischen Rheine und Salzbergen mit dem Hauptquartier in Kloster Bentlage. Königsmarck bombardierte Rheine, wo die Kaiserlichen reiche Vorräte aufgehäuft hatten, und machte „diesen feinen Ort zum

Aschen- und Steinhauffen". Er schloß Lamboy von beiden Seiten der Ems ein, um ihn durch Hunger zur Ergebung zu zwingen. Zwar gingen mehrere Scharmützel zugunsten der Schweden aus, bei deren einem der Feldmarschall von Lautersheim fiel, nachdem er kurz zuvor das von den Hessen besetzte Burgsteinfurt beschossen und genommen hatte, aber zu einer Schlacht oder einem Sturme auf das Lager kam es auch jetzt nicht, vielmehr sah Königsmarck sich am Ende genötigt, die Einschließung aufzugeben, vermutlich, weil es ihm selbst an Unterhalt in dem verwüsteten Lande gebrach. Er wandte sich in das Emsland, beschoß Meppen und Haselünne und ruinierte die weitere Umgegend in Grund und Boden; dann bezog er rechts der Weser Winterquartiere.

Im Nachwinter des letzten Kriegsjahres 1648 wiederholte sich ungefähr der Vorgang von Rheine, und zwar in Geseke, doch waren nunmehr die Hessen unter dem Generalleutnant Johann Geyso die Eingeschlossenen, die Lamboy mit überlegenen Kräften bedrängte. Schließlich schlug Geyso sich mit seiner Reiterei nach Neuhaus bei Paderborn durch, wogegen Lamboy nach einem vergeblichen Sturme die Belagerung von Geseke aufgab. Zu Anfang Oktober dröhnte noch einmal der Kanonendonner über den schicksalsreichen Mauern von Paderborn, dessen Verlust die Hessen nicht verschmerzen konnten. Aber wieder kommandierte drinnen ein tüchtiger Soldat, der Oberst Pape, dazu eilte Lamboy zur Hilfe herbei und fügte dem Gegner empfindliche Verluste zu, so daß er die Belagerung aufzuheben genötigt war. Hatte dereinst der Dreißigjährige Krieg mit dem Auftreten des tollen Christian in Paderborn begonnen, so endete er nun auch vor der alten Bischofsstadt, ebenso wie er im großen in Prag mit dem Fenstersturz seinen Anfang und mit der Einnahme der Kleinseite durch Königsmarck seinen Ausgang genommen hat.

12. Kapitel

Der Westfälische Friede

Der Friedensschluß

Am Abend des 24. Oktober 1648 wurden auf allen Bastionen der Stadt Münster die Stücke gelöst, aber diesmal verkündete ihr Schall, daß soeben in aller Form der Vertrag abgeschlossen war, der den unseligsten aller Kriege beendete und den heiß ersehnten Frieden wiederherstellte. Am gleichen Nachmittag hatten die Bevollmächtigten des Kaisers und der Kronen Frankreich und Schweden wechselseitig in ihren Quartieren, die der Reichsstände im Bischofshofe die Vertragsurkunden vollzogen, nachdem in vierjährigen Verhandlungen zunächst zwischen Schweden und dem Kaiser, dann auch zwischen diesem und Frankreich alle wesentlichen Streitpunkte ins reine gebracht waren. Das war in der „milderen Luft" von Osnabrück geschehen, wo der Einfluß der katholischen Unversöhnlichen minder stark war. Die Gesandten Spaniens und Hollands hatten schon am 15. Mai in der Ratsstube des münsterschen Rathauses, dem heutigen Friedenssaale, ihren Teilfrieden beschworen, wie Terborch es in seinem bekannten Gemälde festgehalten hat. Am Sonntag, dem 25. Oktober, wurde nach feierlichen Dankgottesdiensten unter dem Geschmetter der Trompeten allem Volke der Friedensschluß verkündigt, in Münster auf dem Domhof, in Osnabrück von der Rathaustreppe.

Der Nachwelt erscheint der Westfälische Friede als ein Tiefpunkt der deutschen Geschichte. Frankreich und Schweden rissen lebenswichtige Provinzen aus dem Reichskörper an sich, die Franzosen begründeten am Rheine ihre bis ins neunzehnte Jahrhundert immer wieder ausgenutzte Angriffsstellung gegen Deutschland. Die Ohnmacht des Reiches, der Zerfall in einen Staatenbund Hunderter von Ländern und Ländchen wurde in aller Form rechtens festgelegt, ebenso das Ausscheiden der Schweiz, das von Holland wurde stillschweigend anerkannt. Aber die Zeitgenossen dachten anders über das Ereignis; aus Millionen Kehlen stimmten sie ein in das kurz zuvor entstandene „Nun danket alle Gott". Wer wollte es ihnen verdenken, wenn ihnen das Glück des wiedergeschenkten Friedens über alles ging; schließlich setzten die Bestimmungen des Friedensvertrages doch nur das Siegel unter tatsächlich seit längerer oder kürzerer Zeit bestehende Zustände.

Seine Bedeutung für Westfalen in gebietlicher Hinsicht
Minden

Für Westfalen brachte der Friedensvertrag nicht unwichtige Gebietsveränderungen. Schweden rückte durch den Erwerb der Stifter Bremen und Verden nahe an die westfälische Grenze heran, mittels Verden wurde es sogar Mitglied des Westfälischen Kreises. Dazu durfte es Vechta besetzt halten, bis die ihm vom Reiche zu zahlende Kriegsentschädigung von fünf Millionen Talern abgetragen sein würde. Wenn Schweden ferner die westliche Hälfte von Pommern erhielt, auf das Brandenburg nach dem Aussterben des Herzogshauses ein unbestreitbares Erbrecht besaß, so mußte der Kurfürst anderweit entschädigt werden. Friedrich Wilhelm konnte sich nur sehr schwer in den Verzicht auf Vorpommern mit der Odermündung finden, war es doch sein politisches Lebensziel, aus Brandenburg-Preußen einen See- und Handelspolitik treibenden Ostseestaat zu machen. So kam er dazu, sehr weitgehende Entschädigungen zu fordern, zu denen u. a. die westfälischen Stifter Münster, Osnabrück und Minden gehörten; im Jahre 1646 besuchte er auf einer Reise nach Kleve und Holland die beiden Kongreßstädte persönlich. Doch das Übermaß seiner Ansprüche brachte ihn in Gefahr, ganz leer auszugehen, so daß er genötigt war, sich in Westfalen auf das Stift Minden und die Grafschaft Schaumburg zu beschränken. Während von protestantischer Seite die geistlichen Länder, namentlich soweit sie nicht mehr katholisch waren, als gegebene Entschädigungsmasse betrachtet wurden, hielt die päpstliche Partei unerschütterlich an der Vorstellung fest, daß sie unveräußerliches Kirchengut, „das Erbteil Christi" seien. In der Tat war die Wiederausbreitung des katholischen Glaubens vor allem in den geistlichen Ländern dank ihrer eigentümlichen Verfassung gelungen. Der klerikale Standpunkt fand gelegentlich die Unterstützung Frankreichs, um die deutschen Katholiken dem Kaiser abspenstig zu machen; freilich suchte es diesem wie Schweden gegenüber auch den zur zweiten deutschen Macht aufstrebenden Kurfürsten zu fördern. Grundsätzlich bemühte Schweden sich, Brandenburg den Verzicht auf Vorpommern durch eine ausreichende Schadloshaltung zu erleichtern, gleichwohl ließ sich die Zustimmung seiner Gesandten Oxenstierna und Selvius zum Übergang Mindens an den Kurfürsten nur durch hohe Bestechungsgelder erreichen. Als weitherzig und großzügig erwies sich der kaiserliche Vertreter Graf Trautmannsdorff, und so erhielt Brandenburg schließlich die Stifter Kammin, Magdeburg, Halberstadt und Minden zugesprochen. „Da habt Ihrs, aber Ihr und Eure Nachkommen werdet wenig Segen dabei haben!" knurrte der kurmainzische Kanzler den brandenburgischen Gesandten Wesenbeck an, worauf dieser trocken erwiderte: „Die Kalvinisten nehmen die Stifter daraufhin."

Noch bei der Huldigung der mindischen Stände 1650 sprach Friedrich Wilhelm es offen aus, daß er lieber Vorpommern genommen hätte, wie er auch noch nach Friedensschluß den aussichtslosen Versuch machte, Schwedisch-Pommern gegen seine Entschädigungslande einzutauschen. Und doch war es für Preußens und Deutschlands Zukunft von entscheidender Bedeutung, daß der Kurstaat sich weiter gen Westen hin ausdehnte, in das Herz Deutschlands hineinwuchs. War das Stift Minden auch nur von geringer Größe und mäßiger Bodengüte, dank seiner Lage am Weserstrom und der Westfälischen Pforte stellte es einen wichtigen Brückenpfeiler dem Rheine zu dar. Günstig war es auch, daß Minden an die Grafschaft Ravensberg grenzte, mit der es im späteren Verlaufe zu einer Einheit verwuchs; die Stellung Brandenburgs in Westfalen und dem benachbarten Niedersachsen gewann dadurch an Gewicht. Der Bevölkerung des Stiftes war der Übergang an Brandenburg durchaus willkommen und sie trat schon vor Abschluß des Friedens in Verbindung mit dem neuen Landesherrn. Anders freilich die Stadt Minden, die, ähnlich wie Herford in Ravensberg, auf ihre Unabhängigkeit pochte, derenthalben sie in den letzten Jahrhunderten so manchen Strauß mit ihren schwachen Bischöfen ausgefochten hatte; daß die Zeiten von Grund auf andere geworden waren, sah sie nicht. Ihr letztes Ziel, die Reichsfreiheit, konnte die Stadt beim Friedenskongreß nicht erreichen, um so mehr bemühte sie sich, wenigstens das Recht anerkannt zu sehen, nur eine eigene Besatzung in ihren Mauern zu halten. Aber trotz schwedischer Unterstützung scheiterte auch diese unzeitgemäße Forderung an dem Nein des Kurfürsten.

Der Übergang Mindens an Brandenburg erweckte den hellen Neid des Welfenhauses, dessen Gesandter Lampadius dieserhalb dem Vermittler Trautmannsdorff mit der ewigen Feindschaft Braunschweigs drohte; er erhielt von diesem die lächelnde Antwort, sein kaiserlicher Herr werde sich hoffentlich Braunschweigs erwehren können. In der Tat entging den Welfen eine seit Jahrhunderten verfolgte Beute im letzten entscheidenden Augenblick; an und für sich erschien es ihnen unerträglich, bei dem großen Beutezuge nach norddeutschen Bistümern leer ausgehen zu sollen (Moritz Ritter). Aber seit dem Tode des Herzogs Georg 1641 wurde das Haus Braunschweig durch drei schwächliche Nachfolger vertreten, die sogar den lange *Osnabrück* innegehabten Großteil des Stiftes Hildesheim dem Kurfürsten Ferdinand als dessen Inhaber hatten zurückgeben müssen. Jetzt glaubten sie, für die Säkularisation Mindens und der niedersächsischen Bistümer Entschädigung fordern zu können, weil diese Länder bis dahin weitgehend zur Versorgung welfischer Prinzen gedient hatten; in Minden waren von den neun letzten Bischöfen fünf ihres Stammes gewesen. Die welfischen Wünsche richteten sich auf das Stift Osnabrück, das zwar im Normaljahr 1624 einen katholischen Bischof gehabt hatte, dessen Bevölkerung jedoch damals zumeist nicht mehr katholisch gewesen war. Die Schweden hatten Osnabrück anfangs dem von ihnen eingesetzten Regenten, dem Grafen Wasaburg, zugedacht, unterstützten dann jedoch die Braunschweiger. Aber der Plan stieß auf den erbitterten Widerstand des Bischofs Franz Wilhelm. Dieser sah seine unter dem Restitutionsedikt erlangten, aber durch den Krieg längst wieder verlorenen Stifter Minden und Verden jetzt endgültig an protestantische Mächte übergehen; um so mehr klammerte er sich, auch mit Hilfe der Franzosen, an Osnabrück. Er gehörte auf dem Kongreß zu den Unversöhnlichen und ging darin so weit, daß sein einsichtigerer Vetter, der Kurfürst Ferdinand, ihm die Vollmacht zur Vertretung des Erzstifts Köln entzog; sein Glaubenseifer steigerte sich auf politischem Gebiete bis zur Verbohrtheit, wie er denn dem Friedensvertrag seine Unterschrift verweigerte. Und doch kann man der Charakterstärke Franz Wilhelms die Achtung nicht versagen. Um ihn zum Verzichte auf Osnabrück zu bewegen, bot man ihm das weit bedeutendere Stift Münster an, machte ihm selbst auf Mainz, das vornehmste deutsche Erzstift, Aussichten — er blieb unerbittlich, denn ihm war es darum zu tun, im Stifte Osnabrück, wo der gemischte, unklare kirchliche Zustand des späteren sechzehnten Jahrhunderts noch weitgehend herrschte, möglichst viele Seelen zu retten. Andererseits erregte die Aussicht auf die Rückkehr des harten Bischofs in der Stadt Osnabrück den stärksten Widerwillen. Nun wollte auch Osnabrück Reichsstadt werden; freilich überzeugte sich der gewandte Bürgermeister Schepeler bald, daß das keine Aussicht bot, auch der Stadt bei ihrer engen wirtschaftlichen Verbindung mit dem Lande kaum zum Heile gereichen würde. Schließlich verfiel man auf einen Ausweg, der die vielen Absonderlichkeiten des Reichsrechts um ein Unikum vermehrte, das sogenannte Osnabrücker Alternat. Die Rückkehr Franz Wilhelms wurde festgesetzt und zugleich bestimmt, daß nach seinem Tode ein evangelischer Prinz aus dem Hause Braunschweig und ein gewählter katholischer Bischof einander in der Herrschaft des Hochstifts Osnabrück von Fall zu Fall ablösen sollten; zum ersten Nachfolger Franz Wilhelms wurde der jüngste Sohn des Herzogs Georg, Ernst August, bestimmt. So kam es, daß man in Osnabrück bei der Verkündigung des Friedens viele Menschen weinen sah, weil er den ungeliebten Bischof zurückführte. In Erwartung dessen hatten die Bürger schon ein Jahr zuvor sich darangemacht, die verhaßte Petersburg, „den Horst der Ungerechtigkeit und Tyrannei", dem Boden gleichzumachen; jetzt vollendeten sie in Eile das Werk der Zerstörung. — Schweden hielt den Grafen Wasaburg für die Aufgabe Osnabrücks in der Weise schadlos, daß es sich das bis dahin münstersche Amt Wildeshausen an der Hunte als alten Bestandteil des Erzstifts Bremen zusprechen ließ und es jenem als Kronlehen übertrug; wieder einmal vermehrte sich auf diese Weise die Zahl der kleinen westfälischen Herren.

Schaumburg

Mit weit mehr Recht als die Braunschweiger konnte Hessen-Kassel einen Gebietszuwachs beanspruchen. Der Landgraf Wilhelm und die kluge Landgräfin Amalie hatten seit 1632 unter schweren Opfern unerschütterlich die protestantische Sache mit den Waffen verfochten, mit denen sie noch immer größere Stücke Westfalens behaupteten. Die hessischen Forderungen erstreckten sich auf den östlichen Teil des Herzogtums Westfalen, die münsterschen Ämter Bocholt und Stromberg, vor allem aber auf den oberwaldischen Distrikt des Stiftes Paderborn. Hier war es den Hessen gelungen, mit der Stadt Warburg zu einem guten Einvernehmen zu kommen. Aber diesen Ansprüchen stemmte sich die katholische Partei auf dem Friedenskongreß entgegen und fand die nachdrückliche Unterstützung der Franzosen. Nicht vergeblich wandte sich das zumeist bedrohte Paderborner Domkapitel an den allmächtigen französischen Minister, den Kardinal Mazarin, worauf Ludwig XIV. versprach, „die Interessen des von seinem Vorgänger(!) Karl d. Gr. gegründeten Bistums Paderborn gegen jedermann zu schützen". In Wirklichkeit war der französischen Politik mehr an den militärisch ohnmächtigen geistlichen Ländern Nordwestdeutschlands gelegen als an einem lebensvollen weltlichen Staate, sie mochten wittern, daß jene ihnen späterhin noch nützlich werden konnten. So mußte Hessen sich mit einer Geldentschädigung durch Köln, Münster und Paderborn abfinden lassen, bis zu deren Bezahlung es die Festung Koesfeld als Pfand behielt.

Einen kleinen Landgewinn in Westfalen schlug die Landgräfin

freilich doch heraus; es handelte sich um die Graftschaft Schaumburg. Seit dem kinderlosen Tode des kunstsinnigen Grafen (seit 1619 Fürsten) Ernst im Jahre 1622 war es mit seinem Hause schnell abwärtsgegangen. Sein Nachfolger aus der Linie Gemen, Jobst Hermann, hatte 1633 das Pech, von den Kaiserlichen gefangen zu werden, die ihm eine ungeheure Schatzung von 500 000 Talern abpreßten. Er starb 1635 und fünf Jahre später auch sein jugendlicher Vetter Otto, der Letzte aus dem alten ruhmreichen Geschlechte der Grafen von Schaumburg. Die einzelnen Ämter des Landes gingen vom Stifte Minden, von Hessen und zu einem kleinen Teile auch von Braunschweig zu Lehen. Doch die Mutter des letzten Herrn, Elisabeth zur Lippe, nahm als Allodialerbin das Ganze für sich in Anspruch und übertrug ihre Rechte an ihren Bruder Philipp, einen nachgeborenen Sohn des Grafen Simon VII. zur Lippe. Nach längerem Hin und Her kam es im Jahre 1646 zwischen diesem, der Landgräfin und dem Herzog Christian Ludwig von Braunschweig-Kalenberg zu einer Einigung. Danach erhielt der Lipper den nordwestlichen Teil des Landes mit Bückeburg und Stadthagen, Hessen den südöstlichen mit Rinteln und Obernkirchen. Braunschweig, das seine Ansprüche durch ein ungewöhnliches Mittel, dreiste Urkundenfälschungen, zu stützen suchte und schon 1635 widerrechtlich das Amt Lauenau am Deister besetzt hatte, wurde durch dieses und einige Trennstücke abgefunden. Der Friedensschluß bestätigte diese Regelung, indem er die unleugbaren Ansprüche Mindens Hessen zugute kommen ließ. — So wurde ein in Jahrhunderten zusammengewachsenes Land, das namentlich auf kulturellem Gebiete seine Lebenskraft bewiesen hatte, durch fürstlichen Ehrgeiz in bedeutungslose Teilstücke zerschlagen. Weder vermochte die hier begründete Sekundogenitur des Hauses Lippe in Bückeburg sich stärker zur Geltung zu bringen, noch gelang das Hessen mit seinem Anteil, trotz der Lage an der Weser.

Bezüglich der kleinen weltlichen Herren sei hier angeschlossen, daß in der Herrschaft Gemen die Grafen von Limburg-Stirum den Schaumbürgern nachfolgten. Auch das Geschlecht der Grafen von Gleichen in der winzigen Grafschaft Pyrmont war 1630 erloschen und der Kurfürst Ferdinand suchte das Ländchen als erledigtes Lehen des Stiftes Paderborn einzuziehen. Aber des letzten Grafen Ludwig Schwesternsöhne, die Grafen Christian und Volrat von Waldeck, machten ihr Erbrecht geltend. Allerdings setzte Ferdinand sich nach viermonatiger Belagerung in den Besitz des festen Hauses Pyrmont, aber nachdem dieses in der Folge mehrfach den Herrn gewechselt hatte, behaupteten sich schließlich die Waldecker und vereinigten das Ländchen mit ihrer Grafschaft. Die Ansprüche Paderborns wurden, wie vorweggenommen sei, im Jahre 1668 dadurch beseitigt, daß Waldeck auf sein Miteigentum an der Stadt Lügde verzichtete.

Lingen

Über ein westfälisches Ländchen endlich hatte schon der münstersche Friede zwischen Spanien und den Niederlanden vom Januar/Mai 1648 Bestimmung getroffen. Es war die Grafschaft Lingen, die einst durch Karl V. dem Grafen von Tecklenburg entfremdet und mit den spanischen Niederlanden vereinigt worden war. Vorübergehend (1597—1602) in holländischem Besitze, hatte Lingen für die Spanier nach dem Verluste ihrer ost-niederländischen Festungen seinen Wert verloren und war von ihnen 1630 der Liga zur Besetzung überlassen worden. Aber auch diese hatte es, veranlaßt durch die Fortschritte der schwedischen Waffen, zwei Jahre später geräumt. Darauf hatte das Haus Oranien zu Anfang 1633 die Grafschaft Lingen in Besitz genommen und sich seitdem darin behauptet; beide in Deutschland kriegführenden Parteien waren es zufrieden gewesen, den nicht unwichtigen Waffenplatz in neutraler Hand zu wissen. Durch den münsterschen Frieden trat Spanien das Land an das Haus Oranien förmlich ab, das Lingen als einen Teil der Niederlande nicht mehr zum Reiche gehörig betrachtete.

Im ganzen gesehen hatte sich in Westfalen die dem Mittelalter entstammende Übermacht der Krummstabslande, allen Anstürmen im Zeitalter der Glaubenskämpfe zum Trotz, behauptet, weniger durch die eigene Kraft als durch die Gunst der Umstände, den Einfluß der katholischen, spanisch-kaiserlichen Partei, die in den Niederlanden und am Niederrhein ihr Kraftfeld hatte. Nur das kleinste westfälische Hochstift Minden war der Verweltlichung zum Opfer gefallen und für das etwas größere Osnabrück wenigstens ein Ansatz hierzu geschaffen; Münster hatte das unbedeutende Amt Wildeshausen verloren. Andererseits hatten die z. T. seit Jahrhunderten von außen eindringenden Mächte weiter Boden gewonnen: Minden war an Brandenburg, die halbe Grafschaft Schaumburg an Hessen, Lingen an die Oranier gefallen, die Welfen hatten in Osnabrück Fuß gefaßt, ein schwedischer Ableger gar in Wildeshausen. In den nächsten anderthalb Jahrhunderten sollte die durch den Westfälischen Frieden bestätigte oder umgeschaffene Gebietsverteilung im wesentlichen fortbestehen.

Die kirchlichen Verhältnisse

Sosehr der Große Krieg zuletzt zum reinen Machtkampf geworden war, sein Ursprung lag in dem Ringen um den Glauben und deshalb mußte der Westfälische Friede auch die kirchlichen Verhältnisse regeln. Anders als 1555 in Augsburg konnte das nunmehr endgültig geschehen, weil die konfessionellen Fronten, damals noch völlig in Fluß, inzwischen sich verfestigt hatten. Sich selbst überlassen, hätte das deutsche Volk schließlich wohl in seiner Gesamtheit den Weg nach Wittenberg eingeschlagen. Als Truchseß ein Menschenalter später die Reformation im Herzogtum Westfalen einführte, fand er nicht mehr die einhellige Zustimmung des Volkes, immerhin besaß der evangelische Glaube doch noch starke Anziehungskraft. Mit dem heraufziehenden siebzehnten Jahrhundert ging diese mehr und mehr verloren oder, anders gesehen, nunmehr hatte die erneuerte katholische Kirche ihre Schäflein wieder so fest in die Hand bekommen, vor allem durch die Tätigkeit der Jesuiten und fortan dauernd durch den Beichtstuhl, daß sie keine Neigung mehr verspürten, irrezugehen. Wir sahen, daß noch 1622 beim Einrücken Christians von Halberstadt in Paderborn ein großer Teil der Bürgerschaft zum evangelischen Bekenntnis zurückkehrte, bei den späteren Eroberungen der Stadt durch die Schweden und Hessen seit 1631, bei der dreijährigen Besetzung durch diese 1633—1636 war davon keine Rede mehr. In den Städten des Münsterlandes hatten bis 1623 starke evangelische Neigungen bestanden; mochten sie bei einzelnen und etwa in der Grenzstadt Bocholt noch eine Zeitlang fortwirken, zu einem nennenswerten Abfall kam es trotz der z. T. langjährigen hessischen Besatzungen nicht mehr. Bei der vorübergehenden Herrschaft der Niederländer in der Grafschaft Lingen 1597—1602 konnten sie anscheinend noch ohne Schwierigkeiten den evangelischen Gottesdienst wieder einführen; als sie das seit 1648 erneut versuchten, stießen sie auf unbeugsamen Widerstand. Hier war es vor allem die bäuerliche Bevölkerung, die sich ihr Glaubensbekenntnis nicht mehr von der Obrigkeit vorschreiben ließ, während sie sich bis dahin deren Befehlen, soweit erkennbar, geduldig gefügt und nur Bürgertum und Adel ein Selbstbestimmungsrecht in Anspruch genommen hatten. — Es war ein Zeichen der Zeit, daß auch der Adel, an sich dem Glaubensdrucke weniger ausgesetzt als die Städte, sich vielfach zur katholischen Kirche zurückfand; gelegentlich mochten deren reiche Pfründen locken. Die führenden Geschlechter des Münsterlandes, die Merveldt, Ketteler, Westerholt, von der Recke, waren fortan wieder gut katholisch, nur im Niederstift hielten einige Familien, die Burgmannssitze im osnabrückschen Quakenbrück besaßen, am evangelischen Bekenntnis fest, wie das auch im Paderbornschen eine Reihe von Geschlechtern, darunter die Spiegel, von Haxthausen, von der Lippe und von Oeynhausen, noch längere Zeit taten, desgleichen die von Amelunxen im Stift Korvey.

Bekanntlich wurde in Münster und Osnabrück der 1. Januar 1624 als Stichtag für die dauernde Zuteilung der Kirchengüter festgesetzt; den andersgläubigen Untertanen, die im Normaljahr rechtlich oder tatsächlich ihr Bekenntnis, sei es öffentlich, sei es privat, ausgeübt hatten, verblieb das Recht hierzu. Für Westfalen bedeutete das kaum eine Änderung des Zustandes, wie er sich im Verlaufe von Reformation und Gegenreformation schließlich herausgebildet hatte. Noch um 1582, zur Zeit der truchsessischen Wirren, war das ganze Land überwiegend evangelisch gewesen; inzwischen hatten, teils gütlich, teils mit Gewalt, mindestens zwei Drittel der Bevölkerung sich in den Schoß der römischen Kirche zurückgefunden. Wenn wir die konfessionelle Verteilung im einzelnen betrachten, so war die Grafschaft Mark überwiegend, ihr Süderland ganz evangelisch, ebenso die Reichsstadt Dortmund und die Grafschaft Limburg, während in Essen Stift und Land sich zur katholischen, die Stadt zur evangelischen Kirche hielten. Die im Osten und Norden angrenzenden kölnischen Landesteile dagegen, das Herzogtum Westfalen und das Vest Recklinghausen, waren rein katholisch. Das gleiche galt von dem bei weitem ausgedehntesten Lande, dem Fürstbistum Münster, wo nur die kleinen Einschlüsse Gemen und Burgsteinfurt sowie die angrenzenden Grafschaften Bentheim und Tecklenburg sich als evangelisch behauptet hatten, während Lingen wieder katholisch war. Vielfach ungeklärt fanden sich beide Bekenntnisse nebeneinander im Stifte Osnabrück. Der Protestantismus beherrschte östlich hiervon ein größeres, an Niedersachsen angrenzendes Gebiet, die freilich kaum noch zu Westfalen zu rechnenden Länder Hoya, Diepholz und Wildeshausen, ebenso weiter südlich das Stift Minden und die Grafschaften Schaumburg, Ravensberg, Lippe und Pyrmont. Die Herrschaft Rheda war kirchlich gemischt, ebenso die Abtei Korvey mit Höxter, einhellig katholisch wieder das Stift Paderborn, dazu die Grafschaft Rietberg und das osnabrücksche Amt Reckenberg. Endlich gelangte man im Südosten in der Grafschaft Waldeck noch einmal auf evangelischen Boden.

Von den Evangelischen hing die große Mehrzahl dem Luthertume an, wogegen die Grafschaften Bentheim, Steinfurt, Tecklenburg mit Rheda, sowie Lippe und zumeist auch Limburg reformiert waren, auch in der Grafschaft Mark gab es eine Anzahl kalvinischer Gemeinden. Diese Verteilung der Bekenntnisse hat sich im wesentlichen bis zur Gegenwart erhalten, stärkere Verschiebungen sind nur durch die neuzeitliche Zusammenballung der Bevölkerung im Ruhrkohlengebiet eingetreten. So spiegelt die Religionskarte der jüngsten Vorkriegszeit noch die politischen Grenzen von 1648 wider.

Da der konfessionelle Gegensatz seine Schärfe noch lange behielt, zeugt es für die festgewurzelte alte Kraft des geschichtlich erwachsenen Westfalenbewußtseins, daß es diesen Widerstreit überdauert hat (Herman Aubin). Begünstigt wurde diese Tatsache dadurch, daß die Gebiete sich durchkreuzten: zwischen die katholischen Blöcke des Münsterlandes im Nordwesten, des Herzogtums Westfalen und Paderborn im Südosten schoben sich als Keile von Südwesten her die evangelische Grafschaft Mark, von Nordosten Ravensberg, Lippe, Minden und Schaumburg. Abgesprengt waren im Nordwesten die Evangelischen der Grafschaft Bentheim, im Südosten die in Waldeck, und das hatte denn freilich zur Folge, daß jene nach den glaubensverwandten Niederlanden, diese nach Hessen sich hingezogen fühlten, wodurch bei der Stärke der religiösen Bindungen ihr Gefühl der Zugehörigkeit nach Westfalen allmählich erlosch. Umgekehrt war die politische Bindung der Grafschaft Lingen an die Niederlande nicht imstande, sie von dem konfessionell gleichgerichteten Münsterlande abzuziehen.

Wenn Westfalen überwiegend zur katholischen Kirche zurückfand, waren hierfür, wie wir sahen, zunächst äußere politische Umstände maßgebend. Aber unverkennbar haben doch auch gewisse seelische Voraussetzungen dabei mitgesprochen; in wenigen deutschen Ländern ist der Katholizismus bis heute so tief eingewurzelt, hat er so überzeugte Vertreter hervorgebracht, wie in Westfalen. Wir erkannten gelegentlich schon die Doppelpoligkeit im Wesen des westfälischen Menschen: das feste Verbundensein mit dem heimischen Boden und zugleich den unwiderstehlichen Drang, der ihn in die Ferne trieb und zum Kolonisator und hansischen Kaufmann machte. Die beiden Richtungen finden ihren Ausgleich in der Gesinnung eines besonnenen Fortschritts, die so manchem Sohne der Roten Erde, z. B. Hermann Bonnus, auch ihrem größten, Justus Möser, den Stempel aufgedrückt hat. Das Vorwärtsdrängende, der Zug zur Selbständigkeit, der inneren Freiheit vor Gott führte den Westfalen zum Protestantismus hin, dem sich zuerst und vor allem das Bürgertum zuwandte; an die Seelenkräfte des Beharrens, der Bindung an die gegebenen Autoritäten knüpfte der Katholizismus an. Die eine wie die andere Veranlagung ist durch das kirchliche Bekenntnis im Laufe der Zeiten weiter entwickelt und gesteigert worden. So erklärt sich die Weltoffenheit und wirtschaftliche Tatkraft der Märker und Ravensberger, die blühende Industrien ins Leben riefen, wie auf der andern Seite der Gleichmut, die besinnlich heitere Selbstbescheidung des heute noch wesentlich bäuerlichen Münsterländers. Dem katholischen Sauerländer blieb dank der Kargheit seiner Berge der auf Erwerb gerichtete Tätigkeitsdrang stärker erhalten.

ZWEITER TEIL: DIE ZUSTÄNDE

1. Kapitel

Die gewerbliche Wirtschaft

Der Bergbau

Wie der faustische Drang den Renaissancemenschen zu überseeischen Entdeckungen trieb, so ließ er ihn sich auch der Alchimie, der Kunst der Goldmacherei ergeben, zu deren unbelehrbaren Opfern der Graf Simon VI. zur Lippe gehörte. Doch auch dem „Bergteufel" hatte er sich gleich anderen Fürsten verschrieben und die Erfolge auf diesem Gebiete waren etwas weniger unwirklich; der Bergbau nahm in diesem Zeitalter einen namhaften Aufschwung. Nach Edelmetallen suchte man freilich ziemlich ergebnislos im Lande. Ein Fund von Golderz bei Falkenhagen in Lippe 1593 erweckte in dem Grafen Simon und Dietrich von Fürstenberg einen Augenblick kühne Hoffnungen, bis er sich als Trug erwies; der alte Goldbergbau bei Korbach mußte 1585 wegen Erschöpfung der Ader eingestellt werden. Auf „reiche und gütige Sylber Ertz" war man schon um 1544 im kölnischen Silbach (Kreis Brilon) fündig geworden. Der Kurfürst gewährte weitgehende Vergünstigungen für den Abbau und verlieh der zu gründenden Bergstadt alle wünschenswerten Freiheiten; anfänglich waren die Ergebnisse günstig und schon hoffte man, es dem blühenden Silberbergbau im Erzgebirge gleichtun zu können. Doch der Abbau gestaltete sich immer schwieriger und bald nach 1600 kam das Unternehmen endgültig zum Erliegen. Kurz zuvor hatte der Bergbau auf Silber, Kupfer und Blei im benachbarten Ramsbeck begonnen, der sich, gefördert durch den bergfreundlichen Kurfürsten Ernst, als nachhaltiger erwies; der Name des Venetianerstollens scheint auf die Mitwirkung italienischer Bergleute zu deuten. Die Blei- und Silbergrube Kurfürst Ernst bei Sundern (Kreis Arnsberg) soll um 1600 dreihundert Bergleute beschäftigt haben.

Erfolgreicher gestaltete sich der Abbau der anstehenden Eisenerze. Der Eisenbedarf und daneben der von Kupfer und Blei stiegen stark an, weil die ständig sich vergrößernden Heere Kürasse, Hellebarden und Schwerter gebrauchten, vor allem aber Feuerwaffen; zu den Kanonen kamen die Musketen und Pistolen. Aber auch für friedliche Zwecke nahm der Verbrauch von Eisen zu. So blühte denn der Bergbau in der Gegend von Olpe, wo der Kurfürst Ernst sogar protestantische Bergleute duldete; aus Attendorn freilich hatten zahlreich evangelische Eisengewerke weichen müssen. Der Drost Kaspar von Fürstenberg war Hauptgewerke einer Grube St. Elisabeth bei Hundem. Im Gogericht Brilon befanden sich 1597 16 Bergwerke auf Eisen, Blei und Galmei in Betrieb, deren Bergzehnte zeitweise über 2000 Tlr. erbrachte; in zwei Bergwerken zu Marsberg wurden zu gleicher Zeit Kupfer und Eisenerz abgebaut. Der Bergbau des märkischen Sauerlandes war aus Mangel an Erzen nur im südlichen Zipfel von einiger Bedeutung. Als der Bergmeister Bernhard Oesthoven fündig geworden war und mit fünf weiteren Gewerken, darunter zwei Kölnern und einem Nürnberger, die Gewerkschaft „die hillige Dryvoldicheit" gründete, gab ihr der Herzog Johann III. 1524 eine Ordnung, doch weiter verlautet von dem Unternehmen nichts. Die Galmeigruben in und bei Iserlohn dagegen standen auch jetzt in lebhafter Förderung, wie sie denn 1577 schon erhebliche Bergschäden verursachten. Ein Bergwerk bei Schwelm förderte Alaun und Kupfervitriol. Im Waldeckschen gewann man Eisenerz aus dem Martenberge bei Adorf, dessen Ausbeute so ergiebig war, daß sie für die Versorgung der zahlreichen Hütten des Landes ausreichte. Im Hochstift Paderborn wurde 1607 der Eisenbergbau bei Altenbeken wieder aufgenommen. Die Herren von Westphalen hatten schon seit der ersten Hälfte des sechzehnten Jahrhunderts bei Bleiwäsche (Kreis Büren) Bleigruben in Betrieb gesetzt, die benachbarten bei Blankenrode wurden weiter ausgebeutet. Im Lippischen war der Abbau und die Verhüttung von Eisenerz bei Kohlstädt nach wie vor in Betrieb, dagegen blieb den wiederholten kostspieligen Versuchen des Grafen Simon VI., weiteren Bergbau auf verschiedene Erze im eigenen Lande und außerhalb aufzunehmen, der Erfolg versagt.

Noch stand der Bergbau auf Steinkohlen hinter der Erzförderung weit zurück, weil ihr Absatz sich immer noch wesentlich auf das Schmiedegewerbe und die Kalkbrennerei beschränkte. Im Jahre 1511 hören wir erstmalig von einer aus vier oder fünf Teilhabern bestehenden Gewerkschaft zum Betriebe einer Grube bei Dortmund, um 1520 auch von der Steinkohlengewinnung bei Bochum und

Herdecke. Seit etwa der gleichen Zeit wurden „Kohlenberge" im Osnabrückschen bei Ösede abgebaut, ohne doch in Flor zu kommen; hier mochte die geringe Güte der Kohle den Absatz erschweren. Die Anfänge des Ibbenbürener Bergbaus in der Obergrafschaft Lingen gehen bis zur Mitte des sechzehnten Jahrhunderts zurück. — Späterhin drang die Steinkohle als Ersatz für die immer schwieriger zu beschaffende Holzfeuerung in die Salzwerke ein; in denen zu Salzuflen z. B. wurde um 1600 Kohle aus dem Schaumburgischen (Barsinghausen) verwandt. — Die Steinbrüche in den Baumbergen bei Münster, bei dem bentheimischen Gildehaus und in dem schaumburgischen Obernkirchen hatten in dem baulustigen Zeitalter flotten Absatz für ihren weithin geschätzten Haustein. Seit Anfang des sechzehnten Jahrhunderts ist auch der Abbau von Dachschiefer in der Gegend von Brilon bezeugt, wie denn solcher 1505 über Lippstadt für das neue Rathaus in Osnabrück bezogen wurde.

Eisengewerbe

Ludwig Beck nennt in seiner Geschichte des Eisens das Herzogtum Westfalen und die Grafschaft Mark die klassischen Länder der Eisenindustrie im westlichen Deutschland. Das bewährte sich auch jetzt. Mit den Bergwerken waren regelmäßig Hütten zum Schmelzen des gewonnenen Erzes verbunden. In Marsberg gab es 1597 eine Kupfer- und fünf Eisenhütten; die zahlreichen märkischen Hütten verarbeiteten auch Erze aus dem Siegerlande und dem Herzogtum. Es kam so weit, daß die klevische Regierung 1559 die Errichtung weiterer Schmelzhütten untersagte, um den durch den starken Holzverbrauch gefährdeten Waldbestand zu schützen. Die Weiterverarbeitung des gewonnenen Roheisens und Rohstahls erfolgte in den Hämmern zu Stück- und Breiteisen sowie zu Stahl; das Sauerland mit seinen zahlreichen Wasserkräften war übersät mit Hammerwerken. Man zählte ihrer im kölnischen Anteil vor dem Dreißigjährigen Kriege an die 100; im Amte Olpe allein gab es 44, im Assinghäuser Grunde und Umgegend 25, auch an der Hoppecke und um das benachbarte Marsberg häuften sie sich, wie dieses war auch Brilon damals Bergstadt. In der Olper Gegend herrschten die Breithämmer vor, die Eisenbleche herstellten. In der nicht minder gewerbfleißigen Grafschaft Mark, wo die Eisenhämmer und Drahtzüge in langen Reihen die Bäche umsäumten, suchte eine herzogliche Fluß- und Schlächteordnung (Schlacht = Stauwehr) von 1525 die Anlage neuer Hämmer zu verhindern, um die Fischerei zu schützen. Zu Ende des Jahrhunderts wurden auch im Ennepetal um Milspe Schmelzwerke und Reckhämmer angelegt, das

Eisengewerbe rückte nach Norden vor. — Im Paderbornschen baute der Edelherr von Büren 1613 bei Ringelstein einen Eisenhammer, im nächsten Jahre wurde auch in Altenbeken ein solcher angelegt.

Über die Erzeugnisse hören wir, daß 1535 zur Belagerung von Münster Eisen und Bleikugeln aus Warstein und Messinghausen bei Brilon, 300 Hakenbüchsen aus Drolshagen (Kr. Olpe) und dem benachbarten Berg-Neustadt bezogen wurden. Auch die Hansestädte beschafften ihren Bedarf an Waffen aus dem südlichen Westfalen. In dessen kölnischem Anteil wurden die damals aufkommenden gußeisernen Öfen gefertigt, deren Platten vielfach Darstellungen aus der biblischen Geschichte zeigten. Führend in der Herstellung von Eisenwaren war die Grafschaft Mark. Breckerfeld freilich mit seiner Stahlerzeugung ging seit dem frühen sechzehnten Jahrhundert stark zurück, z. T. deshalb, weil das Hauptabsatzgebiet England jetzt selbst auf diesem Gebiete den Wettbewerb aufnahm. Dagegen blühte die Drahtindustrie weiter auf. Nicht ohne Streit behauptete sich die überkommene Arbeitsteilung, wonach Lüdenscheid den groben, Altena den mittleren, gangbarsten, Iserlohn den feinen Draht fertigte; das Drahtziehen blieb ein ängstlich gehütetes, durch Eid gesichertes Geheimnis der Beteiligten. Als mit Beginn der Neuzeit die Ringpanzer abkamen, stellte sich die Iserlohner Panzerinnung erfolgreich auf die Herstellung anderer Waren aus Kleindraht, wie Haken, Ösen und Fischangeln, um. Wichtig war es, daß 1615 ein Iserlohner Kaufmann, Hermann Schmöle, die Anfertigung des besonders feinen Kratzendrahtes, der zur Verarbeitung der Wolle gebraucht wurde, aus Aachen in seine Vaterstadt verpflanzte. — Durch den kostspieligen Bau der Drahtrollen geriet die Mehrzahl der durchweg handwerksmäßigen Zöger (Drahtzieher) in Abhängigkeit von den kapitalkräftigeren Genossen, den Reidemeistern (reiden = bereiten), die sich zu kleinen Verlegern aufschwangen und auf eigenen oder fremden Rollen Draht zum Absatz herstellen ließen, doch auch die eigene Mitarbeit nicht verschmähten. Vom Großbetrieb war man noch weit entfernt, jede Drahtrolle hatte mehrere Bänke, die meist verschiedenen Besitzern gehörten.

Als Waffenschmiede betätigte sich Schwerte; der Herzog Julius von Braunschweig kaufte 1575 von dem dortigen Kaufmann Harmen Pfeffer tausend blanke Landsknechtsharnische für seine berühmte Rüst- und Waffenkammer in Wolfenbüttel; der Gegenwert bestand in einer Lieferung von Blei aus dem Rammelsberge bei Goslar. Weit bedeutender aber war Essen auf diesem Gebiete, sicherlich begünstigt durch die Lage auf der Steinkohle. Schon drei Jahre früher hatte Herzog Julius von hier 40 Stücke (Geschütze) kommen lassen, große und kleine, auch einige lange, „so Kugeln schießen eines Taubeneis groß und tausend Ellen ins Feld". Ebenso bezog 1583 der Kurfürst Truchseß Gewehre und Rüstungen aus Essen. Als Besonderheit entwickelte sich hier die Herstellung von Handfeuerwaffen. Wurden in den Jahren 1545 und 1546 je 2000 Stück Gewehre ausgeführt, so stiegen in der Folge die Einnahmen der städtischen Akzise unter manchen Schwankungen von 28 fl. im Jahre 1546 auf 410 fl. 60 Jahre später. Braun und Hogenberg kennzeichneten 1581 in ihrem Städtebuch die Stadt Essen: „Es soll einer nicht leichtlich einen andern Ort finden, da mehr allerlei Büchsen gemacht werden, denn eben daselbst." — Im ganzen wurden, wie Bruno Kuske beobachtet hat, die Leistungen des Eisengewerbes von Süden nach Norden wie von Osten nach Westen immer feiner. Lieferten das Siegerland und dessen Nachbarschaft vermöge ihrer reichen Erzlager den Rohstahl und das rohe Schmiedeeisen, so übernahmen das Herzogtum Westfalen und die südliche Mark mit einigem selbstgewonnenen Rohstahl die Weiterverarbeitung, während Iserlohn, die Enneper Straße und Essen — ohne eigene Erze, doch der Steinkohle nahe — die Sitze der feinen Fertigwaren darstellten.

Die Salzwerke

Wie das Eisen entstammte auch das Salz dem heimischen Boden. Den von alters ausgebeuteten Salzquellen war seit Ausgang des Mittelalters das Salzwerk in Unna hinzugetreten, 1607 wird ein solches auch in Halle erwähnt, dessen Ortsname ja schon auf Salzgewinnung deutet. Der münsterische Marschall Alexander von Velen d. Ä. gründete 1611 ein Salzwerk bei Rheine, dem er den Namen Gottesgabe verlieh. Im Laufe der Zeit wurde der technische Betrieb mehrfach verbessert. An die Stelle der bleiernen Pfannen traten eiserne, die allmählich immer größer wurden, dazu weniger Brennholz erforderten; dieses wurde schließlich durch die Steinkohle ersetzt. Wichtiger noch war es, daß man seit Ende des sechzehnten Jahrhunderts die Sole zunächst über Lack- oder Gradierwerke leitete, die anfänglich aus Strohbündeln bestanden und das Verdunsten des Wassers förderten. — Den nutzbaren Quellen ist auch der 1556 wiederentdeckte „heilige Born" in Pyrmont zuzurechnen, der alsbald weit und breit berühmt, als erstes westfälisches Heilbad das Ziel Tausender von Kranken wurde. Seit 1593 sind auch die Quellen von Driburg bekannt.

Dem Aufschwung des Bergbaues und des Eisengewerbes im südlichen Westfalen entsprach im nördlichen die Blüte der hier altheimischen Spinnerei und Weberei, vor allem des Leinens. Mehr noch als das Eisen lag dieses Gewerbe in der Hand der ländlichen Bevölkerung und konnte sich dank ihrer raschen Zunahme wesentlich ausdehnen. Es traten in unserm Zeitraume die neuen vielköpfigen Klassen der Markkötter und Heuerleute hervor, die bei einer immer schmaleren landwirtschaftlichen Grundlage um so stärker auf einen Nebenverdienst angewiesen waren und ihn in der Verarbeitung der Landeserzeugnisse, des Flachses und Hanfes, daneben auch der Wolle fanden; vor allem die Frauen waren hierbei tätig. Doch auch in den Städten gewann das Gewerbe Boden und arbeitete hier für den feineren Bedarf. In den lippischen Städten, namentlich in Lemgo, entstanden im sechzehnten Jahrhundert Innungen der Leineweber, später auch in Münster. Der Hauptsitz der Leineweberei war das Hochstift Osnabrück; das Beschauzeichen der städtischen Legge, über die auch das auf dem Lande gewebte Leinen ging, gewann Weltruf. Durch die Legge in Münster lief ebenfalls viel Ware aus dem Oberstift; die Bemühungen der Stadt gingen dahin, ihre Beschauanstalt zur amtlichen für das ganze Land zu machen. In der Grafschaft Ravensberg stellte man vornehmlich Löwend her, ein grobes Gewebe aus Flachs und Hanf, das zu Segeltuch Verwendung fand. Bleichereien bestanden in Lippstadt, Rheda und Warendorf, die freilich hinter denen des bergischen Elberfeld zurückstanden; immerhin befand sich ein bedeutender Ableger der Elberfelder Bleichen auf märkischem Boden in Schwelm. Insgesamt stand Westfalen jetzt wie vordem und später auf dem Gebiete des Leinens unter allen deutschen Ländern an führender Stelle. — Im Laufe des sechzehnten Jahrhunderts bürgerte sich in Bocholt, Koesfeld und Warendorf das Weben von Baumseide, d. h. Baumwolle, ein, zum Teil, wie es scheint, durch vertriebene Protestanten aus den Niederlanden. Auch in der Hauptstadt Münster sowie in Lemgo fand die Baumwollweberei eine Stätte.

Das Webstoffgewerbe

Daneben erlangte die Wollweberei erneut Bedeutung. In Osnabrück zählte das Wandmacheramt um 1600 über 300 Meister. Auch in den Nachbarstädten, sowie in Münster, Bocholt, Warendorf und Telgte blühte das Gewerbe auf. In Münster wurden die Wolltücher aus den Nachbarstädten, selbst aus Dortmund, doch auch englische gefärbt. Aber der Aufschwung des Wollgewerbes war nicht von Dauer. Es paßte sich nicht der wechselnden Mode an und blieb hinter dem auswärtigen Wettbewerb zurück, so daß im siebzehnten Jahrhundert der Verfall allgemein wurde.

Andere Gewerbszweige

Die vordem in vielen Städten auch für die Ausfuhr betriebene Bierbrauerei befand sich im Rückgang, wie insbesondere aus Paderborn berichtet wird, nur der Ausstoß des Mindener Bieres hielt sich auf der Höhe. Dafür bürgerte sich mit dem Genuß des Branntweins auch dessen Herstellung ein. Ferner verbreitete sich mit dem Buchdruck auch die Herstellung von Papier nach Westfalen, das eine wie das andere freilich etwas spät. Die erste lippische Papiermühle entstand 1555 in Bentrup gleichzeitig mit der ersten Druckerei in Lemgo; ihr folgten bis zur Mitte des siebzehnten Jahrhunderts drei weitere, alle bis auf die letzte von Lemgoern gegründet. In der Grafschaft Mark wurde 1567 die erste Papiermühle in Westig bei Iserlohn angelegt, in Ravensberg zu Ende des Jahrhunderts in Vlotho, im Osnabrückschen 1601 in Ösede durch den Bischof Philipp Sigismund, in Tecklenburg 1616 bei Haus Mark. Da die Wasserkräfte in und um die Städte längst vergeben waren, sahen sich die Papiermühlen durchweg auf ländliche Standorte angewiesen. Die Glashütten mit ihrem starken Brennstoffbedarf fanden sich in den lippischen und paderbornschen Waldgebieten, namentlich bei Schieder und Blomberg, Brakel und Driburg; sie wurden in diesem Zeitraum z. T. durch die Landesherren vergrößert und mit neuen Einrichtungen versehen. Tonwaren stellte das westliche Münsterland in Stadtlohn, Vreden und Ochtrup her.

Gewerbebetrieb auf dem Lande

Immer wieder sehen wir, wie tief die gewerbliche Wirtschaft im flachen Lande verwurzelt war und einen erheblichen Teil der ländlichen Bevölkerung, vor allem im Eisen- und Webstoffgewerbe, beschäftigte. In den bergigen waldreichen Gebieten ist auch an die zahlreichen Köhler und Aschenbrenner zu denken, die die vielgebrauchte Holzkohle sowie Pottasche für die Glashütten und Bleichereien brannten. Der gewerblichen Betätigung des Landvolks entsprach die nicht minder starke landwirtschaftliche Seite der westfälischen Stadtwirtschaft; die enge Verwandtschaft des Ackerbürgerhauses mit dem Bauernhause werden wir noch kennenlernen. Gleichwohl gingen in den Städten die Bestrebungen fort (vgl. Bd. I, S. 414 f.), den Betrieb von Handwerk und Handel auf ihre Mauern zu beschränken. Hamm ließ es sich 1516 etwas kosten, daß der Herzog in den Dörfern des Amtes das Bierbrauen und Backen von Weißbrot zum Verkaufe untersagte; der frühere Freibrief war umfassender gewesen. Bei den münsterschen Unruhen 1525 wurden dahin zielende Forderungen für den Umkreis von zwei Meilen um die Stadt erhoben, die Soester Schrae, das Stadtrechtsbuch, erhielt 1531 einen Zusatz, daß niemand in der Börde ein „Amt" haben solle. Graf Bernhard VIII. zur Lippe erteilte 1560 seinen Städten das sog. siebzigjährige Privileg, wonach in den Dörfern keine Handwerker zu dulden waren. Aber wohl oder übel mußte man Ausnahmen zulassen, die Verhältnisse waren stärker.

Alles in allem war Westfalen auch in diesem Zeitraum bis zum Großen Kriege ein Land voll emsigen Gewerbefleißes, das innerhalb der deutschen Volkswirtschaft bestehen konnte, weniger seiner doch nur bescheidenen Bodenschätze wegen, als vielmehr dank der Rührigkeit seiner Menschen.

Der Handel

So nahmen denn auch Handel und Verkehr eine bedeutsame Stellung ein, wenngleich die Zeiten des hansischen Fernkaufmanns unwiederbringlich dahin waren. Hatte dieser den Güteraustausch in den europäischen Norden vermittelt, so verlagerte die Entdeckung Amerikas den Handel Europas westwärts zu den Anliegern des Atlantischen Ozeans, unter denen die Niederländer damals an der Spitze standen. Für die Vermittlung der von ihnen aus Übersee eingeführten Waren — Gewürze und Rohrzucker, Baumwolle und Indigo, seit dem siebzehnten Jahrhundert auch Tabak — nach dem inneren Deutschland lag Westfalen, insbesondere das Münsterland auf dem Wege, und das erlaubte ihm, sich in den Einfuhrhandel einzuschalten. Der münstersche Chronist Röchel vermerkt zum Jahre 1601, daß acht Schiffe „mit groißer Specerie und Gude aus den nien gefunden Insulen, so drei gantze Jaer waren ausgewesen", in Amsterdam eingelaufen seien, nebenbei das einzige Mal, soviel ich sehe, daß die großen Entdeckungen des Zeitalters in der damaligen westfälischen Chronistik Erwähnung finden. Andererseits stellte Westfalen auch wichtige Güter für die Ausfuhr: Eisen- und Fleischwaren, Holz für den Schiff- und Hausbau der Niederlande, Bausteine, vor allem aber seine Leinwand. Die engen Handelsverbindungen erklären z. T. auch die anderen auf dem Gebiete der Politik und Religion, wie sie zwischen den nördlichen Niederlanden und dem Hochstift Münster bestanden und uns von den Tagen der Wiedertäufer bis in den Dreißigjährigen Krieg immer wieder entgegentraten. Die wirtschaftliche Blüte Bocholts, von der das stolze Rathaus Zeugnis ablegt, beruhte zum guten Teile auf dem Handel mit dem nahen Holland. Im Jahre 1622 hören wir, daß die Beckumer Kaufleute sich gegen den Frühling in großer Zahl nach den niederländischen Provinzen begaben, „daselbst ihre Kommerzien zu betreiben, damit sie sich das ganze Jahr mehrenteils ernähren müssen"; im nächsten Jahre sträubte sich Rheine gegen die Aufnahme einer Anholtschen Besatzung unter Berufung auf den lebensnotwendigen Handel mit Holland. — Daneben waren die überschüssigen Erzeugnisse der westfälischen Wirtschaft auch für den deutschen Binnenhandel von erheblicher Bedeutung.

Auf das einzelne gesehen, standen unter den Eisenwaren die Essener Gewehre in vorderster Reihe; ihr Absatz hob sich im Schmalkaldischen wie im Kölnischen Kriege, sie waren seit 1566 in dem langwährenden niederländischen Freiheitskampf bei den Oraniern wie den Spaniern begehrt. Der Essener Büchsenhändler Heinrich Hochhausen führte große Lieferungen an die Spanier aus und übernahm 1593 die Ausrüstung von 15 Fähnlein Landsknechte, also ganzer Truppenteile. Die Holländer kauften auch zu Handelszwecken Essener Gewehre auf, ebenso gingen diese über Emden ins Ausland. Der märkische Draht hatte von jeher in Köln seinen Markt und jetzt auch in Frankfurt, er nahm von da weiter nach Frankreich und Holland, z. T. bis nach Übersee seinen Weg. Aachen war für seine Nähnadelfabrikation auf den Altenaer Draht angewiesen. Der für den Messingguß benötigte Galmei aus den Iserlohner Gruben fand gleichfalls in Köln, Aachen und den Niederlanden Absatz, ferner in Bremen und Hamburg. Bei diesem Geschäfte mochten sich die Iserlohner Kaufleute zunächst betätigen, dann aber zogen sie in steigendem Maße auch den märkischen Eisenhandel an sich und ließen dessen alten Stapelplatz Dortmund allmählich veröden; fortan befand Iserlohn sich im Aufstieg.

Ein nicht minder weit und breit bekanntes und begehrtes Erzeugnis war die nordwestfälische Leinwand. Zum Hauptsitz ihres Handels schwang Osnabrück sich auf mit Hilfe seiner Legge, die an die Ware so strenge Anforderungen stellte, daß das aufgeprägte Osnabrücker Zeichen überall in der Welt Gewähr für erste Güte bot. Um ausfuhrfähig zu werden, wurde Leinen auch aus anderen westfälischen Städten, wie Münster, Hamm, Soest, Lippstadt und Attendorn, selbst aus Hessen und den Niederlanden nach Osnabrück auf die Legge gebracht. Hier fand im Anschluß an die Beschau die Versteigerung der Ware statt, wobei nur osnabrücksche Leinwandhändler zum Kaufe berechtigt waren. Ließ sich dieser Grundsatz auch nicht streng durchführen, so war doch den auswärtigen Kaufleuten der Wettbewerb durch eine Akzise erschwert. Daneben war auch Münster ein Leinenmarkt von Bedeutung, ferner Lemgo für die lippische, Herford für die ravensbergische Ware; auch solche aus dem Braunschweigischen gelangte nach Herford zum Verkaufe Der Absatz des Leinens wie auch von Leinengarn ging einmal über Emden — zeitweise durch die englischen Merchant adventurers — und Bremen nach England; um 1600 führte ein münsterscher Händler mehr als 16 000 Ellen im Jahr in London ein und von hier über See in die Kolonien. In geringerem Maße waren auch Dänemark und Schweden Abnehmer. Die andere Hauptrichtung verlief südwärts über Frankfurt und Nürnberg nach Venedig, bis der Dreißigjährige Krieg dem ein Ende machte. In den beiden ersten Jahrzehnten des siebzehnten Jahrhunderts erreichte der Leinenhandel Osnabrücks seinen Höhepunkt, man pries ihn damals als „die vornehmste Säule und Veste des gemeinen Besten". Aus dem Lippischen wurde nach Elberfeld wie nach den Niederlanden Garn ausgeführt, wo die berühmten Brabanter Spitzen daraus gefertigt wurden. Da man den Flachs nicht zur Reife kommen ließ, um eine feinere Faser zu gewinnen, erforderte der starke Flachsbau die Einfuhr von Leinsaat. Sie kam aus Riga über Bremen ins Land, selbst fand der westfälische Kaufmann nicht mehr den altvertrauten Weg nach Livland. Neben dem Leinenhandel trat der mit Wollwaren zurück. Englische Ware wurde durch die Merchant adventurers von Hamburg aus in Münster eingeführt; umsonst forderten die Paderborner Städte auf dem Hansetag in Köln 1558, daß alle englischen Kauf- und Manufakturwaren auf deutschem Boden verbrannt würden. Doch gingen auch noch westfälische Tuche ins Ausland, so nach Antwerpen, Amsterdam und über Hamburg. Der Lemgoer Prot stand 1599 mit Aachener und Maastrichter Kaufleuten „im Wollhandel in Sozietät".

Von Belang war das Geschäft mit Vieh und Fleischwaren. Münstersche Kaufleute erstanden alljährlich auf dem Markte zu Wedel in Holstein und in dem dänischen Kolding große Mengen von Ochsen, die daheim auf den Fettweiden der Flußniederungen gemästet wurden — wir sahen in der Reformationsgeschichte, welche Wichtigkeit für das Städtchen Ahlen seine Rinderherden hatten, — und dann weiter nach Köln gingen. Die Anfänge der westfälischen Fleischwarenindustrie reichen in diese Zeit zurück: gelegentlich hören wir, daß in Herdecke an der Ruhr — und zwar zu Ende des Dreißigjährigen Krieges — Eingesessene bis zu 60 feisten Schweinen schlachteten, das Fleisch und der Speck blieben gewiß nicht im Lande. Butter und Käse dagegen kamen von Groningen und Westfriesland herein, auch sie wohl teilweise zur Weitergabe nach dem inneren Deutschland. Wie auf dem Wasserwege der Lippe, Yssel, Berkel und Vechta Flöße und Schiffsladungen mit Holz und Steinen nach Holland gingen, so bewegten sich auch weserabwärts solche Lasten; der Steinhauer Lüder von Bentheim in Bremen betrieb einen schwungvollen Handel mit Oberkirchener Stein in der Stadt selbst wie nach Holland hinüber. In Lippe erging 1539 ein vorübergehendes Ausfuhrverbot für Holz.

Alles in allem richtete sich das Hauptgeschäft Westfalens nach Köln und den Niederlanden, wo Antwerpen, das an die Stelle Brügges getreten war, den Vorort bildete, bis es, 1576 und erneut 1585 durch die spanischen Heere ruiniert, seine Stelle Amsterdam überlassen mußte. Mit den Städten in Geldern und Oberyssel bestanden noch die alten Verkehrsbeziehungen, bis jene gleichfalls durch den Krieg verödeten. Daneben bestand ein lebhafter Handel mit Emden und Bremen und darüber hinaus nach England. Wenngleich der westfälische Kaufmann kaum noch nach dort hinüber ging, so wußte er sich doch bei der Weitergabe der englischen Tuche an ihre deutschen Hauptmärkte Frankfurt und Leipzig einzuschalten. Für Innerdeutschland war Frankfurt der Haupthandelsplatz, dessen Messen die münsterschen Kaufleute seit etwa 1600 regelmäßig besuchten und wohin Lemgo damals eine wöchentliche Postverbindung hatte. Nach Lübeck dagegen liefen nur noch schwache Fäden hinüber. Im Lande selbst war der Jahrmarkt zu Greven „dorch gantzes Dueschland berompt“ (Röchel); als er 1589 von einer staatischen Streifschar überfallen und ausgeplündert wurde, war das ein harter Schlag für die münsterschen Bürger (s. o. S. 100).

Das sechzehnte Jahrhundert förderte den Verkehr, indem es die Straßen und Postverbindungen verbesserte. Der Ausbau von Wasserstraßen wurde auch jetzt erwogen. Im Jahre 1578 verhandelten Ravensberg und Minden darüber, die Werre bis Herford schiffbar zu machen. Die kurkölnische Regierung verfolgte mitten im Kriege 1627 die Absicht, den Lauf der Lippe zu verbessern, um das Werler Salz leichter absetzen zu können, ein Plan, den der Landgraf Wilhelm V. von Hessen 1633 wegen der besseren Zufuhr zu seinen beiden Festungen Dorsten und Lippstadt wieder aufnahm. Auch die Stadt Hamm suchte 1646 den Kurfürsten Friedrich Wilhelm für die Schiffbarmachung der Lippe zu gewinnen. Aber wirklich ausgeführt wurde nur ein Leinpfad an der Ems, zu dessen Anlage die Stadt Münster 1574

200 Tlr. beisteuerte. Ebenso geringe Erfolge hatten die Bemühungen, etwas für die Landstraßen zu tun, ungeachtet der obrigkeitlichen Wegeordnungen und Wegeschauen, trotzdem 1592 „zu den gemeinen Wegen vor Münster" ein Betrag von 1000 Tlrn. letztwillig ausgeworfen wurde. Die Straßen im damaligen Westfalen befanden sich in einem heillosen Zustande, wie die vorliegenden Berichte genügend erkennen lassen.

Die wirtschaftliche Bedeutung der einzelnen Städte

Handel und Gewerbe ließen auch jetzt die Städte blühen, wenngleich sie nicht mehr in dem bisherigen Maße Träger des wirtschaftlichen Lebens und Fortschritts waren. Die Unruhen, die, von den Handwerkern ausgehend, im Zusammenhang mit der reformatorischen Bewegung in dem Jahrzehnt seit 1525 alle größeren Städte erschütterten, waren eine Folge des Rückganges in manchem Erwerbszweige. Dazu verschob sich die Bedeutung der einzelnen Städte nicht unerheblich. Gestützt auf das sich hebende ländliche Gewerbe traten die Orte des südlichen und nördlichen Berglandes, Iserlohn, Lemgo und Herford, in den Vordergrund, die des Hellwegs dagegen, Dortmund und Soest, die alten Stapelplätze des Sauerlandes, befanden sich im augenscheinlichen Niedergang. Zu ihren Ungunsten machte sich neben dem wirtschaftlichen Moment auch ein politisches geltend, der innere Zusammenschluß der Länder, die nun ihre eigene Wirtschaftspolitik trieben. Wie die klevische Regierung Dortmund von seinem märkischen Hinterlande nach Möglichkeit abschnürte, so die kurkölnische Soest von dem des Herzogtums. „De Neringe is leyder doch cleyne in Soist," klagte der Rat 1519, obwohl damals der Soester Ulrichsmarkt noch aus ganz Westfalen und der Nachbarschaft besucht wurde. Die Stadt hatte 1566, wie der Rat berichtete, keine andere Nahrung als Ackerwerk, was doch auch eine Übertreibung war, weil Soest noch später Handel nach den Niederlanden trieb. In Dortmund war 1616 der Ackerbau „die gemeinste Hantierung". Im Vergleiche zum Mittelalter waren beide Städte nur noch Schatten ihrer alten Größe. Anders Münster und Osnabrück. Beide konnten sich auf dem alten Stande behaupten, wohl gar fortschreiten, weil sie politisch wie wirtschaftlich die Mittelpunkte ansehnlicher Länder waren, deren Verkehrsfäden in ihnen zusammenliefen, von ihnen ausstrahlten, wie besonders der Leinenhandel erkennen läßt. Münster betrachtete sich seit dem Anfang des sechzehnten Jahrhunderts als die Hauptstadt Westfalens und wurde häufig als solche bezeichnet; auf dem Friedenskongreß 1647 beantragte es geradezu die kaiserliche Verleihung dieses Titels. In ähnlich günstiger Lage war das kleinere Minden, dem die ewigen Zwistigkeiten mit den ohnmächtigen Bischöfen nicht viel anhaben mochten, sowie das rührige Lemgo, bis dieses zu Anfang des siebzehnten Jahrhunderts in scharfen Gegensatz zu seinem Landesherrn geriet, dessen Verkehrssperren und dauernde Abneigung schließlich doch zum Nachteile der Stadt ausschlugen. Paderborn war wohl niemals in vollem Umfange Verkehrsmittelpunkt des Landes mit seiner Unzahl von Kleinstädten, zumal der oberwaldische Bezirk sein natürliches Gefälle nach der Weser hin hatte. Der unglücklich ausgehende Kampf mit Bischof Dietrich, die Austreibung zahlreicher Protestanten schlugen der Stadt tiefe Wunden. Herford konnte bei der ungeklärten Rechtslage der Grafschaft Ravensberg gegenüber seine wirtschaftliche Vormacht einstweilen noch festhalten; neben ihm stieg die Landeshauptstadt Bielefeld nur langsam auf.

Eigentümlich war die wirtschaftliche Lage Mindens, das durch die schiffbare Weser einen Vorzug vor allen anderen größeren Städten Westfalens besaß. Aber es wurde dessen nicht recht froh, weil das mächtige Bremen die freie Schiffahrt Mindens auf dem Strome durch Abgaben und sein Stapelrecht, den Verkaufzwang für die ankommenden Waren, schwer beeinträchtigte. Nun übte freilich auch Minden selbst ein Stapelrecht aus bezüglich des zu Wasser anlangenden Getreides und Brennholzes, was wieder die Bremer verdroß. Dazu verschaffte es sich 1552 ein Privileg von Kaiser Karl V., der den Mindenern die freie Schiffahrt an Bremen vorüber zusicherte „ohne gemelter Stadt Bremen Irrung, Einrede oder Verhinderung". Doch schon zwei Jahre später erklärte derselbe Kaiser den Bremern gegenüber jeden bis dahin erfolgten Widerruf ihrer Privilegien für null und nichtig, was die Bremer auch auf das Privileg von Minden bezogen. So ging der Streit um das Stapelrecht zwischen den beiden Städten hin und her, ohne daß die Mindener als die Schwächeren sich in Bremen hätten durchsetzen können; für ihr eigenes Stapelrecht erhielten sie 1627 von Kaiser Ferdinand II. eine Bestätigung.

Bis ins siebzehnte Jahrhundert hinein war Westfalen ein Land voll regen wirtschaftlichen Lebens und Gedeihens, mochten auch hier und da die Säfte stocken. Ungeachtet mancher Verschiebungen im einzelnen konnte der vom Mittelalter her in Stadt und Land angesammelte Kapitalreichtum sich erhalten und vermehren, wovon noch heute die Rathäuser und Bürgerbauten wie die Adelsschlösser der Renaissance ein eindrucksvolles Zeugnis ablegen. Freilich waren schon einige Stürme nicht ohne Schaden über die westfälischen Lande dahingegangen, so die truchsessischen Wirren, die ständigen Raubeinfälle aus den Niederlanden, die klevischen Erbstreitigkeiten, bis sich auch hier das langwährende Unwetter des Großen Krieges mit voller verheerender Wucht entlud.

Die Einwirkungen des Dreißigjährigen Krieges

Ein vollständiges Bild von den Einwirkungen des Großen Krieges auf Westfalens Wohlstand und Bevölkerungszahl läßt sich nur bei gleichzeitiger Betrachtung von Stadt und Land, Bürgerschaft und Bauerntum gewinnen. Im Norden wurde das Niederstift Münster empfindlich getroffen, weil es das Durchmarschgebiet von Westfalen über Meppen nach Ostfriesland wie landeinwärts von der Unterweser her über Vechta war. Beide Städte wechselten als wichtige Festungen oftmals den Herrn, was wegen der vorhergehenden Belagerung und Beschießung, des mit Brandschatzung und Plünderung verbundenen Einrückens eines Eroberers die gewohnten Leiden der schweren Einquartierung und Kontribution zu verschärfen pflegte. Meppen erlebte zwar eine kurze Glanzzeit, als es 1633—1635 die Residenz des Feldmarschalls von Knyphausen war, der es möglichst zu schonen und zu heben suchte, aber späterhin wurde die Bürgerschaft von der kaiserlichen Besatzung so hart bedrückt, daß der vierte Teil auswanderte (1638); von den noch vorhandenen 120 Häusern fiel 1647 die Hälfte der Beschießung durch Königsmarck zum Opfer. In dem großen Amte Meppen lagen bei Friedensschluß viele Höfe öde und waren nur schwer wieder zu besetzen, weil freie Erbhöfe um geringen Preis feil waren. Emsaufwärts wurde die Grafschaft Lingen, bis 1630 in spanischer, demnächst in holländischer Hand, zwar von dem deutschen Kriege kaum berührt, aber sie war schon durch die vorhergehenden so verarmt, daß noch 1633 den landesherrlichen Meierhöfen alle Pachten erlassen werden mußten. Die benachbarte Grafschaft Bentheim dagegen scheint nur vorübergehend unter Kriegsdruck gelitten zu haben.

Um so ärger wurde das Oberstift Münster mitgenommen, das den spanischen Winter 1598/99 noch keineswegs verschmerzt hatte. Dazu waren schon seit längerer Zeit zahlreiche Taufgesinnte, durchweg fleißige tüchtige Leute, des Landes verwiesen worden (s. o. S. 125). Seinen Höhepunkt erreichte der Glaubensdruck nach der Niederwerfung der münsterschen Städte durch Anholt 1623. So verließen im Jahre 1625 29 z. T. führende Bürgerfamilien ihre Heimatstadt Rheine, in Bocholt, das 1591 2700 Einwohner gehabt hatte, zählte man 135 Bürger, die der Religion halber vertrieben oder ausgewandert waren, in dem kleinen Vreden standen aus dem gleichen Grunde über 70 der besten Häuser leer. Auch das gewerbfleißige Warendorf wurde von der Auswanderung betroffen. Hier wie überall gehörten die Exulanten den wohlhabenden oder doch wirtschaftlich rührigen Kreisen an und bildeten eine Auslese überzeugungstreuer entschlossener Menschen. Nicht zu übersehen ist freilich, daß sich regelmäßig ein Teil der Vertriebenen im Laufe der Jahre konfessionell „akkommodierte" und in die Heimat zurückkehrte. Den zweiten Teil des Krieges hatte das Münsterland, abwechselnd in der Hand der Hessen und der Liga, bis zur Neige auszukosten. In Bocholt lagen bei Kriegsende 500 Häuser wüst und die Zahl der Bürger war auf 200 herabgesunken (regelmäßig werden fünf- bis sechsmal soviel Einwohner wie Bürger zu zählen sein). Bei der Beschießung durch die Schweden 1647 sanken in Rheine 365 Häuser mit der Pfarrkirche in Trümmer, noch 1668 lagen an die hundert Hausplätze wüst, der Handel der Stadt nach Holland war vernichtet. Warendorf und Koesfeld, das eine dauernd von den Kaiserlichen, das andere von den Hessen besetzt, scheinen nicht ganz so schlecht weggekommen zu sein.

Eine Sonderstellung nahm M ü n s t e r ein, die einzige größere Stadt Westfalens, die während des ganzen Krieges keinen Feind in ihren Mauern sah und nicht einmal eine ernsthafte Belagerung zu bestehen hatte. Statt dessen erfreute sie sich seit 1643 der Neutralität und war fünf Jahre lang Sitz des Friedenskongresses, dieser glänzenden Versammlung, die unzweifelhaft viel Geld in Umlauf brachte und den Bürgern mancherlei Verdienstmöglichkeit bot. Gleichwohl darf diese günstige Einwirkung nicht überschätzt werden. Hatte Münster im Jahre 1591 10613 Einwohner gehabt, so war deren Zahl seitdem sicher nicht gestiegen, vielmehr 1669 auf noch nicht ganz 7000 gesunken. Wenngleich dieser Rückgang zum guten Teile auf die spätere dreimalige Belagerung und schließliche Eroberung durch den Bischof Christoph Bernhard von Galen in den Jahren 1655—1661 sowie auf mehrfache Pestseuchen zurückzuführen sein wird, so dürfte doch die Verheerung des Landes durch den Krieg entscheidend mit in Rechnung zu stellen sein; man kann den Rückgang der Hauptstadt an dem Ruin des Hochstifts als Gradmesser ablesen.

Auf dem flachen Lande sah es wirklich trostlos aus. Schon die Einlagerung des anholtschen Heeres hatte es so mitgenommen, daß die Äcker vielfach aus Mangel an Saatgut unbestellt blieben und die

Eingesessenen z. B. des Amtes Bevergern ihr Leben mit Rüben und Eicheln fristeten. Noch fehlen hier wie im übrigen Westfalen umfassende Untersuchungen über die späteren Kriegsschäden, doch wird es genügen, daß es in den Kirchspielen Holtwick und Osterwick (Kr. Koesfeld) schon 1625—1632 wüste Höfe gab, 1643 aber nur fünf Höfe beider Kirchspiele noch Pacht bezahlten. Alle übrigen waren verdorben und großenteils verlassen, die Mühlen zerstört oder stillstehend, weil es nichts zu mahlen gab. Im Kirchspiel Hiddingsel (Kr. Koesfeld) fanden sich 1650/51 noch 27 Höfe, die Steuern zahlten, während 21 wüst, verbrannt oder arm waren; im Nachbarkirchspiel Buldern waren die entsprechenden Zahlen 35 und 27. Im Landkirchspiel Bocholt lag 1648 die Mehrzahl der Höfe fast ein Jahrzehnt lang wüst, vier Bauerschaften waren von ihren Einwohnern verlassen.

Die Gegenden an den großen Heerstraßen der Lippe und des Hellwegs waren naturgemäß den Verheerungen ganz besonders ausgesetzt; die Kornkammer des Hellwegs besaß an sich starke Anziehungskraft für den Soldaten. In Recklinghausen sank die Zahl der Bürger von 600 auf 200. Dortmund war seit 1632 immer wieder von einer Hand in die andere übergegangen, dazu raffte die Pest 1635/36 etwa 900 Menschen hin. Seitdem verzogen zahlreiche Kaufleute nach Hamburg, Lübeck, Dänemark und den baltischen Ländern, 1641 zählte man über 500 zerstörte Häuser. So sank die Einwohnerschaft während des Krieges von 6500—7000 auf höchstens 2000 Seelen; am Ende war aus der einst so stolzen Reichsstadt ein entleertes, verwüstetes und unvermögendes Ackerstädtchen geworden (L. v. Winterfeld). Nicht ganz so schlimm stellten sich die Verluste in der ländlichen Grafschaft Dortmund, hier waren 1640 von 240 Hausleuten, d. h. Hofbesitzern und Köttern, noch 174 übrig. Ähnlich standen die Dinge im angrenzenden märkischen Oberamt Hörde, wo 1646 von 158 steuerpflichtigen Höfen 56 unvermögend oder wüst waren. Dortmunds alter Nebenbuhler Soest wurde vom Kriege nicht minder schwer betroffen: bei der Beschießung durch den Grafen von Götz 1636 gingen 600 Häuser in Flammen auf, in dem harten Winter vier Jahre später brach die Besatzung 600 weitere offenbar entbehrlich gewordene Häuser ab. Auch Soest war zugrunde gerichtet. In Hamm waren 1635 von 500 Bürgern noch 300, meist arme Leute, vorhanden, die demnächst auf 100—200 absanken; die Entwichenen trieben z. T. auf den Dörfern ihre Nahrung und Handwerk und werden später zurückgekehrt sein.

Eine Ausnahme in dem allgemeinen Elend machte E s s e n dank seiner Rüstungsindustrie. Zwar sah die Stadt sich in der ersten Hälfte des Krieges schwerem Bedruck durch Einquartierung ausgesetzt, aber ihr Handwerk, die Herstellung von Büchsen und Pistolen, blühte wie noch nie. Die Jahresausfuhr von Musketen, die 1608 2717 Stück betragen hatte, stieg im Jahre 1619 auf 6726 Stück, im nächsten auf 14797 und behauptete sich in den beiden folgenden auf 11726 und 11971. Dann freilich sank sie stark ab bis auf 752 im Jahre 1629 wohl infolge der örtlichen Kriegsnöte, wuchs aber in der Folge wieder auf 5978 (1632), 5221 (1637), 7040 (1642) an, zwischen denen weniger günstige Jahresabschlüsse lagen; ein neuer Tiefstand wurde erst beim Kriegsende mit 880 (1647) erreicht. Dieser Aufschwung brachte es mit sich, daß zahlreiche Büchsenmacher und Gewehrhändler vornehmlich aus westfälischen, daneben auch rheinischen Städten in Essen einwanderten.

Noch zwei andere Zweige der am Hellweg heimischen Industrie erfuhren durch den Krieg eine unerwartete Förderung. Längere Zeit hindurch war die Rheinschiffahrt gesperrt, so daß kein Seesalz heraufkam; infolgedessen steigerte sich der Absatz der westfälischen Salzwerke bei erhöhten Preisen. Das veranlaßte die kurkölnische Regierung, 1627 in Werl ein zweites Salzwerk anzulegen. Aber auch der Absatz der Steinkohle, die seit einiger Zeit bei der Salzgewinnung verwandt wurde (s. S. 202), stieg demgemäß. Dazu kam, daß die Kohle für die Ausführung großer Heeresaufträge in Köln und am Niederrhein zunehmend gebraucht wurde. Die Folge war, daß der Preis für den Wagen Steinkohle zwischen 1625 und 1629 von 3/4 bis auf 2 Taler stieg und die Förderung zunahm, neue Gruben abgeteuft wurden. Nun erinnerten sich die Landesherren an ihren fast in Vergessenheit geratenen Bergzehnten, namentlich der tatkräftige brandenburgische Bergmeister Heinrich von Diest nahm sich der Sache an. Es fand sich, daß der nicht weniger als sechs „Kohlenpütte" betreibende Rentmeister Hecking in Hörde insgesamt 2000 Taler an Bergzehnten hinterzogen hatte, während im Dortmunder Gebiete der Bürgermeister von der Berswordt etwa 1000 Goldgulden schuldig geblieben war.

Das an den Hellweg sich anschließende gebirgige S a u e r l a n d blieb von der Kriegsfurie einigermaßen verschont, weil es sich für größere Kriegshandlungen nicht eignete, wenngleich Einquartierungen und Kontributionen nicht fehlten. Zwar klagten die Altenaer 1623, daß „die Drahtmühlen oder -rollen und Werke stillestehen und dieser

Flecken gänzlich verlassen werden mußte", und aus den Nachbarorten Lüdenscheid, Breckerfeld, Plettenberg, Iserlohn wurden ähnliche Beschwerden laut, aber einen dauernden Schaden hat das gewerbfleißige märkische Sauerland offenbar nicht davongetragen. Die „sehr nahrhafte Bergarbeit" in den Iserlohner Galmeigruben freilich kam nach 1620 „wegen des continuierlichen Kriegswesens" zum Erliegen und konnte auch durch zwei holländische Unternehmer nicht wieder in Gang gebracht werden. Was von allgemein gehaltenen Klagen über das Schwinden der Bevölkerung und ihrer Leistungsfähigkeit, wie sie sich allerorts in den Akten finden, in Wirklichkeit zu halten ist, zeigt schlagend ein Steuerstreit, der gegen Kriegsende im Amte Wetter ausgefochten wurde. Hier trugen die Einwohner vor, daß in der ganzen Grafschaft Mark kein Gericht so öde und wüst sei, „darin so viel Heuser und Gebeude zerfallen und wenig Eingesessene der Gueter zu finden seien", so daß sie „mit Weib und Kindern den Bettelstab ahn Handt nehmen und davon gehen" müßten. Doch eine amtliche Untersuchung hatte das überraschende Ergebnis, daß sich im Gerichte Schwelm 1625 589, 1645 dagegen 608 Steuerpflichtige befanden. In den Gerichten Herdecke und Volmarstein waren es 1620 316, 1645 immerhin noch 289. Doch gab es im Dorfe Herdecke 1646/47 neben 41 bewohnten Häusern 30 wüste, in 12 Bauerschaften um die Stadt Schwelm lagen 1645 13—53 v. H. der Stätten öde, seit 1625 war die Zahl der Steuerpflichtigen in der höchsten Klasse von 28 auf 1 gesunken, in der untersten von 4 auf 10 gestiegen. Insgesamt machen diese Angaben deutlich, daß man aus der Zahl der unbewohnten Häuser und Höfe keineswegs einen gleich hohen Bevölkerungsverlust der betreffenden Gegend erschließen darf; die durch den Krieg entwurzelte Einwohnerschaft wogte stark hin und her.

Ähnlich sah es im kölnischen Sauerlande aus. In dessen oberem Teile, im wesentlichen den heutigen Kreisen Brilon und Meschede, ging nach den Untersuchungen Hömbergs zwischen 1618 und 1648 die Zahl der Häuser von 2750 auf 2275, die der Einwohner von 17500 auf 13250 zurück. Wurde die Landeshauptstadt Arnsberg während des Krieges von keinem Feinde erobert, so kamen die an das Hauptkriegsgebiet Hessen angrenzenden Gegenden weit schlechter davon. Im Assinghäuser Grunde und um Brilon fanden sich viele Dörfer mit verlassenen Höfen, manche Ortschaften lagen ganz wüst, einzelne blieben es dauernd. In Warstein mit seiner alten Industrie waren die Eisenhämmer völlig ruiniert. Ein besonders hartes Geschick traf die östlichste Stadt des Sauerlandes, das seit ältester Zeit durch sein Metallgewerbe bekannte Obermarsberg. In den Jahren 1617—1627 zwang der Glaubensdruck 147 Familien, darunter die wohlhabendsten, zur Auswanderung; ihre Häuser blieben leer und verfielen. Dann zerstörten die Hessen bei einer Belagerung 1636 alle Eisenschmelzhütten. Als sie endlich 1646 das bis dahin unbezwungene Felsennest erobert hatten, zerstörten sie es bis auf den Grund, um es dauernd unbewohnbar zu machen (s. S. 184). Nach dem Kriege sahen sich die wenigen Zurückgekehrten genötigt, den offenen Ort mit einem Lattenzaune zu umziehen, um sich gegen die Wölfe zu schützen.

Wir kommen in das Hochstift Paderborn und zur Fürstabtei Korvey, dem Gebiet, wo die Kriegsschäden ihren Höhepunkt erreichten; es bildete sowohl vom Osten, also Niedersachsen und Mitteldeutschland, wie von Hessen her den Hauptzugang nach Westfalen und weiter dem Rheine zu. So kam es, daß keine westfälische Stadt so oft belagert wurde, so häufig — neunmal — den Herrn wechselte, wie Paderborn. Schon der tolle Christian hatte hier 1622 besonders übel gehaust, dann ließ der Kurfürst Ferdinand ein Strafgericht über die Stadt ergehen, seit der Einnahme durch die Hessen 1631 wurde sie von den sich ablösenden Eroberern immer wieder geplündert und schwer in Kontribution gesetzt. Eine besonders harte Belagerung und Beschießung durch die Hessen mußte sie noch 1647 über sich ergehen lassen. So war die alte Bischofsstadt am Ende vollständig ruiniert und die Zahl der Bürger auf knapp 500 abgesunken — Ende des sechzehnten Jahrhunderts hatte sie etwa 4500 Einwohner gehabt. Warburg kam immerhin ein wenig besser davon, wie ihm denn die Hessen aus politischen Gründen schließlich einige Schonung gewährten. Aber bei Kriegsende gab es doch 409 wüste Hausplätze und die Zahl der Bürger war von 569 auf 411 gefallen. Des Blutbades, das die Hessen 1633 bei der Einnahme Salzkottens unter der Bürgerschaft anrichteten, den Bruch des Waffenstillstandes vergeltend, wurde (S. 165) schon gedacht; im Jahre zuvor hatten sie in dem eroberten Beverungen nur die ausgebrannte Kirche, das Rathaus und zwei Häuser stehenlassen. Das kleine Dringenberg zählte 1648 nur noch 25 Bürger, in Borgentreich waren von 183 Häusern 83 unbewohnt. Auf dem Lande herrschten trostlose Verhältnisse; namentlich aus der Warburger Börde liegen Nachrichten vor. In Löwen gab es 1644 noch 21 Bauern, die Dienstgelder zahlten, 16 waren gänzlich ruiniert,

11 Höfe lagen wüst. In Eißen lagen 1647 21 Höfe wüst, zahlungsfähig waren nur noch 17, ebensoviel in Lütgeneder neben 25 wüsten Höfen. In Dössel gab es 12 zahlungsfähige, 25 wüste Höfe, in Rimbeck 28 und 24, in Ossendorf 27 und 20, in Schwaney bei Paderborn 43 bewohnte und 54 wüste Wohnstätten. Erschütternde Zahlen! — Die nicht abreißenden Kriegsleiden H ö x t e r s standen hinter denen Paderborns nicht zurück, sein schwärzester Tag war der 10. April 1634, als die Kaiserlichen für das „Salzkottener Quartier" fürchterlich Rache nahmen (s. S. 166). Von den tausend wohlhabenden Bürgern, die früher die Stadt bewohnt haben sollen, war die Zahl auf kaum 300 völlig verarmte herabgesunken.

Auch dem L i p p e r l a n d wurde ein gerütteltes Maß von Drangsal zugemessen, vornehmlich während der zweiten Kriegshälfte, als die feindlichen Parteien in der Besetzung des neutralen Landes einander ständig ablösten. Selbst die Kriegsindustrie ging darüber zugrunde. Die 1624 tätige Geschützgießerei in Berlebeck war 1632 verfallen; lieferten in diesem Jahre die Lemgoer Plattner noch mehrere hundert Reiterrüstungen an Pappenheim, so hört man später nichts mehr davon. Gerade L e m g o hatte am meisten zu leiden, weil es wiederholt erobert und ausgeplündert wurde, am schlimmsten 1646 durch Königsmarck; die Blüte der Stadt war damit für immer gebrochen. Die Zahl der Bürger ging von 1600 auf 600 zurück, von 1075 Häusern waren 467 verbrannt oder abgebrochen, wie der Rat gelegentlich klagte, konnte „Lemgo in Lemgo noch einmal stehen". In den anderen Städten sah es nicht besser aus: Salzuflen hatte trotz seines Salzwerks von 395 Bürgern noch 204, Horn von 350 nur noch 87, das kleine Schwalenberg zählte ihrer ganze 20. Nur das zur Hälfte lippische Lippstadt, seit 1633 dauernd in der Hand der Hessen, ist offenbar besser davongekommen. Der Zustand des flachen Landes wird dem der Städte entsprochen haben.

Die Neutralität der Grafschaft R a v e n s b e r g fand etwas mehr Beachtung, gleichwohl war auch sie des öfteren Kriegsschauplatz, so 1623, 1628, 1636 und 1638. Bei den Kämpfen 1636 (s. S. 169) wurde Herford böse mitgenommen. Dazu legte hier zwei Jahre später eine Feuersbrunst über 300 Wohnhäuser in Asche. Noch nach hundert Jahren waren die öden Brandstätten teilweise zu sehen. Wiederholt hören wir auch von Schlägen, die den Herforder Handel trafen. So gingen 1635 auf der Weser Leinenwaren für 13000 Taler durch feindliche Kriegsvölker zugrunde.

Das Stift Osnabrück bekam die Schrecken des langen Kampfes recht kräftig zu spüren, wie es denn eines der am meisten umstrittenen Länder war. Der schwere Glaubens-, Einquartierungs- und Kontributionsdruck, der in den Jahren 1628—1633 auf Stadt und Land lastete, zwang manchen Bürger zur Auswanderung und machte beide schon 1629 zahlungsunfähig. Wenngleich die Stadt seit 1643 als zweiter Sitz des Friedenskongresses neutral war und einigen Nutzen davon haben mochte, das Stift war nach wie vor den Verheerungen und dem Steuerdruck beider Parteien ausgesetzt, wie denn seit 1642 neun Dörfer des Amtes Wittlage mit dem besten Boden gänzlich wüst und verlassen lagen. Der Krieg machte der Übervölkerung des flachen Landes durch die zahlreichen Heuerleute für längere Zeit ein Ende. Die Leineweberei, die sie stark betrieben, ging dementsprechend zurück, und das bekam auch der Handel der Hauptstadt schmerzlich zu fühlen, wie denn die Einkünfte der Leinenakzise von 1626—1645 auf ein Drittel sanken. Die Zahl der städtischen Haushaltungen verminderte sich während der Kriegsdauer von 1786 auf 830.

Über das Stift Minden endlich liegen bis jetzt nur wenige Nachrichten vor. Es wurde erst verhältnismäßig spät von Kampfhandlungen berührt und wechselte in der zweiten schlimmeren Kriegshälfte seit 1634 nicht mehr den Herrn. Immerhin bestätigte 1651 der Statthalter Graf Wittgenstein dem Kurfürsten die Klagen der Landstände über den „totalen Ruin des Landes" mit den Worten: „Das Fürstentum ist in einem kläglichen Zustand. Bei den meisten Untertanen sind weder Brot noch Saatkorn noch andere Lebens- oder Geldmittel vorhanden." So wird man das Mindische den mittelschwer beschädigten Ländern zuzurechnen haben.

Man hat Deutschland bezüglich der Einwirkungen des Dreißigjährigen Krieges in Schon- und Verlustgebiete eingeteilt. Daß Westfalen überwiegend der zweiten Klasse zugehört, kann nach dem vorstehenden Befund nicht zweifelhaft sein. Als Schongebiete sind nur einige Randlandschaften anzusprechen: im Norden Lingen und Bentheim, im Westen Essen mit einem Teile des Hellwegs, im Süden das Sauerland, abgesehen von dem Grenzstreifen nach Hessen zu. Von den Verlustgebieten scheinen Minden und Ravensberg noch am gelindesten betroffen zu sein, stärker die Stifter Osnabrück und Münster, das Hauptgebiet des Hellwegs und das Vest Recklinghausen sowie Lippe, am schlimmsten Paderborn und Korvey. Im gesamten Deutschland beläuft sich nach Günther Franz der durchschnittliche

Verlust der ländlichen Bevölkerung auf 40 v. H., der der städtischen auf 33 v. H.; Franz rechnet, daß in den Schongebieten nur der natürliche Zuwachs während eines Menschenalters ausgefallen sei. Wir haben in Bocholt, Recklinghausen, Dortmund, Paderborn, Höxter, Osnabrück und Lemgo sowie in den lippischen Kleinstädten einen weit stärkeren Rückgang der Einwohnerschaft festgestellt, einen nicht unbedeutenden auch in Münster und Warburg; für das flache Land fehlen leider, abgesehen von dem mäßig betroffenen oberen Sauerland, zahlenmäßige Angaben. Wie stark die Bevölkerung ganz Westfalens vor und nach dem Großen Kriege gewesen ist, läßt sich zur Zeit noch nicht sagen. So viel steht fest, daß es im großen und ganzen beim Ende des Krieges ein grauenvoll verwüstetes Land war, dessen Wohlstand vernichtet und dessen Bevölkerung schätzungsweise auf die Hälfte zurückgegangen war, das gleich dem größeren deutschen Vaterlande aus tausend Wunden blutete.

Die Juden

Endlich gehören die Juden in dieses wirtschaftsgeschichtliche Kapitel. Zu Ausgang des Mittelalters waren sie fast ganz aus Westfalen verschwunden gewesen, weil die Abneigung gegen sie sich durch den Einfluß der Stände in den Ländern, durch die volkstümliche Richtung in den Städten durchzusetzen vermochte; die aufsteigende Fürstenmacht mit ihrem starken Geldbedarf führte die Juden allmählich wieder zurück. Den Anfang machte Franz von Waldeck, der nach der Eroberung Münsters einigen von ihnen dort die Niederlassung gestattete. Als die Stadt ihre Rechte zurückerlangt hatte, mußten die Juden sich nach dem benachbarten Wolbeck verziehen, wo sie „zu großem Nachteil der Bürger und Einwohner noch eine Zeitlang vergliedet wurden", d. h. Geleit, Aufenthaltserlaubnis erhielten. Sie erlangten solche auch in anderen münsterischen Städten, so in Beckum, Koesfeld und Dülmen, weil der Bischof, wie er gelegentlich offen aussprach, sie in seinen Geschäften nicht entbehren konnte. In der Mitte des Jahrhunderts fanden sie sich auch in den Städten der Stifter Paderborn und Minden wieder ein, gegen Ende in Essen und dem Herzogtum Westfalen; in der Grafschaft Mark gab es 1603 Synagogengemeinden zu Hamm, Unna und Schwelm. Das Stift Osnabrück und die Stadt Münster dagegen hielten die Juden dauernd fern. Gerade die schwächlichen unter den Fürsten wandten ihnen ihre Gunst zu: neben Franz von Waldeck, Ernst von Baiern, Christian von Minden und Simon VI. zur Lippe. Freilich mußte auch der rücksichtslose Dietrich von Fürstenberg sich nachsagen lassen, daß er „die Juden und Wucherer favorisiert und manuteniert“ habe.

In erster Linie waren die Juden den Landesherren als ergiebiges Steuerobjekt schätzenswert. Seligmann Gans mußte das Geleit in Minden mit einer einmaligen Verehrung von 1000 Tlrn. und jährlich 100 Tlrn. bezahlen. Wurde das regelmäßig auf bestimmte Zeit gewährte Geleit nicht erneuert, so hatte der bisherige Schützling nach Abgabe des zehnten Pfennigs von seinem Vermögen das Land zu räumen. Diese steuerliche Behandlung mußte den Erwerbstrieb noch verstärken. Die Zeiten brachten es mit sich, daß der Judenschutz allmählich ganz in die Hand der Landesherren überging; nur einzelne Städte übten ihn noch neben ihnen oder gar, wie Minden, selbständig aus. Übrigens hielten sich auch „unvergleitete“ Juden als Hausierer und Bettler im Lande auf; der Kreistag in Köln beschloß 1574 gegen sie vorzugehen.

Der Erwerb der Juden war der altgewohnte. Am wenigsten bedenklich war es, wenn sie, wie mehrfach im Münsterlande, als Ärzte tätig waren, und zwar meist als unstudierte Naturheilkundige; der 1540 in Soest als Stadtarzt angestellte Benedikt besaß allerdings die Magisterwürde. Übrigens hatten ihn zuvor seine nebenher betriebenen Handelsgeschäfte in Münster wiederholt ins Gefängnis gebracht. Weit stärker wies ihre Veranlagung die Juden eben doch auf die Geldgeschäfte hin, besonders in der Form der Pfandleihe. Im Stifte Minden wurde ihnen gestattet, 25 v. H. Jahreszinsen zu nehmen, in Essen 26 v. H., und zwar bei kurzfristigen kleineren Darlehen, bei langfristigen von 100 Tlrn. „nur“ 12 v. H., während der allgemein übliche Zinssatz etwa 5 v. H. betrug. Infolgedessen erschollen überall Klagen über jüdischen Wucher. Dazu wandten sie sich auch unerlaubten Geschäften zu: die kölnische Bergordnung von 1559 verbot ihnen den Aufenthalt in Orten mit Bergwerken, damit sie nicht heimlich unter Hinterziehung des landesherrlichen Bergzehnten Erze aufkauften und ausführten. So erwachte der alte Haß des Volkes alsbald wieder; der Paderborner Chronist Klöckener wendet sich mit Schärfe „gegen die gottlosen verdammten Juden, welche mit ihrem verfluchten, schändlichen, teuflischen Wucher so viele gute, ehrliche Leute in dieser Stadt und im Stifte betrogen, ausgemergelt und ausgesogen haben“. Unter diesen Umständen erging schon 1560 im Stifte Münster ein Ausweisungsbefehl gegen alle Juden, die es aber mit Unterstützung namhafter Herren erreichten, daß die Austreibung erst aufgeschoben und dann aufgehoben wurde. Immerhin blieb ihre Zahl im Münsterlande gering und der Rat von Warendorf verbot seinen Bürgern, ihnen Wohnungen zu vermieten. Im Stifte Paderborn beantragte der Landtag 1606 ihre Ausweisung, die Bischof Dietrich auch zusagte, ohne sein Wort zu halten. Ebensowenig kam der Beschluß des Mindener Rates, Juden in Ewigkeit nicht bei sich zu dulden, zur Ausführung (1608), oder ein entsprechendes Verlangen der Bürgerschaft zu Hamm (1621). Die Reichsstadt Dortmund dagegen entledigte sich ihrer 1596 wirklich, nicht ohne Mühe.

Jäh wie der Aufstieg war der Fall der Juden in Lippe. In seinen ewigen Geldnöten kam ihnen der Graf Simon VI. weit entgegen, so daß sie an Zahl und Geltung gewannen. Seine besonderen Günstlinge waren Isaak und sein Sohn Israel in Salzuflen, sowie Sostmann in Warburg, der den Vertrieb des landesherrlichen Salzes aus Uflen an sich brachte. Ihr Einfluß ging so weit, daß man ihnen vorwarf, mit Beamtenstellen Handel zu treiben; sie waren „durch Reichtum und Üppigkeit fast hochgestiegen und hatten so zugenommen, daß sie mit reisigen Pferden, stattlicher denn ein Eingesessener vom Adel, über Weg gezogen". Auf dem Landtage 1607 wurden schwere Klagen über die Juden laut, und die Stände forderten dringend, wenn auch vergeblich, ihre Abschaffung: Simon hielt an den Unentbehrlichen fest. Aber nach seinem Tode 1613 wandte sich das Blatt. Seine Günstlinge wurden monatelang in Ketten gelegt und sein Sohn Simon VII. ließ sie samt und sonders, die durch ihren „Judengewinn die armen Untertanen zur Armut gebracht" hatten, an einem Tage aus dem Lande schaffen. — Der Bischof Christian von Braunschweig in Minden bediente sich zu mancherlei Diensten und Geschäften des Juden Seligmann in Petershagen.

Bald darauf brachten die Nöte des Großen Krieges auch die Juden des öfteren in Druck. Christian von Halberstadt war nicht ihr Freund: als er 1621 dem Stifte Paderborn eine gewaltige Brandschatzung von 280 000 Tlrn. auferlegte, dachte er den Juden einen Anteil von 30 000 Tlrn. zu, wovon er freilich insgesamt nur 20 000 Tlr. erhielt, und als er der Stadt Warburg seinen Schutz zusagte, nahm er die Juden ausdrücklich davon aus. Aber die Juden wußten auch die Zeiten auszunutzen. Zu Beginn des Krieges ging vom Herzogtum Braunschweig eine gewaltige Münzverschlechterung aus, das Unwesen der sog. Kipper und Wipper wirkte sich links der Weser im Stifte Minden aus. In der Stadt wechselte Salomon, der Sohn des eben genannten Seligmann, die umlaufenden vollwichtigen Taler und Gulden gegen ein gewisses Aufgeld in leichte Münze um und ließ die gute auswärts einschmelzen; seine Glaubensgenossen in Hausberge taten in Stadt und Land desgleichen. Vergeblich untersagte eine Judenordnung Bischof Christians 1621 dieses Geschäft, dessen Folge eine gewaltige Preissteigerung aller Waren, eine schwere Schädigung des Handels und Verkehrs war. Im weiteren Verlaufe des Krieges ließ ihr Kapitalreichtum die Juden als Geldgeber hervortreten. Die Hammer Juden boten 1622 dem Stifte Münster ein Darlehen von 20000 Talern zu Rüstungszwecken an, die in Minden gewährten 1628 den bedrängten Osnabrückern Darlehen, wodurch diese sich harten Pfändungen aussetzten. Vorwiegend jüdische Trödler nahmen den Soldaten ihre Beutestücke, den Räubern ihr Diebesgut für geringen Preis ab und verhandelten sie weiter. Ferner war es ihnen in der allgemeinen Zerrüttung, die vor allem das Paderborner Land erfaßte, ein Leichtes, sich über die sonst streng gewahrten Vorrechte der Gilden hinwegzusetzen und den Handel mit Getreide und Webwaren, Leder und Gewürzen an sich zu ziehen. Erst die Paderborner Judenordnung von 1648 suchte sie wieder zurückzudrängen. Am schlimmsten trieben es, soviel wir wissen, die Juden in Warburg. Derselbe Kurfürst Ferdinand, der Protestanten zu Tausenden aus der Heimat vertrieb, ließ es zu, daß sich in Warburg eine Judenkolonie festsetzte, die 1641 mehr als 80 Familien umfaßte. Sie nutzte die Notzeit zu Geschäften aller Art aus, Personen jeden Standes gehörten zu ihren Schuldnern. So klagte der Jude Simon im Januar 1628 16 Schuldforderungen, im März 27 ein. Seine Genossen zogen den Handel mit Wolle, Hopfen und Rübsamen an sich. Als sie sich auch des Leders und des Fleisches bemächtigten, schritt der Rat dagegen ein, aber der Kurfürst hob auf ihre Beschwerde das Verbot wieder auf. Mit einem anderen Geschäftszweig versuchte es 1630 in Minden der Bankier des Herzogs von Braunschweig, Abraham Levi, der einen „Glückshafen oder Lotterey" eröffnete. Die Gewinne sollten 40 bis 50000 Tlr. betragen, aber Levi fand wohl kein Vertrauen, jedenfalls nicht genügend Abnehmer, so daß die Sache steckenblieb. Hier in Minden waren damals fünf Familien amtlich zugelassen, tatsächlich hielten sich viermal so viel in der Stadt auf. Die Folge war, daß der Haß gegen die „schelmischen Juden" ständig zunahm und der Rat 1646 der Königin Christine von Schweden klagte, daß die eingeschlichenen heillosen Juden die erschöpfte Bürgerschaft und das „sonstige gemeine unvorsichtige Volk" aussögen, alles gestohlene Gut aufkauften usw. Aber als sich der Rat dann entschloß, die Juden samt und sonders auszuweisen, war das ebenso ein Schlag ins Wasser wie die von ihm erlassene Judenordnung, die einen Zinssatz von 6 v. H. festsetzte. — Die Reichsstadt Dortmund dagegen wies trotz aller Bedrängnisse den Versuch der Juden, sich erneut festzusetzen, zurück. Wiederum machen wir die Erfahrung (vgl. Bd. I, S. 472, 483), daß die Quellen vorwiegend das in die Augen fallende Schlechte überliefern, während die guten Seiten des jüdischen Charakters, Glaubenstreue, Familiensinn, Wohltätigkeit, im Dunkeln bleiben.

2. Kapitel

Die Landwirtschaft

Im Jahre 1525 brandeten die Wogen des deutschen Bauernkrieges von Thüringen und Hessen her auch an die Pforte Westfalens. Aufrührer sammelten sich in den Diemelorten, und als der Rat von Warburg ihnen die Tore verschloß, hielten sie draußen in den Schenken ihre Brandreden nach der Art Thomas Münzers. Aber weder Bauer noch Bürger liehen den lockenden Tönen ihr Ohr. „Wiewohl nun die Wölfe vorm Schafstall und mitten hinein mit ganzem Leibe getreten, hat Warburg die Stangen hart gehalten", vermeldet ein gleichzeitiger Bericht. Im allgemeinen hat der beharrende Westfale nicht das Zeug zum Revolutionär, obgleich die münstersche Bürgerschaft sich wenige Jahre später durch die Wiedertäufer aus den Niederlanden zum Aufstande hinreißen ließ und es bei dieser Gelegenheit auch im östlichen Niederstift, namentlich im Amte Vechta, zu Unruhen kam. Zu Schanzarbeiten vor das mehrere Tagemärsche entfernte Münster bestellt, traten die sich weigerlich haltenden Bauern an der alten Dingstatt auf dem Desem (Kspl. Emsteck) zu gemeinsamem Vorgehen zusammen (1534); klüglich ließ Bischof Franz den Dingen einstweilen ihren Lauf und zog erst zwei Jahre später nach der Eroberung seiner Hauptstadt die Ungehorsamen und Empörer zur Verantwortung.

In Westfalen fehlten die Voraussetzungen zu einem Bauernkrieg, wie die neueren Forschungen von G. Franz, W. Andreas und B. Huppertz sie für Süd- und Mitteldeutschland herausgestellt haben; wenn man die Verhältnisse hüben und drüben vergleicht, erhält man ein Bild von der Lage des damaligen westfälischen Bauernstandes. In Oberdeutschland waren die Länder noch weit mehr zersplittert als bei uns, war auch der Druck, den die zahllosen kleinen und kleinsten Herren aus dem Selbsterhaltungstrieb heraus auf ihre Bauern ausübten, indem sie vor allem ein Regal an der Allmende geltend machten, weit stärker als der, den die Obermärkerschaft der westfälischen Fürsten derzeit mit sich brachte. Dazu machte jener Druck sich für die dort vorherrschenden bäuerlichen Kleinbetriebe, eine Folge der Realteilung der Höfe im Erbfall, besonders empfindlich geltend. Auf dem seelischen Gebiete war es bedeutungsvoll, daß in Oberdeutschland das flache Land weitgehend verstädtert war — und der Städter ist beweglicher, unruhiger als der Landmann —, wohingegen in Westfalen die Städte noch durchweg einen stark ländlichen Zuschnitt hatten, wie denn die Freiheit Altena es immer wieder beklagte, neben dem Drahthandwerk nicht auch fruchtbare Äcker in ihrem engen Tale zu besitzen. Naserümpfend nannte der Dompropst Arnold von der Horst die Paderborner Bürger „eingemauerte Bauern", und die dortigen Jesuiten spotteten, die Westfälinger könnten ohne Schweinekoben vor der Tür und ohne Schweinegrunzen nicht leben (1594). Etwas gesund Bäuerliches gehört nun einmal zum Wesen des Westfalen, und so ist von der sozialen Mißachtung, dem Spott, dem der Bauer im übrigen Deutschland ausgesetzt war und der ihn zu blutiger Vergeltung herausforderte, bei uns keine Rede. Westfalen besaß bei Anbruch der neuen Zeit ein angesehenes und behäbiges Groß- und Mittelbauerntum, das sich trotz der vorherrschenden Eigenbehörigkeit auch in rechtlich haltbarer Stellung befand und in seinem Bestande durch das Anerbenrecht geschützt war; zu einer revolutionären Erhebung lag kein Anlaß vor.

Die Markkötter

Die anderthalb Jahrhunderte bis zum Ausgange des großen Krieges brachten dann allerdings dem westfälischen Landvolk tiefgreifende Veränderungen, die letztlich in der gewandelten politischen und wirtschaftlichen Lage des Reiches ihren Ursprung hatten. Seit dem hohen Mittelalter war der Bevölkerungsüberschuß des Landes teils unmittelbar in die deutschen Siedlungsgebiete des Ostens abgeströmt, teils hatte er sich in den benachbarten Städten niedergelassen, von denen aus eine starke Abwanderung in die weiten hansischen Gebiete des Nordens und Ostens ging. Beide Wege in die Fremde waren inzwischen durch das Erwachsen selbstbewußter Nationalstaaten langsam verbaut worden. Die Folge war eine starke Stauung der Bevölkerung auf dem Lande. Mochten die heimischen Städte bei der großen Sterblichkeit, die in ihren Mauern herrschte, noch immer einen Teil der bäuerlichen Nachkommenschaft aufnehmen, dem flachen Lande verblieb ein Überschuß, der untergebracht werden mußte. Schon seit etwa 1450 geschah das in der Weise, daß in der gemeinen Mark neue kleinbäuerliche Stellen entstanden: die Klasse der Markkötter trat ins Leben. Seit dem Anfang des neuen Jahrhunderts nahmen sie an Zahl rasch zu; in Ravensberg machten die Markkötter 1537 schon ein Fünftel aller Landstellen aus und wuchsen bis 1600 auf ein Drittel an. Im Gebiete der nordwestfälischen Streusiedlung fanden die neuen Kotten ihren Platz draußen in der Mark, ohne Zusammenhang mit den alten Höfen und ihrer Ackerflur; man wies sie, einzeln oder zu mehreren, auf abgeholzte verheidete Flächen, um den Wald zu schonen und ihnen die Rodung zu erleichtern. In den Haufendörfern des Hellwegs kamen die Markkotten an den Rand der geschlossenen Ortschaft zu liegen. Ihre Landstelle in Größe weniger Morgen, mancherorts Garten genannt, war so klein, daß sie die aufsitzende Familie nicht zu ernähren vermochte und die Viehhaltung sowie Nebenerwerb voranstanden. So wurde der Markkötter zum ausgesprochenen Kuhbauern; im Gegensatz zu ihm bezeichnete man den älteren, besser gestellten Erbkötter gelegentlich als Pferdekötter. Die für seine Wirtschaft unentbehrliche Benutzung der gemeinen Mark erreichte der Markkötter nicht ohne Widerspruch der alteingesessenen Bauernschaft; anfangs gestand man ihm an Holz nicht mehr zu, als „was die Krähe vom Baume tritt." Erst als die Kriegsnöte dazu zwangen, die Markkötter zur Tragung der Gemeindelasten heranzuziehen, konnte ihnen auch die Berechtigung, die gemeine Mark mitzunutzen, nicht länger vorenthalten bleiben.

Die Heuerleute

Auf die Dauer erwies es sich als unmöglich, all die zahlreichen Nachgeborenen auf dem Lande mit einer wenn auch noch so bescheidenen Eignerstelle zu versorgen, es mußte noch eine weitere Lösung gefunden werden. Sie ergab sich in der Weise, daß die Bauern und bald auch die Erbkötter und schließlich gar die Markkötter alle leerstehenden Gebäude, wie Leibzucht- und Backhäuser, Speicher, selbst Scheunen und Schafställe, an die unbehausten Familien vermieteten. Ein Stückchen Land auf einem Außenschlage wurde pachtweise mit hinzugegeben; allmählich entstanden kleine Mietwohnungen auch draußen in der Flur. Dieses Leihverhältnis hieß Heuer, der Mieter wurde Heuermann oder Hüsselte genannt (von Husnete = Hausgenosse). Was den Bauern hauptsächlich zur Einnahme des Heuerlings veranlaßte, war sein Bedarf an Bargeld, das seine Wirtschaft nicht genügend einbrachte, um die immer höher werdenden Steuern und Abgaben sowie die Abfindungen an die vom Hofe abgehenden Kinder zu bezahlen, aus denen der Heuermann sich großenteils rekrutierte. Für diesen aber, den seine eigene Landwirtschaft und die gelegentliche Arbeitshilfe beim Bauern nur zeitweise in Anspruch nahmen, boten sich zwei Möglichkeiten, um Bargeld zu verdienen, von denen auch der nicht viel besser gestellte Markkötter weitgehend Gebrauch machte. Die eine war das blühende Leinengewerbe, und so waren denn vor allem die Frauen und Kinder unermüdlich den ganzen Tag mit Spinnen und Weben beschäftigt. Für die Männer und heranwachsenden Söhne dagegen fand sich während der guten Jahreszeit Arbeit im benachbarten Holland. Dort setzte zu Ende des sechzehnten Jahrhunderts mit dem siegreichen Verlaufe des niederländischen Freiheitskampfes ein gewaltiger wirtschaftlicher Aufschwung ein, zunächst im Handel und der Schiffahrt, dann auch bei dem städtischen Gewerbe, so daß die Arbeitskräfte auf dem Lande knapp wurden. Im übervölkerten Westfalen gab das dem kleinen Manne auf dem Lande den Anlaß, sein Brot jenseits der Grenze zu suchen und dort bei freilich schwerer Arbeit ein gutes Stück Geld zu verdienen. Ein holländischer Schriftsteller berichtet mit süßsaurer Miene, wie die fleißigen Westfälinger haud spernendum peculium in porcorum domicilia referunt (ein nicht zu verachtendes Kapital in die Heimat der Schweine mitnehmen). Da die Landarbeit in der guten Jahreszeit abgeleistet wurde und die Entfernung nicht allzugroß war, konnte der Heuermann seine Familie in der Heimat belassen und im Spätherbst von der Wanderarbeit dorthin zurückkehren. Namentlich die Stifter Münster und Osnabrück, auch Lippe stellten diese Holland- oder Frieslandgänger. — Gegen das Mittelalter hatten sich die Zeiten gar sehr geändert. Damals konnte der ländliche Nachwuchs aufsteigen, sei es zum Bauern auf eigener Scholle in der Fremde, sei es, in der zweiten Generation, zum Kaufmann in den hansischen Kontoren; jetzt mußte er auf einem Fleckchen Pachtland als gering geachteter Wanderarbeiter und Leinweber ein ungesichertes Dasein fristen. Aber dafür blieb er der Heimat erhalten und wurde durch das draußen sauer verdiente Geld sowie durch das auf dem Fleiße seiner Familie beruhende Leinengewerbe ein unentbehrlicher Träger ihrer Volkswirtschaft. Auch unter veränderten Verhältnissen gibt der Heuermann der nordwestdeutschen Agrarverfassung bis heute ihr vorteilhaftes Gepräge.

Das Anwachsen der ländlichen Bevölkerung

Die beiden neuen ländlichen Klassen der Markkötter und Heuerleute verbreiteten sich namentlich über das nördliche Westfalen, hier ist ihre Entstehung auch am besten erforscht. Im osnabrückschen Amte Fürstenau zählte man 1609 neben 1888 Erben und Kotten 624 Heuerlinge, im folgenden Jahre wurden in dem großen Amte Iburg ihrer nicht weniger als 2300 festgestellt. Doch auch am Hellweg waren Heuerleute anzutreffen, dagegen fehlten sie im oberen Sauerlande. Als hier die Bevölkerung nach dem vorhergegangenen Schwund (Bd. I, S. 424) sich z. T. dank dem Aufschwung des Eisengewerbes erneut vermehrte, erstanden untergegangene Siedlungen aus dem Schutt, es erwuchs eine Reihe neuer Ortschaften, wie Nordenau und Altastenberg. Die Zahl der bewohnten Häuser stieg hier zwischen 1536 und 1618 von 2200 auf 2750, die Bevölkerungsdichte von 11 bis 12 Einwohnern je qkm auf 15,4 (A. Hömberg). Auch im Stifte Paderborn mit seinen vielen Wüstungen bevölkerte sich das flache Land aufs neue. Im Jahre 1513 erlaubte der Bischof dem Kloster Böddeken, die verödeten Dörfer des Sindfelds wieder aufzubauen; das Kirchdorf Ahden (Krs. Büren) zählte um 1500 nur fünf, 1589 dagegen an die 60 Feuerstellen. Im Delbrücker Ländchen mit seiner geringen Bodengüte verdichtete sich die Einwohnerschaft zwischen 1400 und 1600 von 10 auf 14 Köpfe je Quadratkilometer. Auf dem fetten Boden des osnabrückschen Amtes Wittlage dagegen vermehrten sich zwischen 1500 und 1604 die ländlichen Stellen im Kspl. Barkhausen von 89 auf 163, im Kspl. Lintorf von 132 auf 235, im Kspl. Essen von 176 auf 254; die Bevölkerungsdichte der beiden ersten Kirchspiele stieg von 23 auf 40 Einwohner je Quadratkilometer. In Deutschland entfielen nach J. Beloch um 1600 30 Menschen auf den Quadratkilometer. Hinzugefügt sei, daß die ländliche Grafschaft Ravensberg 1550 nach der Schätzung von Karl Schreiber rund 25000 Einwohner hatte, mit den Städten Herford und Bielefeld also etwa 32000, und die Grafschaft Lippe ohne Lippstadt um 1600 34800 (so Hans Schmidt).

Die Rittergüter

Während die ländlichen Kleinstellen stark anwuchsen, sah das eigentliche Bauerntum sich einem Angriff auf seinen Bestand ausgesetzt. Bis dahin hatten die adligen Güter dem Umfange nach die Größe der Meier- und Schultenhöfe, die ja auch alte Fronhöfe waren, kaum überschritten. Jetzt ging im Adel eine Wandlung vor sich: eine große Zahl von Geschlechtern starb aus oder versank, ihre Sitze wurden zu Bauerngütern. Um so entschiedener erhoben sich die verbleibenden Familien im Kriegs- und Fürstendienst zu Macht und Ansehen; sie suchten sich eine tragfähige wirtschaftliche Grundlage zu schaffen im Grundbesitz. In ganz Deutschland entstanden damals Rittergüter im neuzeitlichen Sinne, teils durch Vergrößerung der vorhandenen Sitze, teils durch Neugründung, beides wesentlich auf Kosten der Bauernländereien, deren Inhaber dem übermächtigen Drucke nicht gewachsen waren und, ausgekauft oder abgemeiert, weichen mußten. Die böse Zeit des Bauernlegens begann. Es handelte sich um eine allgemeine europäische Erscheinung, deren Gefälle, vom rechtselbischen Ostdeutschland ausgehend, nach Westen zu allmählich schwächer wurde. Auch darin bestand ein Unterschied zwischen dem Osten und Westen, daß dort der Junker zum selbstwirtschaftenden Gutsherrn wurde, gestützt auf die Fronden der verbliebenen Bauern, während er hier, auf vergrößerter Fläche, doch im wesentlichen Grundherr, d. h. Rentenbezieher blieb. Die Scheidelinie legte sich quer über Westfalen: namentlich in Lippe und Paderborn fanden und finden sich noch heute große Gutsbetriebe, die man vom Münsterlande bis hinüber zum Sauerlande vergeblich sucht.

In Lippe wurden in dem einen Jahre 1544 in sieben Fällen einer oder mehrere Meier ihrer Höfe entsetzt und diese in Güter verwandelt, die fortan Adlige bewohnten und bewirtschafteten. Bis zum Ende des Jahrhunderts entstanden 20—30 Edelsitze in der Grafschaft, denen demnächst noch weitere hinzutraten. In der gleichen Weise vergrößerte der Graf zur Lippe seine Domänen; er verpachtete 1587 das Vorwerk Detmold an Rab Arnd von Oeynhausen, wobei 161 Morgen Acker je 1 Tlr., weitere 600 Morgen 400 Tlr. brachten; die bäuerlichen Dienste wurden mit verpachtet. Von den Rittergütern des Osnabrücker Landes lassen sich nur etwa 60 v. H. über das Jahr 1450 hinauf verfolgen, die übrigen sind jüngere Gründungen. Um die Mitte des sechzehnten Jahrhunderts schuf der Feldhauptmann Georg von Holle aus zwei Meiergütern das Gut Himmelreich bei Minden, gegen Ende machte der kölnische Drost zu Bilstein, Kaspar von Fürstenberg, aus der Burg Schnellenberg und zahlreichen hinzugekauften Bauernhöfen eine ansehnliche Herrschaft. Im östlichen

Sauerland warf sich der Adel auf die spätmittelalterlichen Wüstungen: die Herren von Meschede zu Alme brachten in planmäßigem Vorgehen einen so umfangreichen Besitz zusammen, daß dieser später in vier große Rittergüter aufgeteilt werden konnte. Am weitesten breiteten sich die Rittergüter wohl im Stifte Paderborn aus, wo sie noch jetzt im Vergleich zu den übrigen westfälischen Landschaften am dichtesten nebeneinander liegen. Auch hier wurden auf dem Sindfeld mit seinen vielen Wüstungen manche alten Dorfgemarkungen in Gutsbezirke verwandelt. — Das fortschreitende Bauernlegen nötigte im Herzogtum Westfalen schließlich dazu, daß auf Betreiben der Städte die Steuerfreiheit des Adels auf die Güter beschränkt wurde, die er bis dahin selbst bewirtschaftet hatte (1587). Damit war seinem Vorgehen eine Schranke gesetzt, denn die Bewirtschaftung schatzpflichtiger Güter fand er nicht lohnend. Die gleiche Bestimmung erging 1602 im Stifte Osnabrück und wurde auch anderwärts getroffen. Aber dann brachten die Verheerungen des Dreißigjährigen Krieges dem Bauernstand neue Verluste. So hören wir aus Lippe und Paderborn, daß wüste Flächen landesherrlicher Meierhöfe zu den Domänen geschlagen wurden mit der Begründung, daß für ausgefallene Dienste eine Entschädigung geleistet werden müsse.

Alles in allem hat die Entstehung der Rittergüter das Gesicht Westfalens als eines ausgesprochenen Bauernlandes zum Glück doch nicht zu ändern vermocht, dazu war die Zeit ihrer Ausbreitung zu kurz, der Widerstand zu stark.

Die gemeinen Marken

Auch der Grund und Boden der Marken wurde vielfach in Gutsland verwandelt, wie denn aus dem osnabrückschen Amte Grönenberg die zornige, allerdings übertriebende Klage laut wurde, zwei Junker hätten sich die Mark bei ganzen Meilen zugeschlagen. Die zunehmende Macht der Landesherren und des Adels machte sich auch in den Marken zum Nachteile des Bauernstandes geltend. Dem Landesherrn kam es zustatten, daß er zumeist Markenherr war, in Ravensberg beanspruchte er „gemeiner fürstlicher Obrigkeit halber" allgemein die Holzgrafschaft. Zunächst ging das Bestreben dahin, die bäuerlichen Anrechte auf Mitverwaltung und freie Nutzung der Mark zurückzudrängen. Vor allem richtete sich das Begehren auf den Wald, den wertvollsten Teil der Mark, nicht zuletzt der Jagd wegen. Es war eine Ausnahme, wenn Bernhard VIII. zur Lippe 1553 an Salzuflen ein Waldrevier schenkte, weil eine Stadt ohne gemeine Mark, Holzung und Heide nicht bestehen könne, ein weiterer Beleg für den ländlichen Zuschnitt der Städte. Die Stadt Detmold dagegen wurde von den lippischen Grafen Schritt für Schritt aus ihrer Waldmark herausgedrängt; nur vergönnungsweise war den Bürgern schließlich noch der Eintrieb von Schweinen und das Sammeln von Leseholz gestattet (1670). Grundsätzlich nahm jetzt der landesherrliche, adlige oder geistliche Holzgraf das Eigentum an dem Grund und Boden der Mark für sich in Anspruch und suchte die bäuerlichen Markgenossen auf einzelne Nutzungsrechte in Form einer Dienstbarkeit zu beschränken, machte diese Nutzungen womöglich auch noch von einer besonderen Vergütung abhängig. Im ravensbergischen Amte Vlotho hatte die Regierung schon um 1550 dieses Ziel erreicht. Freilich verteidigte der westfälische Bauer, im sechzehnten Jahrhundert ein aufrechter selbstbewußter Mann, seine überkommenen Rechte im Hölting zähe und nicht ohne Erfolg, ihm war die Mark von altersher sein Heiligtum.

Aber auch die Ausbreitung der Markkotten beschränkte den Bauern in der Nutzung der Gemeinheit. Deshalb widerstrebte er, wenn es sich nicht gerade um seine eigenen Kinder handelte, der Niederlassung von Neusiedlern; mochte die einzelne Stelle nur klein sein, viele Wenig machten ein Viel. Dazu ging von den Siedlern der „Markenkrebs" aus, indem sie sich unter der Hand, Schritt für Schritt, immer mehr Land zueigneten. Vor allem war es der vermehrte Viehauftrieb in gemeinsamen Weideflächen, was die Markkötter den Alteingesessenen unerwünscht machte. Den Markenherren dagegen war die Ansetzung von Markköttern zunächst deshalb willkommen, weil sie ihnen eine einmalige Zahlung und laufende kleine Abgaben, etwa der sog. Weidehühner, einbrachte. Dazu benutzten sie vielfach die Gelegenheit, den Neusiedler zu zwingen, ihr Eigenbehöriger zu werden, deren Zahl sich dadurch, in Ravensberg z. B., bedeutend vermehrte.

Der Widerstand gegen die Ansetzung neuer Markkotten tritt des öfteren zu Tage. Wenn freilich in Ravensberg seit 1535 Regierungsverordnungen gegen deren eigenmächtigen Anbau ergingen, mochte das lediglich bezwecken, daß die Regierung ihren Einfluß in der dargestellten Weise geltend machen konnte. Aber im Stifte Minden mußte der Bischof 1513 versprechen, keine neuen Zuschläge, d. h. Verkäufe in Privathand, aus den Marken zu gestatten, 1535 verbanden sich Bischof, Kapital und Ritterschaft dazu, eine solche Erlaubnis nur gemeinsam und ohne Verletzung oder Schaden der

Untertanen auszusprechen, 1559 wurde dem Bischof auferlegt, alle seit 30 Jahren bewilligten Zuschläge zu widerrufen. Ebenso ordnete eine kölnische Polizeiordnung von 1595 an, daß alle in den letzten 30 Jahren errichteten Kotten abzubrechen und neue nicht zuzulassen seien. Doch zeigen diese Bestimmungen zugleich, daß die Bildung neuer Markkotten unaufhaltsam weiterging. Die immer unfriedlicher werdenden Zeiten, vollends der große Krieg, mit ihren Nöten nicht zuletzt finanzieller Art brachten es dann mit sich, daß auch die Bauern mit dem Verkaufe von Zuschlägen aus der Mark einverstanden waren und gern diese Möglichkeit ergriffen, wenn ihre Lasten dadurch erleichtert wurden. Nur das Hochsauerland nahm dank seinem schier unerschöpflichen Waldreichtum dauernd eine Ausnahmestellung ein. Hier war jeder der freilich nicht allzu zahlreichen Neusiedler ohne weiteres zu allen Marknutzungen befugt, die der Betrieb seiner Wirtschaft erforderte, dafür aber auch zu den Gerichts- und Kirchenabgaben gleich dem Alteingesessenen verpflichtet, so daß es hier zu keiner scharfen Unterscheidung zwischen den Erbhöfen und Kotten kam.

Die Ausbreitung des Heuerlingswesens stieß aus den gleichen Gründen auf Hindernisse. Auch der Heuermann war genötigt, Vieh zu halten, mochten es auch nur eine einzige Kuh oder Schwein oder ein paar Gänse sein, die er in die Mark eintrieb, nicht minder gewährte diese ihm gleich dem Markkötter Holz zur Feuerung, Plaggen zur Düngung; da er auf dem Bauernland saß, hatte er ein gewisses Anrecht auf solche Nutzung. Aber diese nahm bei der großen Zahl von Heuerleuten die Mark übermäßig in Anspruch. Deshalb erließen die Markgenossen seit etwa 1580 Verbote an die Eingesessenen, Hüsselten einzunehmen, und ordneten die Abschaffung der vorhandenen an, soweit sie nicht in der gemeinen Mark geboren seien. Ähnliche Anordnungen erließen die Landesregierungen, sie aus dem Grunde, weil durch die frühzeitigen Heiraten und die Hollandgängerei der Heuerleute das Gesinde zu fehlen begann oder, was auf dasselbe herauskam, die Dienstbotenlöhne erheblich stiegen unter dem Einfluß des hohen Tagelohns drüben in Holland. Aber das „Mandat wegen mutwilliger Knechte und Mägde" des Amtes Iburg war nicht wirkungsvoller als die verwandten Beschlüsse des Osnabrücker Landtags von 1608/09 oder gar ein Befehl, der die Errichtung neuer Wohnungen auf dem Lande schlechterdings untersagte. Ein solches Verbot steht in auffälligem Widerspruch zur späteren Bevölkerungspolitik des Merkantilismus. Aber dieser stand im Zeichen eines wirtschaftlichen Aufschwungs, während in Zeiten des Niedergangs eine zahlreiche Einwohnerschaft zur Übervölkerung und zur Last wird. Doch all jene Anordnungen, denen ähnliche z. B. in der Grafschaft Lippe zur Seite gingen, blieben ohne dauernde Wirkung, weil man die Heuerleute nicht über die Grenze jagen konnte, zumal sie in den knappen Zeiten Geld hereinbrachten. Im Gegenteil vermehrten sich die Heuerleute immer weiter, da sie dank ihrer frühen Ehen eine überaus zahlreiche Nachkommenschaft hatten, der auch die hohe Kindersterblichkeit nicht nachhaltig entgegenwirkte.

Für die Marken hatte das gewaltge Anwachsen der halbländlichen Stellen zur unausbleiblichen Folge, daß sie, weit über ihre Leistungsfähigkeit in Anspruch genommen, im Ertrage stark zurückgingen. Der Wald nahm reißend ab, an Fläche wie im Bestande, in vielen Marken verschwand er völlig und machte auf den Sandböden Nordwestfalens der Heide Platz. Durch die Rodungen des Mittelalters war bei dessen Ausgang etwa das wirtschaftliche Gleichgewicht zwischen den Siedlungen und den von ihnen genutzten Waldflächen erreicht worden; jetzt lebte man eine Zeitlang vom Kapital des Waldes, nach dessen Erschöpfung mußten sich die üblen Folgen auch für den bäuerlichen Betrieb auswirken. Nur die gewaltigen Forsten des Sauerlandes machten auch jetzt eine Ausnahme.

Die Lage des Bauernstandes

Hatte sich der westfälische Bauer bei Anbruch der Neuzeit im großen und ganzen in einer durchaus erträglichen, wirtschaftlich vorteilhaften Lage befunden, so verlief die weitere Entwicklung nicht zu seinen Gunsten. Die Verringerung und Verarmung der Marken schmälerte den Ertrag seines Hofes; freilich mochte die von den Heuerleuten einkommende Miete den Ausfall einigermaßen ausgleichen. Aber die Lasten, die auf dem Bauernstande ruhten, wurden immer schwerer. Das Erstarken der Territorialstaaten, die kriegerischen Zeiten, die Kostspieligkeit der Söldnerheere riefen einen bis dahin unerhörten öffentlichen Finanzbedarf und entsprechenden Steuerdruck hervor, der ganz überwiegend den Bauern traf. Im Stifte Münster brachten 1593 vier größere ländliche Kirchspiele mehr Landessteuern auf als die 13 landtagsfähigen Städte einschließlich Münster selbst. Zur „Herrenbeschwer" gehörten ferner die regelmäßigen und außerordentlichen Hand- und Spanndienste, zu denen die ländlichen Untertanen zwecks Unterhaltung der Wege und Gewässer wie zur Erbauung von Schlössern und Befestigungen verpflichtet waren; sie konnten, wie wir bei der Belagerung Münsters 1534/35 oder der Erbauung der Zitadelle Petersburg in Osnabrück seit 1628 sahen, sehr drückend werden. Auch dem Grundherrn gegenüber verschlechterte sich die Lage des Bauern zusehends; mit Recht hat man ihn das Lasttier der Gesellschaft genannt. In wieweit das eindringende römische Recht für diesen Vorgang verantwortlich zu machen ist, bedarf noch der Untersuchung. Kein Zweifel besteht darüber, daß den Fiskalismus und die Gleichmacherei des landesherrlichen Beamtentums ein wesentlicher Teil der Schuld trifft und daß jenes den privaten Grundherren ein böses Beispiel gab; noch fehlte das Verständnis für die staats- und volkspolitische Bedeutung eines lebenskräftigen Bauernstandes. Nur die klevische Regierung machte eine rühmliche Ausnahme, wie sie denn 1522 ihren märkischen Untertanen verbot, sich zu eigen zu geben. Es ehrt den menschenfreundlichen Sinn des Herzogs Wilhelm von Kleve, wenn er 1590 in einem Erlasse erklärte, daß er während seiner langen Regierung danach getrachtet habe, die Freiheit seiner Untertanen zu befördern. Freilich sei die Leibeigenschaft, „die bei dem Mehrenteil der Christenheit als etwas unmild in Abgang gekommen" wäre, in seiner Grafschaft Ravensberg noch in Brauch. Er verordnete, daß die Gutsherren ihre Eigenbehörigen erst dann einsperren dürften, nachdem seine Amtleute diese als schuldig befunden hätten, und machte es den Amtleuten zur Pflicht, die Eigenbehörigen als die schwächsten der Untertanen zu schützen, damit sie nicht unbillig von den Gutsherren überfallen würden. Zum ersten Male fand der soziale Gedanke des Bauernschutzes hier seinen Ausdruck.

Aber von seiner Durchführung war man noch weit entfernt, einstweilen gingen die Dinge den umgekehrten Weg. Den Eigenbehörigen, die man auch Leibeigene nannte und die die große Mehrzahl der Landbevölkerung ausmachten, war es nicht mehr möglich, sich dem Drucke der Gutsherren durch Aus- oder Abwanderung zu entziehen, dieses einst im Mittelalter wirksame Ventil war verstopft. Von den alten Hofesverbänden, die damals gegen willkürliche Erhöhung der Herrenrechte Schutz gewährt hatten, bestanden nur noch wenige. So mußten die Eigenbehörigen es sich gefallen lassen, daß die grundherrlichen Dienste, mochten sie in Natur oder abgelöst in bar geleistet werden, gesteigert wurden; für die von Fall zu Fall bemessenen Auffahrt- und Sterbfallgelder galt das gleiche. Dazu wurde die Unfreiheit immer allgemeiner. Wie die Markkötter vielerorts genötigt waren, sich in die Eigenbehörigkeit zu begeben, so rechnete man dieser die Hagenfreien schon länger zu; 1577 wurden die Vechtischen Freien, vermutlich alte Grafschaftsfreie, von der münsterschen Regierung gezwungen, entweder ihre Höfe alle zwölf Jahre neu zu gewinnen, d. h. zu pachten, oder sich in die Hörigkeit zu begeben. Im südlichen Westfalen scheint es weniger scharf hergegangen zu sein, jedenfalls behaupteten hier die Stuhlfreien ihre alte Stellung. Als Kord von Elverfeld, der Schultheiß des alten Reichshofes zu Herbede an der Ruhr, die Hofesleute zu Eigenbehörigen herabzudrücken suchte, fanden sie wiederholt bei der klevischen Regierung Schutz, für sich wie für das Fortbestehen der alten Hofesverfassung (1568, 1581).

So ging es mit dem Bauernstande abwärts, und der Dreißigjährige Krieg stürzte ihn vollends ins Elend. Daß der Bauer sich streifender Banden erwehrt hätte, hört man nur aus dem Sauerlande, wo er sich nach Grimmelshausen nicht auf seinem Miste foppen ließ. Überall war der Steuerdruck gewaltig; da, wo der Krieg gerade tobte, wüteten Raub, Brand und Mord, die Äcker blieben unbestellt. Namentlich in den am härtesten getroffenen Landstrichen, dem Münsterlande und Paderbornschen, doch auch am Hellweg und im südöstlichen Sauerlande wurden viele Höfe und manche Ortschaften wüst; bei der Neubesetzung kamen selbst in der Grafschaft Mark alte Freihöfe in die Hand von Eigenbehörigen. Das schlimmste war, daß der Bauer, jahrzehntelang vom Soldaten mißhandelt und unter die Füße getreten, innerlich zermürbte. So vermochte er den Zumutungen des gleichfalls schwer geschädigten Gutsherrn nicht mehr den alten Bauerntrotz entgegenzusetzen, vielfach verkümmerte er, seelisch wie wirtschaftlich.

Von einem Schutze des Bauernstandes durch die Obrigkeit war auch jetzt noch keine Rede. Nur eine freilich nicht unwichtige Maßnahme zu seinen Gunsten erging in dieser Zeit, wenn der Anlaß auch ein fiskalischer war. Noch bestand die Anerbensitte nur gewohnheitsmäßig, wiewohl sie in den Hofesrechten festgelegt war; immerhin durften die lippischen Hagenfreien ihre Hufe in mehreren, bis zu vier Teilen vererben. Nun zwang die Not des öfteren den Bauern, ein Stück seines Erbes zu versetzen oder zu veräußern, manchmal brachte ihn die Abfindung der Geschwister dazu, die neuerdings in bar gewährt zu werden pflegte. Aber die Zerstückelung der Höfe gefährdete ihre steuerliche Leistungsfähigkeit und damit das Wohl des Landes. So kam es denn zu dem gesetzlichen Verbote, die Höfe durch Vererbung oder Verkauf zu zerstückeln, wie ein solches im Stifte Osnabrück 1618 erging. Damit wurde der Bestand der Bauernhöfe auch durch diese Notzeiten hindurch im wesentlichen gerettet. Im Stifte Paderborn freilich, wo kein derartiger gesetzlicher Eingriff erfolgte, wurde unter dem Einfluß des römischen Rechtes die Zersplitterung der Meiergüter so allgemein, daß beim Westfälischen Frieden nur noch die Minderzahl die ursprüngliche Größe besaß.

Der Betrieb der Landwirtschaft

Der Anbruch der Neuzeit, der auf so vielen anderen Gebieten umwälzend wirkte, hat den Betrieb der Landwirtschaft bei uns unberührt gelassen. Anders im benachbarten Holland, wo nach Beseitigung der Hörigkeit die Viehwirtschaft, der Blumen- und Gemüsebau die Richtung ins Züchterische einschlugen. Aber der die Bodenrente mit dem Grundherrn teilende westfälische Bauer, von Natur zur Beharrung neigend, war zu einer Rationalisierung seines Betriebes wenig geneigt, und gerade in den an Holland angrenzenden Landstrichen bewirtschaftete der Adel, der beispielgebend hätte wirken können, seine Güter nicht selbst. Noch andere Umstände waren Fortschritten in der Landwirtschaft ungünstig. In erster Linie ist hier der Rückgang in den Erträgen der Mark zu nennen, die Kehrseite zu der Vermehrung der Landstellen. Mit dem Schwinden des Waldes wurde im nördlichen Westfalen aus dem Waldbauern ein Heidebauer. Die verheideten Marken boten seinem Vieh nur noch dürftige Weide, dazu hatten die Heideplaggen nicht die Dungkraft wie die dem Waldboden entnommenen, so daß mit der Viehwirtschaft auch der Ackerbau litt. Der zahlenmäßige Rückgang der Viehhaltung, zu dem auch die kriegerischen Zeiten mit ihren ständigen Viehräubereien beitrugen, wird dadurch belegt, daß im Stifte Osnabrück der Ertrag des Viehschatzes, einer nach der Kopfzahl erhobenen Steuer, von der Mitte bis zum Ende des sechzehnten Jahrhunderts von 22000 auf 16000 Tlr. sank. Nur die Schafhaltung nahm zu, weil dies anspruchslose Tier mit der Heide vorliebnimmt, und seine Wolle gerade jetzt für das Gewerbe wichtig war. Soll doch die Bürgerschaft von Osnabrück zeitweilig 50000 Schafe, einzelne Bürger 3—500 Stück auf dem Lande gehalten haben. Das Wüstwerden vieler Höfe durch den Krieg ließ die Schäfereien weiter anwachsen. Daß in den besseren Gegenden des Münsterlandes holsteinische und dänische Ochsen den Sommer über zur Gräsung hereingenommen wurden, sahen wir. Die Berieselung der Wiesen war jetzt auch im Flachland bekannt, wie aus dem Landrecht der Sieben Freien im Amte Bochum hervorgeht. Der Ackerbau wurde mit recht mäßigen Erträgen in alter Weise betrieben; das blühende Leinengewerbe begünstigte den Anbau von Flachs und Hanf. In der Soester Börde machte man mit dem Anbau von Wicken als Futterkraut den Anfang, vielleicht durch Besömmerung der Brache, wie denn 1622 ungedroschene Wicken als Kriegslieferung genannt werden. Ein anderer Fortschritt war es, daß man die bis dahin ertraglosen weiten Moorgebiete des Nordlandes einer freilich recht extensiven Kultur erschloß: 1583 war das Moorbrennen im Emsgebiet bei Meppen schon eine alte Gewohnheit. Es bestand darin, daß die etwas weniger nassen Ränder der Hochmoore oberflächlich entwässert und abgebrannt wurden; in die düngende Asche säte man acht Jahre nacheinander Buchweizen ein. Dann blieben die Flächen 20 bis 30 Jahre lang liegen, bis sie neue Kraft gesammelt hatten. —

Einen Aufschwung nahm der Gartenbau. Die Bürger, z. B. die von Münster, pflegten ihn eifrig von ihren „Sommerhüsekens" aus rings um die Stadtmauern. Auch vornehme Herren hatten, einer Zeitmode folgend, eine Vorliebe für den Gartenbau. Graf Simon VI. ließ sich Obstbäume aus Brüssel kommen, Kaspar von Fürstenberg „rusticierte" gern, indem er zur Erholung von den Amtsgeschäften manchen Tag auf seinen Gütern Bäume impfte, d. h. pfropfte. Von seinen Fahrten brachte er Impfreiser mit, und seinen Gärtner schickte er nach Kassel, um Reiser und Samen zu holen. Auch auf die Obstverwertung verstand er sich, indem er Apfel- und Birnenmost kelterte, „Kirschwein" brannte. Selbst ein Gewächshaus baute er in Hengstbeck bei Schnellenberg, das ihm Feigen und Trauben brachte, er kannte Tartoffli, Kartoffeln (1605), damals eine Seltenheit botanischer Gärten.

Die Forstwirtschaft

Wir sahen, wie verderblich die starke Vermehrung der ländlichen Bevölkerung dem Walde wurde, dazu hemmte des Schafes scharfer Biß den Nachwuchs. Nur im Sauer- und Weserbergland beherrschte der Wald weiter das Landschaftsbild. Im weiten Flachland dagegen fand er sich nur noch in eingesprengten Inseln, die lediglich da größeren Raum einnahmen, wo Höhenzüge oder feuchte Niederungen sein Fortkommen besonders begünstigten, wie die Baumberge oder die Davert bei Münster. Die Verhältnisse hatten sich gegen die Frühzeit umgekehrt, als die menschlichen Siedlungen nur winzige Eilande in dem weiten Waldmeer gebildet hatten. Zwar ordneten die Markgemeinden nunmehr das Nachpflanzen von Bäumen durch die Genossen an und suchten den Aufwuchs vor dem Vieh zu schützen, aber die bescheidenen Erfolge dieser Bemühungen machte der Große Krieg zunichte. Nun begann ein wilder Raubbau. Im Wege der Zwangsvollstreckung für rückständige Kontributionen der Gemeinden und Kirchspiele wurden Waldungen schonungslos niedergelegt. Als der Landgraf Wilhelm V. von Hessen seinem General Melander die Herrschaft Lembeck im eroberten Münsterland geschenkt hatte, befahl dieser alsbald, „alle Hölzer, die zu verkaufen dienlich, aufs allerehist abzuhauen, nach Wesel führen zu lassen und aufs höheste als möglich zu verkaufen" (1634). In den Dortmunder Waldungen waren 1644 etliche tausend Eichbäume geschlagen; 1635 klagte der Rat, das Eichenholz habe früher 2—3000 Schweine ernährt und reiche jetzt nur noch für höchstens 200 zur Mast aus. Anders freilich stand die Sache in den Gebirgsgegenden, wo das Holz bei den elenden Verkehrswegen liegenblieb und der Wald weithin ungenutzte Weiden, wüste Höfe wieder in Besitz nahm. Die schwer verschuldete Stadt Warburg ermächtigte wiederholt ihre Gläubiger, Holz im Stadtwalde zu schlagen, um sich zu befriedigen, doch niemand machte hiervon Gebrauch.

Wenn im Flachlande die Holzungen nicht ganz verschwanden, ging das wesentlich auf die Schweinehaltung zurück, die ohne die Eicheln und Bucheckern für die Mast nicht auskam. Es läßt sich seit dem sechzehnten Jahrhundert beobachten, daß rings um den Bauernhof stattliche Eichen standen — die Eichelmast wurde höher geschätzt als die der Bucheln —, wie auch auf den die Esche und Kämpe einfriedigenden Wallhecken Eichbäume heranwuchsen; so umgaben Baumgruppen und Gehölze alle kleinen und größeren Siedlungen. Zusammen mit den ansehnlichen Gehöften verdankt das nördliche Westfalen diesen Baumgruppen noch heute seine eigentümliche Schönheit. Wenn die Eichen und Buchen reichlich Früchte trugen, etwa jedes fünfte Jahr, wurden die Borstentiere in großen Scharen in die Waldreviere eingetrieben: 1590 raubten die Staatischen im Amte Menden 3000 Schweine aus der Mast. Im Lippischen erschienen die Tiere aus Waldeck und von der Oberweser, aber auch aus Hoya, Diepholz und dem Schaumburgischen; in die Hochwälder der Rothaar und der benachbarten Hunau trieben Unternehmer als Pächter gewaltige Schweineherden aus den Hellwegstädten, der Warburger Börde, Hessen, ja sogar aus Aachen. War das Mastjahr gut, so machte das von den Forstverwaltungen vereinnahmte Mastgeld den drei- bis vierfachen Betrag des Holzerlöses aus.

Als Nutzholz gelten nur Eichenstämme, die rhein- und weserabwärts auch außer Landes Absatz fanden. Für die großen Mengen Buchenholz waren die zahlreichen Hütten und Salzwerke gute Abnehmer; wo solche in der Nähe fehlten, legte man Glashütten an. Deren starker Verbrauch ließ die Holzpreise steigen, so daß auch in den großen Waldgebieten wenigstens vorübergehend Verwüstungen die Folge waren. Anderwärts verwandelte man das Buchen- und Weichholz über den Meiler in marktfähige Holzkohle sowie in Pottasche; im hohen Sauerlande gab das zur Entstehung von Köhlersiedlungen Anlaß. Gelegentlich erfahren wir, daß 1602 aus Marienfeld und Rheda Fichtenholz, d. h. doch wohl Kiefernholz, verkauft wurde, ein Beweis, daß in dem dortigen sandigen Striche Nadelholz anstand. — Im sechzehnten Jahrhundert befand sich die Eiche bereits im Rückzuge vor der Buche, die sich von selbst fortsamte, während bei der Eiche die Plänterwirtschaft mit ihrer natürlichen Verjüngung versagte. Schon forstete man planmäßige Eichenwälder auf und unterhielt zu diesem Zwecke Eckergärten, sog. Heinungen. Auch die Bauern hatten solche bei ihren Höfen anzulegen, wie denn die Dienste der Untertanen auch zum Anpflanzen in Anspruch genommen wurden. Ebenso übrigens zur Jagd, vor allem auf die noch reichlich vorhandenen Wölfe, ohne daß jedoch Klagen wegen übermäßiger Jagdfronden laut würden.

Im Herzogtum Westfalen, im Stifte Paderborn, in Lippe und wohl auch der Grafschaft Mark gab es große landesherrliche Forsten. Auch einzelne Städte wie Marsberg und Warburg besaßen solche, daneben erscheinen das Paderborner Domkapitel, einzelne Herren vom Adel und Klöster als Waldbesitzer. Über die Verwaltung der Forsten haben wir einzelne Nachrichten. Im Stift Paderborn lag sie in der Hand der landesherrlichen Ämter, insbesondere der Rentmeister, eine nicht sehr glückliche Einrichtung, da die Beamten wenig sachverständig waren, dafür um so mehr zu Klagen über ihren Eigennutz Anlaß gaben. Die Stadt Marsberg dagegen hatte im Anfang des siebzehnten Jahrhunderts einen Oberförster und mehrere Holzförster. In Lippe gab es schon vor 1526 einen Waldvogt über die gräfliche „Holterygge“, dazu Förster für die einzelnen Reviere und dauernd beschäftigte Holzknechte; noch war die Forstpolizei ihre Hauptaufgabe. Im Jahre 1560 wurde eine Forstkanzlei als Oberbehörde eingerichtet, 1635 bestand eine „verordnete Forstwirtschaft", an der Spitze ein Jägermeister; seine Untergebenen waren drei Oberförster, unter diesen Jäger, Förster und Holzknechte, nicht zu vergessen ein Forstschreiber. In Paderborn erließ Bischof Heinrich von Sachsen (1577—1585) die älteste Forstordnung, in Lippe datierten solche von 1600, 1611 und 1640.

3. Kapitel

Der neuzeitliche Staat in Verfassung und Verwaltung

Westfalen und das Reich

Kaiser und Reich, seit Jahrhunderten für Westfalen mehr der Gegenstand hoher Verehrung als greifbare Gegenwart, entschwanden in unserem Zeitalter noch mehr in die Weite. Wurde das in mittelalterlich-kirchlichen Anschauungen verwurzelte Kaisertum der neuen Zeit immer wesensfremder, das Reich zunehmend schwächer, so festigten sich die Länder und nahmen an Eigenstaatlichkeit zu. Vor allem ließ der konfessionelle Riß die geistigen und politischen Grundlagen der Reichseinheit zerbröckeln. Wie fern der Reichskanzlei die westfälischen Dinge lagen, erkennt man daraus, daß in der Reichsmatrikel von 1521 (s. o. S. 5 ff.) und noch öfter vor- wie nachher eine Reihe westfälischer Landstädte als solche des Reiches in Anspruch genommen wurden; Lemgo z. B. mußte sich dessen mehrfach in Prozessen beim Reichskammergericht erwehren. Vorübergehend freilich hatte das Kaisertum sich noch einmal kräftig zur Geltung gebracht, als Karl V. 1542 den Herzog von Kleve und sodann im Schmalkaldischen Kriege die protestantischen Fürsten niederwarf, doch die Frucht seiner Siege, Geldern und Lingen, fielen, zum Schaden auch Westfalens, nicht dem Reiche, sondern der Krone Spanien in den Schoß. Als späterhin der Abfall der Niederlande die Kriegswogen immer wieder nach Westfalen herüberschlagen ließ, sah das Land, vom Reiche ohne Hilfe gelassen, sich jahrzehntelanger Verheerung ausgesetzt. Statt den klevischen Erbfolgestreit durch einen gerechten Richterspruch zu beenden, verfolgte Kaiser Rudolf II. wieder nur das habsburgische Hausinteresse und vermehrte die Verwirrung. Im Dreißigjährigen Kriege waren die Kaiserlichen vollends

Partei. Alles in allem stellte Westfalen längst nicht mehr ein lebendiges Glied des Reiches, wohl aber seit den achtziger Jahren dessen blutende Grenze dar.

Der westfälische Reichskreis. Seine Abgrenzung

Ein Versuch wurde freilich unternommen, das vielgestaltige Nebeneinander der deutschen Reichsstände zu straffen, es für gemeinsame Zwecke nach innen und außen zusammenzufassen; auch Westfalen wurde hiervon berührt. Es handelte sich um die Bildung von Reichskreisen, die Schaffung einer Zwischeninstanz inmitten von Reich und Ländern; ihr vornehmster Zweck war die Sicherung des Landfriedens, der einst schon seit dem dreizehnten Jahrhundert die Städtebündnisse, die Landfriedenseinungen und der Kaiserfriede Karls IV. gegolten hatten. Kaiser Maximilian I. suchte auf dem Kölner Reichstage 1512 den schon zwölf Jahre zuvor geschaffenen zehn Reichskreisen diese bedeutungsvolle Aufgabe zuzuweisen; blieb das auch zunächst erfolglos, so erhielten sie doch damals ihre endgültige Abgrenzung. Allerdings hatte man anders als etwa in Süddeutschland, bei der Bildung des Niederrheinisch-westfälischen Kreises, der meist kurzweg der Westfälische genannt wurde, keine sehr glückliche Hand. Es war verständig, wenn Ostfriesland und Oldenburg, wirtschaftlich ihrem Hinterlande eng verbunden, diesem Kreise zugeschlagen wurden, der damit die Nordsee erreichte; jenseits der Unterweser kam auch das Hochstift Verden hinzu. Unorganisch dagegen wurden aus der geschichtlich überkommenen Ländereinheit gerade das Herzogtum Westfalen und das Vest Recklinghausen herausgebrochen, weil sie als kölnische Gebietsteile mit dem übrigen Erzstift dem kurrheinischen Kreise zufielen; die dadurch abgeschnittene altwestfälische Grafschaft Waldeck kam zum oberrheinischen Kreise. Weiter im Westen wurde nahezu die Hälfte des ganzen Kreises aus fränkischem Stammesgebiet gebildet, es waren vor allem die unter einem Herrn vereinten drei Herzogtümer Kleve, Jülich und Berg, dazu die Reichsstadt Köln und die Gebiete zahlreicher kleinerer Herren beiderseits des Rheines, u. a. der Nassauer Grafen. Indessen wurde dieser Länderblock von dem am linken Rheinufer lang hingelagerten Erzstift Köln mitten durchschnitten. Weiter im Westen gehörte, diesmal durch eine schmale Landbrücke verbunden, noch das Fürstbistum Lüttich dem westfälischen Kreise an, mit seiner größtenteils wallonischen Bevölkerung ihm völlig wesensfremd, an der mittleren Maas mit der Stadt Rocroy bis über die heutige belgisch-französische Grenze hinübergreifend. Da der das Stift Lüttich einschließende Burgundische Kreis sich auf die habsburgischen Besitzungen beschränkte, hatte Lüttich wohl oder übel an den Westfälischen Kreis angeschlossen werden müssen. Dieser umfaßte 39 Reichsstände auf 1250 Quadratmeilen, etwa so groß wie das heutige Baiern ohne die Pfalz. Den zusammengewürfelten Bestandteilen fehlte von vornherein die Einheitlichkeit und Geschlossenheit, es war kein Gebilde, von dem sich erwarten ließ, daß es zu einem organischen Ganzen zusammenwachsen, ein kräftiges Leben entwickeln würde. Einen Keim hierzu enthielt der Kreis freilich doch in den ungefähr die Mitte einnehmenden klevischen Ländern. Wenn ihr Herzog, bei weitem der mächtigste Fürst des Kreises, der auch äußerlich alsbald den Vorrang einnahm, seine Führerstellung bewußt und kräftig ergriff, konnte sie ihm die Handhabe werden, um durch den Schutz, den er den unkriegerischen geistlichen Ländern sowie den kleineren Kreisständen angedeihen ließ, seinen Einfluß wesentlich zu verstärken, wohl gar zu einer Schutzherrlichkeit auszugestalten. Aber sowenig der schwache Herzog Wilhelm nach dem gescheiterten Vorstoß auf Geldern die Möglichkeit wahrnahm, sich der Entwicklung der niederländischen Dinge gegenüber auf der einen oder anderen Seite entschieden zur Geltung zu bringen (s. o. S. 82), so wenig wußte er aus dieser anderen, vom Schicksal gebotenen Gelegenheit etwas zu machen. Ohne Männer keine Geschichte.

Die Aufgaben

Nur sehr allmählich wurde das im Reichskreis geschaffene Gefäß mit Inhalt gefüllt. Im Jahre 1532 trat auf Einladung des Herzogs von Kleve als Vordersten und Obersten des Westfälischen Kreises der Kreistag zum ersten Male in Köln zusammen, um einen Kreishauptmann für den Türkenkrieg zu wählen. Auch ohne reichsrechtliche Grundlage brachte in den folgenden Jahren die gemeinsame Gefahr, die die Wiedertäufer in Münster für Nordwestdeutschland heraufbeschworen, es dahin, daß die Westfälischen Kreisstände im Verein mit den Nachbarkreisen dem bedrängten Bischof Franz ihre Unterstützung gegen seine aufständische Hauptstadt zuteil werden ließen (s. o. S. 46); hier zeigt es sich, daß die kreisweise Vereinigung größerer Gruppen von Reichsständen zu Aufgaben, die durchzuführen sie einzeln zu schwach waren, einem tatsächlichen Bedürfnis entsprach, da dem lockeren Bau des Reiches selbst das entsprechende Organ fehlte. Ein anderer Verbandszweck fand sich in der „Moderation", d. h. der Ermäßigung, in Wirklichkeit der anderweiten Umlegung der Leistungen an das Reich, hervorgerufen durch die Härten und Fehler der Reichsmatrikel von 1521 (s. o. S. 5); die Moderation hat seit 1541 immer wieder die Kreistage beschäftigt. Wichtiger war die durch die Reichsmünzordnungen von 1559 und 1566 den Kreisen zugewiesene Aufsicht über das Münzwesen. Danach hatten sie einen Münzwardein oder Probierer anzustellen und jährlich einen oder zwei Münzprüfungstage abzuhalten. Diese fanden in Köln oder Essen statt, alle Stände, die das Münzregal besaßen, waren vertreten. Auf dem Gebiete des Münzwesens, wo die kleinstaatliche Zersplitterung besonders unheilvoll sich auswirkte, hat der Kreis, das ist festzustellen, unter Führung der großen Handelsstadt Köln erfolgreich gewirkt. Nur wenige Arten von Scheidemünzen wurden zugelassen, die dafür über das ganze Kreisgebiet Geltung erhielten. Ferner wurden die Münzstätten zusammengelegt und seit 1571 nur noch Köln, Aachen, Münster und Emden, an dessen Stelle später Osnabrück trat, als solche anerkannt; auch Minden, Paderborn und Dortmund kamen dann noch hinzu. Das Unwesen der Kipper und Wipper, das in Niedersachsen schwere Schädigungen hervorrief, wurde auf diese Weise von Westfalen fast ganz ferngehalten.

Die Kreisverfassung

Ihre Hauptaufgabe, die Wahrnehmung der Polizeigewalt in Landfriedenssachen, hatte der Augsburger Reichstag von 1555 den Kreisen durch die sogenannte Exekutionsordnung übertragen, um Raubzüge, wie der Markgraf Albrecht von Brandenburg und der Herzog Philipp Magnus von Braunschweig sie soeben gegen wehrlose geistliche Länder unternommen hatten, künftig unmöglich zu machen. Das nächste war, daß jeder Kreis einen Kreisobersten und einige Zugeordnete zu wählen hatte. Dem Obersten fiel die Leitung der militärischen Aufgaben nach dem Rate der Zugeordneten zu; er war befugt, jeden Kreisstand bis zur vierfachen Höhe des herkömmlichen Anschlages zur Hilfeleistung heranzuziehen. Außerdem lag es ihm ob, die Achterklärungen des Reichskammergerichts zu vollziehen und für die Zahlung der Kreissteuern zu sorgen. Die Wahlen und sonstige wichtige Geschäfte waren Sache des Kreistages, auf dem jeder Reichsstand, ob groß oder klein, eine Stimme hatte; man versammelte sich auf das Ausschreiben des Oberen, jetzt „der ausschreibende Fürst" genannt. Das war nach wie vor der Herzog von Kleve, dem seit 1559 allmählich der Bischof von Münster zur Seite trat. Daneben gab es Zugeordneten- oder Kreisdeputationstage für die laufenden Geschäfte.

Die Tätigkeit des Kreises

Der erste westfälische Kreisoberst war der 1555 in Essen gewählte Herzog Wilhelm von Kleve, je drei weltliche und geistliche Zugeordnete wurden ihm beigegeben. In den beiden nächsten Jahren trat der Westfälische Kreis erstmalig in Tätigkeit, um den vom Grafen von Rietberg, dem tollen Johann, gestörten Landfrieden wiederherzustellen, indem er dessen Schloß belagerte und eroberte, auch ihn selbst gefangensetzte (s. o. S. 120). Aber es gelang dem Kreise nicht, die aufgewandten erheblichen Unkosten zurückzuerhalten; dieser Umstand, die Steuerscheu der Kreisstände, die schlechte Führung bei immer unfriedlicher werdenden Zeiten wirkten dahin zusammen, daß das nur lose Gefüge des Kreises fortan nicht mehr die Kraft aufbrachte, um Sicherheit und Ordnung im Lande zu wahren. Als 1563 der Herzog Erich d. J. von Kalenberg das Stift Münster räuberisch überfiel, begnügte sich der Kreisoberst damit, Gesandte zu den Verhandlungen zu schicken, die den Friedensbrecher durch eine namhafte Abfindung zum Abzuge bewogen. Durch seine Krankheit veranlaßt, legte Herzog Wilhelm 1567 sein Oberstenamt nieder. Der zum Nachfolger erwählte Bischof von Münster, Johann von Hoya, weigerte sich, es anzunehmen, denn eben damals brach der Aufstand der Niederländer gegen die spanische Herrschaft aus, und er befürchtete, als nächster Nachbar durch ein etwaiges Einschreiten gegen Angehörige der einen oder anderen Partei es mit dieser zu verderben. Als im nächsten Jahre ein Zugeordnetentag in Essen, dann ein Kreistag in Köln stattfanden, wollten weder der Herzog noch der Bischof die Verhandlungen leiten, aus elender Angst, sich den Zorn der Kriegführenden in den Niederlanden zuzuziehen, statt dafür zu sorgen, daß der Westfälische Kreis sich durch eine entsprechende Rüstung Achtung verschaffte. Zum Kreisobersten wurde schließlich 1568 der Drost in Hamm, Viktor Knipping, gewählt, ein einfacher Edelmann, der ohne Einfluß auf die Geschäfte blieb und mangels einer Truppe ebensowenig imstande war, einfallenden Rotten, die schon damals von den Niederlanden her das Land unsicher machten, entgegenzutreten. Unter seinem Nachfolger, dem Edelherrn Johann von Büren, blieben die Dinge in diesem unerfreulichen Zustande; 1581 reichten die Kreismittel gerade zur Anwerbung von ganzen 32 Reitern und 60 Fußsoldaten hin, die die Spanier und Staatischen auf der hundert Meilen langen Grenze abwehren sollten. Dabei konnte der westfälische Kreis es an Bevölkerung und Wohlstand sicherlich mit allen drei nordischen Königreichen zugleich aufnehmen. Als der Herzog Wilhelm schließlich das Oberstenamt dem Namen nach erneut übernahm, ernteten seine diplomatischen Vorstellungen gegen die Einfälle aus den Niederlanden nur den verdienten Spott; von irgendeinem Aufraffen des Kreises, einem Besinnen auf die Pflicht, die armen Untertanen zu schützen, war keine Rede. Dazu lähmte der konfessionelle Zwiespalt alle Kräfte. Nach dem Tode Herzog Wilhelms blieb das Oberstenamt eine Zeitlang unbesetzt, schließlich wurde 1596 der Graf Simon VI. zur Lippe erwählt. Er bemühte sich redlich, seinen Aufgaben gerecht zu werden, aber als dann der Einfall Mendozas das Maß auch der deutschen Geduld endlich zum Überlaufen brachte, kam es unter Simons Kommando zu jenem elenden Feldzuge des Jahres 1599 gegen die Festung Rees, der erst in den späteren Heldentaten der Reichsarmee sein Gegenstück finden sollte. Aller Welt wurden die Ohnmacht des Westfälischen Kreises, die Disziplinlosigkeit seiner Truppen offenbar (s. o. S. 103 f.). Von den öfteren dieserhalb abgehaltenen Kreistagen berichtet der Chronist Röchel, „dar ander nicht vielle wordt ausgerichtet als Geldt verzeret“. Unmöglich kann man mit einem neueren Bearbeiter den Westfälischen Kreis einen lebendigen Organismus des Reiches nennen, eher wäre das Wort vom lebenden Leichnam am Platze.

Nach dem Erlöschen des klevischen Hauses veranlaßte die Aufteilung seiner Länder unter Brandenburg und Pfalz-Neuburg den staatsklugen Bischof von Münster, Ferdinand von Baiern, zu dem Versuche, das Direktorium des Kreises, d. h. die Stellung des ausschreibenden Fürsten, ganz an sich zu ziehen, da er sehr wohl erkannte, welche politischen Möglichkeiten das Amt in einer kräftigen Hand eröffnete. Freilich fanden sich die Possidierenden trotz ihrer sonstigen Streitigkeiten gegen ein münsterisches „Oberdirektorium“ zusammen, so daß es nunmehr drei ausschreibende Fürsten gab. Aber 1638 übertrug der Kaiser das Direktorium bis zur endgültigen Regelung der jülich-klevischen Besitzverhältnisse an Ferdinand, und dieser vermochte zu Ende des Dreißigjährigen Krieges, von Kreis wegen eine westfälische Defensionsarmee auf die Beine zu bringen. Bei dem konfessionellen Gegensatz unter den Ständen und der Erschöpfung des Landes erlangte allerdings auch dieses Unternehmen keine größere Bedeutung (s. o. S. 175). — Alles in allem wiederholte der Westfälische Kreis in kleinerem Maßstabe die traurige Verfassung, worin das Heilige Römische Reich dahinsiechte, er stellte nicht viel mehr als einen geographischen Begriff dar.

Staatliches Leben pulste allein in den Ländern. Sie waren im Kampfe erst gegen die Reichsgewalt, dann untereinander in die Höhe gekommen, schließlich hatte der Ewige Landfriede wenigstens grundsätzlich der kriegerischen Auseinandersetzung, der feudalen Anarchie ein Ende gesetzt. Der Geist, der fortan die Länder mit ihren ständischen Ordnungen beseelte, war ein friedlicher, auf Ordnung und Wohlfahrt gerichtet.

Der neuzeitliche Territorialstaat

Der Begriff der Ordnung hatte sich gewandelt. Das Mittelalter war die Zeit der Sonderrechte gewesen, die Städte, die Ritterschaften, nicht zuletzt die Geistlichkeit hatten sich einer weitgehenden Selbständigkeit erfreut. Der Territorialstaat der Neuzeit bildete, romanischer Auffassung folgend, den Begriff der unveräußerlichen Hoheitsrechte, der einheitlichen Staatsgewalt aus, er suchte dem gemeinen Rechte der Untertanen Geltung zu verschaffen, die Sonderrechte zu beseitigen, um alles von einem Mittelpunkt aus zu leiten. Nur die kleinen und kleinsten reichsunmittelbaren Herrschaften wie die Grafschaften Steinfurt, Tecklenburg, Rietberg, Pyrmont, die Reichsstadt Dortmund, blieben in mittelalterlichen Zuständen stecken und verkümmerten. Hand in Hand mit der Steigerung der landesherrlichen Ansprüche ging eine verstärkte Tätigkeit zum Wohle der anvertrauten Untertanen, für deren Gedeihen der Fürst sich Gott gegenüber verantwortlich fühlte.

Die Absetzung nach außen

Nach außen hin machte die neue Staatsauffassung sich in der Weise geltend, daß die Länder sich voneinander klar und reinlich abzusetzen suchten. Den kleinen Einsprengseln, der Grafschaft Steinfurt und der Herrschaft Gemen, wurde seit Mitte des sechzehnten Jahrhunderts ihre Reichsstandschaft vom Hochstift Münster nachdrücklich bestritten und beide als Teile des eigenen Territoriums in Anspruch genommen; schwere Aktenbände, Prozesse, die bis ins übernächste Jahrhundert sich hinschleppten, erzählen von diesen Streitigkeiten, in denen die Angegriffenen sich schließlich behaupteten. Ihre Grenzen nach allen Seiten hin linienmäßig genau festzulegen, war das Bestreben der Länder, wie es die klevische Regierung bezüglich der Grafschaft Mark durch eine lange Reihe von Verträgen mit dem Nachbarn zumeist erreichte. Das Recht des Stärkeren machte sich auch hier geltend: die Reichsstadt Dortmund mußte es geschehen lassen, daß ihr alter Besitz, die Dörfer Brackel und Schüren, 1567 an die Mark übergingen. Auf friedlichem Wege wurde auch der Mitbesitz der Reichsabtei Korvey an der Doppelstadt Marsberg beseitigt, diese kam 1507 durch Kauf ganz an Köln. Erbitterte Kämpfe dagegen, nicht mit der Feder allein in mehr als zwanzig Prozessen bei den höchsten Gerichten, sondern auch mit Schwert und Brandfackel fochten Tecklenburg und Osnabrück um die Grenzen der Herrschaft Rheda und des Amtes Reckenberg aus. Hier war der Graf von Tecklenburg in den Verträgen von 1533 und 1565 der Sieger, weil das Stift Osnabrück sich in dem abgelegenen Gebiete nicht durchsetzen konnte. Unter unendlichen verwickelten Rechtshändeln drängte der Kurfürst von Köln den schwächeren Grenznachbar Waldeck allmählich aus dem Assinghäuser Grunde, dem obersten Ruhrtal, hinaus. Jeder Grenzstreit, oft um nur ein armes Stück Heideland, wurde mit Zähigkeit durchgefochten: mit Trommeln und Pfeifen, halb militärisch, halb Volksfest, zogen die Schützen aus, um eine Besitzhandlung im streitigen Gebiete, dem Nachbarn zum Verdruß, vorzunehmen. Manchmal spielte in diese Hahnenkämpfe die Komik hinein. Im Jahre 1585 hatten die zu Osnabrück gehörigen Quakenbrücker einen vor ihrer Stadt von münsterscher Seite errichteten Schlagbaum ausgeworfen und zerhauen, „und nach solcher Tat," berichteten die entrüsteten münsterischen Beamten, „etliche von den Gewalttätern sich auf den abgehauenen Baum niedergesetzt und — mit gebührender Reverenz für Euer Ernvest Gestrenge zu schreiben — ihr Behuf und Notdurft ganz unverschamter Weis getan"! Ein solcher Schimpf hätte hundert Jahre zuvor unweigerlich eine bitterböse Fehde nach sich gezogen. — Noch viele Grenzunklarheiten wurden in die Folgezeit hinübergetragen, auch weiterhin behielt mancher Landesherr Untertanen im Nachbarlande, was namentlich wegen der Steuerpflicht zu öfteren Irrungen Anlaß gab.

Die Landesverteidigung

Um die Grenzen im Ernstfall zu verteidigen, hielt man die Landwehren dauernd instand, dazu konnten, wie vordem, die reisigen Lehnmannen und auf Glockenschlag die allgemeine Landfolge der Untertanen aufgeboten werden. Die ravensbergischen Beamten erhielten 1536 die Anweisung, in jedem Dorfe die geschicktesten Knechte und Hausleute (Bauern) auszusuchen, die, von den übrigen Hausleuten ausgerüstet, die „Erste Forderung" bei feindlichem Angriff zu bilden hatten, auch eine Zweite und Dritte Forderung wurden eingerichtet. Ebenso wurden die gemeinen Untertanen in Kleve-Mark 1572 „zwecks Anschaffung guter Rüstung und Waffen" gemustert und verzeichnet. Bezüglich der Ritterschaft legte man Reuterbücher, Matrikeln an, so im Herzogtum Westfalen 1566 ff. mit Angabe der zu stellenden gerüsteten Pferde. Doch aus dem Ritter war längst ein friedlicher Gutsherr geworden, die Zeiten der Einzelkämpfer zu Pferde, nicht minder des Volksaufgebots der deutschen Frühzeit waren längst dahin; nur bei fürstlichen Einzügen und Hochzeiten ließ die Ritterschaft sich noch hoch zu Roß im Harnisch mit dem langen Speere blicken. Als die westfälischen Lehnmannen 1585 nach Meschede zur Musterung bestellt waren, vermerkte Kaspar von Fürstenberg in seinem Tagebuch: „Bone Deus, wie sein sie so elendig an die Baan kommen, wer woll sich uf die Leut verlassen?" Beim Einfall des tollen Christian in das Stift Münster 1622 wurde noch einmal der Vorschlag gemacht, die Ritterschaft aufzubieten, von ihr jedoch als zwecklos abgelehnt. Die sauerländischen Bauern haben sich in den truchsessischen Wirren noch ganz brav geschlagen, aber als die Osnabrücker und Delbrücker Landleute sich den krieggewohnten Spaniern entgegenstellten, erging es ihnen übel. Im großen und ganzen lagen die westfälischen Länder, namentlich soweit sie unterm Krummstab standen, kriegerischen Angriffen gegenüber wehrlos da, wie wir zur Genüge gesehen haben.

Die Verwaltung

Um so eifriger nahmen sich die Landesherren zumeist ihrer innenpolitischen Aufgaben an. Im Mittelalter hatten sie sich noch wesentlich auf die Wahrnehmung des Landfriedens beschränkt, ohne freilich dem herrschenden Fehdewesen gegenüber dieses Ziel auch nur annähernd zu erreichen. Auch jetzt noch brauchte es lange Zeit, bis die öffentliche Sicherheit hergestellt war und das tief im Volksbewußtsein wurzelnde Recht auf Selbsthilfe außer Gebrauch kam; bis zum Ende des sechzehnten Jahrhunderts verfolgten einzelne Ritterbürtige wie Bürger und Bauern wirkliche oder vermeintliche Ansprüche durch Fehdeansage mit Raub, Brand und Totschlag. Die kurkölnische Polizeiordnung von 1595 verbot noch ausdrücklich die Fehde; die allgemeine Unsicherheit, die die nicht abreißenden Einfälle aus den Niederlanden mit sich brachten, begünstigten jenes Treiben immer wieder. Auch die gartenden Knechte, abgedankte Landsknechtsrotten, die sich von Bettel und Raub nährten, waren eine ständige Landplage. Für die Dauer des Großen Krieges hörte dann jede Sicherheit auf. Aber trotzdem wurde es schließlich doch Gemeingut, daß man sein Recht nur bei den Gerichten zu suchen habe.

In die meisten Bereiche des öffentlichen wie des privaten Lebens griff der Staat jetzt tief ein; die mittelalterlichen Städte waren ihm darin vorangegangen. Polizeiordnungen regelten das Dasein der

Untertanen nach den verschiedensten Richtungen. Für das Erzstift Köln erließ Hermann von Wied 1538 eine „Ordnung und Reform guter Polizei", die 1595 erneut und erweitert wurde, 1554 erging in Kleve-Mark eine allgemeine Polizeiordnung, daneben andere für Sondergebiete, im Stifte Münster wurde 1571 eine gemeine Landordnung verkündigt. Da wurden das Fluchen, Schwören, Zaubern verboten, nicht minder das Zutrinken und die Trunkenheit überhaupt, man beschränkte die Zahl der Gäste, der Gerichte, der Tonnen des zu vertilgenden Bieres bei Hochzeiten und Kindtaufen, es ergingen Kleiderordnungen und Strafandrohungen gegen „die unordentliche Köstlichkeit der Kleidung", auch gegen die Fastnachtfeiern wurde eingeschritten. In Kleve-Mark machte eine Wirtshausordnung von 1554 bereits den Herbergsbetrieb und Bierausschank von einer polizeilichen Erlaubnis abhängig. Auf wirtschaftlichem Gebiete erfolgten bei Mißwachs Verbote, Getreide auszuführen oder Holz, um der Waldverwüstung zu steuern. Die Vielgestaltigkeit des Geldwesens machte immer wieder obrigkeitliche Münztarife erforderlich, bis der Kreis sich der Sache annahm. Wucherliche Kontrakte wurden untersagt. Im Herzogtum Westfalen erging 1533 eine Bergordnung von 63 Artikeln, an deren Stelle 1559 eine erweiterte von 110 Artikeln trat; für das Auffinden von Erzadern wurden Belohnungen ausgesetzt. In Kleve-Mark erschien 1553 eine Fluß- und Mühlenordnung, im nächsten Jahre eine Wegeordnung, die eine amtliche Wegeschau anordnete, freilich schon deshalb ohne Wirkung bleiben mußte, weil sie die Wegeunterhaltung den Anliegern aufbürdete. In sozialer Hinsicht wurde gegen Bettler, Müßiggänger und Zigeuner eingeschritten, ergingen Armenordnungen, wurden für Handwerker und Dienstboten Löhne festgesetzt. Das Gesundheitswesen behandelten münstersche Vorschriften über das Verhalten bei Pestseuchen (1606). Auch auf das kirchliche Gebiet griff der geistliche wie der weltliche Landesvater hinüber, wozu der Grundsatz „Wes das Land, des der Glaube" ihm ein Recht gab; wir haben gesehen, wohin das führte. Die klevisch-märkische Amtsordnung von 1559 ging so weit, der Landesregierung die Aufsicht darüber beizulegen, daß geeignete Pastoren angestellt würden, die ihre Pfarren selbst, nicht durch Stellvertreter versähen und ein auskömmliches Gehalt erhielten. Im Jahre 1604 wurde hier auch die Sonntagsruhe eingeführt und Wochen- und Jahrmärkte an Sonn- und Festtagen verboten. Endlich gelangte das gesamte Schulwesen zunehmend in landesherrliche Fürsorge. So gab es kaum noch ein Lebensgebiet, auf dem die Landesregierung sich nicht zur Geltung gebracht hätte; der Polizeistaat bereitete sich vor.

Die Behördenorganisation A. In Kleve-Mark

Für diese ausgreifende Tätigkeit bedurfte es eines entsprechenden Beamtenkörpers. Für die örtliche Verwaltung bestand schon seit dem dreizehnten und vierzehnten Jahrhundert die Amtsverfassung; in der Zentralinstanz hatte bis jetzt der Landesherr persönlich mit einigen wechselnden Räten seiner näheren Umgebung die Geschäfte erledigt. Nunmehr wurden die oberen Landesbehörden ausgebaut. Auch jetzt ging Kleve-Mark voran, das schon 1486—1489 sich ein aus zwölf Mitgliedern bestehendes Ratskollegium geschaffen hatte (Bd. I, S. 458). Diesem gehörten von Hofbeamten der Hofmeister und der Marschall an, vom Adel einige Drosten, endlich mehrere studierte bürgerliche Mitglieder; die Schulung der gelehrten Räte war für schwierigere Aufgaben nicht mehr zu entbehren. Zu den bürgerlichen Räten zählte auch der Kanzler, der Leiter der Kanzlei, der ursprünglich die Erledigung des Schreibwerks oblag. Als der Herzog Johann III. nach dem Erwerbe von Jülich-Berg 1521 seine Residenz vorwiegend in diese Länder verlegte, behielt der klevisch-märkische Hofrat seinen Sitz in Kleve, doch waren stets zwei seiner Mitglieder am Hoflager tätig. Wurden hier unter ihrer Mitwirkung die auswärtigen Beziehungen der vereinigten Länder erledigt, so lag es dem Hofrate in Kleve ob, die örtliche Verwaltung der beiden Gebiete zu lenken und durch gelegentliche Dienstreisen zu beaufsichtigen; wichtigere Entscheidungen blieben dem Herzoge vorbehalten. Die Seele der Geschäfte war der Kanzler; Heinrich Barsz genannt Olisleger, tätig von 1547—1575, ist als der bedeutendste zu nennen. Durch die Rechenkammerordnung von 1557 wurde die Finanzverwaltung verselbständigt, doch waren die zur Rechenkammer geordneten Räte nur eine Kommission des Hofrats; erst eine neue Ordnung von 1601 machte die Rechenkammer zu einer eigenen Kollegialbehörde. Bei den Räten lag die eigentliche Finanzverwaltung, das Kassenwesen in der Hand des Landrentmeisters, der, eine wichtige Neuerung, nach einem Voranschlage der Einnahmen und Ausgaben zu wirtschaften hatte. Die Überwachung des Rechnungswesens endlich war Sache des Rechenmeisters, der zugleich das nebenher gehende landständische Steuerwesen verwaltete. Auf Drängen der Stände erging ferner 1597 eine Hofgerichtsordnung, die das Gericht der Form nach vom Hofrat trennte, wiewohl die Mitglieder beider Behörden nach wie vor dieselben waren. Damit war die in größeren Ländern übliche Dreiteilung der Oberbehörden in solche der allgemeinen Verwaltung, der Finanzen und der Justiz durchgeführt. —

Bis zum letzten Drittel des sechzehnten Jahrhunderts gehörten die vereinigten klevisch-märkischen Länder zu den bestverwalteten Deutschlands, dank den wohlwollenden und eifrigen Herzögen Johann III. und Wilhelm, die für tüchtige, humanistisch gebildete Räte sorgten und sie zu halten wußten. Aber dann drängte der spanische Einfluß eben diese Räte mehr und mehr zurück; das höfische Ränkespiel unter Führung des Marschalls Schenkern setzte ein (s. S. 128 ff.). Eine Neuerung der brandenburgischen Herrschaft war es, daß 1614 der Kurprinz Georg Wilhelm in Kleve eine Hof- und Geheime Kammerkanzlei einsetzte, bestehend aus vier Räten mit dem Grafen Schwartzenberg an der Spitze, die demnächst als Statthalter und Geheimer Regierungsrat amteten. Der neuen Behörde wurden alle Verwaltungs- und Rechenkammergeschäfte übertragen, die Rechenkammer hieß fortan Amtskammer. Die alte Landkanzlei sank zu einer mittleren Gerichtsbehörde herab und wurde 1624 förmlich aufgehoben. Für die Domänenverwaltung erließ Schwartzenberg 1631 eine Amtskammerordnung.

Die Grafschaft Ravensberg unterstand bis zum Aussterben des Herzogshauses der Gesamtkanzlei in Düsseldorf, deren Räte gelegentlich nach Bielefeld kamen. Lange war das Land großenteils verpfändet und von gewissenlosen Beamten schlecht verwaltet worden, bis Herzog Johann III. seit 1535 eingriff und eine gründliche Reform durchführte.

B. im Hochstift Münster

Selbst in dem größten westfälischen Lande, im Hochstift Münster, erledigte bis zur Mitte des sechzehnten Jahrhunderts der bischöfliche Landesherr persönlich mit einigen Räten die Geschäfte; noch gab es kein regelmäßig zusammentretendes Ratskolleg mit fester Geschäftsordnung, keine Trennung der verschiedenen Verwaltungen. Als Räte traten auch hier der Hofmeister, der Hofmarschall und der bürgerliche Kanzler hervor, seit der Demütigung Franzens von Waldeck 1547 auch die Landräte, ständische Vertreter, die sich aus je zwei Mitgliedern des Kapitels, der Ritterschaft und des Rates der Stadt Münster zusammensetzten (1567), auf deren Auswahl jedoch Johann von Hoya Einfluß gewann. Dank den Bemühungen dieses rechtskundigen Bischofs nahm der Landtag 1570 eine „Reformation des geistlichen Offizialat- auch Hof- und Landgerichts und anderer gemeiner Ordnung" an. An die Spitze des neu zu bildenden H o f g e r i c h t s trat ein adliger Hofrichter, ihm zur Seite zwei ordentliche und mehrere außerordentliche Beisitzer; es war zuständig für bürgerliche Rechtsstreitigkeiten in der Berufungsinstanz an Stelle des alten Obergogerichts zur Sandwelle (Bd. I, S. 464). Ins Leben treten konnte das Hofgericht freilich erst nach einiger Zeit, als über die Frage der Kostendeckung zwischen dem Bischof und den Ständen Einigkeit erzielt war. Bezüglich der geistlichen Gerichte, die ebenfalls bürgerliche Streitigkeiten vor ihre Schranken zogen und deren Reformation allgemein als notwendig anerkannt wurde, blieb trotz der Ordnung alles beim alten.

Die Geldnöte Johanns von Hoya veranlaßten 1573 die Bildung einer R e c h e n k a m m e r, für die eine Ordnung nach klevischem Vorbilde erging; bis dahin hatte man sich wohl oder übel auf die Ehrlichkeit der Beamten verlassen, von einer geordneten Finanzverwaltung und Rechnungslegung war noch keine Rede gewesen. Jetzt mußte der Bischof es sich gefallen lassen, daß man ihm die Verwaltung der landesherrlichen Einkünfte aus den Domänen und Regalien entzog und einer Kollegialbehörde anvertraute, die unter dem Einfluß des Domkapitels stand. Die Ordnung sah vor, daß auf jedem Amtshause ein Rentbuch, ein genaues Verzeichnis aller Güter und Hoheitsrechte, angelegt wurde, dazu waren verschiedene Ausgabebücher zu führen; die Finanzverwaltung gipfelte in der Rechenkammer, die aus fünf oder sechs Hof- und Landräten unter dem Kanzler bestand. Bedeutete das einen entscheidenden Fortschritt in der Verwaltung des Hochstifts, so hörten doch die Klagen über den Eigennutz der Drosten und Rentmeister keineswegs auf; ein Memoriale von 1616 wirft ein recht trübes Licht auf ihre Wirtschaft.

Der Tod Johanns von Hoya 1574 und die Minderjährigkeit seines Nachfolgers Johann Wilhelm von Kleve machten eine Zwischenregierung erforderlich, die sich länger als erwartet hinzog; das gab den Anstoß, daß eine allgemeine und dauernde Zentralbehörde für das Hochstift ins Leben trat. Sie setzte sich zusammen aus dem Statthalter — der erste war Konrad von Westerholt —, dem Kanzler, je zwei Räten aus dem Domkapitel und der Ritterschaft sowie einem Rechtsgelehrten. Auch als der Kurfürst Ernst von Baiern 1585 endlich Bischof geworden war, suchte das Kapitel ihn von der Ausübung der Regierungsgewalt fernzuhalten (s. o. S. 124); als er darauf mit der Feindschaft der hispanischen Majestät drohte, einigte man sich schließlich dahin, daß die Landesregierung von vier adligen und zwei gelehrten Räten geführt werden sollte, aus denen seit 1599 das Kolleg der „Fürstlich Münsterischen heimgelassenen Räte" hervorging. Am kurfürstlichen Hofe wurde eine münstersche Kanzlei eingerichtet, eine Vertretung ähnlich der für Kleve-Mark am herzoglichen Hoflager. Die Regierungs- und Kanzleiordnung von 1605 teilte die Amtsgeschäfte in feste Sachgebiete auf; als Sachbearbeiter ohne Stimmrecht wurden auch bürgerliche Gelehrte, sog. Referendare, herangezogen. Das Ratskollegium war zugleich oberstes Kriminalgericht für die kleineren Strafsachen in zweiter Instanz. Es bezeichnet die Zeit, daß die Verordnung ein Verbot enthielt, auf der Kanzlei Schlägereien oder Zechgelage zu veranstalten, Verehrungen der Parteien, so heißt es, sind außerhalb zu vertrinken.

C. Im Herzogtum Westfalen

Erstaunlich früh, schon 1463 in der Erblandesvereinigung des kölnischen Herzogtums Westfalen, war vorgesehen, je einen „standhafftigen Raed", also eine dauernde Regierungsbehörde für die kurfürstlichen Länder links und rechts des Rheines einzusetzen, aber wann es wirklich hierzu gekommen ist, läßt sich nicht sagen. Jedenfalls waren 1585 und 1590, als der Kurfürst Ernst die Erblandesvereinigung erneuerte, der Landdrost, sechs adlige und drei bürgerliche Räte vorhanden, unter ihnen der Drost Kaspar von Fürstenberg zu Bilstein und der Licentiat Gerhard Kleinsorgen in Werl. Landdrost und Räte in Arnsberg stellten fortan die oberste Behörde für das Herzogtum Westfalen dar, sie traten allmonatlich für einige Tage zusammen. Der Landdrost war der Nachfolger des Marschalls von Westfalen, der einst an Stelle des Herzogs gewaltet hatte (Bd. I, S. 268); gleichzeitig Führer der Ritterschaft, nahm er eine Doppelstellung ein. Im Jahre 1602 wurde sein Amt aufgehoben, aber zehn Jahre später beim Regierungsantritt des Kurfürsten Ferdinand auf Wunsch der Stände wiederhergestellt und mit Kaspar von Fürstenberg besetzt. Der kurfürstliche Hofrat in Bonn, der für das Erzstift und das Vest Recklinghausen zuständig war, suchte das westfälische Ratskolleg zu einer nachgeordneten Behörde herabzudrücken und betrachtete es mißfällig als „angemaßte westfälische Kanzlei", doch der alte Fürstenberg setzte sich gegen diesen Übergriff erfolgreich zur Wehr. Über die weitere Behördenorganisation des Landes ist wenig bekannt; 1557 wurde eine Bergverwaltung mit einem Bergvogt und einem Bergmeister eingerichtet, woraus sich im Laufe der

Zeit ein Bergamt in Brilon mit einer Nebenstelle in Olpe entwickelte; die Aufgabe des Bergamts bestand darin, den fiskalischen Bergzehnten einzuziehen, Mutungen zu erteilen und alle aus dem Berg-, Hütten- und Hammerwesen entstehenden Streitigkeiten gerichtlich zu entscheiden.

D. In den kleineren Ländern

Die Verwaltung der kleineren Länder erfolgte in vereinfachten Formen. Im Hochstift Osnabrück erließ der Bischof Heinrich von Sachsen 1585 eine Regierungsordnung, die das münstersche Vorbild z. T. wörtlich übernahm. Danach setzte sich die fürstliche Kanzlei aus einem bürgerlichen Kanzler, einem Rate — später zwei bis drei —, einem Referendar und einem Sekretär zusammen, auch die Landräte, Drosten oder der ständische Ausschuß wurden bei wichtigeren Sachen zugezogen. Erst im siebzehnten Jahrhundert erhielt die Kanzlei ihren festen Sitz in Osnabrück. Zur Bildung einer eigenen Finanzbehörde kam es hier nicht, wohl aber entwickelte sich 1587 aus der Kanzlei ein Generalkommissionsgericht, auch Audienz genannt; zwei unter dem Bischof Philipp Sigismund ausgearbeitete Prozeßordnungen, die jüngere von 238 Paragraphen, blieben Entwürfe. — Auch in Paderborn bildete sich erst zu Ende des sechzehnten Jahrhunderts ein ständiges Landeskollegium heraus, die Regierungskanzlei, auch Regierung, Kanzlei oder Hofrat genannt; ihr lag die Verwaltung wie die oberste Rechtsprechung ob und sie erhielt 1618 durch Ferdinand von Baiern eine Kanzleiordnung. Der Versuch, eine Hofgerichtsordnung nach münsterschem Vorbilde einzuführen (1582), scheiterte am Widerspruch der Stände. — Das Stift Minden wurde im Anfang des siebzehnten Jahrhunderts durch die bischöfliche Kanzlei mit einem Landdrosten und einem Kanzler verwaltet, daneben gab es für die Rechtsprechung eine Regierung; beide hatten ihren Sitz in Petershagen, ein Zeichen für die starke Absonderung der Stadt Minden vom Lande. — In Lippe erscheint schon im fünfzehnten Jahrhundert ein „Amtmann der Herrschaft Lippe", später Landdrost genannt, an der Spitze der Verwaltung, dann auch ein Kanzler. Seit 1564 beginnen die Landesverordnungen mit den Worten: „Wir Landdrost, Kanzler und andere verordnete Regierung der Grafschaft Lippe," woraus sich schließen läßt, daß die Räte dieser Regierung noch nicht fest angestellt waren, sondern nach Bedarf aus den Landständen zugezogen wurden. Im Jahre 1593 erging auf Betreiben Simons VI. eine Hofgerichtsordnung, der zufolge ein Hofgericht in Lemgo eröffnet wurde. — Für Steinfurt hatte der Graf Arnold schon 1581 eine Hofgerichtsordnung erlassen.

Die örtliche Verwaltung

Die örtliche Verwaltung lag nach wie vor in der Hand der Ämter, denen auch die Städte bis auf einige größere unterstanden. Die Spitze des Amtes war der Drost, ihm zur Seite standen Richter und der Rentmeister, denen kirchspielsweise die Vögte untergeordnet waren (Bd. I, S. 457). Allmählich kam der leidige Brauch, die Ämter mit ihren Einkünften dem innehabenden Drosten gegen ein Darlehen zu verpfänden, außer Übung. Manchmal nur mit Schwierigkeiten: als der Feldoberst Hilmar von Quernheim sich weigerte, das ihm verpfändete Amt Reinenberg dem Bischof von Minden gegen Rückzahlung des Pfandschillings wieder einzuräumen, mußte er der Landesburg mit Waffengewalt entsetzt werden, wobei es nicht ohne Blutvergießen abging (1565). Auch die Verpachtung der Domänen und Gefälle an den Drosten bewährte sich nicht. Über den Geschäftskreis der Ämter unterrichtet die Amtsordnung, die Johann von Hoya 1556 für das Stift Osnabrück erließ. Danach war ihre Aufgabe noch immer z. T. eine militärische, wie denn auf den befestigten Amtshäusern eine kleine Besatzung gehalten wurde. Neben ihrem Kommando lag dem Drosten als Polizeiverwalter die Wahrung der öffentlichen Sicherheit ob, er hatte mit seinen Vögten und vier reisigen Dienern die Straßen zu bereiten, „damit ein jeder sicher wandern möge". Ihm gebührte auch der Vorsitz im Brüchtengericht, wo polizeiliche Übertretungen bestraft wurden. Der Richter, der dem Gogericht vorsaß, stand unabhängig neben dem Drosten; insofern waren Rechtsprechung und Verwaltung getrennt. Dem Rentmeister endlich war vornehmlich die landesherrliche Vermögensverwaltung, insbesondere die Verpachtung der Domänen und die Vereinnahmung der Abgaben und Gefälle anvertraut. Im Herzogtum Westfalen war das die Aufgabe der Kellnerei Arnsberg (zuerst 1567), sie stieg dann zur Oberkellnerei auf mit Kellnereien zu Bilstein, Balve und Anröchte. — Im Laufe der Zeit überließen die adligen Drosten ihre Amtsgeschäfte mehr und mehr den Rentmeistern, die, mit oder ohne Studium, sich durch Geschäftskenntnisse und Diensteifer hervortaten. So konnte man im Stifte Osnabrück während des späteren sechzehnten Jahrhunderts drei Drosten die sechs oder sieben Ämter unterstellen, die ihre selbständige Verwaltung unter den Rentmeistern behielten.

Die Beamtenschaft

Von der Forstverwaltung war oben schon die Rede.

Überall standen neben den adligen die bürgerlichen Räte und

sonstigen Beamten, die Wurzel des Berufsbeamtentums; „es mochte sich," wie Goethe von dem Zusammenwirken der adligen und gelehrten Bank beim Reichskammergericht in Wetzlar sagt, „die freiere Übersicht der einen mit der reiferen Ansicht der anderen gern befreunden". Allerdings wurde der Adel, was die Zahl der Stellen, die Höhe der Gehälter angeht, entschieden bevorzugt, während die Hauptlast der Geschäfte auf den Gelehrten ruhte, aus deren Reihe auch der Kanzler hervorging, wenn es auch nicht ganz an Studierten vom Adel fehlte. Der Herzog Wilhelm von Kleve hielt sich 1574 darüber auf, daß man im Stifte Münster gewohnt sei, selbst auf die kleinsten Verwaltungsposten nur Leute ritterlichen Geblütes, im Lande geboren, zu setzen; das Gehalt der adligen Räte war hier mehr als doppelt so hoch als das der bürgerlichen. Diese wurden, wie das Domkapitel schließlich selbst einsah, so schlecht gehalten, daß keiner länger als ein bis zwei Jahre in Münster aushielt; kein Wunder, wenn man auf solche Weise nur „herumziehende Juristen und Ränkemacher" bekam, wie sie damals in Deutschland zahlreich zu haben waren. Im Laufe der Zeit wurden die bürgerlichen Beamten seßhafter, das Amt ging vielfach vom Vater auf den Sohn oder Schwiegersohn über, es bildeten sich angesehene Beamtenfamilien, deren Namen immer wiederkehren. Was die gelehrten Räte den Fürsten wertvoll machte, war der Umstand, daß sie der Vortrupp eines rein landesherrlichen Beamtentums, die Vorkämpfer des Absolutismus waren, während die Landstände, die einen starken Einfluß auf die Besetzung der Beamtenstellen ausübten, hierbei den ihnen nahestehenden, wirtschaftlich unabhängigen Adel bevorzugten. — Die Besoldung erfolgte überwiegend in Naturalien durch die Lieferung von Getreide, fetten Schweinen u. s. w., also in Gestalt von Unterkunft und Verpflegung für den Beamten, seine Diener und Pferde; die einkommenden Erträge der Domänen legten diese Art der Vergütung nahe. Die Bareinkünfte der Beamten bestanden zum großen Teil in unsicheren Gerichts- und Kanzleigefällen. Das Fehlen einer festen Besoldung und eines geschriebenen Amtsrechts förderte Bestechlichkeit und Unehrlichkeit sowie die Bedrückung der Untertanen. Doch bis zur Mitte des siebzehnten Jahrhunderts ging die Naturalbesoldung stark zurück und verschwand allmählich ganz.

Die Landstände Allgemeines

Die Verwaltung der Länder ging, wie die Darstellung ergibt, keineswegs vom Landesherrn allein aus, an der Einrichtung und Besetzung der Behörden waren die Landstände stark beteiligt, auch bei der Gesetzgebung und namentlich bei den Steuern hatten sie ein entscheidendes Wort mitzusprechen. Das sechzehnte Jahrhundert ist die Zeit des voll ausgebildeten Ständestaates. Dieser setzte sich gewissermaßen aus zwei Hälften zusammen, einer fürstlichen und einer ständischen, wobei die zweite „das gemeine Land" dem Fürsten gegenüber vertrat. Das Maß und Gewicht des ständischen Anteils beruhte auf dem Herkommen — wir haben es im vierzehnten und fünfzehnten Jahrhundert sich entwickeln sehen (Bd. I, S. 459 ff.) —, noch gab es keine Verfassungsurkunde, die Bedeutung der Stände stieg und sank mit den wechselnden Machtverhältnissen, der Persönlichkeit und Regierungsweise des Fürsten, wobei das Recht der Steuerbewilligung „das Schwungrad der ständischen Verfassung" war. Vom Ende des sechzehnten Jahrhunderts ab drängte der aufkommende Absolutismus die Stände zumeist in die Verteidigung; nicht ganz zu Unrecht empfanden sie die neue Regierungsform als etwas Fremdes, wie sich denn die Paderborner 1586 von Bischof Dietrich versprechen ließen, daß er „die deutsche Freiheit nicht abbrechen wolle". Wie die Stände überall in Deutschland für die Einheit des Landes eintraten, suchten sie diese in den vereinigten jülich-klevischen Gebieten nach dem Aussterben des Herzogshauses vor der Zerreißung aus dynastischen Gründen, wenn auch vergeblich, zu bewahren; noch 1647 erneuerten alle fünf Landschaften in Kleve die alte Union von 1496 (vgl. Bd. I, S. 398), „alle vor einen Mann zu stehen." Ebenso sind sie hier wie in den geistlichen Stiftern längere Zeit nicht ohne Erfolg für die Gewissensfreiheit eingetreten, gegenüber dem harten Satze: Wes das Land, des der Glaube; der konfessionelle Gegensatz trug nicht wenig zur Entzweiung zwischen Fürst und Ständen bei. Nicht minder strebten diese eine gute Verwaltung und den Rechtsschutz der Untertanen vor Beamtenwillkür an. Anderseits waren die Stände infolge ihrer einseitigen Zusammensetzung keineswegs frei von Selbstsucht, wie sie denn die Steuerlasten ganz überwiegend dem nicht vertretenen Bauernstande aufpackten. Des öfteren lähmte die Uneinigkeit zwischen der ländlichen Ritterschaft und den Städten mit ihren Gewerbsinteressen die Verhandlungen. Das Verlangen der Stände, die Beamtenstellen nur mit Landeskindern zu besetzen, vornehmlich „mit unseren geborenen Landsassen, so ihren adlichen Sitz und Güter im Stift haben", entsprang einer gewissen Engherzigkeit. Vollends die auswärtige Politik ging über ihren Gesichtskreis hinaus. Gewiß hatte es sein Gutes, wenn die friedlich gesinnten Stände den Landesherren gelegentlich von kriegerischen Abenteuern fernhielten, aber nicht zuletzt ihre Steuerscheu verschuldete es, daß die militärische Rüstung sträflich vernachlässigt wurde.

Die Landessteuern

Der Ausgangspunkt für die Entwicklung der Stände war das Recht der Steuerbewilligung gewesen; es blieb dauernd ihre wichtigste Befugnis und führte dazu, daß die Zweiteilung der Gewalten auf dem Gebiete der Finanzen am weitesten gedieh. Dem Fürsten stand, um die Kosten der Landesverwaltung wie die seiner Hofhaltung zu bestreiten, das „Kammergut" der Domänen und Regale (Zölle, Bergzehnten, die alte Bede) mit ihren Einkünften zur Verfügung; bedurfte er weiterer Mittel, wie sie die wachsenden staatlichen Aufgaben, vor allem die kriegerische Rüstung immer wieder erforderten, so mußte er die Landstände angehen, um sich die erforderlichen Steuern bewilligen zu lassen. Ebenso hatten jene die dem Kaiser vom Reichstage bewilligten Umlagen der Länder, namentlich zur Bekämpfung der Türken, auf die Untertanen unterzuverteilen. Aber auch übermäßiger persönlicher Aufwand des Landesherrn und daraus folgende Verschuldung verursachten Steuerforderungen, wie wir bei Herzog Johann II. von Kleve und Johann von Hoya in Münster und Osnabrück sahen. Ebenso hatten Baulust, kostspielige Versuche und Unternehmungen auf allen möglichen Gebieten den vielgeschäftigen Simon VI. zur Lippe tief in Schulden gestürzt, für die nach seinem Tode wohl oder übel das Land eintrat, so daß es 1616 nicht weniger als 42 000 Tlr. Jahreszinsen zu zahlen hatte. Nicht immer waren die Herrensstände ohne weiteres geneigt, die geforderten Mittel bereitzustellen; regelmäßig beschränkten sie sich darauf, eine einmalige Steuererhebung oder höchstens für einige Jahre zuzulassen. Noch zu Beginn der Neuzeit war die Vereinnahmung des öfteren in die Hände der Pfarrer gelegt, dann den Amtleuten unter Zuziehung ständischer Vertreter übertragen worden; allmählich kamen die Stände dazu, sich die Ausschreibung und Erhebung der Steuern wie auch die Verwaltung des Aufkommens selbst vorzubehalten und die Verzinsung und Tilgung der landesherrlichen Schulden an sich zu nehmen. So entwickelte sich neben der landesherrlichen Finanzverwaltung eine eigene ständische; in Kleve-Mark trat dem fürstlichen Landrentmeister der ständische Rechenmeister gegenüber (s. S. 249), der im Herzogtum Westfalen und in Osnabrück Stiftspfennigmeister hieß, er unterstand einem aus den Ständen gebildeten Ausschuß. In Münster gewann das Domkapitel selbst auf die Verwaltung des Kammerguts Einfluß (s. S. 251).

Die Aufbringung der Steuern fiel regelmäßig in den Städten der Bürgerschaft, auf dem Lande dem Bauernstande zur Last; Adel und Geistlichkeit waren steuerfrei, mochte gleich eine stärkere Heranziehung des Bauern, die dessen Leistungsfähigkeit schwächte, mittelbar auch den Gutsherrn treffen. Nur in außerordentlichen Fällen, bei schweren Kriegsnöten zumal, fanden sich auch die beiden privilegierten Stände bereit, einen Teil der Steuerlast auf ihre Schultern zu nehmen, nicht ohne sich verbriefen zu lassen, daß das „ohne Präjuditz der Nachkommen" geschehe. Naturgemäß erregten die Steuerbefreiungen manche Unzufriedenheit. Wenn sich die Ritterschaft darauf berief, daß sie „dem Landesherrn stets und allewege mit Harnisch, Pferde, Leib und Gut bereit sein muß", so dachte sie doch nicht daran, auf ihr Vorrecht zu verzichten, als der ritterliche Kriegsdienst mehr und mehr wegfiel. In der Stadt Münster war Mitte des siebzehnten Jahrhunderts ein Drittel des Grundbesitzes in geistlicher Hand und damit steuerfrei; insbesondere brachte es die Bürgerschaft auf, wenn das Domkapitel ihr auch die Besteuerung der auf den geistlichen Freiheiten gesessenen weltlichen Personen verwehrte.

Es gab Steuern mannigfacher Art. Herkömmlich war eine abgestufte Kopfsteuer, eine Feuerstättenschatzung — im Stifte Münster wurde 1622 von jedem Kamin 1 Tlr. erhoben —, der Viehschatz, der sich nach der Art und Zahl des Viehbestandes richtete, oder die Steuer nach Erbesfuß (Voll- und Halberben, Erb- und Markkötter). Auch die Akzise, eine Aus- und Durchfuhrabgabe, war als Landessteuer verbreitet. Um die Jahrhundertwende kam es auf, daß die Landleute statt der von ihnen zu leistenden Wachtdienste sog. Soldatengelder zahlten, wofür der Landesherr Söldner annahm, die die Wacht übernahmen, so in Osnabrück, Tecklenburg, Ravensberg und Lippe. In Lippe wurde 1605 eine Biersteuer auf 15 Jahre bewilligt; die Kriegsnöte ließen dann allgemein die Steuern mehr und mehr zu dauernden werden. In der Grafschaft Mark bildete sich in den dreißiger Jahren des siebzehnten Jahrhunderts eine nach Morgenzahl auf Grund eines Katasters veranschlagte Grundsteuer aus, neben der eine Vermögensabgabe vom beweglichen Eigentum erhoben wurde (Provinzialsteuerordnung von 1640).

Die Landstände Kleve-Mark

In Kleve-Mark nahmen die Stände eine bedeutende Stellung ein und haben sie über den Dreißigjährigen Krieg hinaus behauptet.

Die verschwenderische Hofhaltung des Herzogs Johanns II. hatte seit Ende des fünfzehnten Jahrhunderts ihr nachdrückliches Eingreifen veranlaßt (Bd. I, S. 462); die Stände beider Länder schlossen 1508 eine Ewige Union dahin ab, dem Herzoge „keinerlei Beistand, Dienst oder sonstige Hülfe" zu leisten, wenn die verbesserte Regimentsordnung nicht unverbrüchlich eingehalten würde; eine ähnliche Einung von 1510 mußten sogar der Herzog und der Jungherzog ausdrücklich bestätigen. Die sparsame und gute Regierung Johanns III. machte ihn dann von den Steuerbewilligungen seiner getreuen Stände ziemlich unabhängig, erst als Herzog Wilhelm sich in den geldrischen Krieg mit Kaiser Karl V. einließ, wurden sie wieder in Anspruch genommen, und nun trug auch ihr zögerndes Verhalten zur Niederlage bei. Dazu hemmte seit 1542 ein Streit über die Verteilung der Steuer zwischen Ritterschaft und Städten ihre Arbeit. Seit 1555 traten die klevischen und märkischen Landtage fast alljährlich in Dinslaken oder Essen zu gemeinsamen Verhandlungen zusammen, 1574 vereinigten sie sich wiederum, „bei einander defensive zu halten und darüber Leib und Leben anzuwagen". Was sie zu diesem Schritte veranlaßte, war die heraufziehende Gegenreformation; sie verwahrten sich gegen die Einführung der spanischen Inquisition und bestanden auf einer „christlichen Reformation", ihr Auftreten hat die Rekatholisierung des Landes wesentlich gehindert. Nicht minder suchten die Stände die Einmischung des Kaisers während der Regierungsunfähigkeit Johann Wilhelms fernzuhalten, ohne sich freilich gegen die Räte durchsetzen zu können. Bedenklich war ihr Beschluß, die anzuwerbenden, an sich zu geringen Mannschaften, die das Land gegen die einfallenden spanischen und staatischen Heerhaufen verteidigen sollten, einem ständischen Ausschuß zu unterstellen (s. S. 101); freilich wollten sie dadurch verhüten, daß die Räte diese Truppen etwa den Spaniern zuführten.

Daß Brandenburg und Pfalz-Neuburg sich nach dem Tode Johann Wilhelms über die gemeinsame Regierung der verwaisten Länder einigten, fand die Unterstützung der Stände. Aber nachdem die Possidierenden die Herrschaft angetreten hatten, wollten die Stände die Werbung und Führung der Truppen, die Bestellung der Offiziere zur Belagerung von Jülich ihren Deputierten vorbehalten, wurden jedoch kurzerhand beiseitegeschoben, da das Stücke seien, „so einzig und allein der Landesobrigkeit zuständig". Ebenso verbot ihnen 1618 der Kurfürst aus Berlin, „sich in Sukzessions- und Staatssachen zu mischen"; „in Anbetracht der bisherigen Nutzlosigkeit und der unruhigen Zeitumstände" wurden ihnen sogar weitere Verhandlungen untersagt und in der Folge ohne ihre Zustimmung unter dem Drucke der Kriegsnotwendigkeit Steuern erhoben, was die Stände durch einen ausgiebigen Haß gegen Schwartzenbergs Willkürherrschaft vergalten. Aber als die Schuldenlast immer erdrückender, die vom Kaiser niemals anerkannte Stellung des Kurfürsten immer unsicherer wurde, ließ sich die Mitwirkung der Stände nicht länger umgehen, und fortan kamen sie wieder stark zur Geltung. Eines ihrer Hauptanliegen war jetzt (1632) das ausschließliche Recht der Landeskinder, namentlich der adligen, auf die Beamtenstellen, das sog. Indigenat, „der Prüfstein ständischer Macht". Sie verlangten die schleunige Entfernung aller nicht im Lande geborenen Beamten, nicht nur um den eigenen Söhnen eine Versorgung zu sichern, vielmehr sollte die mit Eingesessenen besetzte Behörde „summum tribunal sein und mit vollkommener Macht und Gewalt in allen Regimentssachen verfahren, als ob S. Ch. Durchlaucht im Lande gewärtig wären". Mit anderen Worten, nur in Personalunion wollte man zu Brandenburg gehören, aber eigenbrötlerisch durchaus nicht im Gesamtstaat aufgehen. Vergeblich wies der Kurfürst darauf hin, daß er sich nicht die Hand so binden lassen könne, „billig sollten, so unter einem Haupte ständen, sich auch untereinander wie Mitglieder halten und erkennen"!

Für den jungen Kurfürsten Friedrich Wilhelm war es bei seinem Regierungsantritt eine ungeheuer schwierige Aufgabe, in den jahrzehntelang verwahrlosten, sich selbst überlassenen Ländern Kleve-Mark wie nach außen, so nach innen die brandenburgische Herrschaft fest zu gründen; beides ging Hand in Hand, nur langsam wurde er der Dinge Meister. Zwar strebten die Stände gleich ihm die Neutralität, den Abzug der fremden Garnisonen an, doch wollten sie auch jetzt wieder ihre „Deputation zur Landesdefension" aufleben lassen. Gleichwohl schlossen sich die Stände der Mark, anders als die klevischen, bald dem Kurfürsten an, sie fanden sich auch zur Steuerbewilligung bereit, als dieser eine militärische Macht unter Norprath im Lande aufstellte (s. o. S. 176). Aber bei der Erschöpfung des Landes reichten die Mittel nicht lange aus, schließlich meuterten die seit Monaten unbezahlten Truppen, und die nunmehr offen widersetzlichen Stände fanden bei den staatischen Garnisonen im Lande Unterstützung. Bei der erdrückenden Verschuldung des Landes nach Holland bestand die Gefahr, daß wenigstens Kleve an dieses verlorenging. Notgedrungen begab der Kurfürst sich im Herbste 1646 selbst an den Niederrhein und nach Westfalen, wo er bis zum Januar 1650 verweilte. Es begann ein dreijähriges, erbittertes Ringen zwi- schen ständischer Selbstherrlichkeit und Herrschergewalt. In diesem Kampfe sind die klevischen Stände vor offenem Landesverrat, dem Anschluß an Holland nicht zurückgeschreckt; in der Mark dachte man doch anders. Eben damals ließ das Amt Altena es sich vom Kurfürsten feierlich verbriefen, daß es von ihm und seinen Nachfolgern zu ewigen Zeiten auf keinerlei Weise verkauft noch sonstwie abgetreten werden solle (Kleve, den 31. März 1647). Schließlich brachte der Landtagsabschied zum 9. Oktober 1649 eine Lösung, die freilich den Absichten und Plänen des Kurfürsten wenig entsprach. Er mußte alle nicht im Lande geborenen Beamten entlassen — sie wurden als außerordentliche Räte wieder angestellt —, er mußte seine Truppen von Kleve in die Mark verlegen, wo sie mit einer Beisteuer der einheimischen Stände zusammengehalten werden konnten, er mußte sich endlich verpflichten, künftig nur mit Zustimmung der Stände Soldaten im Lande zu werben oder darin einzuführen. Als Gegenleistung erlangte der Kurfürst die Zusage einer dauernden Steuer, um die völlig zerrütteten Finanzen wiederherzustellen. Vor allem aber war der Versuch der Stände, eine Mitherrschaft im Lande aufzurichten, glücklich abgeschlagen. Tantae molis erat Romanam condere gentem! (Welch Mühe war's, das Römerreich zu gründen), hätte der Kurfürst seiner Unterschrift im Hinblick auf die Zukunft beifügen können.

Im Stifte Münster

In den geistlichen Ländern war der Verlauf der Dinge den Ständen im Endergebnis weniger günstig. In den Stiften Münster und Osnabrück hatte freilich der Zusammenbruch, den der gemeinsame Bischof Franz von Waldeck durch den Schmalkaldischen Krieg erlitt (1548), den Ständen, vor allem den Domkapiteln es erlaubt, die Macht ganz an sich zu reißen und den Fürsten öffentlich zu demütigen (s. o. S. 63 f.); infolge des braunschweigischen Raubzuges fünf Jahre später wurde er vollends beiseitegeschoben. Die Stände behaupteten in den folgenden Jahrzehnten das Übergewicht, weil die Geldverlegenheiten Johanns von Hoya ihn von ihren Steuerbewilligungen abhängig machten (s. o. S. 251). In Münster gab die längere Zwischenregierung nach seinem Tode den Kapiteln das Heft vollends in die Hand, ihre Statthalter und Räte regierten das Land nahezu selbständig bis an den Ausgang des Jahrhunderts. Aber mit dem Regierungsantritt Ferdinands von Baiern trat allgemach eine Wendung ein. Freilich vermochte der Kurfürst die münsterschen Stände so wenig wie die westfälischen und paderbornschen dazu, die erforderlichen Mittel für eine Heeresmacht zu bewilligen, die den Halberstädter und andere Feinde von den Grenzen hätte abwehren können. In gemeinsamem Vorgehen wäre das sicher billiger gewesen als die schweren Opfer, die der Krieg dann erheischte. Der münstersche Erbmarschall von Morrien blieb um 1622 dauernd den Beratungen des Landtages fern oder verweigerte die zur Rechtskraft nötige Anhängung des Rittersiegels an die Ausfertigung der Beschlüsse, so unzureichend sie waren, um die Ausführung zu hintertreiben. Aber 1623 benutzte der Kurfürst die Anwesenheit des anholtschen Heeres, um die münsterschen kleineren Städte gewaltsam niederzuwerfen und ihrer Selbständigkeit ein Ende zu machen; die Stadt Münster und die Ritterschaft sahen dem tatenlos zu. Damit hatte das Ansehen der Stände einen schweren Stoß erlitten; wir hören nichts davon, daß sie in den folgenden schweren Jahrzehnten hervorgetreten wären.

In den übrigen Ländern

In den Stiften Osnabrück und Paderborn sank die Bedeutung der Landstände mit dem Auftreten hier des Bischofs Dietrich von Fürstenberg, dort Franz Wilhelms von Wartenberg, die in gleicher Stärke den Absolutismus wie die Gegenreformation verkörperten, in beiden Bereichen von den Jesuiten wirkungsvoll unterstützt. Die freiheitsstolzen Landeshauptstädte wurden zu Boden geworfen, und das hatte zur Folge, daß die weltlichen Stiftsstände allgemein an Gewicht verloren. Soweit sie während des großen Krieges zusammentraten, hatten sie Kontributionen zu bewilligen, die meist auch ohne ihr Jawort militärisch eingetrieben wurden.

Mit den landständischen Verfassungen in den übrigen Ländern hat die Forschung bislang sich nur wenig beschäftigt. Im Stifte Minden bildeten einige Äbte und Pröpste der älteren Klöster und Stifter zusammen mit der Ritterschaft den zweiten Stand; hier scheinen die Stände bis zum Westfälischen Frieden in ihrer überkommenen Stellung kaum gestört zu sein. Im kölnischen Westfalen setzten sie sich aus der Ritterschaft, an der Spitze der Landdrost, und den Städten, geführt von Brilon, zusammen, sie pflegten sich alljährlich in Arnsberg zum Landtage einzufinden, das kölnische Domkapitel entsandte dazu zwei Abgeordnete. Im Hinblick auf den „unordentlichen Landtag" von 1583, der sich für Truchseß erklärt hatte, bestimmte die Erblandesvereinigung von 1590, daß der Landtag fortan nur mit Genehmigung des Domkapitels zusammentreten könne;

gleichwohl bestritten die Landstände später dieses Recht des Domkapitels. Die Stände des Vestes Recklinghausen dagegen entsandten ihre Bevollmächtigten zu den kölnischen Landtagen nach Bonn, ohne dort Stimmrecht zu haben.

In Lippe scheint zwischen dem Grafen und seinen getreuen Ständen im allgemeinen ein gutes Auskommen gewesen zu sein; seit 1531 hören wir von Landtagen und Landtagsabschieden. Die Versammlungen fanden meist in Kappel bei Blomberg statt; auch die Kirchenordnungen wurden hier von den Ständen mitberaten und genehmigt. Von der fernen Düsseldorfer Regierung wenig gestört, führte das Ravensberger Ländchen unter der Vorherrschaft des Adels ein stilles Sonderdasein. Als freilich 1626 mitten im Kriege der Kurfürst Mittel zur Befestigung des Sparrenberges verlangte, meinte die Ritterschaft kleinmütig, es wäre besser, die Landesfeste befände sich in einem solchen Zustande, „daß eine langwierige Belagerung, dieselbe zu erobern, nicht nötig sein möchte".

Selbst ein Ländchen von der Bedeutungslosigkeit der Reichsabtei Essen hatte seit 1521 seinen Landtag, um über die Aufbringung der Reichssteuern zu beschließen. Der Äbtissin als Fürstin standen nicht weniger als vier Stände gegenüber: 1. das hochadlige Damenkapitel, im Jahre 1604 nur noch aus drei Fräulein bestehend, 2. das Kapitel der bürgerlichen Kanoniker, 3. die Ritterschaft mit dem Erbmarschall, auf sieben landtagsfähigen Gütern gesessen, 4. die sog. Nebenkontribuenten, vor allem die Stadt Essen, die es jedoch verschmähte zu erscheinen, da sie behauptete, Reichsstadt zu sein.

Der Verlauf der Landtage

Ritterschaft und Städte gehörten in allen westfälischen Ländern zu den Ständen; in den geistlichen auch die Stiftskapitel, während es in keinem weltlichen eine Prälatenbank gab. Hatte der Ritterschaft ursprünglich jeder im Lande angesessene Adlige angehört, so verengerte sich im Laufe der Zeit der Kreis auf die Besitzer der landtagsfähigen, in eine Matrikel eingetragenen Güter und Burgmannshöfe (in Osnabrück seit 1550), in persönlicher Hinsicht wurde zumeist auch der Nachweis ritterlicher Ahnen in immer größerer Zahl verlangt. Von den Städten entbehrten die kleinen meist der Landtagsfähigkeit; in der Grafschaft Mark kam diese Eigenschaft nur Hamm, Unna, Kamen, Iserlohn, Lünen, Schwerte und Soest zu, in Münster den 13 größeren des Oberstifts, während die des niederen seit Mitte des siebzehnten Jahrhunderts den Landtagen fernblieben. Im Stifte Osnabrück war die Hauptstadt lange die einzige, erst seit

1628 wurden auch Wiedenbrück und Quakenbrück zu den Landtagen geladen. Anders in Paderborn, wo alle 23 Städte und Städtchen am Landtage teilnahmen. In Münster pflegte die Hauptstadt namens der übrigen Städte zu handeln, wenn der Landtag nicht versammelt war. Das Recht, den Landtag einzuberufen, stand im allgemeinen dem Landesherrn zu. Bis Ende des sechzehnten Jahrhunderts tagte man noch gleich der altgermanischen Landesgemeinde im Freien, so im Stifte Minden „unterm blauen Himmel am Brandenbaum" in der Minder Heide. Als die Beratungen nicht mehr an einem Tage zu Ende kamen, verlegte man sie in geschlossene Räume zumeist in der Landeshauptstadt, so in Münster in den Fürstenhof am Domplatz, während die Ravensberger sich in der Kirche zu Jöllenbeck versammelten. Nahm der Landesherr zunächst noch persönlich an der Tagung teil, so ließ er sich späterhin durch seine Räte vertreten. Die Zuständigkeit des Landtags war nicht fest begrenzt. Er wurde in einer Vollversammlung aller Stände eröffnet, indem die Beauftragten des Landesherrn dessen Anträge (Propositionen) vorlegten. Die einzelnen Stände (Kurien) traten dann zu gesonderten Beratungen auseinander; hierbei wurden sie sich auch über die Wünsche und Beschwerden (Gravamina) schlüssig, zu denen ihnen die landesherrliche Verwaltung Anlaß gab. Es lag nahe, die Zustimmung zu den Regierungsvorlagen von der Erledigung der ständischen Forderungen abhängig zu machen. Die gefaßten Beschlüsse, die der Zustimmung aller Kurien bedurften, sowie die Beantwortung der Beschwerdepunkte pflegten in einem Landtagsabschiede zusamengefaßt zu werden. — Da die Landtage eine vielköpfige Versammlung waren, wurden sie im Laufe der Zeit für minder wichtige Aufgaben wie Rechnungsablagen und in eiligen Fällen durch Ausschüsse aus ihrer Mitte ersetzt, die zu Ausschußtagen — Quartalkonventen im Herzogtum Westfalen — zusammentraten.

Die Domkapitel

Eigentümlich war die Stellung der Domkapitel, sie ging noch über die verwandte der Kurfürsten im Reiche hinaus. In den vier Fürstbistümern bildeten die Kapitel nicht nur dem Range nach „den größesten Stand" wie die Städte den geringsten, sondern sie betrachteten sich auch von altersher als „die Erbherren des Stiftes", die eigentlichen Inhaber der Landeshoheit. Freilich übertrug das Domkapitel die Ausübung der landesherrlichen Befugnisse dem von ihm erwählten Bischof — bezeichnend heißt es in der Erbvereinigung der Mindener Stände: „Wir haben seine fürstliche Gnaden zu der Mitregierung dieses Stifts verstattet" (1595) —, aber diese Übertragung kam in Wirklichkeit auf eine Teilung der Hoheitsrechte zwischen Bischof und Kapitel heraus. Bei jeder wichtigen Entscheidung war jener an die Zustimmung seiner Wahlkörperschaft gebunden. Alle Beamten hatten sich dem Kapitel durch Gelübde zum Gehorsam zu verpflichten, dieses konnte Klagen gegen sie annehmen und ihnen Verweise wie Befehle erteilen, so in Osnabrück 1585. Infolge seiner Doppelstellung wuchs dem Domkapitel als Teilhaber der Landeshoheit wieder zu, was die Stände an Rechten etwa einbüßten. Da die Kapitel überwiegend aus den Reihen des eingesessenen Adels hervorgingen, ihm eng verbunden waren, kamen die Fürstbistümer in ihrer Verfassung einer geistlichen Adelsrepublik nahe.

Die Haltung der westfälischen Domkapitel wie der deutschen überhaupt war in diesem ganzen Zeitraum und darüber hinaus nicht sehr erfreulich. Schon im Kindesalter erhielten die Domherren ihre Pfründe, manche an mehreren Stiftern zugleich. Vom Geistlichen pflegten die meisten von ihnen, ob sie dem alten oder dem neuen Glauben anhingen, nicht viel an sich zu haben; alle Versuche, sie zu einem den kirchlichen Vorschriften entsprechenden Leben anzuhalten, fruchteten wenig. Wenn es auch an Persönlichkeiten von sittlichem Ernste und kirchlichem Eifer gewiß nicht fehlte — es sei auf den münsterschen Domdechanten Gottfried von Raesfeld († 1586) verwiesen —, so liegt doch eine Fülle von Nachrichten über das zügellose Treiben zahlreicher Kapitelsherren vor, worunter Totschlag und Straßenraub nicht fehlten. Weidwerk und Gelage, Ränkespiel und Müßiggang füllten ihre Tage aus. Parteiungen innerhalb des Adels griffen in die Kapitelsstuben hinüber: der Streit über die Ebenbürtigkeit der Erbmänner spielte zeitweise in die große Politik hinein (s. o. S. 90 f.), im münsterschen Kapitel saßen einmal gleichzeitig fünf Raesfelds. Im Paderborner Domkapitel ging es nicht friedsamer her (s. o. S. 115); der Dompropst von Brabeck wurde von dem ränkesüchtigen Domdechanten Arnold von der Horst des Mordes bezichtigt, was diesem die Exkommunikation eintrug. Als Beispiel sei der münstersche Domdechant Bernhard von Mallinckrodt herausgestellt. Er erklärte den Dompropst von der Recke für einen gottvergessenen Ehrendieb und weigerte sich, seiner Amtspflicht zuwider, gegen die sittlichen Verfehlungen der Domherren vorzugehen; den ihn deshalb angreifenden Generalvikar Nikolartius brachte er um sein Amt. Am kurfürstlichen Hofe in Bonn als Großsprecher und Kalumniant bekannt, klagten die kurfürstlichen Beamten über Mallinckrodts „unleidsames und unerträgliches Schnarchen, Carpieren (Schmähen) und Zensurieren". Nach allen Seiten, mit der Stadt Münster, dem Marschall Velen d. Ä., der bischöflichen Regierung, focht er erbittert Händel aus; sie betrafen Kleinigkeiten oder Dinge, die ihn nichts angingen. Im Jahre 1630 zum Koadjutor des Stiftes Minden erwählt, setzte er Kaiser und Papst zähen Widerstand entgegen, um sich in diesem Amte gegen den von Rom eingesetzten Bischof Franz Wilhelm zu behaupten (s. o. S. 156). Wir werden ihm später als Widersacher Christoph Bernhards von Galen wieder begegnen.

So waren viele, zeitweise die meisten Mitglieder der deutschen Domkapitel mit ihren stattlichen Einkünften zu Schmarotzern geworden. Moritz Ritter kennzeichnete sie mit den Worten: „Je nach Zeit und Erfordernis den Schein des Priesters oder des Hofmanns erborgend, zugleich aber die Pflichten des ersteren in den Wind schlagend und zu den Arbeiten des anderen nicht taugend, füllten sie ihr Dasein vornehmlich mit groben Genüssen aus." Es leuchtet ein, daß Länder, die ihrer Fürsorge anvertraut waren, in der Gefahr der politischen, wirtschaftlichen und sittlichen Verkümmerung standen. Damit bestätigt sich das Urteil, daß die Krummstabslande sich seit dem Ausgang des Mittelalters überlebt hatten und der immer wiederauftauchende Gedanke der Säkularisation nicht unberechtigt war; wenn sie gleichwohl noch jahrhundertelang ihr Dasein fristeten, so einmal deshalb, weil sie für die Wiederverbreitung des katholischen Glaubens Bedeutung hatten, sodann weil der hohe wie der niedere Adel die Bischofssitze und Domherrnpfründen als Versorgungsanstalten nicht entbehren mochten.

Zu betrachten ist noch die Zusammenfassung der Stifter Köln und Münster, seit 1618 auch Paderborns, in der Hand des bairischen Hauses; auf die Stellung der betreffenden westfälischen Kapitel blieb das nicht ohne Wirkung. Da die Kurfürsten Ernst und Ferdinand nur vorübergehend in diesen Ländern residierten — Ferdinand war zuletzt 1622 in Münster († 1650) —, mochte der Einfluß der Kapitel auf die innere Politik zunächst ungeschwächt bleiben, in Paderborn gegen die Zeiten Dietrichs von Fürstenberg gar noch zunehmen. Auf die Dauer brachte Ferdinand doch seinen Willen entschieden zur Geltung, indem er, in ständigem Kampfe mit den Domkapiteln, bürgerliche Räte von auswärts in die Regierungskollegien einschob. Die auswärtige Politik lag von Anfang an in der Hand des Kurfürsten, wie denn bereits Ernst für das Stift Münster der katholischen Liga beigetreten war, ohne das Kapitel zu fragen. Mochte die laufende Kreis- und Reichspolitik in Münster bearbeitet werden, die Gesandten des Kurfürsten an den europäischen Höfen waren ausschließlich dessen Organe, in ihre Geschäfte erhielten die westfälischen Stiftsstände keinen Einblick, wiewohl sie zu den Gesandtschaftskosten beizutragen hatten. So wölbte sich über den zahlreichen Stiften, deren Herrschaft die Kurfürsten aus bairischem Stamme für lange Zeit innehatten, eine Art Gesamtstaatsverwaltung, wie auf dem außenpolitischen Gebiete auch auf dem militärischen, hier zwar nicht durch die Kontingente der einzelnen Stifter, wohl aber durch das Heer der Liga.

Die Einbürgerung des römischen Rechtes

Wir haben uns noch mit einem verhängnisvollen Vorgang zu befassen, der mit der Ausbildung des Beamtenstaats in Zusammenhang steht: es ist das Eindringen des römischen Rechtes. Bereits seit dem Ende des Mittelalters hatte es einzusickern begonnen. In Osnabrück waren schon seit dem zweiten Drittel des fünfzehnten Jahrhunderts die Stadtrichter zumeist Studierte, an den Universitäten aber hatten sie sich das römische und kanonische Recht angeeignet. Seit 1471 ging der Osnabrücker Rat wiederholt die „Doktors" der Erfurter Hochschule um Rechtsgutachten in Prozessen an, die vor seinem Ratsstuhle schwebten, statt sich, wie bisher, an den deutschrechtlichen Oberhof in Dortmund zu wenden. Der Osnabrücker Bürgermeister und fürstliche Rat Ertwin Ertmann war alter Erfurter Student; in seiner Chronik prunkte er gern mit Aufführungen aus dem kanonischen und römischen Rechte. In der Folge haben sich die gelehrten Räte der Fürsten dauernd und entschieden für die Einführung des fremden Rechtes eingesetzt. Es lag das im Zuge der Zeit, die nach Vereinheitlichung auch auf diesem Gebiete drängte; die heimische Rechtsüberlieferung, fast nur gewohnheitsrechtlich fortentwickelt, zeigte eine mindestens ebenso große Zersplitterung wie die staatliche. Das Reichskammergericht legte seit 1495 seiner Rechtsprechung grundsätzlich das römische Recht zugrunde; die fürstlichen Hofgerichte mußten sich dem anschließen, wenn nicht ihre Urteilssprüche bei einer Appellation der Aufhebung verfallen sollten. In den klevischen Ländern führte die Ordnung und Reformation des gerichtlichen Prozesses von 1555, die sich auch auf das bürgerliche Rechtsgebiet erstreckte, das gemeine, d. h. das fortgebildete römische Recht ein. Im Stifte Münster galten nach einer Denkschrift der fürstlichen Räte von 1567 „die gemeinen beschriebenen Rechte" neben den „alten guten Gewohnheiten"; diese sollten auf ihre Berechtigung geprüft und aufgezeichnet werden, wozu es dann infolge des frühen Todes von Johann von Hoya leider nicht gekommen ist. Infolge der demnächstigen Einrichtung des münsterschen Hofgerichts mußte das Obergogericht zur Sandwelle (Bd. I, S. 464) seine Tätigkeit als Berufungsgericht einstellen, und damit traten die gemeinrechtlichen Grundsätze an die Stelle der deutschrechtlichen. Mit dem gleichen Ergebnis verlor im Stifte Osnabrück unter Philipp Sigismund das Obergogericht zum Löwen seine übergeordnete Stellung: nach dem Entwurfe einer Prozeßordnung desselben Bischofs sollten freilich bei den Gogerichten die Schöffen weiter im Gebrauch bleiben. Als Laienrichter wandten diese das ihnen allein bekannte heimische Recht an, aber es herrschte im Osnabrückschen wie in anderen Krummstabslanden ein heilloses Durcheinander der örtlichen Gerichte, nicht zuletzt deshalb, weil auch die beiden geistlichen des Offizials und der Archidiakonen alle weltlichen Sachen vor ihren Stuhl zogen, so daß z. B. ein Einwohner des Fleckens Iburg bei einem bürgerlichen Rechtsstreit die Wahl zwischen nicht weniger als fünf verschiedenen Gerichten hatte, die sämtlich zur Entscheidung zuständig waren. Diese Verwirrung förderte allgemein die Neigung, Streitigkeiten schiedsrichterlich zu erledigen und sich dieserhalb an den fürstlichen Hof zu wenden, wo sodann die Kanzlei mit ihren römischrechtlich geschulten Räten in Tätigeit trat. — Auch in Lippe wurde mit Hilfe des Hofgerichts das „Sachsenrecht" des im fünfzehnten Jahrhundert überall verbreiteten Sachsenspiegels nach und nach verdrängt. Von Widerstand hören wir einzig aus Paderborn. Hier verteidigte die Stadt dem Bischof Dietrich gegenüber mit ihren sonstigen Freiheiten auch den alten Brauch, daß die Berufung vom Ratsgericht an den Oberhof zu Dortmund ging, was der Bischof 1588 mit Bezug auf das gemeine Recht und des Hl. Römischen Reiches Ordnung als Mißbrauch, als allein zulässig vielmehr die Berufung an die fürstliche Kanzlei erklärte; in Paderborn ging mit der bürgerlichen Freiheit auch das deutsche Recht zugrunde.

Zu einer Zusammenfassung des geltenden Rechtes in einem Gesetzbuch ist es in Westfalen, abgesehen von dem Ansatz in Kleve-Mark, nirgends gekommen. Die Einführung des römischen Rechtes hatte die leidige Folge, daß das Volk, in seinen breiten Schichten außerhalb der Stadtmauern längst von der Teilnahme an der öffentlichen Verwaltung ausgeschlossen, nun auch von der Handhabung und Weiterbildung eines volkstümlichen Rechtes abgedrängt wurde; was fortan als Recht galt, entsprach im wesentlichen nicht mehr seinem Geiste und Empfinden. Aber wir besitzen aus dem sechzehnten Jahrhundert doch noch eine Anzahl ländlicher Weistümer, die in kräftig bildhafter Sprache, voll derben Humors, aus angestammtem Rechtsgefühl geboren sind.

Die Städte

Auch das Städtewesen gehört, was Verfassung und Verwaltung angeht, in diesen Abschnitt, denn die Zeiten, da die Städte gleichberechtigt neben den Ländern standen, waren dahin. Ihre politische wie wirtschaftliche Selbständigkeit hatte so lange Berechtigung gehabt, als die Territorien in den Kinderschuhen des Feudalismus staken und an eine eigene Wirtschaftspolitik noch nicht dachten; inzwischen hatten die Länder diese als Aufgabe erfaßt und gingen zugleich darauf aus, der politischen Unabhängigkeit, wie die Städte sie kraft ihrer wirtschaftlichen Überlegenheit hatten ausbilden können, ein Ende zu machen und sie in die allgemeine Landesverwaltung einzubeziehen. Dies mit um so mehr Recht, als der Stillstand oder Rückgang der Stadtwirtschaft von einem augenscheinlichen Verfall der Selbstverwaltung begleitet war. Es bezeichnet die Sachlage, daß während des ganzen Zeitraumes nur wenige Orte das Stadtrecht erhielten: 1590 das gewerbtätige Schwelm — mit doch nur 80 Feuerstätten —, durch den Grafen Ernst von Schaumburg seine junge Residenz Bückeburg und die Flecken Obernkirchen und Rodenberg, endlich 1642 der osnabrückische Wigbold Fürstenau, wohl um ihn für den Verlust der Residenz zu entschädigen. Trotz seiner Lage an der Weser sank Vlotho zu einem Dorfe herab, das 1509 ganze 45 Häuser zählte.

Die städtische Verwaltung

Das städtische Patriziat hatte dank seiner hansischen Kaufmannschaft, der blutmäßigen Verbindung mit dem Landadel über einen weiten Gesichtskreis verfügt und durch seine wirtschaftliche Unabhängigkeit im allgemeinen eine saubere Verwaltung verbürgt. Aber seit dem ausgehenden Mittelalter waren die Geschlechter mehr und mehr von der Leitung der städtischen Geschicke zurückgetreten und vielfach ausgestorben; ihre Stellung nahm das jüngere rein bürgerliche Honoratiorentum ein. Das allmähliche Einschrumpfen des städtischen Wirtschaftskreises verengerte auch den Horizont des Rates, ließ den Eigennutz schärfer hervortreten. Der Einfluß der Handwerker, der sich überall durchgesetzt hatte, trug weiter dazu bei, daß kleinliche zünftlerische Gesichtspunkte in der inneren Verwaltung sowohl wie in den Beziehungen nach außen die Oberhand gewannen, z. B. in den Versuchen, das flache Land vom Gewerbebetrieb auszuschließen. Im allgemeinen arbeitete die Oligarchie des Rathauses friedlich zusammen mit dem durch die Innungen beherrschten weiteren Rate, wie er sich seit dem fünfzehnten Jahrhundert überall herausgebildet hatte; diese Freunde von den Ämtern und der Gemeinheit" wurden mit einem treffenden Vergleiche auch als Stadtstände bezeichnet (Bd. I, S. 446 f.). Nur in den Wirren der Reformationszeit, in dem Jahrzehnt von 1525 ab, kam es in den größeren Städten noch einmal zu einer Bewegung der Handwerker gegen den Rat, die in dem Wiedertäuferaufstand ihren Höhepunkt und Ausgang fand. Aber wenn die Ruhe fortan nicht mehr gestört wurde, lag das offenbar nicht so sehr an den befriedigenden Leistungen der städtischen Verwaltung als an der allgemeinen Erschlaffung und Verknöcherung, die sich innerhalb der Stadtmauern festsetzten. Selbst die Mißwirtschaft des Paderborner Rates hätte wohl kaum zu den Ereignissen geführt, die sich an den Namen des Bürgermeisters Wichart knüpften, ohne den strengen Rechtssinn dieses Mannes und das Eingreifen des Bischofs Dietrich. Gewiß lag hier ein besonders arger Fall des Klüngels und der Korruption vor, aber daß der Rat auch anderwärts auf Kosten der Stadt praßte und sich bereicherte, während er ihre Verwaltung vernachlässigte, ihr Vermögen verwirtschaftete und ihr Wehrwesen verkommen ließ, läßt sich mehrfach beobachten.

Auch die Verwaltung der größeren Städte bedurfte seit dem sechzehnten Jahrhundert in schwierigeren Lagen eines studierten Beraters, des Stadtsyndikus, es sei an Johann von der Wieck in Münster, Günther in Paderborn erinnert. Zu den wichtigsten Aufgaben der Verwaltung gehörte der Ausbau der Stadt als Festung, erfordert durch die Rücksicht auf die sich vervollkommnenden Feuerwaffen und die neue Belagerungskunst. Die mittelalterliche Befestigung, Wall, Stadtmauer und Wassergraben, wurde zunächst in der Weise verstärkt, daß man vor die Tore und andere besonders empfindliche Punkte im Zuge der zweiten, aus Wall und nassem Graben bestehenden Befestigungslinie halbkreisförmige Erdwerke, Rundele oder Rondelle, legt, die oben eine Plattform für Geschütze hatten. In Münster ging ihr Bau in der Hauptsache auf die Wiedertäufer zurück, Johann von Leiden bewies seine ungewöhnliche Begabung auch als Festungsbaumeister, selbstbewußt hielt er noch als

Gefangener dem Bischofe vor, daß er ihm eine schlecht bewehrte Stadt zu einer uneinnehmbaren Festung umgeschaffen habe. Auch Osnabrück und Minden verstärkten im Laufe des sechzehnten Jahrhunderts ihre Befestigungen durch den Bau von Rundelen oder Zwingern, während in Soest der Versuch, das Grandweger Tor mit einem solchen zu versehen, trotz vieler Schreiberei und Sachverständigen so unglücklich ausfiel, daß der 1585 begonnene Bau zwei Jahre später als „nit duchtig oder der Stadt profitlich" wieder abgebrochen werden mußte. Seit dieser Zeit etwa ging man dazu über, durch scharfwinklige Werke, sog. Halbmonde oder Lunetten, zunächst die Tore und andere Gefahrenpunkte weiterhin zu verstärken, später auch ringsum ein Glacis anzulegen, das nach außen hin sich abdachend, die Wallböschungen gegen direkten Beschuß sicherte. Aber nur noch Münster und Minden, in geringerem Maße Osnabrück haben hiervon Gebrauch gemacht; die Aufwendungen Münsters, so beträchtlich sie waren, haben sich dadurch, daß kein Feind in seine Mauern eindrang, reichlich gelohnt. Der großen Mehrzahl nach ließen die Städte es dabei bewenden, ihre mittelalterlichen Festungswerke notdürftig instand zu halten, auch Dortmund ist kaum darüber hinausgekommen, ein Zeichen, wie sehr man hinter der Zeit zurückblieb. Die Festungen des Dreißigjährigen Krieges, wie Lippstadt, Koesfeld, Dorsten, Warendorf, Hamm, waren das Werk ihrer Besatzung.

Um die Stadtfestung zu verteidigen, waren die Bürger gehalten, sich mit einem Harnisch und sonstiger „notdürftiger Rüstung" zu versehen; das Feuergewehr verbreitete sich nur langsam. Die großen Städte pflegten mit einem gewissen Stolz ihren Geschützpark, die Innungen machten es sich zur Aufgabe, einzelne Stücke zu beschaffen, Münster hatte zeitweise einen Geschützgießer in Dienst. Die Schützengesellschaften förderten die Waffentüchtigkeit der Bürger, die in Zeiten der Gefahr zur Bewachung der Tore und Wälle bei Tag und Nacht herangezogen wurden, die Abteilungen pflegten mit Fahnen und klingendem Spiel zur Wache aufzuziehen. — Eine Feuersbrunst gab der Stadt Paderborn Veranlassung, im Jahre 1523 an der Pader eine Wasserkunst, d. h. eine Wasserleitung anzulegen, die das Wasser steinernen „Kümpen" auf den öffentlichen Plätzen zuführte. Das sauerländische Städtchen Hallenberg erhielt 1547 eine Wasserleitung, Marsberg und Warburg besaßen eine solche im Anfang des siebzehnten Jahrhunderts, für die Warburg einen „Watermeister" besoldete. Bedeutendes, über die eigenen Mauern hinaus

Wirkendes leisteten die Städte auf dem Gebiete des höheren Schulwesens.

Das Ende der Städtefreiheit

Die ersten Zusammenstöße zwischen der erstarkenden Fürstenmacht und der überkommenen Städtefreiheit erfolgten in den dreißiger Jahren des sechzehnten Jahrhunderts. In Lippstadt benutzten, wie wir sahen (s. o. S. 18), die beiden Landesherren von Kleve und Lippe einen demokratischen Umsturz, um ihre Macht aufzurichten. Sie stellten die städtischen Finanzen unter ihre Aufsicht, machten die Ratswahl von ihrer Bestätigung abhängig und belegten ein Stadttor dauernd mit fürstlicher Besatzung. In der Ratsverfassung stellten sie zwischen den Geschlechtern und den volkstümlichen Elementen das Gleichgewicht her und sicherten auch dadurch ihren Einfluß. Als dagegen in Paderborn 1532 der kurfürstliche Administrator die Stadt bezwang, begnügte er sich auf politischem Gebiete damit, daß fortan durch den Bürgereid auch dem Landesherrn Treue gelobt wurde; um demagogischen Bewegungen vorzubeugen, traf er die unglückliche Anordnung, daß der Rat die Gemeindeherren, diese den Rat zu wählen hatten, und beschwor dadurch die spätere Vetternwirtschaft herauf. In Münster wurde nach dem Sturze der Wiedertäufer die Selbstverwaltung zunächst völlig beseitigt, jedoch 1541 in mäßigen Grenzen wiederhergestellt. Aber 1553 gab Franz von Waldeck der Stadt, um sie auf seine Seite zu bringen, eigenmächtig alle alten Freiheitsrechte zurück, die ihr wie dem Stifte so verhängnisvoll waren (s. o. S. 52, 68). Augenscheinlich war die Lebenskraft der Geistlichen Länder geringer, ihr Ausbau zu neuzeitlichen Staatswesen schritt langsamer fort als in den größeren weltlichen Gebieten. In der Grafschaft Mark gewann die herzogliche Regierung in den folgenden Jahrzehnten den Städten gegenüber langsam weiter an Boden.

Die zweite Periode der Zusammenstöße setzte mit dem siebzehnten Jahrhundert ein, und nunmehr wurde ganze Arbeit gemacht. Das erste Opfer war die Stadt Paderborn. Nach dem Sturze Wicharts 1604 und erneut nach dem Abzuge Christians von Halberstadt 1622 verlor die Stadt alle Rechte; wenngleich sie diese beide Male später in mäßigem Umfang zurückerhielt, war es doch mit der alten Unabhängigkeit vorbei. Auch in den übrigen Städten des Hochstifts konnte die Fürstenmacht sich nunmehr durchsetzen. Die „Rebellion" der münsterschen Stiftsstädte mit Warendorf an der Spitze wurde gleichfalls im Jahre 1622 durch die Waffen der Liga niedergeworfen; auch hier trat schließlich an die Stelle einer weitgehenden Unabhängigkeit eine gemäßigte Selbstverwaltung. In beiden Stiftern mußte die Aufrichtung der Staatsgewalt mit dem wirtschaftlichen Ruin der Städte bezahlt werden. Einzig Lemgo vermochte in seinen langjährigen Händeln mit den Grafen Simon VI. und VII. die überkommene Freiheit glücklich zu behaupten (s. o. S. 121 f.). Ganz am Schlusse verlor die Stadt Herford die ihre an den brandenburgischen Kurfürsten, obwohl ihr die Reichsstandschaft in aller Form zuerkannt war. Beim Westfälischen Frieden stand ungebrochen im Besitze der alten Rechte noch Münster da, ebenso Minden, auch Osnabrück hatte nach der Vertreibung des Bischofs Franz Wilhelm die alte Stellung zurückgewonnen. Endlich bewahrten die Reichsstadt Dortmund, Soest, Essen und Lemgo ihre mittelalterlichen Rechte, sowenig diese ihrer traurigen wirtschaftlichen Lage entsprachen.

Der Ausgang der Hanse

Auch die Hanse, der Bund der norddeutschen Städte, befand sich schon seit der zweiten Hälfte des fünfzehnten Jahrhunderts im Absinken von ihrer stolzen Höhe; während unseres Zeitraums vollendete sich der Niedergang. Wirtschaftlich machten sich das Ausland, vor allem England, aber auch die nordischen Länder selbständig und verdrängten den deutschen Kaufmann; auf dem Gebiete der Politik vermochte die lose Städtevereinigung immer weniger gegen europäische Mächte aufzukommen, zumal im Inlande die Städte immer mehr hinter den Landesherren zurücktraten. Mit dem Rückgange des ausländischen Handels, dem Schwinden seiner Macht sank die Bedeutung des Bundes für die Städte und damit ihre Anteilnahme an seinem Fortbestehen. So kam es, daß schon um 1507 Paderborn, Herford und Lemgo die Zahlung der Beiträge verweigerten, daß 1518 Paderborn, Warburg, Lippstadt, Unna, Hamm und Bielefeld als nicht mehr zur Hanse gehörig betrachtet wurden. Freilich kehrten sie dann alle reumütig zurück, umgab doch von den Vorvätern her ein wundersamer Glanz die Hanse, der gerade Städten, die selbst im Niedergang begriffen, von Kriegsnöten heimgesucht waren, die Wiederkehr besserer Tage zu verheißen schien.

Erst jetzt in der Verfallzeit wurde die innere Verfassung der Hanse voll ausgebaut, wenn sie auch immer eine lockere blieb. Seit dem fünfzehnten Jahrhundert gehörten die westfälischen Städte dem kölnischen Drittel der Hanse an (Bd. I, S. 407), das öfter auch als Drittel der westfälischen oder der kölnischen und westfälischen Städte bezeichnet wurde; die Zuteilung der ostwestfälischen Städte, insbesondere Mindens, blieb jedoch lange umstritten, wie sie denn 1540

Bremen unterstellt werden sollten. Seit diesem Jahre gab es 14 „Immatrikulierte Hansestädte" in Westfalen: es waren die alten Vierstädte Dortmund, Soest, Münster und Osnabrück, von denen Münster schon seit 1494 vielfach die oberste Leitung hatte, dazu die gleichfalls schon älteren Mitglieder Minden und Paderborn, Herford und Lemgo, endlich wurden nunmehr als Hansestädte anerkannt Hamm und Unna, Bielefeld und Lippstadt, Warburg und Koesfeld, von denen sich die drei letzten jedoch auf dieser Stufe nicht behaupteten. Neben den 14 oder 11 genannten gab es zahlreiche kleine, die als sog. Beistädte unter einer jener Haupt- oder Prinzipalstädte standen; die Zuweisung richtete sich danach, wohin die Beistadt „zu Haupte ging" oder wohin sie bis dahin ihre hansischen Beiträge gezahlt hatte (Bd. I, S. 406, 452).

Die Erhebung der Beiträge sowie die Unterrichtung über die Bundesangelegenheiten waren die Aufgabe der hiernach sich ergebenden sieben Gruppen von Städten. Im Nordosten, wo die Organisation am wenigsten entwickelt war, hatten M i n d e n , H e r f o r d , B i e l e f e l d und L e m g o keine Beistädte hinter sich, wohl aber unterhielten die beiden ravensbergischen und Lemgo ein engeres Einvernehmen, indem sie regelmäßig in dem etwa inmitten gelegenen Schötmar gemeinsame Beratungen pflogen. Neben dieser ersten Gruppe stand als zweite O s n a b r ü c k , das zwar 1554 die beiden Kleinstädte Wiedenbrück und Quakenbrück sowie die vier Wigbolde seines Hochstifts als ihm zugehörig bezeichnete, von deren Beiträgen und gemeinsamen Tagungen jedoch niemals die Rede ist. Anders M ü n s t e r , das freilich statt der 1470 genannten Orte jetzt (1554) nur noch die elf landtagsfähigen Städte und Städtchen des Oberstifts als Hanse bezeichnete. Später (1572) waren diese in zwei Unterquartiere aufgeteilt, von denen das westliche „upm Bram" unter Koesfeld stand und die Städte Bocholt, Borken, Dülmen, Haltern sowie das neu hinzugetretene Vreden umfaßte, während dem östlichen, von Warendorf geführten Quartier „upm Drein" Ahlen, Beckum, Rheine, Telgte und Werne zugehörten. S o e s t unterstanden sieben Beistädte, voran Lippstadt, sodann die des Herzogtums Westfalen: Brilon, Rüthen, Geseke, Arnsberg, Attendorn und Werl. P a d e r b o r n betrachtete sich als Vorort von Warburg und aller übrigen Städte und Flecken des Hochstifts, ohne daß deren Namen außer Brakel und Nieheim erwähnt würden. Unbekannt bleibt die Zugehörigkeit von Höxter. D o r t m u n d hatte schon 1476 über den

Ungehorsam der ihm vordem unterstellten märkischen Städte Klage geführt, eine Folge seiner Feindschaft gegen Kleve-Mark in der Soester Fehde. Seit der Mitte des sechzehnten Jahrhunderts beanspruchten als siebte Gruppe die neuen Hauptstädte Hamm und und Unna „zu gesamter Hand und ungeschieden" mit Erfolg die Vorortschaft über 12 Städte der Grafschaft Mark: Kamen, Lünen, Schwerte, Iserlohn, Lüdenscheid, Breckerfeld, Altena, Berg-Neustadt, Neuenrade, Plettenberg, Bochum und Hattingen, so daß für Dortmund von seiner einst stattlichen Gefolgschaft nur die Stiftsstadt Essen sowie die kölnischen Dorsten und Recklinghausen übrigblieben.

Die Reihe der der Hanse angehörigen Orte war damit noch nicht am Ende, es gab noch weitere dritten Ranges, die sich einzelnen Beistädten unterordneten. Warburg sprach 1565 von fünf solchen Städten, die damals nicht zahlen wollten, doch ohne die Namen anzugeben. Gelegentlich hören wir, daß die märkischen Freiheiten Hörde, Wattenscheid, Wetter, Blankenstein und Westhofen hinter Bochum standen. Arnsberg führte die sechs Städtchen Neheim, Eversberg, Hirschberg, Grevenstein, Balve und Allendorf sowie die sieben Freiheiten der alten Grafschaft Arnsberg, wohingegen Menden, Olpe und Drolshagen Attendorn zugewandt waren. Diese weitgehende Verästelung bestätigt, daß die deutsche Hanse in dem westfälischen Mutterboden so tief wie in keinem anderen Lande wurzelte.

Über die Betätigung dieser hansischen Unterorganisation sind wir am besten aus Soest unterrichtet, das für deren Zwecke ein Hansebuch anlegte, mit seinen Beistädten einen regen Briefwechsel führte und sie des öfteren zu Kommunikationstagen bei sich versammelte. So fanden sich deren Abgeordnete am 14. Dezember 1576 in Soests Mauern ein, am nächsten Morgen erstattete der Bürgermeister Konrad von der Berswordt ihnen Bericht über den letzten Hansetag in Lübeck und man verteilte die Kosten von dessen Beschickung, 986 Tlr., von denen Soest die eine Hälfte übernahm, die Beistädte zu gleichen Teilen die andere. Auch die Bundesbeiträge wurden in gleicher Weise aufgebracht. Den Abschluß der Tagung bildete ein Festmahl zu 104 Personen im Gasthaus zum Roten Löwen, wobei wacker gezecht wurde und Spielleute wie Sänger für Unterhaltung sorgten, kein ungeschicktes Mittel, um die Häupter der kleinen Städte bei der Stange zu halten. In ähnlicher Weise werden Arnsberg und Attendorn mit den hinter ihnen stehenden Orten dritten Ranges verfahren sein.

Den Kommunikationstagen entsprachen auf der höheren Stufe die unter Kölns Vorsitz meist in Wesel abgehaltenen Drittels- oder Quartierstagungen, zu deren Beschickung die Hauptstädte verpflichtet waren, ohne doch regelmäßig zu erscheinen oder sich vertreten zu lassen; 1564 erwiderten Lemgo, Bielefeld und Herford die Einladung mit einer Absage wegen ihrer „Unkundigkeit und Einfältigkeit". Noch spärlicher ließen sich die Westfalen auf den immer seltener werdenden großen Hansetagen in Lübeck erblicken. Die Politik der Hanse begegnete zunehmender Teilnahmslosigkeit. Zu dem dänischen Kriege 1523 erhielt Lübeck geringe Beisteuern von Osnabrück, Münster und Dortmund, Soest versagte ganz. Seit Mitte des sechzehnten Jahrhunderts lockerte sich das Gefüge zusehends. Als das von Köln und seinem Quartier in den sechziger Jahren zu Antwerpen neu erbaute Haus der Osterlinge mit seinen 150 Kammern, „ein stolzer Königlicher Palast", infolge der „spanischen Furie" seine wenigen Kontorinsassen verloren hatte, erlahmte auch Kölns Eifer für die Hanse. Ihr erster hauptamtlicher Syndikus, der Kölner Dr. Heinrich Sudermann aus dem alten Dortmunder Kaufmannsgeschlecht (tätig 1556—1591), suchte umsonst dem Bunde neues Leben einzuflößen. Daß dieser 1591 den Beschluß faßte, den vierzigfachen Jahresbeitrag zu erheben, wird die Treue weiter erschüttert haben, denn es kamen dabei ansehnliche Summen heraus, wie denn das „hansisch annuum" zu Anfang des siebzehnten Jahrhunderts für Münster 27 Tlr. betrug, für Soest 23, Osnabrück, Dortmund und Minden je 20, Paderborn 16, Unna 12 und Warburg 10 Tlr. Sudermanns rühriger Nachfolger Johann Domann (1606—1618), ein gebürtiger Osnabrücker, war nicht erfolgreicher, wiewohl er selbst die Muse in den Dienst seiner Aufgabe stellte. Auf ihn ging es zurück, wenn die Westfalen unter Führung Osnabrücks sich seit 1614 von Köln zu lösen und unter Bremen zu stellen suchten.

Vergeblich hatte einst 1535 Lübeck als Haupt der Hanse zwischen dem wiedertäuferischen Münster und seinem Bischof zu vermitteln versucht; die Verwendung der Hansestädte zugunsten der vertriebenen Paderborner 1606 blieb ebenso erfolglos. Die damit beauftragten Herforder und Lemgoer trauten sich nicht einmal, dem Bischof Dietrich das betreffende Schreiben zuzustellen. Nicht wirkungsvoller war die Verwendung der Hanse für das von Franz Wilhelm schwer bedrückte Osnabrück 1628. Der Dreißigjährige Krieg, der den Wohlstand und die Selbständigkeit der westfälischen

Städte wie fast aller anderen vernichtete, machte auch dem Bunde der deutschen Städte von der Hanse ein Ende. Zwar suchte Soest 1644 die Ordnung in seinem Quartier noch einmal herzustellen, zahlte das von seinem Bischof Christoph Bernhard von Galen bedrohte Münster noch 1656 Bundesbeiträge an Lübeck, aber der letzte Hansetag dort 1669 wurde von Westfalen aus nicht mehr beschickt, die Hanse gehörte der Vergangenheit an.

4. Kapitel

Volkstum und Charakterköpfe

Bevor wir uns den Bereichen der Wissenschaft und Kunst zuwenden, sei ein Einblick darein versucht, wie das Volk lebte, dachte und fühlte, mögen in einigen bedeutenderen Persönlichkeiten die Zeiten sich spiegeln.

Das Eindringen der hochdeutschen Sprache

Der große Umbruch vom Mittelalter zur Neuzeit machte sich, zunächst äußerlich und doch tiefgreifend und bedeutsam, in der Sprache geltend. Bis dahin hatte der Westfale in mancherlei Mundart niederdeutsch geredet, dazu war in dem weiten hansischen Kreise von Brügge bis Reval eine niederdeutsche Schriftsprache entstanden. Nun verbreitete zuerst der gewaltige Sprachmeister Martin Luther vor allem durch seine Bibelübersetzung, dann die Fülle der von beiden Seiten erscheinenden Flugschriften und Bücher auch in Niederdeutschland eine wesentlich hochdeutsche Einheitssprache, die im Laufe der Zeit zur Herrschaft gelangte. Man kann das bedauern. Unser Platt mit seiner kräftigen und treffenden Ausdrucksweise, voll Schalkhaftigkeit und Gemüt, ist eine Schöpfung des altsächsischen und niederrheinischen Volkstums, ihres Wesens bester Ausdruck. Aber die Sache liegt doch anders als bei der Übernahme des römischen Rechtes; das Hochdeutsche war keine Fremdsprache. Gewiß handelte es sich um ein Opfer Niederdeutschlands, das aber für die deutsche Einheit notwendig war, um so mehr, als eben damals die Glaubenseinheit verlorenging. Daß die Sprachgleichheit mit den Niederlanden darüber aufhörte, mußte in Kauf genommen werden. Das Hochdeutsch als deutsche Einheitssprache, der niederdeutschen an Geschmeidigkeit überlegen, stellte allmählich die volle Gemeinschaft zwischen Nord und Süd her und gab auf so viel breiterer Grundlage dem deutschen Worte dem Ausland gegenüber erhöhte Reichweite und Wirksamkeit.

Die Bewegung zugunsten des Hochdeutschen faßte, von Wittenberg ausgehend, zuerst in Niedersachsen, namentlich dem früh lutherisch gewordenen Herzogtum Lüneburg Fuß, gewann dagegen in Westfalen nur langsam an Boden. Der Reformator Osnabrücks, Hermann Bonnus († 1546), war ein entschiedener Anhänger des Niederdeutschen, wie er denn bei der ersten Bibelübersetzung in dieser Mundart Pate stand und der Vater des niederdeutschen Kirchenliedes war. Der Dortmunder Humanist Jakob Schöpper dagegen suchte auf dem sprachlichen wie auf dem kirchlichen Gebiete zu vermitteln und durch eine Sammlung von Synonymen, Wörtern gleicher Bedeutung, die Volkssprache dem Hochdeutschen anzunähern. Ihm zufolge wurde schon damals die westfälische Zunge von Fremden als grob und bäurisch verlacht, „also gantz, das ein Westpheling schyer eins jeden Affe und Meerwunder, seiner Sprache halben, hat sein müssen"; deshalb machte die „Oberlendische Zung" damals in Dortmund Fortschritte. Seit der Mitte des Jahrhunderts gewann das Hochdeutsche im Buchdruck und in der Behördensprache allmählich das Übergewicht, Hamelmann bediente sich seiner seit 1559 in seinen Schriften, späterhin schrieben Simon VI. zur Lippe († 1618) und Kaspar v. Fürstenberg († 1618) in ihren Briefen und Aufzeichnungen hochdeutsch. Der münstersche Chronist Melchior Röchel († 1606), ein einfacher Mann, verfaßte sein Werk hochdeutsch mit eingestreuten niederdeutschen Brocken. In gleicher Weise wurden im letzten Viertel des Jahrhunderts selbst bäuerliche Weistümer niedergeschrieben, ein Zeichen, daß auch das Landvolk damals anfing, die neue Gelehrtensprache zu verstehen. Die klevisch-märkische Regierung freilich hielt noch lange am Niederdeutschen fest, wie ihre Verordnungen bis zum Jahrhundertende beweisen; die Nähe der niederländischen Grenze mochte dazu beitragen. Als Umgangssprache behauptete sich das Niederdeutsche zähe bei hoch und niedrig: 1571 wies der Herzog Julius von Braunschweig einen lippischen Junker als Edelknaben von seinem Hofe zurück, weil er in der oberländischen Sprache nicht genügend geübt sei. Deshalb konnte man zum Volke, wenn man ihm ans Herz greifen wollte, auch nur niederdeutsch sprechen: 1547 wurde der Münsterpastor in Herford, ein Hesse, abgesetzt, weil man sein Hochdeutsch nicht verstand. Michael

Ruperti, Dechant von Überwasser in Münster, verfaßte 1588—1597 Erbauungsbücher in der heimischen Mundart, Anfang des siebzehnten Jahrhunderts wurde in den meisten lippischen Kirchen noch niederdeutsch gepredigt, 1598 erschien ein Nye Rekenböck (Rechenbuch) zum Gebrauch in der Marien- (Kirchspiels-) Schule zu Osnabrück, wo also noch niederdeutsch unterrichtet wurde. Der Dreißigjährige Krieg, der alle deutschen Stämme durcheinander wirbelte, ließ dann das Hochdeutsch auch in die städtische Umgangssprache eindringen.

Derbheit Westfalens

Der Ruf der Derbheit, im Wesen wie in den Lebensformen, den die Westfalen schon im fünfzehnten Jahrhundert draußen in der Welt hatten (Bd. I, S. 485), blieb ihnen auch jetzt, er tritt in den berühmten Dunkelmännerbriefen zutage und wurde durch das Festhalten an dem ehrlichen Niederdeutsch noch verstärkt. Wie ländlich es in den beiden westfälischen Kongreßstädten aussah und herging, hörten wir (s. o. S. 179); im Jahre 1619 wurde die Stadt Paderborn als Sitz einer hohen Schule und Akademie verpflichtet, zu ihrer Zier und Ehre, auch zur Erhaltung frischer und gesunder Luft die Straßen von Miststätten frei zu halten, ohne daß ein solches Gebot die Zustände gebessert hätte. Die westfälischen Eigenarten wurden in einem seit dem sechzehnten Jahrhundert umlaufenden Spottverse gegeißelt, der ursprünglich auf die Schwaben gemünzt war:

> Hospitium vile[1]), grof Brot, dünn Beier, lange Mile[2])
> Sunt in Westphalia. Si non vis credere[3]), loop da!

Ähnliche Anzapfungen führten zu Ende des Jahrhunderts eine literarische Fehde herbei. Der niederländische Humanist Justus Lipsius war auf einer Reise nach Oldenburg verschlagen worden und schilderte seine dortigen Erlebnisse den Freunden daheim in einigen spottgewürzten Briefen, die er bald darauf veröffentlichte. Den einen datierte er: „Oldenburg im Schweinestall, den sie Herberge nennen", in einem anderen schilderte er in komischer Verzweiflung, wie er dort mit Fuhrleuten und Schweinehirten dünnes Bier habe trinken und sich die Hände schütteln müssen, wie sein Magen sich schaudernd von rohem Speck, dem schwarzen Brote des Pumpernickels und der fettreichen Kohlbrühe abgewandt habe, wie sein Nachtquartier nicht minder primitiv gewesen sei. In würdiger Weise und mit trockenem westfälischen Humor wies der junge Johann Domann, der spätere Hansesyndikus, diese starken Übertreibungen zurück

---

[1]) schlechte Herberge, [2]) Meilen, [3]) willst du's nicht glauben.

(1591) und hatte die Genugtuung, daß Lipsius sich zu einer Entschuldigung bequemte. Auch Hermann Hamelmann, damals Superintendent in Oldenburg, griff zornentbrannt zur Feder und verfaßte zwei derbe Streitschriften gegen den Injustus Lipsius. Aber späterhin verflocht der päpstliche Friedensgesandte Fabius Chigi ähnliche Vorwürfe in seine lateinischen Verse. Der westfälische Schinken freilich stand auch jetzt in hohem Ansehen, wie die häufigen „Schinkenverehrungen" an Offiziere des Großen Krieges beweisen. Daß aber die Straßen sich in einem unbeschreiblichen Zustande befanden, das mußte Domann selbst erfahren, als er auf einer Gesandtschaftsreise nach Spanien im Spätherbst 1606 seine westfälische Heimat durchquerte. Von Osnabrück ging es in einer Tagesreise „von sechs großen unflethigen westphelischen Meilen (!)" bei sehr bösen Wegen nach Münster und weiter nach Hamm auf Straßen, „daß bei ganzen Meilen die Wagen bis zu den Achsen im Drecke gingen". Zwischen Dortmund und Hagen auf der Bergeshöhe war der Hohlweg so eng und tief, daß die Pferde der Länge nach vorgespannt werden mußten.

Auch über das derbe ungehobelte Betragen der westfälischen Menschen wurde manche Klage selbst aus den eigenen Reihen laut. Allgemein war das sechzehnte Jahrhundert das Zeitalter des Grobianismus, wobei Luther bekanntlich keine Ausnahme machte; Westfalen stand auf diesem Gebiete keinesfalls zurück. Daß sich der Kirchenhistoriker Hamelmann Erkleckliches hierin leistete, hörten wir eben, den Vogel im Schimpfen schoß doch wohl der abgesetzte Syndikus des Paderborner Domkapitels Johann Moller in seiner Preßfehde mit diesem ab. Der Kurfürst Salentin von Köln nannte die münsterschen Domherren, Amtleute und Ritterschaft „seltsame, grobe, wandelbare Leute" (1576); der Abt von Citeaux berichtete um die gleiche Zeit nach Rom über seine Visitation der Zisterzienserklöster Marienfeld, Bredelar und Hardehausen, die Mönche seien ungelehrige Barbaren, dem Trunke ergeben. Aber daß der Vorwurf der Unbildung auf Westfalen keineswegs allgemein zutraf, werden wir sehen.

Vergnügungen

Von allen Jahrhunderten der deutschen Geschichte war das sechzehnte wohl das trinkfreudigste, und auch hierbei bildete Westfalen keine Ausnahme. Die Tagebücher Kaspars von Fürstenberg sind voll davon, ohne daß er selbst darüber zum Trinker geworden wäre. Schon bei der Morgensuppe hebt gelegentlich der „Suppenkrieg", das Zechen an, bei den Zusammenkünften der Fürstlichkeiten

„geht abends ein starker Trunck umb". Am Hofe des Kurfürsten Truchseß wird „schendlich", „geschwindt", „widerumb heßlich gesoffen", auf dem Jagdschloß Hirschberg bei Arnsberg herrscht unter dem Kurfürsten Ernst „ein voll und toll Wesen." In der Katerstimmung reimt Fürstenberg dann wohl:

Ich wollt, daß ihn der Teuffel hette,
der erst das Saufen machen thette.

Dafür plagte ihn in späteren Lebensjahren heftig das Zipperlein. — Die Ravensberger Ritterschaft focht eines Tages die Gültigkeit eines von ihr selbst gefaßten Beschlusses an „als abgeschlichen, wie der Rausch annoch nicht ausgeschlafen". Ein beliebtes Trinkspiel war die Königswahl, woran auch Frauen sich beteiligten und der Hofnarr nicht fehlte. In den breiten Volkskreisen ging es nicht anders her, die Zusammenkünfte hießen Morgensprachen, weil sie vormittags abgehalten wurden, „damit das Alles bei nüchternem Mute zugehe". Zur Vergütung eines Tagelöhners gehörte auch ein Trunk.

Neben dem Trinken stand das Glücksspiel, dem namentlich zu Fastnacht vornehm und gering huldigten. Aus etwas älterer Zeit hierzu folgender ergötzlicher Beleg, den Johann von der Berswordt in seinem Westphälisch Adelichen Stammbuch (1624) berichtet: „Anno 1360 hat Idel Walrave, Ritter, zu Dortmundt auffm Weinhauß das gantze Dorff Suetdincken (Süddinker, Kr. Unna), über dreitzig Feurstellen dahmalß starck, neun Pferde und seine Kleider auff dem Leibe mit etlichen Bürgermeistern und Patricien von Soest verspilet undt ist geliefert worden. Die Knechte haben die Settel, Zäume undt Buchse verspilet undt gesagt: Hat der Deuffel die Gaule gefreßen, so freße er auch die Zäume. Hette vor das Spilen beßer geschlaffen." Ein anderes Vergnügen war die Jagd, dem auch geistliche Herren gern nachgingen, weshalb das Paderborner Domkapitel eifrig über seinen ausgedehnten Jagdgerechtigkeiten wachte. Den Mönchen des sauerländischen Klosters Grafschaft hielt der päpstliche Legat 1582 vor, sie lägen dem ihnen doch verbotenen Weidwerke so ungescheut ob, daß alle Welt billig ein Ärgernis daran nähme.

Volksfeste. Fastnacht in Münster

Noch standen die alten, aus der Vorzeit überkommenen Volksfeste in Blüte. Überall in Stadt und Land, von groß und klein wurde Fastnacht gefeiert, nirgends doch so ausgelassen übermütig wie in Münster; die alte Bischofsstadt war dann acht Tage lang außer Rand und Band. Wir verdanken den Chronisten Kerssenbrock und Röchel anschauliche Schilderungen des münsterschen Fastnachtstreibens um die Mitte des sechzehnten Jahrhunderts. Zu „Lutteke Vastelabent", am Donnerstag vor Fastnacht, fing das Feiern damit an, daß die „Cumpanienbroder", die zu einer Karnevalsgesellschaft vereinigten reichen Bürgersöhne, in festlichem Zuge, zu Pferd und Wagen, den „Gecken", eine als Doktor ausgeputzte lebensgroße Puppe, mit vielen Scherzen in die Stadt einholten. Am gleichen Abend verkündete das Anzünden einer mit Stroh umkleideten hohen Stange auf dem Domhofe den Beginn der Narrenfreiheit; um nicht deren Opfer zu werden, zogen die Domherren es vor, draußen auf dem Lande bei ihrer Verwandtschaft zu feiern. Die Bürgerschaft aber gab sich voll überschwellender Lebenslust einem Taumel des Vergnügens hin. Abend für Abend erleuchteten Teertrommeln mit ihrem flackenden Feuer den Markt und andere Plätze, auf den Straßen standen immergrüne Eiben (Taxus baccata), später große Hülsbüsche (Ilex aquifolium) — Verwandte des Christbaums —, an denen Kränze mit brennenden Kerzen hingen; jede Lichtquelle was fast die ganzen Nächte hindurch der Mittelpunkt einer ausgelassen zechenden, schmausenden und tanzenden Menge. Die Tage wurden durch Volksbelustigungen aller Art ausgefüllt: Gänsereiten, Hahnenschlagen, Kranzstechen. Auf dem Markte stand ein „Roland", eine hölzerne Drehpuppe, nach der zu Pferde gestochen wurde, was sie dem Ungeschickten durch einen Keulenschlag vergalt. Draußen vor dem Ägidientor fesselte ein Turnier die Zuschauer, wobei es galt, den Gegner mit der Lanze vom Pferde in den Sand zu strecken. Alt und jung bis auf die kleinen Kinder lief vermummt umher, es wimmelte von abenteuerlichen Masken, Türken, Heiden und Polen, Teufel und böse Geister fehlten nicht. Alle Häuser standen offen, um die Vermummten mit Speis und Trank zu bewirten, die Straßen erschollen ständig von den Weisen der Flöten, Trommeln und Fiedeln, untermischt von dem Lustgeschrei der Menge. Einen Fähnrich an der Spitze, suchten die Handwerksgesellen und Lehrlinge in festlichem Aufzuge die Meister ihrer Gilde auf, um sich in den Häusern bewirten zu lassen, und Gaben einzusammeln, mit deren Hilfe sie tags darauf den Meistertöchtern und Mägden ein Fest im Gildekruge gaben und sie im Tanze schwenkten. Am stattlichsten traten die Fleischhauer auf, die zu Pferde aufzogen, von den berittenen Stadtspielleuten und von Fackelträgern geleitet, man liebte die erhellte Dunkelheit als Steigerung des Fantastischen. Den Abschluß des Zuges bildete ein Tanz rund um den Hauptmarkt. Aber an Gepräge und Aufwand wurden die Fleischhauer noch übertroffen von den Kumpanienbrüdern. Auch junge „Kaufgesellen" aus Lübeck, Hamburg und Bremen stellten sich ein, um in ihren Reihen mitzufeiern. In der Hand der Brüder lag auch das Ende des Festes, indem sie am Donnerstag in den Fasten, von gespielter Bußgesinnung ergriffen, über den Gecken als einen Verderber der Jugend auf dem Markte förmlich zu Gericht saßen, ihn zum Tode verurteilten und dem Feuer übergaben. Es war, das werden wir Röchel glauben, während dieser Tage „wienich wises Volkes in der gantzen Stadt", und es wird uns klar, weshalb die Maskerade des Schneiderkönigs Johann von Leiden gerade in Münster Beifall und Mitspieler fand.

Ein anderer bürgerlicher Festtag in Münster war Mittsommer (St. Johannis). Da hängten die Mädchen Kränze und Blumengewinde quer über die Straßen und schmeichelten den jungen Gesellen durch einen dargebotenen Trunk das Silber aus der Tasche; damit richteten sie ihnen ein Tanzfest voller Ausgelassenheit aus. Zu Heilige Drei Könige dagegen pflegte man nach Herzenslust zu schmausen, dazu erwählte man durch das Los einen Bohnenkönig, der mit seinem Hofstaat schaltete und lustige Strafen verhängte.

Ein ähnlich saftiges niederdeutsches Volkstum voll derber Genußfreude, Schalkheit und ungebrochener Lebenskraft, wie wir es dank der niederländischen Malerei aus der Nachbarschaft jenseits der Grenze kennen, hatte damals in ganz Westfalen sein Wesen. In Recklinghausen erwies der Rat 1566 zu Fastnacht den Schmiedeknechten eine Erkenntlichkeit, „do sey van dem olden Wywe ein junck makenden"; es handelte sich um die auch von Hans Sachs verherrlichte Jungmühle. Weit verbreitet waren die Schwerttänze, von denen die Sammlung gewaltiger zweihändiger Schwerter aus dem sechzehnten Jahrhundert in dem lippischen Städtchen Horn noch heute Zeugnis ablegt. Selbst in den vornehmen Damenstiftern Vreden und Freckenhorst durften zu Fastnacht Schwerttänzer aus der Nachbarschaft ihre Künste zeigen. Im Kloster Welver bei Soest dagegen feierte man eine „Besenfastnacht", wobei der Hauptscherz in einem Wettziehen der Knechte und Mägde an einem großen Besen bestand. Auch die anderen alten Volksfeste zu Mittwinter und Mittsommer sowie der Maigang wurden in alter froher Weise begangen, überall bestand auch noch das sonstige alte Brauchtum, wie denn dem Hochzeitspaare ein Brauthahn ans Bett gebracht wurde. Merkwürdig ist die sog. Mägdeschlacht von Höxter am 2. Mai 1554, als sieben Stiege (= 140) Mägde aus der Stadt hinauszogen in den Solling, um dort, mit Hopfenstangen bewaffnet, die im Jahr zuvor geschlagene blutige Schlacht von Sievershausen zu wiederholen, was freilich zweien von ihnen das Leben kostete. Ähnlich erwähnt Fürstenberg bei der Fastnacht zu Bilstein 1572 ein „Gestechen" (Turnier) unter zwei Hausmägden „mit freien beurischen Lusten".

Daß es bei diesen Volksfesten nicht immer ohne Ausschreitungen abging, daß mancher münsterische Handwerksgesell das ganze Jahr über zu arbeiten hatte, um das zu Fastnacht Verjubelte wieder einzubringen, läßt sich denken. Da „Gott durch solch Saufen und Fressen gröblich verzürnt wurde", schaffte ein Beschluß des münsterschen Rates 1565 kurzerhand den Karneval in der Stadt ab, — wir erkennen das Heraufkommen einer neuen unfrohen Zeit. Ebenso gebot die münstersche Gemeine Ordnung von 1571, daß die Fastelabendbiere im Hochstift auf die Nachbarschaften und auf eine Mahlzeit — den alten Ausgangspunkt — zu beschränken seien, und untersagte die Schwerttänze und Mummereien. Doch nur sehr allmählich kamen diese Verbote zur Geltung, wie ihre oft wiederholte Verkündigung beweist. Als Fürstenberg 1590 zu Verhandlungen in Münster weilte, mußten diese drei Tage lang ausgesetzt werden des einfallenden Karnevals wegen. Unwirsch vermerkt er dazu „Schwermerei und geringe Witze dabei", wohl weil der Adel kein Teil daran hatte. Der Friedenskongreß dagegen feierte später auf seine Weise lustig mit. Auch anderwärts hören wir immer wieder von obrigkeitlichen Verboten zu Fastnacht und sonstiger Volksfeste, ohne daß diese sich hätten ausrotten lassen, dazu waren sie zu tief im Volke verwurzelt, entsprachen zu sehr dem Bedürfnis nach gelegentlicher Ausspannung. Die Jesuiten in Münster ersetzten den Maigang ihrer Schüler durch Theateraufführungen.

Ihrem Ursprunge nach begleiteten all diese Festlichkeiten den Jahreslauf der Natur. Die vornehmen Kreise gelangten jetzt zu einer neuen Art von Naturgenuß. In Fürstenbergs Tagebüchern wird eines Ausfluges nach dem Bollerborn gedacht, der zeitweise aussetzenden, dann mit „Geboller" wiederkehrenden Waldquelle am Osning bei Altenbeken, geschichtlich bekannt aus den Sachsenkriegen 772 (Bd. I, S. 41); eines Tages vergnügte sich dort eine vornehme Gesellschaft, bestehend aus den Grafen Simon zur Lippe und Ernst von Schaumburg, den Brüdern Fürstenberg und anderen Herren. Ein andermal vereinigte sich die Fürstenbergische Familie mit Spiegelschen Verwandten auf einer Weserfahrt von Herstelle nach Korvey, „wobei mit Lust gefischt und im Schiff mit Tantzen und Zechen gar wohl gelebt" wird.

Der Teufelsglaube

Der heiteren Seite des Lebens, wie sie sich in den Volksfesten kundtut, stand eine finstere gegenüber, die sich auf den Glauben an den Teufel und sein arges Wirken gründete; aus dem Orient war der Giftstoff durch die Kirche im Laufe des Mittelalters in das Volksbewußtsein eingedrungen. Eigentümlich genug, daß dieser Glaube eben jetzt seine Wirksamkeit recht entfaltete, als weltoffener Humanismus und Renaissance, nicht minder die Reformation, jeder an seinem Teile, den alten Sauerteig auszukehren sich bemühten, aber wir wissen ja, wie fest Luther vom Dasein des leibhaftigen Teufels und seinen Nachstellungen überzeugt war. Als die frische Kraft des Jahrhunderts verbraust und verbraucht war, gärte in der zweiten Hälfte der Bodensatz des Dämonenglaubens um so stärker empor und erreichte seinen Höhepunkt im Zeitalter des Großen Krieges, wie umgekehrt die sittlichen und geistigen Kräfte des deutschen Volkes eben damals auf dem Tiefstand ankamen.

Die Überzeugung, daß man mit dem Teufel im Bunde stehen, gegen Verpfändung der Seele und Seligkeit Zauberwerk verrichten könne, ist uralt. Sie liegt der im sechzehnten Jahrhundert sich bildenden Sage vom Doktor Faust zugrunde, deren Anfänge sich auch auf westfälischem Boden bei Daniel von Soest erkennen lassen (s. u. S. 314). Groß war in unserem Zeitraum die Zahl derer, die sich, ohne ihr Zutun, vom Teufel besessen glaubten, Irrsinnige und Fallsüchtige waren darunter; als Gegenstand des Mitleids wurden sie der Unterstützung für würdig gehalten. Die katholische Kirche wie auch Laien sahen es als ihre Aufgabe an, den Unglücklichen den Teufel auszutreiben, mancher machte ein Geschäft daraus. Ein Blinder aus dem Stifte Paderborn, Simon Möller, der sich den beziehungsreichen Namen Simon Magus zugelegt hatte (Apostelgesch. 8, 9), trieb dies bedenkliche Handwerk zunächst unter den am Heiligen Brunnen zu Pyrmont zusammenströmenden Menschenmassen, dann in Lippe, wo er des Landes verwiesen wurde, schließlich verlegte er seine Tätigkeit nach Osnabrück, wo er zu Tode kam. Der Lemgoer Pastor Jodokus Hocker geißelte in einer Schrift „Wider den Bannteufel" (1564) sein offenbar betrügerisches Treiben.

Die Hexenverfolgungen

Mit dem orientalischen Teufelsglauben hatte sich seit dem späteren Mittelalter der aus dem germanischen Heidentum überkommene Glaube an schädigende Hexen verbunden (Bd. I, S. 73, 479). Die dunkelste Nachtseite dieser Zeit, eine der schwärzesten in der Geschichte der Menschheit, bilden die Hexenverfolgungen. Einer geistigen Seuche gleich, griff der Wahn, von Hexen geschädigt zu sein, von Zeit zu Zeit um sich und forderte entsetzliche Opfer. Überall im Abendlande loderten die Scheiterhaufen, kein Alter noch Geschlecht blieb verschont, Vornehme und Geringe, Gebildete und Ungebildete fielen dem grausigen Aberglauben zum Opfer. Jedes Mißgeschick, Dürre wie Wassersnot, Hagel und Viehseuchen, Krankheiten und Todesfälle, wurde den Hexen in die Schuhe geschoben und an Unschuldigen heimgesucht. Beredtes Zeugnis für den krassen Aberglauben dieser Zeit sind die von dem Paderborner Chronisten Klöckener reichlich berichteten Schauermärchen. Das Schlimmste war, daß die Gerichte sich bei dem von ihnen angewandten Verfahren über alle Rechtsregeln, wie sie etwa die doch strenge Carolina, Kaiser Karls V. peinliche Gerichtsordnung, enthielt, vielfach dreist hinwegsetzten, so die Justizmorde an Zahl und Schrecken noch steigernd. Ein gelegentliches Einschreiten des Reichskammergerichts, wie es 1598 gegen Bischof Dietrich von Paderborn wegen verweigerter Justiz erfolgte, blieb ein Schlag ins Wasser. Eine durch die Folter erpreßte Bezichtigung, die sog. Besagung angeblich Mitschuldiger, genügte oftmals, um auch diese unter Anklage zu stellen: gerade dadurch wurde die Zahl der Opfer so groß. Ankläger und Richter waren eine Person; leugnete die oder der Beschuldigte, so wurde alsbald zur peinlichen Frage, d. h. zur Folter geschritten, deren sich steigernden Qualen gegenüber nur wenige standhaft blieben, aber selbst das wurde auf teuflische Einwirkung zurückgeführt. Auch die Wasserprobe, ein altgermanisches Gottesurteil, kam häufig zur Anwendung: schwamm der Gefesselte oben auf dem Wasser, so verweigerte die reine Flut ihn aufzunehmen, sank er unter, so war er schuldlos. Aber der Henkersknecht, der oben das Opfer an einer Leine hielt, hatte es in der Hand, wie die Probe ausfallen sollte. (Auch das Bahrrecht, auf dem Glauben beruhend, daß die Wunden des Erschlagenen bei der Berührung durch den Täter frisch zu bluten begännen, wurde 1566 in Detmold noch geübt.) In den seltenen Fällen, daß ein Angeklagter als nicht überführt davonkam, wurde er, siech und wund, für immer aus der Stadt oder dem Lande gestoßen. Im Grunde enthielten die Anschuldigung wie das erzwungene Geständnis immer das Gleiche: den Bund mit dem Teufel, woran sich die Teufelsbuhlschaft, der Hexenflug, die Teilnahme am Teufelsmahl und dem Tanze anschlossen, sowie irgendwelche schädlichen Zauberwerke. Alte Opferstätten wie der Köterberg bei Höxter oder der Wittekindsberg bei Minden galten als die Schauplätze der Hexenfeste. Auch der alte Glaube, daß man sich in einen Wehrwolf verwandeln und als solcher Untaten verüben könne, lebte wieder auf. Das Ende war regelmäßig, daß die Hexe öffentlich verbrannt wurde, es war eine Gnade, wenn man sie vorher umbrachte, die weitere der heimlichen Hinrichtung konnten nur Wohlhabende durch namhafte Opfer erkaufen.

An Widerspruch freierer Geister gegen die Hexenprozesse hat es nicht gefehlt. Der Leibarzt des Herzogs Wilhelm von Kleve, Johann Weyer, veröffentlichte 1563 sein Buch De praestigiis Daemonum (Über die Blendwerke der Teufel), worin er zwar nicht die Möglichkeit bestritt, mit teuflischer Hilfe Unheil zu stiften, die Hexen aber für arme elende Mütterlein erklärte, die sich das höchstens einbildeten, häufig aber ganz unschuldig seien. Zunächst hatte das Buch eine gute Wirkung: als im gleichen Jahre bei einem Bauern der Grafschaft Mark die Kühe keine Milch gaben, ein Wahrsager dieserhalb einige Frauen als Hexen beschuldigte und das Amt sie verhaften wollte, ließ die klevische Regierung statt dessen den Wahrsager einsperren. Doch eine Flut von Gegenschriften machte Weyers anfänglichen Erfolg zunichte; er selbst starb 1588 in Tecklenburg bei einem Besuche der gräflichen Familie. Westfälische Vorkämpfer gegen den Hexenwahn waren dann Hermann Wilcken aus Neuenrade (Kr. Altena), der 1585 als Professor in Heidelberg ein „Christlich Bedencken von Zauberei ... nur an vernünftige Leute gestellt" unter einem Decknamen veröffentlichte, ferner Anton Schultze (Prätorius),eine Zeitlang Pastor in Kamen, von dem 1598 eine Schrift über Zauberei und Zauberer ausging, dem aber in seiner Vaterstadt Lippstadt die Erfahrung nicht erspart blieb, „daß ein Prophet nirgend weniger gelte als in seinem Vaterlande". Am bekanntesten wurde die Cautio criminalis (Vorsicht in Kriminalsachen) des edlen Friedrich von Spee, der von 1623—1630 mit Unterbrechungen dem Paderborner Jesuitenkolleg angehörte. Er hatte in Würzburg über 200 Hexen als Beichtvater zum Flammentode geleitet und sich von ihrer Unschuld überzeugt: jetzt nannte er die Hexenbrände eine Schande für den deutschen Namen und die Folter als härter denn die härteste Strafe. Auch seine Schrift erschien ohne Namen in Rinteln 1631 und erregte stürmischen Widerspruch, der fanatische Weihbischof Pelking nannte sie ein verruchtes Buch. Einzelne Landesregierungen schritten gleichfalls gegen die Hexenprozesse ein, so die klevische nochmals 1573 in Lippstadt, ebenso der Graf Simon VI., der die Wasserprobe für ein abergläubisch Werk hielt und dadurch in den Geruch kam, ein Beschützer der Teufelsbrut zu sein.

Schon 1514 wurden elf Hexen im Veste Recklinghausen verbrannt, weil sie den kalten Winter verschuldet haben sollten. Seit der Mitte des sechzehnten Jahrhunderts setzten überall die Hexenprozesse ein. In der Stadt Münster fand 1552 der erste statt, im Hochstift 1565 zu Liesborn. Hier ordnete der Bischof Bernhard von Raesfeld die Entlassung der Beschuldigten an, da ihm das auf der Folter erzwungene Geständnis zum Beweise nicht ausreichte; seine Nachfolger aus dem bairischen Hause dachten anders. Schwerlich blieb auch nur eine der vielen Städte Westfalens von dem Wahnsinn verschont. Auch auf dem Lande rauchten überall die Scheiterhaufen, freilich in minder großer Zahl. Unterschiede sind auch in den Städten zu bemerken. In Dortmund wissen wir nur von zwei Verfolgungen 1581 und 1593, die größere zweite forderte 14 Opfer. Verhältnismäßig milde und verständig verfuhr auch der Rat der Stadt Münster, wo es gleichfalls nur zu wenigen Todesurteilen kam und auf die „Besagung" von Mitschuldigen, die die Angeklagten freiwillig oder erzwungen machten, grundsätzlich nicht eingegangen wurde. Die Opfer beschränkten sich zumeist auf Weiber aus übelberüchtigten Familien. Anders liefen die Dinge in dem benachbarten Osnabrück, wo der Bürgermeister Rudolf Hammacher, ein sonst um die Stadt verdienter Mann, sich als fanatischer Hexenverfolger betätigte. Schon 1561 wurden 16 Frauen verbrannt, 1583 ließ er nicht weniger als 121 Unglückliche gefangensetzen und hinrichten, 1585 waren es neun, 1589 vier, im nächsten Jahre wieder zehn. Einen zweiten Höhepunkt erreichte hier der Wahnsinn im Dreißigjährigen Kriege unter dem Bürgermeister Wilhelm Pelzer, der von 1636—1639 im Amte war. Eben erst war die Stadt von dem Glaubensdruck des Bischofs Franz Wilhelm befreit, noch befand sie sich infolge der schwedischen Einquartierung, der ständigen Bedrohung durch die Kaiserlichen in der schwierigsten Lage, als Pelzer die Hexenverfolgung wieder aufnahm. Als Mann des Volkes an die Spitze gelangt, suchte er diesem dadurch zu schmeicheln, daß er auch Frauen besserer Kreise als Hexen hinrichten ließ, so die achtzigjährige Mutter seines von ihm verdrängten Amtsvorgängers Modemann, um ihn dadurch unmöglich zu machen. Die Prozeßführung sprach allem Rechte Hohn, den Angeklagten wurde keine Verteidigung gestattet; als der derzeitige Landesregent, der Graf von Wasaburg, Einhalt gebot, wies Pelzer das unter Berufung auf die städtischen Privilegien zurück. In der Stadt herrschte allgemeiner Schrecken, manche kehrten ihr mit Weib und Kind den Rücken. Modemann strengte später wegen der gesetzlosen Hinrichtung einen Prozeß gegen Pelzer an, und der zurückgekehrte Bischof Franz Wilhelm ließ diesen 1650 festnehmen. Ein Urteil wurde nicht gesprochen, doch in langer Einzelhaft bis 1661 verfiel Pelzer in geistige Umnachtung, in der er 1669 starb. So mußte er eine furchtbare Schuld schwer büßen. — Wenn auch keineswegs überall, im allgemeinen nahmen doch mit dem Ausgang des Dreißigjährigen Krieges auch die Hexenverfolgungen ein Ende und das bedrohte weibliche Geschlecht konnte wieder in Ruhe alt werden. —

Das Halsband Lamberts von Oer

Um die Zustände zu beleuchten, wie sie im Lande herrschten und im Laufe der Zeit sich wandelten, sei ein Sittenbild sowie eine Reihe von Lebensbildern bedeutender Persönlichkeiten des öffentlichen Lebens angeschlossen. Sie sind nicht nur deshalb zumeist dem Adel entnommen, weil hier die Quellen am reichlichsten fließen, sondern vor allem, weil jener politisch wie auch weitgehend auf geistigem Gebiete die Führung hatte.

Bei dem Sittenbilde handelt es sich um das Halsband Lamberts von Oer, einen Vorfall, der damals im Lande kaum weniger Aufsehen erregte, als späterhin in der Französischen Revolution die Halsbandgeschichte einer Königin. Im Jahre 1491 hatte die Witwe Gisle von Gimte, alt, blind und kinderlos wie sie war, die verschuldeten Güter ihres Gatten Kord von Mecheln in der Nähe von Ahlen an Lambert von Oer auf Kakesbeck bei Lüdinghausen verkauft. Nachdem sie die ausbedungene Leibzucht längere Jahre friedlich genossen hatte, focht sie 1503 auf Betreiben Hermanns von Ascheberg, der mit ihres Bruders Tochter verheiratet war, den Verkauf an und übertrug ihm die Güter. Nach längerem Hin und Her erhob Ascheberg eine Klage auf Herausgabe gegen Oer, wurde jedoch in zwei Instanzen abgewiesen und zum ewigen Stillschweigen verurteilt. Das hinderte ihn nicht, seine vermeintlichen Ansprüche an seinen Schwiegersohn, den jenseits der Lippe in der Grafschaft Mark angesessenen Goddert von Harmen zu übertragen. Harmen war ein wilder, verschlagener Geselle, der unter dem bekannten Landsknechtführer Franz von Sickingen Kriegsdienste getan hatte. Als der Reichsritter sich für die erwähnten Ansprüche bei Bischof Erich von Münster verwandte, wurden gütliche Verhandlungen eingeleitet. Aber noch vor der angesetzten Tagesfahrt überfiel Harmen am 25. Juli 1525 den etwa achtzigjährigen Lambert von Oer auf dem Kirchwege, verwundete ihn und legte ihm ein Halsband an, „groß und schwer, von Eisen, mit böser List und Kunst gemacht, mit widerständig mannigfaltigen scharfen Zacken und Sprungeisen" (Sprungfedern). Dazu mußte Oer geloben, sich einige Tage später auf der Burg Padberg zum Gefängnis einzustellen. So wollte Harmen ihn zwingen, sich auf eigene Hand nach dem von jeher berüchtigten Raubnest im Sauerlande zu begeben, dessen Herr, Johann von Padberg, der Spießgeselle des Landfriedensbrechers war; dieser traute sich offenbar doch nicht, selbst Oer dorthin zu verschleppen. Um an dem Marterwerkzeug, zu dem der Schlüssel fehlte, nicht elend zugrunde zu gehen, begab Oer sich noch am gleichen Tage zu einem „kunstich Smidt", Meister Tile in Münster auf der Hörsterstraße. Als alles Feilen und Biegen nicht half, legte Oer entschlossen den Hals auf den Amboß, und es gelang Tile, durch einen Schlag mit dem Hammer das Eisen zu sprengen, ohne den glücklich befreiten alten Herrn zu verletzen. Der trug die Sache darauf dem gerade versammelten münsterschen Landtage vor und hier befand man, daß Oer sein gewaltsam und heimtückisch abgenötigtes Wort nicht zu halten brauche, wenn er sich dem Schiedsspruch zweier unbeteiligter Fürsten unterwürfe. Das geschah und auch Herzog Johann III. von Kleve suchte zu vermitteln, aber dreist beschuldigte nunmehr Goddert von Harmen seinen Gegner in öffentlich angeschlagenen Schmähschriften, sein Ritterwort gebrochen zu haben. Dafür wurde er selbst von Lamberts Sohne Bernd von Oer durch eine allenthalben verbreitete Druckschrift an den Pranger gestellt. Die neuzeitliche Presse trat in den Dienst einer mittelalterlichen Fehde, die nun von beiden Seiten leidenschaftlich aufgenommen wurde. Herzog Johann von Kleve freilich verwies Harmen aus seinem Lande und verbat sich jede Gewalttat darin, aber Bernd von Oer hielt sich an Harmens Schwiegervater Ascheberg, dessen Haus Ichterloe (Kr. Lüdinghausen) er ausraubte und verbrannte. Das sei, meinte er, „mit allem Rechte, in mäßiger Weise und aus angedrungener Not" geschehen, wohingegen Ascheberg ihm drei Gutshöfe mordbrannte und neun Leute totschlug. Weitere Gewalttaten unter seinen Untertanen wehrte nun zwar auch der Bischof von Münster ab, der Kurfürst Hermann von Köln jedoch war Padberg gegenüber offenbar machtlos, und so konnte Harmen von dort aus gegen das ganze Stift Münster fehden. Die Städte Beckum und Ahlen mußten den Bischof um Schutz vor seinen Gewalttaten bitten, und die Stadt Münster klagte dem Landtage, der sich jahrelang mit dieser leidigen Sache herumschlug, daß Harmen das Stift mit Mordbrand, Totstechen der Ochsen — des wertvollen Handelsgutes — und anders täglich beschädige. Endlich gelang es 1528 dem Herzog Heinrich von Braunschweig, durch einen Vergleich Frieden zu stiften. Harmen ging nicht allein straflos aus, Oer mußte, um die Güter zu behalten, die erkleckliche Summe von 4.500 fl. an ihn auskehren; im übrigen wurde allseits auf Ersatz des erlittenen Schadens verzichtet. Dieser Ausgang war freilich kein Triumph der Gerechtigkeit. —

Jürgen von Holle

Zeigen diese Händel den westfälischen Edelmann des frühen sechzehnten Jahrhunderts noch ganz befangen in den mittelalterlichen Nachbarfehden und Raufereien, so hatten die Söhne höhere Ziele. Sie dienten als Feldobersten in den weltgeschichtlichen Auseinandersetzungen, wie die Zeit Karls V. und der beginnenden Glaubenskämpfe sie mit sich brachten, damals, als die deutschen Landsknechte, dann auch die deutschen Reiter die gesuchtesten Soldaten der Welt waren und ihre Anwerbung und Führung als Finanzunternehmen, gewissermaßen als Spekulation in Landsknechten betrieben wurde. Westfalen hat eine Reihe solcher kühnen und erfolgreichen Söldnerführer hervorgebracht, die allerdings noch nicht in dem Maße ans Licht gestellt worden sind. wie neuerdings die niedersächsischen, mit denen sie sich vielfach berührten. Zu nennen wäre Alhard von Hörde, erbgesessen zu Störmede (Kr. Lippstadt), im Geldrischen Kriege 1542/43 klevischer Reiterführer, dann Feldoberst Herzog Heinrichs d. J. von Braunschweig bei dem Versuche, sein Land zurückzuerobern (1545), später anscheinend in die Grumbachschen Händel verwickelt. Ein anderer Condottiere war Hilmar von Quernheim aus dem Stifte Minden († 1581), der sich der Wertschätzung Wilhelms von Oranien erfreute und als unbotmäßiger Pfandherr des Reinenberges schon begegnete (s. o. S. 254), oder der Lipper Franz von Kerssenbrock, ein Söldnerführer in den Hugenottenkriegen († 1576). Unstreitig der bedeutendste war Jürgen von Holle, geboren 1514 als Sohn des Drosten Rudolf von Holle zu Hausberge bei Minden; er genoß seine Erziehung am Hofe des sächsischen Kurfürsten, Friedrichs des Weisen, und wurde dadurch von vornherein in größere Verhältnisse hineingestellt. In dem erwähnten Feldzuge Heinrichs von Braunschweig trat er zuerst als Führer eines halben Regiments hervor und lernte zugleich den ebenfalls der mittleren Weser entstammenden Hilmar von Münchhausen kennen, mit dem ihn fortan treue Waffenbrüderschaft verband. Zwei Jahre darauf finden wir beide als Feldobersten über 24 Fähnlein Fußvolk und 3—4000 Reiter in dem norddeutschen Heere Karls V., das von dem Grafen von Büren befehligt, dem Kaiser in Oberdeutschland zu Hilfe kam (s. o. S. 61). Nach dem Siege war Holle Kommandant der eroberten Reichsstadt Frankfurt, focht später in englischen Diensten gegen die Franzosen und stellte sich bei der Fürstenerhebung 1552 dem Kaiser erneut zur Verfügung. Im nächsten Jahre zog er mit dessen niederländischem Heere wiederum gegen die Franzosen zu Felde und verlor beim Sturme auf die Festung Therouanne ein Auge. Zusammen mit Münchhausen warb er 1554 12000 Mann gegen den Landfriedensbrecher Markgraf Albrecht von Brandenburg. Aber bevor die Beiden ihm nach Franken entgegenziehen konnten, kam die Kunde von seiner Niederlage; sie möchten, so hieß es, das Kriegsvolk loszuwerden suchen. Die Ehre der beiden Feldobersten ließ es nicht zu, daß ihre Landsknechte um den verdienten Sold gebracht wurden; nachdem sie mit ihnen einig geworden waren, „ein gut aufrichtig Regiment zu halten," rückten sie auf Erfurt vor, und die erschreckten fränkischen Stände beeilten sich, die Ablöhnung herauszurücken. Demnächst warb Holle zwei Regimenter für die niederländische Regierung und zeichnete sich in der siegreichen Schlacht bei St. Quentin gegen die Franzosen aus (1557). Im Jahre 1563 führte er im Dienste König Friedrichs II. von Dänemark Krieg gegen Erich XIV. von Schweden. Er eroberte Elfsborg in Schonen, siegte bei Halmstad und stieß gegen Kalmar vor. Aber schließlich versagte die schwerfällige Taktik des Landsknechtsheeres in der nordischen Wildnis; Holle nahm den Abschied, wobei der Däne ihm die gewaltige Summe von 200 000 fl. schuldig blieb; dadurch kam er im wesentlichen um den finanziellen Ertrag seiner Lebensarbeit. Es war Holles letzter Feldzug; er zog sich in die Heimat auf das von ihm geschaffene Gut Himmelreich bei Minden zurück, von wo aus er als berufener Sachverständiger und geschickter Vermittler in allen möglichen Fragen weithin tätig war. Aber die große Politik ließ ihn nicht los: vertrauter Freund Wilhelms von Oranien von den Niederlanden her, trat er als dessen Brautwerber bei dem Kurfürsten von Sachsen auf und traf mit dem Schweiger die Vorbereitungen für die erste Erhebung gegen die Spanier. Vordem hatte Holle oftmals für den Kaiser das Schwert geführt, jetzt kam seine religiöse Überzeugung als Protestant zum Durchbruch. Im Jahre 1576 ist er zu Himmelreich gestorben. Sein eindrucksvolles Bildnis hat sich auf Haus Mark bei Tecklenburg, dem Gute seiner Frau Gertrud von Horne, erhalten, es zeigt ihn in der Eisenrüstung, den Feldherrnstab im Arme. Kündet die stattliche, hochgewachsene Erscheinung den Westfalen, so deuten die kühnen Gesichtszüge mit der Hakennase, dem langwallenden Barte auf den Landsknechtsführer wie das scharfblickende Auge und die hohe Stirn auf den Feldherrn.

Kaspar von Schele

Als das Gegenbeispiel eines friedlichen Landjunkers der Reformationszeit sei Kaspar von Schele genannt, Herr zu Schelenburg im Stifte Osnabrück (1525—1578). Er bezog 1543 die Universität Wittenberg, wo er Luthers Tischgenosse war und sich von ihm zum Studium der Theologie ermuntern ließ. Heimgekehrt lebte Schele auf seinem stattlichen Gutshofe oder seinem Stadthof in Osnabrück und hielt sich des öfteren in der Umgebung der einander folgenden bischöflichen Landesherren auf, deren Gunst er sich erfreute; als ritterschaftlicher Landrat hatte er eine gewichtige Stimme bei der Verwaltung des Hochstifts. Eifriger Lutheraner — eine münstersche Domherrnstelle hatte er ausgeschlagen —, förderte Schele die Reformation, wo er konnte: er beschenkte Geistliche mit Büchern, unterstützte Studenten und nahm vertriebene Prädikanten bei sich auf.

Kaspar von Fürstenberg

Die ruhigen Zeiten nach dem Augsburger Religionsfrieden ließen manchen Sprößling aus der jungen Generation des westfälischen Adels sich dem Studium zuwenden, wenn auch nicht jeden der wilden Junker die Bücher lockten. Köstlich ist das Geständnis des jungen Albrecht von dem Bussche, „daß ich dar scholde Lusten zu gekregen hebben, das enn hebbe ich nicht". Anders der 1545 auf dem alten Familiensitz, der Burg Waterlappe bei Werl, geborene Kaspar von Fürstenberg. Zunächst zum Geistlichen bestimmt, studierte er in Köln, wo er 1566 zum Licentiaten der Rechte aufstieg. Dann aber zog er es vor, das väterliche Erbe sowie das Drostenamt in Bilstein und Waldenburg, später auch das in Fredeburg zu übernehmen und kurkölnischer Rat zu werden (1570). Auch der Kurfürst von Mainz ernannte ihn zu seinem Rate, nicht minder sein eigener Bruder, der Paderborner Bischof Dietrich von Fürstenberg; für sie alle ist er als „Rat von Haus aus" sein Leben lang unermüdlich tätig gewesen. Fürstenberg kann als Vertreter der Gegenreformation gelten. In den truchsessischen Wirren hielt er unerschütterlich an seinem katholischen Glauben fest, dafür erntete er das besondere Vertrauen des Kurfürsten Ernst und wurde von dessen Nachfolger Ferdinand schließlich an die erste Stelle in der westfälischen Verwaltung als Landdrost berufen. Dreißig Jahre lang nahm er als Bevollmächtigter des Kurfürsten von Köln an den Reichstagen teil, schließlich als der älteste aller „Reichstäger". Seine Geschäftskenntnisse und sein Fleiß, seine Zuverlässigkeit und vor allem sein kluger Rat machten ihn überall unentbehrlich, ohne daß er auf ein Hervortreten nach außen Wert gelegt hätte. Dank seinem umgänglichen Wesen, seiner Ausdauer auch hinter dem Becher war er überall gern gesehen. Ähnlich wie den Kriegsobersten das Söldnerwesen, gab die Beamtenstellung Fürstenberg Gelegenheit, zu einem stattlichen Vermögen zu kommen, wobei er in den Mitteln und Wegen nicht eben wählerisch war. Er kaufte Bauernhöfe und städtischen Grundbesitz, Salz- und Bergwerksanteile zusammen, ließ sich mit frei werdenden Lehngütern belehnen und schuf sich in der alten Burg Schnellenberg einen höchst ansehnlichen Sitz, für den er auch die Aufnahme in die rheinische Reichsritterschaft erreichte. Dem Glanze der fürstenbergischen Familie kam es weiter zugute, daß die von seinem Bruder Dietrich zusammengebrachten Reichtümer ihm und seinem Sohne Friedrich zufielen. Ein reicher Kindersegen war Fürstenberg beschieden, aus zwei Ehen hatte er 17 Kinder, von denen sechs mit geistlichen Pfründen versorgt wurden. Seine zweite Frau, Enneken Busse, war vorher seine Haushälterin gewesen; dieserhalb und um den Familienbesitz nicht zu zersplittern, erwirkte Fürstenberg 1597 von dem Kurfürsten Ernst für den Adel des Herzogtums Westfalen das Privileg, Ehen zur linken Hand schließen zu dürfen, deren Sprößlinge zwar als ehelich, doch nicht als ebenbürtig galten und nur eine Abfindung aus dem väterlichen Vermögen erhielten.

Kaspar von Fürstenberg starb 1618. In seinem Lebenswerk überschneiden sich die Kreise der landständischen Ritterschaft mit denen des gelehrten Beamtentums, die sich sonst manchmal schroff gegenüberstanden. So hat er nicht wenig dazu beigetragen, zwischen dem neuzeitlichen Staate und den überlieferten Vorrechten des Adels einen Ausgleich herbeizuführen; in den kommenden Zeiten fand der Edelmann seine Stellung mehr und mehr am Hofe, als hoher Beamter und Offizier.

Ganz anders als das Dasein des lebenbejahenden, erfolgreich tätigen Fürstenberg verlief das eines etwas jüngeren Zeitgenossen, mit dem der Kalvinismus zu Worte kommt. Johann von Münster, geboren 1560, entstammte dem tecklenburgischen Zweige seiner Familie auf Haus Vortlage bei Lengerich. Er studierte in Marburg die Rechte und wandte sich dort dem reformierten Bekenntnis zu. Dann begab er sich nach der damals aufkommenden Sitte auf die Kavalierstour ins Ausland; sie führte ihn ausschließlich zu den Glaubensgenossen nach Genf, Paris, England, Schottland und den Niederlanden. Demnach wird die Reise, anders als üblich, in kalvinischer Sittenstrenge verlaufen sein. Heimgekehrt trat Münster seinem gleichgesinnten Landesherrn, dem Grafen Arnold von Bentheim, nahe und vertiefte sich in theologische Studien. Zu diesem Zwecke beschaffte er sich eine Bücherei, die so stattlich anwuchs, daß sie ein eigenes Gebäude erforderte. Bald war Münster ein Rufer im Streite für den Kalvinismus und focht mit dem münsterschen Jesuiten Brillmacher einen theologischen Strauß aus. Von 1593 ab verwaltete er als Amtmann die rheinische Grafschaft Wied, auch hier eifrig für das reformierte Bekenntnis wirkend. Aber als er dieses, seit 1601 markgräflich badischer Obervogt, der lutherischen Stadt Pforzheim aufzudrängen suchte, scheiterte er und war dann eine Zeitlang als nassauischer Rat für Kirchen- und Schulsachen in Herborn tätig. Schließlich wurde er daheim Hofrichter des Bentheimischen Obergerichts in Tecklenburg und tummelte nebenher sein literarisches Streitroß gegen den lutherischen Superintendenten Helwig in Osnabrück, wobei „mit grober Frakturfeder" gefochten wurde — eine Schrift seines Gegners führte den bezeichnenden Titel „Kurzer ebenmäßiger Knüttel bey Münsters bellenden Hund" (1621). Münsters zahlreiche Schriften zeugen mehr von einer etwas krausen Gelehrsamkeit als eigenem Gedankenreichtum; ihrer eine führt den bezeichnenden Titel „Gottseliger Traktat von dem ungottseligen Tanz". Schätze sammelte der gelehrte Herr bei seiner Tätigkeit nicht, die Kriegsnöte kamen hinzu, sodaß er 1632 als armer Mann starb.

Johann von Münster

Von den bürgerlichen Rechtsgelehrten begegnete uns schon wiederholt Johann Domann. Er kam 1564 als Kind einfacher Eltern in Osnabrück zur Welt. Seine guten Gaben verschafften ihm ein Stipendium des Rates, womit er sich nach Rostock zum Studium der Rechte begab; um dieses beenden zu können, wirkte er eine Zeitlang als Konrektor in Lemgo. Im Jahre 1592 erhielt Domann eine An-

Johann Domann

stellung als Ratssyndikus in Stralsund und stritt als solcher eifrig für die Selbständigkeit der Stadt gegen den Pommernherzog. Auf einem Hansetage in Lübeck lernte er den dortigen Ratsherrn und demnächstigen bedeutenden Bürgermeister Henrich Brokes kennen und dieser veranlaßte 1606 seine Anstellung als Syndikus der deutschen Hanse. Klug und gewandt, wenn auch von einer gewissen Schroffheit, bemühte Domann sich nicht ohne Erfolg, die Stellung der Hanse politisch zu stärken; wir trafen ihn schon auf einer Gesandtschaftsreise nach Spanien. Auch mit den Niederländern führte er erfolgreiche Verhandlungen, die in ein Bündnis ausliefen; auf einer Dienstreise ist er 1618 im Haag gestorben. Nebenher literarisch tätig, hat Domann den Untergang der Hanse, wenn auch nicht abgewandt, doch eine kurze Weile aufzuhalten vermocht. So steht er als einsamer Kämpfer am Ausgang des hansischen Bundes, dessen Aufstieg einst zahlreiche Söhne der Roten Erde herbeigeführt hatten.

Kasper Klocke

Dem Kreise des städtischen Patriziats entstammte Kaspar Klocke (geb. 1583), dessen Vater Kaufmann und Ratsherr in Soest war. Er studierte in Marburg die Rechte und machte sich dann in Speier mit der Rechtspflege des Reichskammergerichts vertraut; seine Doktorschrift galt dem Steuerrecht. Im Jahre 1608 ging er als gräflich stolbergischer Kanzler nach Wernigerode, trat 1616 als Obersyndikus in den Dienst der Stadt Braunschweig und wurde 1626 zum Kanzler des Hochstifts Minden nach Petershagen berufen. Als solcher verfaßte er die Fürstlich Mindische Kanzlei- und Gerichtsordnung, doch erlitt seine Tätigkeit durch die Gegenreformation unter dem Bischof Franz Wilhelm eine längere Unterbrechung — Klocke war Protestant. Aber als sich dann Herzog Georg von Lüneburg der Hochstifte Minden und Hildesheim bemächtigt hatte, übertrug dieser ihm die Verwaltung beider Länder als Kanzler. Doch schon nach zwei Jahren gab Klocke seine Ämter auf und kehrte nach Braunschweig zurück, um vorwiegend seinen wissenschaftlichen Neigungen zu leben. In schweren Folianten, die mehrfache Auflagen erlebten, veröffentlichte er Gutachten in Rechts-, insbesondere Steuerfragen, sodann Lehrbücher über das Steuer- und Finanzwesen. Er wirkte vom Standpunkt des aufkommenden Merkantilismus auf die Entwicklung der Kameralistik und Volkswirtschaftslehre erfolgreich ein. Man hat ihn den eigentlichen ersten deutschen Finanzlehrer genannt. Klocke starb 1655 zu Braunschweig.

Die Soldaten des Großen Krieges

Wir stehen inmitten der Generation, die den Dreißigjährigen Krieg handelnd miterlebte; daß diese sich überwiegend dem Waffenhandwerk verschrieb, ist selbstverständlich. Nach Zeit und Bedeutung steht der Feldmarschall Graf Anholt an erster Stelle; seine Taten brauchen hier nicht wiederholt zu werden. Auch Bönninghausens wurde schon gedacht, ebenso des Feldmarschalls Alexander von Velen (s. o. S. 146), auf den noch näher einzugehen ist. Sein Vater Alexander von Velen d. Ä., Herr zu Raesfeld (Kr. Borken), war Statthalter und Hofmarschall des Stiftes Münster, Diplomat und Soldat zugleich; dazu hatte er als Gründer des Salzwerks Gottesgabe bei Rheine, das ihm zu einem bedeutenden Salzhandel Anlaß gab, auch etwas vom Kaufmann an sich. Diese vielseitige Veranlagung vererbte er seinem 1599 geborenen Sohne Alexander d. J., der auf der Universität Löwen studierte, aber bald die Bücher mit dem Degen vertauschte und sich als Hauptmann in der Schlacht bei Stadtlohn die Sporen verdiente. Damit begann eine schnelle militärische Laufbahn. Im Frühjahr 1631 erhielt Velen als Oberst den Auftrag, ein Regiment für die Liga anzuwerben, trat jedoch schon zu Ende des Jahres in den unmittelbaren Dienst seines münsterschen Landesherrn, des Kurfürsten Ferdinand, über. In dieser Stellung hat Velen längere Jahre hindurch in Verteidigung und Angriff das Stift Münster erfolgreich gegen die Hessen behauptet, über den Generalwachtmeister zum Oberstfeldzeugmeister aufrückend. Beim Ermatten des Krieges wurden seine Völker 1643 teilweise entlassen; kurz bevor dieser noch einmal auflohte, Anfang 1646, sah er selbst sich „wegen Abgang der Leibeskräfte" gezwungen, den Abschied zu nehmen. Schon 1641 hatte der Kaiser ihn zum Reichsgrafen erhoben, später verlieh er ihm auch den Rang des Feldmarschalls. Anders als die Feldobersten des sechzehnten Jahrhunderts hat Velen niemals die Partei gewechselt, aber die Zeit der Söldnerheere war noch nicht abgelaufen, und so hat auch er den Krieg als eigenes Finanzunternehmen geführt. Er verstand es glänzend, dabei Geschäfte zu machen. „Der Graf von Velen hat in Westfalen einen guten Krieg gehabt. Er hat wohl ein paar Millionen genossen," so äußerte sich seinem Adjutanten gegenüber der Bischof von Lüttich. Der geschickte Finanzmann kaufte in Westfalen, am Niederrhein und in den Niederlanden Güter und Herrschaften zusammen und erwarb die Reichsstandschaft. Nach Wiederherstellung seiner Gesundheit hat der Marschall von Velen auf dem von ihm ausgebauten Schlosse Raesfeld das Leben eines großen Herrn geführt; seine zweite Gattin war eine Gräfin von Bentheim, er verkehrte freundschaftlich mit dem Großen Kurfürsten, dessen klevischem Statthalter, dem Grafen Johann Moritz von Nassau, sowie dem münsterschen Bischof Christoph Bernhard von Galen. Erst 1675 rief der Tod ihn ab.

Auf der protestantischen Gegenseite fehlen so glänzende, vom Glück begünstigte Erscheinungen wie Anholt und Velen. Das Tätigkeitsfeld des Paderborner Exulanten Dietrich von Falkenberg, der unter den Trümmern Magdeburgs den Heldentod fand, liegt ganz außerhalb Westfalens. Gleich ihm diente den Schweden ein münsterscher Edelmann, Wilhelm Wendt, während vier andere seines Geschlechtes auf der kaiserlichen Seite fochten. Obwohl der älteste unter seinen Brüdern, hatte Wilhelm Wendt den Stammsitz Krassenstein (Kr. Beckum) als Protestant nicht antreten können, vielleicht gerade deshalb führte er den Namen Krassenstein oder Kratzenstein. Er zeichnete sich 1632 aus, als Gustav Adolf und Wallenstein bei Nürnberg einander gegenüberlagen, und stand dann mit seinem Reiterregiment bei dem schwedischen Heere in Nordwestfalen. Als 1635 der wetterwendische Herzog Georg von Lüneburg und der General Speerreuter zu den kaiserlichen übergingen, blieb Krassenstein der blau-gelben Schwedenfahne treu und übernahm nach Knyphausens Tode 1636 in Nordwestfalen den Oberbefehl. Altershalber nicht mehr felddienstfähig, wurde er bald darauf Kommandant der Festung Nienburg. Besondere Befriedigung mag es ihm gewährt haben, daß die Krone Schweden ihm die reiche Abtei Marienfeld schenkte, wurde er doch dadurch Nachbar von Krassenstein; freilich versagte das Kriegsglück es ihm, den Besitz wirklich anzutreten.

Gräfin Katharina zur Lippe

Zu guter Letzt noch das Lebensbild einer Frau und Landesregentin, die den Dreißigjährigen Krieg in ganzer Länge durchlebte, durchlitt und durchstritt. Es ist die Gräfin Katharina zur Lippe, mit deren Schicksalen wir zugleich ein Stück lippischer Landesgeschichte nachholen. Der Graf Simon VII. war 1627 gestorben, für seinen siebzehnjährigen Sohn und Erben Simon Ludwig übernahm der Oheim, Graf Christian von Waldeck, als Vormund die Regentschaft und vermählte ihn bei erlangter Großjährigkeit 1631 mit seiner eigenen schönen und temperamentvollen Tochter Katharina, die damals 19 Lenze zählte. Aber der junge Ehemann, Graf Simon Ludwig, wurde schon fünf Jahre später vom Tode dahingerafft; sein erstgeborener Sohn Simon Philipp war ein vierjähriges Kind. Die jugendliche Witwe, Gräfin Katharina, trat nunmehr die Vormundschaft und die Regentschaft des Landes an. Doch nicht unbestritten, denn der älteste von den Brüdern ihres Gatten, Johann Bernhard, ein ehrgeiziger und zügelloser Sproß jener wilden Zeit, nahm beide Rechte für sich in Anspruch und verstand es, die Landstände wie auch die beiden Lehnsherren, den Kurfürsten Ferdinand als Bischof von Paderborn und die Landgräfin Amalie von Hessen-Kassel, auf seine Seite zu ziehen, so daß er sich in den tatsächlichen Besitz der Macht setzen konnte. Seine Gegnerin fand zwar die papierne Unterstützung des Kaisers Ferdinands III. und des Reichskammergerichts und ließ sich zu keinem Verzichte auf ihre Rechte bewegen, doch ihrer Einkünfte beraubt, sah sie sich wie eine Gefangene auf ein einziges Zimmer im Detmolder Schlosse beschränkt. Unerschrocken begann sie von hier aus ihr Gegenspiel, indem sie 1638 ihre beiden älteren Söhne vor dem Zugriff des Oheims heimlich nach Hameln und weiter zu ihrem Schwager, dem Landgrafen Georg von Hessen-Darmstadt, in Sicherheit bringen ließ; sie begründete das mit der Befürchtung, „wenn auch nicht Johann Bernhard, doch seine italianisierte Ministri möchten ihren Waislein eine ungesunde Feige beibringen". Dagegen beschuldigte ihr Widersacher sie des abscheulichen Menschenraubes und sprach vom lippischen Prinzenraub. Er ging nun so weit, die Erbfolge für sich in Anspruch zu nehmen oder doch eine Teilung der Grafschaft zu fordern, ungeachtet der seit 1368 zu Recht bestehenden, freilich halb vergessenen Unteilbarkeit des Landes (Bd. I, S. 329). Damit verließ Johann Bernhard offensichtlich den Boden des Rechtes, wie auch das Reichskammergericht alsbald feststellte, und das hatte zur Folge, daß nunmehr die Landstände und der Bischof von Paderborn Katharinas Partei nahmen. Mißwirtschaft, Verschwendung und gesteigerte Steuerlast machten den Regenten vollends unbeliebt — an sich wurde das Land durch Kriegskontributionen schwer belastet und ausgesogen (s. o. S. 217), und der häufige Regierungswechsel war für seine Stellung zwischen den streitenden Mächten recht unvorteilhaft. Jetzt führte Katharina, mit Weiberlist vorgehend, Johann Bernhards Sturz herbei. Eines schönen Tages, am 14. Mai 1640, erschien der bairische Feldmarschall von der Wahl mit stattlicher militärischer Begleitung in Detmold, „um en passant den gräflichen Personen die Hände zu küssen", und bemächtigte sich im Einverständnis mit der ihm befreundeten Gräfin mittels Handstreichs des gut befestigten Schlosses, in dem er eine Besatzung zurückließ. Von

Stund an war Katharina wieder die allgemein anerkannte Regentin, Johann Bernhard hatte ausgespielt und räumte das Land. Dieses sah sich nun freilich der Bedrückung durch streifende hessische Scharen ausgesetzt — die Landgräfin Amalie beharrte bei ihrer Feindseligkeit, aber mit Ausdauer und Geschick brachte Katharina es schließlich dahin, daß Johann Bernhard und seine beiden Brüder gegen laufende Abfindungen ihren Ansprüchen entsagten; damit war die Einigkeit glücklich wiederhergestellt. Nachdem die Gräfin auf diese Weise den künftigen Regierungsantritt ihres Sohnes gesichert hatte, konnte sie, der Herrschsucht fremd war, ihr Herz sprechen lassen. Sie übertrug 1643 die vormundschaftliche Regierung ihrem Schwager, dem Grafen Emich von Leinigen-Westerburg, und reichte dem kaiserlichen Feldmarschall-Leutnant Herzog Philipp Ludwig von Holstein-Sonderburg, der eine Zeitlang in Lemgo kommandierte, die Hand zum zweiten Ehebunde. Jahrelang teilte sie nun als treue Soldatenfrau das Feldlager ihres Gemahls, unaufhörlich von Ort zu Ort in Westfalen und den Rheinlanden umhergeworfen. Das Glück des endlich eingekehrten Friedens zu genießen, war ihr nicht vergönnt, erst 37 Jahre alt, starb sie im Kindbett (Köln, 24. Nov. 1649); in der Nikolaikirche zu Lemgo fand sie die letzte Ruhestätte. Zuvor hatte sie es noch erleben müssen, daß ihre beiden jüngeren Söhne erster Ehe kurz hintereinander von den Blattern dahingerafft wurden. Dagegen blieb ihr der Schmerz erspart, es zu erleben, daß auch ihr Ältester, der Graf Simon Philipp, auf der großen Tour begriffen, 1650 in Florenz der gleichen tückischen Krankheit zum Opfer fiel. Damit waren alle Kämpfe seiner Mutter, ihm sein Erbrecht zu sichern, zwecklos geworden, nun zog doch Johann Bernhard als regierender Graf in Detmold ein. Das eine Gute hatte diese Wendung immerhin, daß nämlich dem Lipperlande konfessionelle Spannungen erspart blieben, denn wie Katharina war Simon Philipp entschieden lutherisch und hätte wohl kaum den erst 1602 erfolgten Übergang des Landes zum reformierten Bekenntnis ruhig hingenommen.

Alles in allem war der Gräfin Katharina zur Lippe ein Frauenleben in schwerer Zeit beschieden, durch viele Bitternisse mußte sie hindurch, aber sie bestand alle Stürme mit männlichem Mute, doch auch der Schlauheit einer Evastochter. Indem sie das Recht der Unteilbarkeit des Landes, der Erstgeburt des Regenten siegreich verteidigte, erwarb sie sich ein dauerndes Verdienst um die Grafschaft Lippe.

5. Kapitel

Das geistige Leben

Der Humanismus

Erasmus von Rotterdam rühmte seinem Freunde, dem Engländer Thomas Morus, die Westfalen als ein Volk, das trotz seiner Derbheit viele hervorragend begabte, erleuchtete Männer hervorgebracht habe; Arbeitsamkeit, Ehrlichkeit im Glauben und Handeln, einfältige Klugheit und kluge Einfalt seien seine Stärke. Wir sahen, daß Westfalen im fünfzehnten Jahrhundert dem Humanismus eine stattliche Reihe von Mitstreitern stellte; das Gründliche und Bedachtsame, was die neue Bewegung in ihren Anfängen hatte, lag dem westfälischen Temperament. Inzwischen wuchs ein neues Geschlecht heran, das gegen die verknöcherte mittelalterliche Scholastik kühn zum Angriff überging, geistreich und schwungvoll, wie der Führer Ulrich von Hutten. Einer der namhaftesten Vertreter dieser jüngeren Richtung und naher Freund Huttens war der Westfale Hermann Büschen oder Buschius (nicht von dem Bussche), der, einem schaumburgischen Adelsgeschlecht entstammend, um 1468 auf der münsterschen Landesburg Sassenberg das Licht der Welt erblickt hatte. Erzogen von seinem Verwandten Rudolf von Langen, dem Vater des westfälischen Humanismus (Bd. I, S. 487), krönte Büschen seine Studien durch einen fünfjährigen Aufenthalt auf dem klassischen Boden Italiens und war dann ebenso lange an der Universität Köln lehrend tätig. Aber er wurde in dieser Hochburg der Scholastik nicht heimisch und ergriff den Wanderstab, er ließ sich 1502 an die neugegründete Hochschule nach Wittenberg berufen, war Professor in Leipzig, wo sein zügelloses Leben ihm Ungelegenheiten zuzog, und landete 1507 doch wieder in Köln. Hier verfeindete er sich über einer philologischen Streitfrage mit einem münsterländischen Landsmann Ortwin Gratius (von Graes), der demnächst in dem Ketzereiverfahren der Kölner Dominikaner gegen den gefeierten süddeutschen Humanisten Johann Reuchlin mitwirkte. In diesem großen, nicht nur die wissenschaftliche Welt bewegenden Streite um Reuchlin erschienen 1515 und 1516 die berühmten Briefe der Dunkelmänner, eine genial übermütige Satire, die, das Küchenlatein der Kuttenträger noch übertrumpfend, die Kölner, Ortwin Gratius an der Spitze, als geistig und moralisch minderwertige Gesellen der unsterblichen Lächerlichkeit preisgab. Ein Großteil der Briefe hatte Ulrich von Hutten zum Verfasser, aber auch Büschen hat mehrere von ihnen beigesteuert. Nun war in Köln nicht mehr seines Bleibens, abermals wurde er zum Wanderapostel des Humanismus. Zunächst wandte er sich nach Wesel, wo er eine wirkungsvolle Schutzschrift, das Vallum humanitatis, für die Bewegung verfaßte, 1523 finden wir ihn in Heidelberg, 1527 erhielt er, vielleicht auf Luthers Rat, einen Ruf an die neugegründete Marburger Hochschule. Längst war er Luthers Sache aus vaterländisch begeistertem Herzen beigetreten; auf dem Reichstage in Worms 1521 hatte er sich ihm mit ein paar Freunden als freiwillige Leibwache zur Verfügung gestellt und dem päpstlichen Nuntius Aleander einen heillosen Schrecken eingejagt. Daß Büschen 1533 in Münster bei dem Religionsgespräch mit Rothmann die lutherische Auffassung vertrat, sahen wir (s. o. S. 31). Freilich hatte damals das Alter schon Macht über ihn gewonnen. Im folgenden Jahre endete in Dülmen das bewegte Leben Hermann Büschens, das er allzeit mit Geist und Feuer, wenn auch gelegentlich ohne rechtes Maß durchstürmt hatte. — Aus der großen Zahl anderer westfälischer Humanisten sei noch Jakob Montanus genannt, von Geburt ein Pfälzer, doch Fraterherr zu Herford (s. o. S. 14), der mit Willibald Pirkheimer in Nürnberg einen angeregten Briefwechsel unterhielt.

Das Schulwesen

Für die humanistische Bildung war es ein Ereignis, bedeutungsvoll über Westfalens Grenzen hinaus, als es im Jahre 1500 den Bemühungen Rudolfs von Langen gelang, die münstersche Domschule im neuzeitlichen Sinne zu reformieren. Neue Lehrer wurden berufen, als Rektor Tiemann Kemener aus Werne, bedeutender noch war der erst zwanzigjährige Konrektor Johann Murmellius aus Roermond. Das trockene Studium der Grammatik wurde durch das lebendige Eindringen in den Geist der Sprachen mittels der Lektüre ersetzt; im Jahre 1512 führte man auch den Unterricht des Griechischen ein. Bald galt die münstersche Domschule als „wahre Pflanzstätte der neuen Bildung"; von weither, aus Ost- und Süddeutschland strömten die Schüler herbei, die Gesamtzahl der Studierenden wird auf zeitweise 3—400 geschätzt. Leider überwarfen sich Kemener und Murmellius nach einiger Zeit, beide waren nicht frei von den humanistischen Schwächen, Eitelkeit und Streitsucht. Murmellius ging zur Martini-, dann zur Ludgeristiftschule in Münster über, bis es dem greisen Rudolf von Langen gelang, die Verfeindeten zu versöhnen, und Murmellius an die Domschule zurückkehrte

(1512). Doch im folgenden Jahre verließ er Münster für immer. Gleichwohl währte die Blüte der Domschule bis etwa 1525, als die religiösen Unruhen begannen. „Wie aus einem trojanischen Pferde," so rühmte später Hamelmann, ihr alter Schüler, „gingen aus der Anstalt hochgelehrte Männer ohne Zahl hervor, die hier und dort in Westfalen, Sachsen und Niederdeutschland Schulen eröffneten und die Barbarei ausrotteten."

Die Reformatoren erkannten früh den Wert guter Schulen für den theologischen Nachwuchs und so ging in der Folge die Gründung neuer Gelehrtenschulen von ihnen aus. Gern verwandte man Güter und Gebäude aufgehobener Klöster für diesen Zweck; so entstand schon 1530 im Dominikanerkloster zu Minden eine evangelische Schule, das spätere Gymnasium. In Herford wurde 1540 die alte Stiftsschule umgewandelt und in das Augustinerkloster verlegt. In Soest war schon 1534 ein Gymnasium gegründet, das freilich längere Zeit nicht recht gedeihen wollte, wiewohl Melanchthon dem Soester Rate mehrfach Ratschläge gab; erst seit 1570 begann die Schule aufzublühen. Anders das 1543 aus humanistischem Geiste heraus gegründete Dortmunder Gymnasium, „die letzte schöpferische Leistung der Reichsstadt" (L. von Winterfeld). Sein erster Leiter war J o h a n n L a m b a c h (s. o. S. 65, 81), der sich bei dem berühmten Rektor des Straßburger Gymnasiums, Johann Sturm, Rats erholte; ihm zur Seite stand J a k o b S c h ö p p e r . Dem einträchtigen Wirken beider Männer gelang es, der Schule einen gewaltigen Aufschwung zu geben. Bald nahm Dortmund die Stelle Münsters ein, aus den Hansestädten der Ostsee, dem Baltenland, aus Schweden, Dänemark und England stellten sich Schüler ein, einzelne Klassen zählten ihrer bis zu 148. — Infolge der ungeklärten konfessionellen Verhältnisse, wie sie im Stifte Osnabrück bestanden, hatte die dortige Domschule jahrzehntelang Gemeinschaftscharakter; als Rektor wirkte zeitweise Christian Schleibing, der 1566 als städtischer Superintendent starb.

Mit dem Aufkommen der Gegenreformation legte man auch von katholischer Seite dem höheren Schulwesen zunehmend Gewicht bei. Die Jesuiten übernahmen 1585 das kurz zuvor gegründete Gymnasium in Paderborn, bald darauf auch die münstersche Domschule und brachten sie schnell auf erstaunlich hohe Schülerzahlen (s. o. S. 105, 124). Als in Osnabrück das Kapitel die Domschule 1595 wieder zur rein katholischen Anstalt machte, eröffnete die Stadt noch im gleichen Jahre das evangelische Ratsgymnasium. Schon 1560 hatte der Rat von Bocholt eine evangelische Lateinschule eingerichtet, die freilich nicht recht einschlug. Um so besser entwickelte sich das 1583 in Lemgo eröffnete lutherische Gymnasium; kennzeichnend für den Geist ist die Inschrift, die das Gebäude zierte, Christo et Musis. Die Reformierten erhielten 1591 in dem Arnoldinum zu Burgsteinfurt eine hohe Schule (s. o. S. 123), der sich 1602 ein Gymnasium in Detmold beigesellte. Die Dortmunder Große Schule hielt sich dauernd auf der Höhe, zu Anfang des siebzehnten Jahrhunderts nahm sie gleich der Soester den Titel Archigymnasium an, und der Rat dachte daran, sie zu einer Akademie auszugestalten, wozu dann doch die Mittel nicht ausreichten. Selbst die Stürme des Großen Krieges vermochten die Blüte der Schule nicht völlig zu knicken; der 1625 aus Gießen berufene Theologieprofessor Christoph Scheibler gab der Oberklasse den Charakter einer evangelisch-theologischen Fakultät. Hier erhielten seitdem viele Geistliche der Mark und des Bergischen Landes, aber auch weiter abgelegenere Gegenden ihre Fachausbildung.

Zu einer Landesuniversität brachte Westfalen es trotz all dieser Schulgründungen auch jetzt nicht, wiewohl der weite Raum von Marburg bis zur See, von dem braunschweigischen Helmstedt bis zum Rheine hin sehr wohl Platz für eine solche geboten hätte. Die münsterischen Bischöfe ließen die Gelegenheit, die dortige Domschule während ihrer Blütezeit zu einer solchen auszubauen, ungenutzt vorübergehen. Dann waren die religiösen Wirren, der ungeklärte Konfessionsstand, worein die geistlichen Gebiete, vor allem Münster, auf lange hinaus gerieten, der Gründung einer Hochschule ungünstig. Die Anregung, die der Westfale Arnold Burenius 1544 von Rostock aus an den Bischof Franz gelangen ließ, in Münster eine evangelische Universität zu errichten, mußte nach Lage der Dinge wirkungslos bleiben. Allerdings ließ sich der Herzog Wilhelm von Kleve 1566 von Kaiser Maximilian II. ein Privileg für eine Universität in Duisburg ausstellen; an der westfälischen Grenze gelegen, hätte eine solche für die klevischen Länder und darüber hinaus für das evangelische Nordwestdeutschland von erheblicher Bedeutung werden können. Aber die demnächstige Erkrankung des Herzogs, der ausbrechende Krieg in den Niederlanden, machten auch diesen Plan zunichte. Erneut trat Münster in den Vordergrund, als 1612 der Schulrektor Matthäus Tympius (Timpe) in einer Schrift „Erhebliche und wichtige Ursachen" dafür geltend machte, in der Hauptstadt Westfalens eine Universität zu stiften; auch der Kurfürst

Ferdinand begünstigte den Gedanken, doch Bedenken der Jesuiten und die Eifersucht Kölns ließen die Verwirklichung nicht zu. Als schließlich 1631 Kaiser Ferdinand II. das Gründungsdiplom einer vollständigen Universität mit vier Fakultäten ausfertigte, machte der Umschwung des Kriegsglücks die Durchführung unmöglich. Dietrich von Fürstenberg dagegen eröffnete 1616 seine auf Theologie und Philosophie beschränkte Paderborner Akademie, der dann Franz Wilhelm von Wartenberg noch 1632 die Eintagsschöpfung der Academia Carolina in Osnabrück folgen ließ. Man darf die Leistungen der von Jesuiten geleiteten Akademien für die Heranbildung einer brauchbaren Pfarrgeistlichkeit nicht unterschätzen, gleichwohl wird das Urteil von Moritz Ritter zu Recht bestehen, der sie „theologische Drillanstalten ohne ernsthafte wissenschaftliche Bedeutung" nennt.

Eine wirkliche Universität erhielt Westfalen freilich doch noch in diesem Zeitraum, wenngleich ihrer Wirksamkeit von vornherein enge Grenzen gesetzt waren. Der hochherzige Förderer von Kunst und Wissenschaft, Graf Ernst von Schaumburg, hatte 1610 in Stadthagen ein akademisches Gymnasium eröffnet, das er in den nächsten Jahren zur Universität ausbaute; nicht ohne Schwierigkeiten verschaffte er sich das erforderliche kaiserliche Privileg. Im Jahre 1621 verlegte er die Academia Ernestina, deren Lehrkörper aus 14 größtenteils aus Lemgo gekommenen Professoren bestand, in das freundliche Weserstädtchen Rinteln, das ihm „zu einer Hohen Schule bequemer zu sein schien". Die Güter mehrerer eingezogenen Klöster dienten zur Ausstattung, weitere Mittel zu Stipendien für 100 minderbemittelte Studenten stiftete Ernst mit freigebiger Hand. Die Begabtenförderung war schon dem Humanismus, dann auch einem einsichtigen Manne wie Hermann Bonnus ein Hauptanliegen gewesen. Doch die Weiterentwicklung der Hohen Schule in Rinteln stand nach Ernsts alsbaldigem Tode 1622 unter keinem günstigen Sterne. Der Große Krieg suchte auch Rinteln heim, die Studenten blieben aus, z. Zt. des Restitutionsedikts ging die Universität vorübergehend in katholische Hand über, 1642 mußte sie förmlich wiederhergestellt werden. Am härtesten traf sie das Aussterben des heimischen Grafenhauses. Zwar ließ die hessische Regierung Rinteln als lutherische Hochschule neben dem reformierten Marburg bestehen, aber sie hat dem entlegenen Außenposten nur selten ihre Fürsorge angedeihen lassen. Während seines ganzen Bestehens hat Rinteln es in keinem Semester über 120 Studenten gebracht; unter den Wissenschaften stand stets die Theologie voran, in einem gewissen Abstande folgte die Rechtswissenschaft, am kümmerlichsten war es mit der Medizin bestellt.

Für die katholischen Landesteile behielt Köln die alte Anziehungskraft als Studienort. Evangelische Theologen gingen bis über die Mitte des sechzehnten Jahrhunderts gern nach Wittenberg. Hier studierte der 1486 in Steinheim (Kr. Höxter) geborene Hermann Tulike (Tulichius) und war später am gleichen Orte Professor und Rektor. Luther, der ihm seine große Streitschrift von der „Babylonischen Gefangenschaft der Kirche" widmete, schätzte ihn hoch. Tulike starb 1540 als Leiter der Johannisschule in Lüneburg. Auch Marburg gewann allgemein für die westfälischen Protestanten Bedeutung, aber geradezu als lutherische Landesuniversität kann man seit dem späteren sechzehnten Jahrhundert Rostock bezeichnen, dessen Lehrkörper stark mit Landsleuten durchsetzt war. Um die Neubelebung der Universität Rostock machte sich der in Emsbüren (Kr. Lingen) geborene Arnold Warwick (Burenius) verdient, so daß er als ihr zweiter Vater galt; er starb dort 1566. Das erst 1574 gegründete Helmstedt wurde von Westfalen aus gleichfalls gern aufgesucht, nachdem mehrere Landsleute dazu beigetragen hatten, das Licht der jungen Hochschule hell aufglänzen zu lassen. Hier wirkte der 1555 in Lemgo geborene Heinrich Meibom als Historiker und gekrönter lateinischer Dichter († 1625); er war der Ahnherr einer stattlichen Zahl bedeutender Helmstedter Professoren seines Namens. Als überragend bewährte sich Meiboms Freund und Landsmann, der 1541 in Steinheim (Kr. Höxter) geborene Reinhard Reinecke (Reineccius), der zunächst als kursächsischer Hofhistoriograph in Wittenberg, dann als Professor in Frankfurt an der Oder tätig war und 1582 einem Rufe nach Helmstedt folgte († 1595). Er beschäftigte sich mit der Geschichte des Altertums, „eine für ihre Zeit wahrhaft großartige Leistung," stellte neue bahnbrechende Gesichtspunkte auf, um Geschichte zu schreiben, und veröffentlichte als erster eine Anzahl altsächsischer Geschichtswerke des Mittelalters, u. a. Widukind von Korvey. Auch dem Grabmal des Sachsenherzogs Widukind in Enger widmete er bereits eine Untersuchung.

In unseren Zeitraum fällt endlich der Ausbau des Volksschulwesens, dessen städtische Anfänge noch dem ausgehenden Mittelalter angehören. Die lutherischen Kirchenordnungen, wie die von Soest und Osnabrück, forderten die Einrichtung von Volksschulen, die sich nach und nach auch über das flache Land verbreiteten; die lippische Kirchenordnung von 1541 ordnete in allen Flekken und Dörfern Küsterschulen an. Bei der Visitation des Bistums Münster 1571/72 ergab sich, daß der Regel nach Dorfschulen nur in größeren Orten bestanden, in den kleineren wurden höchstens einige wenige Kinder vom Küster unterrichtet. Die Visitation im Bistum Osnabrück 1624/25 läßt einen gewissen Fortschritt erkennen; schon fiel es auf, wenn in einem Kirchdorfe eine Schule fehlte. In der Grafschaft Schaumburg wirkte der Graf Ernst als weitsichtiger Landesvater auch auf diesem Gebiete grundlegend.

Buchdruck und Büchereien

Hand in Hand mit dem Aufblühen der Gelehrtenschulen ging die Verbreitung des Buchdrucks. Es entsprach der Schwerfälligkeit des Volksstamms, daß während des fünfzehnten Jahrhunderts einzig in Münster seit 1485 einige Jahre lang eine Druckerei bestanden hat, — wie es die Beweglichkeit des einzelnen Westfalen bezeichnet, daß schon 1470 im fernen Messina zwei Landsleute, Johann Schade aus Meschede und Meister Rigo (Heinrich) Forti aus Iserlohn, als erste Drucker sich hervortun, daß in den folgenden Jahrzehnten in den Niederlanden ein Johann de Westphalia aus dem Paderbornschen Prachtwerke des Buchdrucks herstellt, daß endlich Joh. Bergmann von Olpe 1494 in Basel Sebastian Brants Narrenschiff druckt.— Nun aber trat im Anschluß an die Domschule seit 1507 Münster erneut als Druckort hervor; in geistiger Hinsicht war es damals unbestritten Westphalie metropolis, die Landeshauptstadt, wie es auf dem ersten Drucke des Gregor Os aus Breda genannt wird. Um 1512 erschien Dietrich Tzwyfel auf dem Plan; selbst ein Gelehrter, entfaltete er alsbald eine rege Tätigkeit. Seine Druckerei in der Bergstraße brachte lateinische Klassiker für den Schulgebrauch heraus, dazu religiöse und kleinere Gelegenheitsschriften; Tzwyfel bemühte sich, seine Erzeugnisse auch künstlerisch auszuschmücken, bis auf sein Signet, die Zwiebelblüte im Wappenschild. Dann aber machte er sich des Täufertums verdächtig, wiewohl Rothmann, dem die Bedeutung des gedruckten Wortes als Flügel des Geistes wohl bekannt war, selbst eine Geheimdruckerei betrieb. Nach der Wiedertäuferzeit waren Gottfried Tzwyfel und ein jüngerer Dietrich jahrzehntelang in Münster als Drucker tätig. Mit dem Einzuge der Jesuiten fand sich hier 1588 Lambert Raesfeld ein, „um katholische Drucke zu übernehmen"; aus seinem Verlage ist die bis in die Gegenwart bestehende Regensbergsche Druckerei hervorgegangen.

Die beginnende Reformation rief 1523 in Soest, 1524 in Lippstadt, 1542 in Minden Druckereien ins Leben, die jedoch bald und auf lange hinaus wieder verschwanden. Anders die seit 1543 in Dortmund zugleich mit dem Gymnasium eröffnete Druckerei; ihr erster Inhaber war Melchior Soter (Heil) aus Köln, das Unternehmen blieb dauernd rührig und fruchtbar. Hinter Dortmund stand Lemgo an Regsamkeit nicht zurück, seitdem hier um 1559 der Schulleiter Bernhard Copius sich mit vier Bürgern zur Gründung einer Druckerei zusammengefunden hatte; einer der Gesellschafter, Franz Grothe, wurde 1565 ihr alleiniger Inhaber. Zahlreiche Werke Hamelmanns sind in Lemgo erschienen. Im Zusammenhang mit dem Gymnasium Arnoldinum und im gleichen Gebäude erhielt auch Burgsteinfurt zu Ende des Jahrhunderts eine Druckerei, um dieselbe Zeit Paderborn, Essen 1611, Osnabrück erst 1617. Mit der Universität Rinteln erstand 1622 hier die Druckerei des Peter Lucius. Sehr merkwürdig ist es, daß 1630 in Herford der Drucker Moritz Vogt eine Wochenschrift herausbrachte, „Coniun- und augirte Wöchentliche Avisen", deren einzig erhaltene erste Nummer das Datum des 18. Oktober trägt, vier Blatt in Quart stark; sie weiß über die militärischen Fortschritte Gustav Adolfs in Pommern zu berichten. Wir haben hier eine der frühesten deutschen Zeitungen vor uns. Während der Verhandlungen zum Westfälischen Frieden erschienen dann auch in Münster periodische „Zeitungen."

Das gedruckte Buch ermöglichte es, das Feld der Büchereien, dieser Lieblinge des Humanismus, weit stärker als bisher anzubauen. Ein unersetzlicher Verlust war es freilich, als 1526 der kurz zuvor in den reizvollen Formen der Spätgotik eigens für die münstersche Dombibliothek geschaffene Oberstock des Domparadieses mit seinem kostbaren Inhalte ausbrannte. Acht Jahre später überlieferte die Raserei der Wiedertäufer auch die bedeutende Bücherei Rudolfs von Langen den Flammen. Neubegründer der Dombibliothek wurde der Domdechant Gottfried von Raesfeld, der ihr 1586 seine reichhaltige Büchersammlung vermachte. Bedeutende Schätze besitzt noch heute die Bücherei des Soester Rates, auch das geistig regsame Lemgo hatte eine wertvolle Bibliothek, und selbst ein Städtchen wie Lünen bemühte sich 1529, eine solche zu beschaffen. Als leidenschaftlichen Liebhaber der Bücher lernten wir Johann von Münster kennen; gleichen Schlages war der Dortmunder Patrizier Kaspar Swarte (1535—1611), dessen Bibliothek später z. T. in die Hand des westfälischen Geschichtsschreibers Joh. Dietr. von Steinen überging. Hinter Münster und Swarte stand der Domdechant Bernhard von Mallinckrodt—eine erfreuliche Seite seines Wesens—nicht zurück, wie er denn allein an Wiegendrucken mehr als 200 besaß und sich bemühte, die Entstehung des Buchdrucks zu erforschen. Der vielseitige Simon VI. zur Lippe betätigte sich auch auf diesem Felde und besoldete einen eigenen Bibliothekar.

Die Geschichtschreibung

Unmöglich können hier die Leistungen Westfalens auf allen Gebieten der Wissenschaft gewürdigt werden; wir müssen uns auf die Geschichtschreibung beschränken. Nur nebenbei sei hingewiesen auf den 1580 in Lügde geborenen Johann Michael Gigas (Rise), den Leibarzt der Kurfürsten Ernst und Ferdinand, doch vor allem ein namhafter Geograph, wie er denn seit 1617 erstmalig Karten der Stifter Köln, Münster, Paderborn und Osnabrück herausgab, die auf Vermessung beruhten. — An der Spitze der Geschichtschreiber steht Bernhard Witte, der Zeit nach und weil er als Verfasser einer Historia Westphaliae zum ersten Male es unternommen hat, die Geschichte unseres Landes in eine Gesamtdarstellung zu bringen. Freilich ist sein umfangreiches Werk, das ihn 40 Jahre lang beschäftigte, nicht viel mehr als eine Zusammenstellung aus anderen Schriftstellern, der er wenig Eigenes beizufügen weiß. Witte, geboren um 1460 in Lippstadt, verbrachte sein Leben im Kloster Liesborn (Kr. Beckum) und starb nach 1533. Des gleichfalls in Lippstadt geborenen Johann Kruyshair (Cincinnius) und seiner Schriftstellerei als Bibliothekar des Klosters Werden würde kaum zu gedenken sein, hätte er nicht 1539 der Mitwelt ein erst vor kurzem wieder ans Licht gekommenes Büchlein geschenkt: „Van der Niderlage drijer Legionen ... mit jrem Capitaneo Quintilio Varo ... gescheit jn Westphalen". Die Varusschlacht, das größte Ereignis der westfälischen, eines der größten der deutschen Geschichte, war seit Jahrhunderten so gut wie vergessen — Witte kennt sie nicht — und erst als die aus dem Kloster Korvey stammende Handschrift der Annalen des Tacitus seit 1515 gedruckt vorlag, hatte Ulrich von Hutten als erster die große Gestalt des Vaterlandsbefreiers Armin wieder auf den Leuchter gestellt. Unserm Cincinnius war es vorbehalten, den Schauplatz von Armins Großtat, der Varusschlacht, den man bis dahin eigentümlicherweise nach Augsburg verlegt hatte, für die westfälische Heimat in

Anspruch zu nehmen, und zwar ließ er das Ereignis „tuschen den wateren der Emesen und der Lippen by dem Retborge (Rietberg) und jn der Delbruggen" sich abspielen, er kam also dem wahrscheinlichen Schauplatz, dem Osning bei Detmold, schon recht nahe. Ähnlich wie Hutten verfolgte auch Cincinnius mit seiner Schrift die Absicht, seinen Landsleuten mahnend vor Augen zu führen, was ihre Vorfahren im Kampfe gegen die fremden Unterdrücker geleistet hatten, so daß „ganz Westphalen wohl billig dar aff Glorie mach dragen". Hier wird es einmal deutlich, daß der Humanismus nicht nur antikes Bildungsgut eingeführt, sondern durch die Erinnerung an die glanzvolle Vergangenheit des eigenen Volkes das vaterländische Selbstbewußtsein neu belebt hat. Das einmal geweckte Interesse ließ den Kurfürsten Salentin 1577 eigens die Senne als Schauplatz der Varusschlacht aufsuchen, auch den vorgeschichtlichen Befestigungen des Paderborner Landes wandte er zum ersten Male seine Aufmerksamkeit zu. Später ließ der Kurfürst Ferdinand von Köln ein Riesensteingrab auf dem Hümmling, von der Sage dem Hünenkönig Surwold zugeschrieben, durch den Domküster v. Velen untersuchen. —

Das gewaltige Schauspiel des Wiedertäuferreiches in Münster hat bald nachher zahlreiche Federn in Prosa und Vers in Bewegung gesetzt. Am ausführlichsten und wertvollsten sind zwei Geschichtserzählungen, deren eine wir einem schlichten münsterschen Bürger, dem Schreiner und Landsknecht Heinrich Gresbeck verdanken. Was er während der Belagerung in der Stadt selbst sah und hörte, zu deren Eroberung er als Überläufer beigetragen hat (s. o. S. 49), erzählte er treuherzig in seinem „Bericht der Wederdope und wat sich binnen der Stat Monster zugetragen". Meister Gresbeck schrieb einige Jahre nach den Ereignissen klar und verständig, anschaulich und lebendig seine Erinnerungen nieder, durchsetzt von trockenem Humor, ohne in die tieferen Zusammenhänge einzudringen, ganz so, wie das Volk sieht und spricht. — In ganz anderer Art hat der gelehrte Hermann von Kerssenbrock Geschichte geschrieben. Geboren 1519 zu Barntrup in Lippe, ein unehelicher Sprößling des dortigen Adelsgeschlechts, erlebte Kerssenbrock in Münster als Schüler die Anfänge der täuferischen Bewegung bis zur Austreibung der Andersgläubigen im Februar 1534. Er kehrte im Jahre 1550 hierhin zurück als Rektor des Paulinischen Gymnasiums, der alten Domschule, die er zu neuem Leben erweckte, und verfaßte 1570—1573 seine Anabaptistici furoris historica narratio. Doch das umfangreiche Werk kam nicht zum Drucke, da der Verfasser die dem münsterschen Stadtrate zustehende Zensur zu umgehen suchte und sich mit ihm überwarf, weil der Rat einzelne, die Stellung der Stadt dem Bischof und Kapitel gegenüber berührende Stellen beanstandete und Erbmänner wie Gilden sich durch andere Äußerungen verletzt fühlten; den Sitz der Gilden, das Schohaus, hatte er mit einem Bibelworte (Apokalypse 2, 9) die Synagoge des Satanas genannt. Die Gegensätze spitzten sich derart zu, daß Kerssenbrock in Haft kam und Widerruf sowie Urfehde leisten mußte. Er verließ Münster und war nacheinander in Paderborn, Werl und Osnabrück als Rektor tätig, nicht ohne sich am münsterschen Rate durch eine Schmähschrift zu rächen († 1585). — Kerssenbrock hatte etwas vom humorlosen Schulmeister an sich; sein Mangel an Zartgefühl tritt darin zutage, daß er, der Westfale, in den Chor derer einstimmt, die die Roheit und Torheit seiner eigenen Landsleute schelten. Gleichwohl hat er sich durch seine Wiedertäufergeschichte ein dauerndes Denkmal gesetzt. Als Einleitung bringt er eine eingehende, sehr wertvolle Beschreibung der Stadt Münster. Über die Ereignisse selbst hat er mit großem Fleiße eine Fülle der verschiedenartigsten zuverlässigen Nachrichten zusammengetragen und gewissenhaft verwertet; großenteils verdanken sie ihm ihre Erhaltung. Alles in allem gibt er ein lebendiges, ziemlich lückenloses Bild der Geschehnisse, wenn auch gelegentlich sein Mangel an kritischem Sinn, seine einseitig konfessionellen Anschauungen zutage treten.

Neben ihm steht H e r m a n n H a m e l m a n n als bedeutendster westfälischer Geschichtschreiber der Zeit. Sein Vater war Stiftsherr zu St. Johann in Osnabrück, wo er selbst 1526 geboren wurde. Nach kurzem Studium in Köln und Mainz wirkte er in Münster und Kamen als Geistlicher, trat 1553 zum Luthertum über und machte auf einer Bildungsreise in Wittenberg mit Melanchthon Bekanntschaft. Zurückgekehrt erhielt er eine Pfarrstelle an der Stiftskirche zu Bielefeld, wurde jedoch seines Bekenntnisses halber schon bald von der Düsseldorfer Regierung abgesetzt. Dann amtete er längere Jahre an St. Marien in Lemgo und begann hier mit einer regen schriftstellerischen Tätigkeit. Aber auch sie trug ihm Ungelegenheiten mit der gräflichen Regierung ein, weshalb er 1568 einem Rufe als Generalsuperintendent nach dem braunschweigischen Gandersheim folgte. Schon bald zog er sich jedoch die Ungnade des Herzogs Julius zu und fand erst 1573 eine bleibende Statt als Superintendent in Oldenburg. Hier ordnete er mit kräftiger Hand die kirchlichen Verhältnisse, begründete das Volksschulwesen und starb 1595. Hamelmann verfaßte zahlreiche theologische Streitschriften gegen Katholiken und Kalviner; einen Namen machte er sich durch seine Arbeiten zur Gelehrtengeschichte. Hierbei suchte er den Nachweis zu führen, daß „die Wiederherstellung der lateinischen Sprache und der schönen Wissenschaften" in Deutschland nicht von dessen Süden, sondern von Westfalen ausgegangen sei. Sein wichtigstes Werk ist die Historia ecclesiastica renati evangelii, die Reformationsgeschichte Westfalens und Niedersachsens, worin er aus seiner lutherischen Überzeugung kein Hehl macht. Endlich verfaßte er eine ausführliche oldenburgische Chronik. Hamelmann sind bei seinen Mitteilungen mancherlei Versehen unterlaufen, aber wir verdanken ihm für die Geschichte des Humanismus und der Reformation doch zahlreiche wertvolle Nachrichten. Und nicht zu vergessen: Hamelmann fühlte und bekannte sich zeitlebens als begeisterten Westfalen.

Wie vordem fand die Geschichte der einzelnen Länder auch jetzt Bearbeiter. Der Domkantor Melchior Röchel in Münster verfaßte eine Chronik des Hochstifts für die Jahre 1555—1601, rechtschaffen, kunstlos, in behaglicher Breite erzählend und manches kulturgeschichtlich Bemerkenswerte berichtend. Eine andere in ihrer Art wertvolle Geschichtsquelle ist die Osnabrücker niederdeutsche Bischofschronik des Iburger Mönches Dietrich Lilie. Er knüpft an Ertmans Werk an und bringt für die Zeit bis 1553 auch über die Wiedertäufer Verschiedenes bei. In kirchlicher Hinsicht nimmt Lilie eine versöhnliche Stellung ein. Der kurkölnische Rat Gerhard Kleinsorgen in Werl (1530—1591) schrieb als erster eine westfälische Kirchengeschichte, der er als dritten Band sein Tagebuch während der truchsessischen Wirren beifügte. Er erlebte diese handelnd mit, doch statt einer lebendigen Schilderung ist aus dem Tagebuch eher ein Papierkrieg mit Aktenstücken geworden. Eine Paderborner Chronik bis zum Jahre 1618, vor allem den Kampf um die Landeshauptstadt behandelnd, verfaßte deren Bürger Martin Klöckener. Von seinem engen Gesichtswinkel aus erzählt er breit und gutherzig, unterdrückt jedoch, was zu berichten „nicht ratsam" wäre. Steht er auf seiten des Bischofs Dietrich, so wahrte Wicharts Kampfgenosse Wolfgang Günther den evangelischen Standpunkt in seiner Relatio historica. Die Grafschaft Mark verhielt sich merkwürdig still, z. T. wohl deshalb, weil es für das klevische Nebenland keine selbständige Geschichte mehr gab; ebenso lagen die Dinge in Ravensberg. Nur für das kleine Lünen verfaßte Georg Spormacher 1536 eine Ortschronik mit mancherlei anderweitigen Nachrichten. In Dortmund schrieb der Schmiedemeister und spätere Gerichtsschreiber Dietrich Westhoff seine bis 1550 reichende Chronik, ein krauses Erzeugnis, das immerhin manche älteren Nachrichten überlieferte. Späterhin versuchte der gelehrte Wandschneider Detmar Mülher (1567—1633) die gesamte schriftliche Überlieferung der Reichsstadt zusammenzufassen, doch das Ergebnis seiner Mühen entsprach nicht dem Fleiße. Die Grafschaft Lippe erhielt nun endlich ihre 1627 in Rinteln erschienene Chronik durch den lippischen Pastor Johann Piderit, „ein bei aller breiten Anlage unglaublich stoffarmes Buch“ (Aug. Falkmann). Den ersten Rang unter allen Landesgeschichten nimmt anscheinend das noch unveröffentlichte Chronicon domesticum Mindensium des fürstlichen Rates und Stadtkämmerers Henrich Piel ein († 1580). Er war nach Gustav Engel mehr als ein bloßer Chronist, denn er wollte Geschichte schreiben, und zwar Landesgeschichte im wirklichen Sinne des Wortes, und hat dieses Ziel weitgehend erreicht.

Man kann nicht sagen, daß der geistige Aufschwung, die Befreiung der Persönlichkeit, wie Humanismus und Reformation sie mit sich brachten, oder das neu erstandene Vorbild der Historiker des klassischen Altertums sich in der westfälischen Geschichtschreibung fühlbar ausgewirkt hätten, was freilich mehr oder weniger für ganz Deutschland gilt. Die mit Kerkhörde und Bevergern im fünfzehnten Jahrhundert beginnende Linie der volkstümlichen Chronisten setzen Gresbeck, Röchel und Klöckener fort; ihre kunstlosen, aber lebensvollen Arbeiten geben mehr als die manches gelehrten Herrn, der nur die „bewährten Skribenten“ ausschreibt. Gewiß überragen Hamelmann und Kerssenbrock sie alle, aber im Grunde sind doch auch diese beiden mehr Sammler, als daß sie ihren Stoff innerlich verarbeitet und künstlerisch gestaltet hätten. Hier macht es sich geltend, daß Westfalen einer Landesuniversität entbehrte, daß ein Reineccius in der Fremde wirken mußte.

Trotz der Fülle der Geschehnisse verstummte die westfälische Geschichtschreibung im Dreißigjährigen Kriege fast ganz, kein Gott gab ihr, zu sagen, was das Land litt; auch das ein Zeichen für die Schwere der Zeit. Grimmelshausens Meisterroman, zugleich ein

Geschichtswerk von Rang, spielt zwar zum großen Teile in Westfalen, aber geschrieben hat ihn ein Hesse. Zu nennen wären nur des Mindener Bürgermeisters Heinrich Schreiber Mindische Annales, die die Leiden dieser Stadt in den schlimmen Jahren 1626—1636 aus persönlichem Erleben und amtlichen Akten darstellen. —

Die Dichtung

Wie bei der Geschichtschreibung gehen auch bei der Dichtung eine volkstümliche und eine gelehrte Richtung nebeneinander her. Die elegantesten Gedichte der Humanisten, Büschens etwa oder des Murmellius, haben in der toten Sprache des Latein zu ihrer Zeit einen kleinen Kreis von Fachgenossen entzückt, für uns sind solche Erzeugnisse, abgesehen von den Dunkelmännerbriefen, tot. Dasselbe gilt von den lateinischen Dramen, die der Dortmunder Jakob Schöpper für die Schulaufführungen seines Gymnasiums zwischen 1544 und 1553 verfaßte, und den späteren der Jesuiten. Was dagegen die volkstümliche Dichtung, zunächst noch in Niederdeutsch, herzhaft zupackend hervorbrachte, darin steckt heute noch Leben. Es steht größtenteils im Zeichen des Glaubenskampfes und gehört insoweit in die Reihe der Stachelschriften. Wir gedachten schon des Klaus Bur (s. o. S. 12), den der Mindener Bado in der Form eines Fastnachtspiels 1523 verfaßte:

Clas Bur bin ick genant,
ein Vastelavendes Kint gebaren,
myn Vader hefft my uth gesant,
de Warheit tho verklaren.

So führte er sich ein, um die Mißbräuche der mittelalterlichen Kirche kräftig zu geißeln. Umfangreicher und bedeutender war, was einer ihrer Verteidiger in Soest in den Streit hineinschleuderte. Er nennt sich Daniel von Soest, Franz Jostes hat unter diesem Decknamen den dort beheimateten späteren Kardinal Johann Gropper vermutet, doch kaum zu Recht. „Ein gemeine Bicht oder Bekennung der Predicanten tho Soest" entstand im Jahre 1534, als der Sieg der Reformation dort soeben entschieden war: es handelt sich um eine derbe Satire auf die Träger des Neuen, in Gesprächsform „under Comedien Wise". Die Prädikanten schließen einen Bund mit dem Teufel, der eigens zu diesem Zwecke von Wittenberg sich herbemüht, und sind samt und sonders allein auf Weiber und Geld versessen. Die Höhepunkte der Komik bilden die Bekehrung der Jungfer Stine, einer entlaufenen Begine, und die Hochzeit des „Superintendenten"; es wird das getreue Bild einer westfälischen Hochzeit jener Zeit gezeichnet. Sangbare Lieder sind eingestreut, doch auf Versaufbau und Reim wird wenig Wert gelegt; der nächste Zweck, den verhaßten Gegner gründlich zu verunglimpfen, wird weitgehend erreicht, nicht dagegen der weitere, Soest zurückzugewinnen.

Ein politischer Dichter von höherem Gedankenflug war Johann Domann, uns als Verteidiger Westfalens gegen Justus Lipsius schon bekannt (s. o. S. 279. 295). Ihm griff der Niedergang der Hanse von einstmals stolzer Höhe ans Herz und das verlieh ihm beschwingte Worte: im Jahre 1606 dichtete er „Ein schön new Liedt von der loblichen alten teutschen Hanse". In kerniger volkstümlicher Sprache strafte Domann die Zwietracht und Mattherzigkeit der Hansestädte und mahnte sie beschwörend zur Einigkeit und kühnem Entschluß:

> Vor Zeiten ward ihr Hänse, berühmet mit der Tat,
> itzt sagt man, seid ihr Gänse, von schlechter Tat und Rat.
> Ein Gans fleucht über Meere nach ihrem Kopf und Sinn,
> ändert sich doch nichts sehre, ist Gagag her und hin.

Es tut wohl, in einer Zeit des allgemeinen Niedergangs und der Verzagtheit solche kräftigen deutschen Worte zu hören.

Das Schauspiel wurde zu dieser Zeit z. B. in Münster in der Weise gepflegt, daß die Domschüler zu Fastnacht Komödien, d. h. Schauspiele auf dem Markte oder dem Rathause aufführten: die Stoffe waren meist der Bibel entnommen und der Rat kargte nicht mit einer Belohnung. In Dortmund behandelte man in dem „Spiel von den schwarzen Bauern" auch ein Zeitereignis, den Bauernkrieg. Als Komödiendichter nennen wir den Osnabrücker Rudolf Bellinghaus (1567—1645), seines Zeichens Schuhmachermeister, was ihm den Namen des osnabrückschen Hans Sachs eingetragen hat, freilich teilte er mit diesem nur den Schusterschemel, nicht den Pegasus. Seine Stücke werden in Osnabrück aufgeführt worden sein. Nicht mit Unrecht urteilte später der Göttinger Lichtenberg über Bellinghaus, daß er das Talent besessen habe, Verse ohne Poesie zu machen. — Im Jahre 1601 spielte eine englische Truppe, elf „junge rasche Gesellen" einige Tage in Münster auf dem Rathause Komödien, und zwar in ihrer Sprache. Auch in den folgenden Jahren ließen sich englische Schauspieler hier und an den Grafenhöfen von Burgsteinfurt, Rietberg und Bückeburg sehen, sie brachten die Kenntnis Shakespeares auf das Festland. Der Friedenskongreß lockte 1645/46 die französische Oper nach Münster.

Die Lyrik endlich erscheint noch ganz im geistlichen Gewande, sie hat in Westfalen nur wenig, aber Gutes hervorgebracht. In den von Martin Luther angestimmten vollen Chor des evangelischen Kirchenliedes fiel zuerst Hermann Bonnus ein; sein Passionslied „Och wy armen Sünders" ist von feierlichem Ernste. Zu den edelsten Perlen des protestantischen Chorals gehören die beiden Lieder, die Philipp Nikolai sang, „Wie schön leucht uns der Morgenstern" und das Wächterlied „Wachet auf, ruft uns die Stimme der Wächter sehr hoch von der Zinne". Nikolai war Pastor in Herdecke, Wildungen und Unna, er starb 1608 in Hamburg. Auf der katholischen Seite steht Friedrich von Spee, dessen Liederbuch „Trutz Nachtigall oder Geistlichs-Poetisch Lust Waldlein", tiefer Empfindung voll, gegen 1609 vielleicht in den schönen stillen Buchenwäldern um das lippische Falkenhagen entstand. Von ihm ist auch das heute noch vielgesungene „In stiller Nacht, zur ersten Wacht, ein Stimm begunn zu klagen".

Eine Erscheinung ganz für sich ist endlich Anton Rulmann, den Günther Müller neuerdings ans Licht gezogen hat. Rulmann, ein gräflicher Kanzleibeamter in Bückeburg, verfaßte in den vierziger Jahren des siebzehnten Jahrhunderts „Klinggedichte", in denen er sich, „Schelmerie vull", über die damals aus Welschland eingeführten kunstvollen Sonette lustig machte. Zu diesem Zwecke wählte er mit Bedacht die niederdeutsche Sprache und entwarf in kunstlosen Versen humoristisch gesehene, höchst anschauliche Bilder aus dem täglichen Leben, deren Kraft und Wirklichkeitssinn unwillkürlich ansprechen. So wurde Rulmann ein Vertreter des Volksbarock, der sich in gesundem Empfinden zur Wehr setzte gegen den fürstlichen Barock, wie ihn gerade in Bückeburg der Graf Ernst zur Blüte gebracht hatte. Literarisch betrachtet ist Rulmann ein Vorfahr Fritz Reuters, insbesondere von dessen Läuschen und Riemels.

6. Kapitel

Die bildende Kunst

Die Baukunst
Der Übergang

Die Verweltlichung des Zeitalters tritt auf keinem Gebiete so augenfällig zutage wie auf dem der Baukunst. Die Kirche stellte ihr kaum noch Aufgaben, um so reichlicher fanden sich solche für Schlösser und Bürgerbauten. Nur in den beiden ersten Jahrzehnten entstanden noch vereinzelte gotische Hallenkirchen, wie in Bochum und Lüdinghausen. Dann aber drangen allmählich die in Italien ausgebildeten Formen der Renaissance ein, in der man, wie auf geistesgeschichtlichem Boden im Humanismus, eine Auferstehung der Antike sah. Aber Westfalen erhielt die neue Baukunst erst aus zweiter oder dritter Hand; so kam es, daß nur ihre Schmuckformen sich einbürgerten und der Baukörper im wesentlichen gotisch blieb.

Der Aufstieg der Landesherren, der Wohlstand des Adels, der Kunstsinn und das Geltungsbedürfnis beider ließen eine lange Reihe von Schlössern überall im Lande entstehen. Die Zeit der Burgen war infolge der Feuerwaffen zu Ende, so zogen die Herrensitze von den Berghöhen in die Niederung, und hier war man nicht mehr an den engen gerundeten Grundriß gebunden, wie die Bodengestaltung ihn vorschrieb. Die Forderungen der Wohnlichkeit und Repräsentation kamen zu ihrem Rechte, wenn man auch die alten Zeichen der Wehrhaftigkeit, Wall, Wassergraben und Zugbrücke, noch nicht aufgab. Der Recklinghäuser Drost Bertram von Nesselrode begann 1530 in Herten „einen gewaltigen Baw", den er im Viereck um einen geräumigen Hof legte. Die äußeren Ecken erhielten runde Wehrtürme. Um dem Hofe die Sonne nicht zu nehmen, blieb der Südflügel einstöckig; noch reden die Treppengiebel mit ihren Fialen die Sprache der Gotik. Auch das schmucke Pforthaus des Merveldtschen Drostenhofes in Wolbeck von 1541 zeigt im wesentlichen noch die alten Formen, aber an dem fünf Jahre später begonnenen Herrenhause gliedern Pilaster und Lisenen die Giebel, krönen Muscheln mit Steinkugeln auf der Rundung die Staffeln. Und doch legen sich diese frisch aus Italien eingeführten Schmuckformen um einen in überkommener Weise in die Höhe gereckten Bau mit steilem Dache. — Der einfache langrechteckige Grundriß des Wolbecker Schlosses mit dem vorgelegten Treppenturm kehrt in der Folge häufig wieder, ebenso wurde es im Münsterlande vielfach üblich, die Backsteinwände mit Schmuckformen in hellem Haustein zu durchsetzen.

Die Lippe-renaissance

In zwei Strömungen, an zwei Strömen entlang drang der neue Baustil in Westfalen ein. Die eine ist die Lipperenaissance, stark vom Westen abhängig; ihr steht die selbständigere Weserrenaissance gegenüber, an der auch das benachbarte Niedersachsen starken Anteil hat. Die glänzendste Leistung der Lippeschule war das heute inmitten von Fabrikschloten, Fördertürmen und Schlackenhalden bis auf einen kläglichen Rest verschwundene Schloß Horst an der Emscher, das Richard Klapheck in seinem schönen Buche wiederhergestellt hat. Im Jahre 1558 begann der kurkölnische Hofmarschall und Vertraute des Kurfürsten Salentin, Rütger von der Horst, den Schloßbau, der zu seiner Vollendung zwanzig Jahre bedurfte. In der Anlage lehnt er sich an das benachbarte Herten an: quadratisch legen sich die Flügel um den Hof, die vier Ecken werden durch kantige Wohntürme hervorgehoben. Das Ganze ungeheuer wuchtig und doch dank der ungleichen Höhe der Flügel, der verschiedenartigen Turmhelme eine höchst malerische Baugruppe. Dazu tragen auch die edlen, den ganzen Bau umkleidenden Schmuckformen bei, die nicht minder das Innere, namentlich die zahlreichen Kamine einst belebten. So ist man versucht, von einem Heidelberger Schlosse im kleinen zu reden. Die Bauleitung lag zunächst in der Hand des Arndt Johannssen, Stadtbaumeisters von Arnheim; ihm unterstand Laurenz von Wesel, der sich zu Horst im Broiche (Emscherbruch) niederließ und fortan von Broiche, meist von Brachum genannt wurde. Er hatte mit zahlreichen Gehilfen die Bauplastik herzustellen; die figürlichen Arbeiten lieferten Heinrich und Wilhelm Vernukken aus Kalkar, von denen der zweite später die Vorhalle des kölnischen Rathauses schuf. In der Folge trat der Franzose Joist de la Cour als Baumeister und Bildhauer ein; wir sehen, über wie vielseitige Beziehungen der kunstsinnige Bauherr verfügte. Auch das Gesamtwerk läßt seinen Geschmack erkennen: die klassische Schönheit der Linienführung, der Humor der Grotesken, die unerschöpfliche Phantasie. Ein Jammer, daß all das verschwunden oder vom Winde verweht ist.

Haus Horst wurde der Ausgangspunkt einer Bauschule. Ihr Träger war Laurenz von Brachum, der die Schlösser Geist (abgebrochen), Assen und Krassenstein (alle Kr. Beckum) sowie Hovestadt (Kr. Soest) erbaute. Auch Geist war eine vierflügelige viertürmige Anlage, während in Hovestadt und Krassenstein eine solche nur unvollständig zur Ausführung kam. Wenn man sich auch begnügte, den Hausteinschmuck in Ziegeln nachzubilden, so wurde doch eine reiche malerische Wirkung erreicht. War Meister Laurenz hier für die Adelshäuser der von Loe, Kettler und Wendt tätig, so für den Kurfürsten Salentin, indem er das alte Grafenschloß in Arnsberg aus- und umbaute, ferner für den Soester Rat mit dem Archigymnasium (abgebrochen) und für einen münsterschen Bürger mit einem Hause am Roggenmarkt. Laurenz von Brachum starb 1586; auf seine Schule gehen die Schlösser Overhagen bei Lippstadt und Nehlen bei Soest zurück (1619 und 1631, Bauherren von Schorlemer und von Plettenberg). Dazu hat manch anspruchsloser verträumter Edelsitz im Münsterlande und darüber hinaus damals sein anziehendes Gepräge erhalten, etwa durch ein schmuckes Pforthaus, buntgemustert mit Rauten aus hellem Ziegel, durch einen wappengeschmückten Erker oder einen schlanken Treppenturm mit lustigem Zwiebelhelm. Fast alle diese großen und kleinen Bauten sind aus Ziegelstein, nicht ohne eine gewisse westfälische Schwere, aber ihr teilweise reicher Schmuck spiegelt zugleich das Zeitalter der Renaissance von seiner lebenbejahenden Seite wieder.

Der Spätrenaissance verdankt das schlösserreiche Münsterland zwei sehr eigenartige Schöpfungen. Im Jahre 1612 beauftragte Jost von Vörden den münsterschen Bildhauer Gerhard Gröninger damit, „ein zierliches künstliches beständiges Bauwerk" in Darfeld (Kr. Koesfeld) zu errichten. Dieser entledigte sich seiner Aufgabe durch den kühnen Plan eines ringförmigen Schloßbaus von acht Flügeln, an vier Ecken durch Brücken und Portale über den breiten Wassergraben zugänglich, die vier anderen durch Türme bezeichnet: das Ganze nach außen hin schlicht in Ziegelstein gehalten, dagegen dem geräumigen Wohnhofe, gleich dem antiken Atrium, mit einer zweigeschossigen offenen Bogenlaube sich zuwendend, diese aufs reichste in hellem Haustein ausgeführt. Aus dem sonnigen Italien sollte ein offener Hallenbau in das ernste Münsterland, „die Heimat des Regengottes," versetzt werden. Nur zwei Flügel wurden ausgeführt, da der Bauherr sich mit dem reizbaren Künstler überwarf; so blieb Darfeld ein freilich höchst anziehender Torso. Das zweite Märchenschloß ist Raesfeld (Kr. Borken), erbaut von den beiden Marschällen von Velen, Vater und Sohn. Im Jahre 1606 errichtete Alexander d. Ä. die Oberburg als einflüglige Anlage; dann schuf sein Sohn seit 1643 Raesfeld zu einer seinen Reichtümern und großen Stellung entsprechenden

Residenz um. Er erweiterte die Oberburg im Viereck durch drei Wohnflügel und schloß einen hohen gewaltigen Eckturm daran an, „der wie ein Stein gewordener Trompetenstoß die breit gelagerten Massen durchbricht" (R. Klapheck). Die Waagerechte wird verstärkt durch die von Alexander d. J. errichtete langgestreckte Vorburg, doch gleichfalls mit einem wuchtigen, durch eine Galerie gekrönten Turme an der Flanke. Auch eine doppeltürmige Schloßkapelle kommt noch hinzu. Das Ergebnis ist eine weitläufige, wunderbar ausgeglichene Bauanlage. Ihr Meister war ein Niederländer, der Kapuziner Jakob von Poucke, auch Michael von Gent genannt; die Vorbilder für Raesfeld finden sich im mittleren Maastal.

Die Weserrenaissance

Diesem umfangreichen und phantasievollen Bauschaffen im Westen steht die Weserrenaissance ebenbürtig gegenüber, dazu ist sie minder abhängig von auswärts. Der liebenswürdig heiteren Landschaft mit ihren Höhen, Buchenwäldern und Auen sich einfügend, haben hier die Bauten etwas Zwangloses, sind mehr auf das Malerisch-Romantische als das Monumentale gerichtet, wie sie denn vielfach ältere Burganlagen fortsetzen; das deutsche Gemüt spricht vornehmlich aus ihnen. Von ragenden Türmen wird weniger Gebrauch gemacht — manches Schloß kommt ganz ohne einen solchen aus —, um so mehr von Erkern und Ausluchten, gelegentlich auch von offenen oder gedeckten Galerien im ersten Stockwerk nach dem Hofe zu. Die Burg in Blomberg ist gar ein Fachwerkbau mit buntfarbigem Schmucke, um einen tiefen Hof gelagert (1569). Im übrigen aber wird der schöne Naturstein bevorzugt. Im Weserlande treten vor allem die Fürsten als Bauherren auf. Außer Blomberg bauten die lippischen Grafen vom Anfang des sechzehnten Jahrhunderts bis zu dem des folgenden an ihrem Residenzschloß Detmold. Es entstand eine stattliche vierflüglige Anlage mit einer schönen Bogengalerie; alle Teile sind auf den mächtigen Rundturm, einen alten Kämpen aus dem Mittelalter, wie auf einen Flügelmann ausgerichtet. Als ein Stück deutscher Romantik liegt Varenholz am Fuße eines Bergwaldes nahe der Weser. Hier war Simon VI. Bauherr; wieder umgeben vier Flügel den Hof, dessen Hauptzier eine durch vier Stockwerke gehende Auslucht ist. Auf Simon geht auch Brake bei Lemgo zurück, gleichfalls eine Anlage im Viereck, beherrscht von einem wuchtigen Turme in sechs Geschossen. Der Graf Otto IV. von Schaumburg erbaute 1535—1552 das Schloß in Stadthagen; hier ist der rechtwinklige Hof an einer Ecke offen geblieben, bis vor kurzem belebte ihn ein schöner Brunnen. Auch der Turm ist verschwunden; jetzt bestimmen die Giebel und die Reihen der großangelegten Dachausbauten den Gesamteindruck der breit hingelagerten Baulichkeiten. Abgerundet wird das Bild durch die einfacheren, im gleichen Stile gehaltenen Kavalier- und Wirtschaftsgebäude der Vorburg.

Ernst von Schaumburg

Der bedeutendste westfälische Kunstfreund, ein wahrer Mäzen, war der Graf Ernst von Schaumburg, den Kaiser Ferdinand II. 1619 in den Fürstenstand erhob. Geboren 1569, hatte Ernst nach gründlichen Hochschulstudien sich durch mehrfachen Aufenthalt in Italien und am Hofe Kaiser Rudolfs II. ein echtes Kunstverständnis angeeignet; 1601 trat er die Regierung an. Während sein Schwager Simon VI. und andere deutsche Fürsten sich durch ihre Bauleidenschaft tief in Schulden stürzten, erwies Ernst sich als Finanzgenie; eine mustergültige Verwaltung schaffte ihm die Mittel, nicht allein die Universität Rinteln zu gründen, sondern um seinen alle Zweige der Kunst umfassenden Neigungen nachzugehen und sich auch als Sammler zu betätigen; selbst als Komponist und Verskünstler versuchte er sich. Seine Hauptsorge galt der jungen, von ihm zur Stadt erhobenen Residenz Bückeburg. Zunächst baute er das vorhandene Schloß um. Erhalten hat sich vor allem die Schloßkapelle in ihrer bunten Pracht von reichvergoldeten Holzschnitzereien und mit ihren Gemälden, ferner der goldene Saal mit seiner schweren Kassettendecke und der barocken Pracht der statuengeschmückten Eingangstür; Saal und Kapelle „gehören zu dem Geistreichsten und zugleich Extremsten, was der niederdeutsche Frühbarock geschaffen hat" (Dehio). Den Zugang zum Schlosse bezeichnet ein festliches, von Gebäuden flankiertes Tor, das gleichfalls schon dem Barock nahesteht. Als Künstler werden die Brüder Wolf aus Hildesheim genannt; die phantasievollen Entwürfe des Straßburgers Wendel Dietterlin dienten ihnen als Vorlage. Die Anlagen des Schloßgartens beleben Bronzegruppen des in Dresden wirkenden Holländers Adrian de Vries. Das abseits im Walde gelegene Schlößchen Baum erhielt eine Gartenarchitektur mit zwei üppigen Eingängen, vielleicht den Hintergrund für ein Naturtheater. In der Stadt Bückeburg errichtete Ernst ein Rathaus und ein Renthaus, vor allem aber die Stadtkirche, den ersten evangelischen Kirchenbau Westfalens (1611—1615). Ungeachtet der die Gewölbe tragenden korinthischen Säulen ist der Baukörper, ebenso wie der der gleichzeitigen Marienkirche zu Wolfenbüttel, noch eine gotische Halle. Die turmlose hochgereckte Schauseite dagegen ist ein barockes Prunkstück aus den südlichen Niederlanden, nicht ohne Großartigkeit. Oben trägt sie die Inschrift Exemplum Religionis Non STructurae (Ein Beispiel der Frömmigkeit, nicht der Baukunst; die Anfangsbuchstaben ergeben den Namen des Bauherrn). In Stadthagen errichtete Ernst seine Grabkapelle (1620—1623), wozu der in Dresden beschäftigte Italiener Giovanni Maria Nosseni den Entwurf lieferte; er geht auf Michelangelos Mediceerkapelle zurück. Fremdartig schließt sich der klassisch schöne siebeneckige Kuppelbau an den Chor der gotischen Martinskirche an. Hier verstummt die Schmuckfreude; umgeben von schlafenden Grabeswächtern und gekrönt durch den auferstehenden Heiland steht der Sarkophag des Fürsten inmitten. Die Figuren sind hervorragende Bronzearbeiten Meister Adrians de Vries. — Der Dreißigjährige Krieg gönnte dem Kunstschaffen Ernsts von Schaumburg († 1622) keine Auswirkung, um so größer ist die Eigenart.

In die Reihe der fürstlichen Bauherren gehört endlich Dietrich von Fürstenberg; er gab dem Schlosse Neuhaus bei Paderborn die endgültige Gestalt. Neuhaus ist wohl der ausgedehnteste Vierflügelbau; an den äußeren Ecken stehen starke Rundtürme, an den inneren Wendelsteine (Treppentürme). Der dreieckige Grundriß der 1604 bis 1607 erbauten Wevelsburg (Kr. Büren) ist durch die Lage auf einer steilen Bergnase gegeben; der schlichte wehrhafte Bau beherrscht mit seinen drei runden, ursprünglich zinnengekrönten Türmen weithin die Landschaft. Bescheiden, mehr wie ein gelegentliches Absteigequartier mutet dagegen das Schloß Petershagen an, das Franz von Waldeck als Bischof von Minden 1546 errichtete.

Die Adelsbauten

Die Schlösser des Adels in der Wesergegend, minder umfangreich, begnügen sich meist mit einem Flügel, doch manch liebenswürdiges schmuckfreudiges Bauwerk ist darunter. Aus dem Stifte Minden sei Haddenhausen derer von dem Bussche genannt, aus der Grafschaft Ravensberg das malerische Holtfeld der Herren von Wendt und die lippische Ulenburg, in Lippe selbst das turmreiche Barntrup (von Kerssenbrock) und Wendlinghausen (von Münchhausen), aus dem Stifte Paderborn Thienhausen (von Haxthausen) und die Grevenburg (von Oeynhausen). — Stilistisch gehört auch Haus Erwitte (von Landsberg) hierher. Aber im übrigen sind der Hellweg und das Sauerland verhältnismäßig arm an Baudenkmälern. Erwähnung verdienen — abgesehen von den bereits genannten — aus dem Kölnischen die trutzige Bergfeste des Schnellenberges mit ihrer reichen

Kapelle, die Kaspar von Fürstenberg erbaute, in der Mark das turmbewehrte Haus Bladenhorst bei Bochum, (Bauherr Philipp von Virmund), endlich das giebelreiche Haus Bodelschwingh, der Stammsitz des gleichnamigen Geschlechtes. Das Stift Osnabrück und das Niederstift Münster steuern kaum etwas bei.

Die Baukunst des Bürgertums

Neben den Bauleistungen der Fürsten und des Adels können sich die der Städte sehen lassen; noch leben in ihnen Wohlstand und Bürgerstolz. Dabei liegt das Schwergewicht auf der östlichen Landeshälfte, und hier hat eine lange Reihe von Rathäusern in heiter festlicher Gestalt die Führung. Allerliebst ist das Rathaus des winzigen Bergnestes Schwalenberg, wo in Holz sogar eine Laube vorgetäuscht ist; bei den stattlichen Rathäusern von Blomberg und Höxter ist der Oberstock in buntem Fachwerk gehalten. Höchst ansehnlich stellt sich das von Stadthagen mit seinen dem nahen Schlosse entlehnten Formen dar. Gleich jenen kehrte auch das verschwundene Rathaus von Herford dem Markte die Breitseite zu, in der Mitte ausgezeichnet durch einen zweigiebligen, reich geschmückten Vorbau, der auf einer Bogenhalle ruhte. Verwandt dem Herforder ist das Lemgoer Rathaus, dessen schlichtem gestreckten Baukörper zunächst zur halben Länge ein noch spätgotischer Staffelgiebel aufgesetzt wurde. Die Renaissance fügte im Laufe der Zeit (1569—1612) am rechten und linken Ende Ausluchten in reichen und geschmackvollen Schmuckformen hinzu — die eine für die Ratsapotheke — und legte der Schmalseite einen zweigeschossigen Laubenbau mit der Freitreppe vor. Das Ganze bildet eine Gruppe von hohem malerischen Reize, überragt durch das Turmpaar von St. Nikolai, deren einer, der Spielturm, in Zwiebelform noch heute der Stadt gehört. Stattliche Bürgerhäuser an den Seiten runden das Bild des Lemgoer Marktplatzes zu einem der schönsten in ganz Deutschland ab. In Rinteln wendet das Rathaus dem Markte sein breites, behagliches Gesicht in zwei nacheinander entstandenen Giebeln zu. Das Paderborner aber stellt den wirkungsvollen Abschluß der Hauptstraße mit einem kraftvollen mächtigen Giebel her, der die kleineren der beiden Erkervorbauten überragt und steigert, während diese, auf wuchtigen Arkaden ruhend, dem Bilde auch die Breite geben. Hier stehen wir vor einem Bau, der sich zum Monumentalen erhebt. Hermann Baumhauer hieß der Meister, dessen selbsterbautes Wohnhaus in der Nähe ihm gleichfalls Ehre macht. Es überrascht, daß nicht mehr die freiheitliebende Stadt sich jenes Denkmal gesetzt hat, vielmehr ihr Bezwinger, Bischof Dietrich, 1613 den Anstoß dazu gab.

Im westlichen Landesteil erbaute sich das stolzeste Rathaus das doch nur kleine Bocholt 1618. Der Ziegelbau mit den Einzelheiten aus Haustein ist von hohem farbigen Reize, ein verschwenderischer Reichtum von Schmuckformen ist über die drei Stockwerke ausgegossen, deren unterstes eine Halle von neun Bögen bildet. — Westfalens Hauptstadt Münster stand an öffentlichen Bauten nicht zurück. Noch der Spätgotik gehört das Schohaus zu (1525), das Versammlungshaus der Gemeinen Gilde, dessen schlichten, edlen Formen man es nicht ansieht, wie stürmisch es manchmal in der „Synagoge des Satanas" hergegangen ist (s. o. S. 311). Am Hauptmarkt baute der Rat 1569/71 einen aufwendigen Stadtkeller und eine Legge als Doppelhaus (1903 abgebrochen). Ein Meisterwerk lieferte Johann von Bocholt mit dem Stadtweinhaus von 1615, das sich unmittelbar neben der stolzen Pracht des Rathauses zu behaupten weiß. Vor die Schauseite ist eine von Säulen getragene Laube gestellt, die ursprünglich zwei Stockwerke hatte; der feine Giebel läuft in Obelisken aus. Das Krameramt hatte sich schon 1589 ein höchst stattliches Heim geschaffen. Nach dem Vorbilde des münsterschen Stadtkellers errichtete der Osnabrücker Rat 1618—1622 das leider verschwundene Legge- und Akzisehaus mit einem erlesenen Doppelgiebel. In Soest bildete das Osthofentor von 1525 und das Archigymnasium von 1570 den Ausklang einer stolzen Bauüberlieferung.

Dem Bilde mancher westfälischen Stadt haben späteste Gotik und Renaissance bis heute das Gesicht gegeben. Diesen beiden Stilen gehört bei weitem die Mehrheit der Bogenhäuser in dem stolzen Zuge der münsterschen Marktstraße an. Jedes der meist dreistöckigen Häuser baut sich auf einer offenen Bogenstellung auf und reckt den steilen Giebel in die Höhe, fast jedes besitzt eine gewisse Eigenart; Staffel- und jüngere Volutengiebel wechseln sich ab. Von einigen modernen Störungen abgesehen, ist das Ganze von einer wundervollen Einheitlichkeit und Geschlossenheit. Auch anderwärts in der Stadt stößt man immer wieder auf ähnliche Bürgerhäuser in Backstein oder Sandstein. In Münster wie durchweg in Westfalen wendet sich der Giebel fast stets der Straße zu. — Ein altertümliches Stadtbild kleineren Umfangs zeigt Lemgo, wo besonders das Hexenbürgermeisterhaus von 1571 die Augen auf sich zieht. Der Fachwerkbau nimmt namentlich in der Wesergegend einen breiten Raum ein und begünstigt das Malerische wie die Schmuckfreude. Hatte die Gotik sich begnügt, in dem Balkenwerk der nach der Straße vorragenden Geschosse das Baugerüst zu zeigen, so werden jetzt die Fensterbrüstungen des oberen Stockwerks und des Giebels, schließlich fast die ganze Vorderseite verbrettert und mit Schnitzereien überzogen, unter denen die halbkreisförmige Fächerrosette vorwiegt, doch auch bildliche Darstellungen nicht fehlen. — Eindrucksvolle Beispiele liefert die Bierstraße in Osnabrück. Wie ein Ackerbürgerstädtchen dieser Zeit aussah, davon gibt noch heute das stille Wiedenbrück mit seinen Reihen breiter einstöckiger Giebelbauten eine Anschauung. Etwas größere Verhältnisse bezeugen die alten Gassen der Weserstadt Höxter, des Salzorts Salzuflen. Fachwerk und Steinbau nebeneinander finden sich in Minden, Herford, Osnabrück und anderwärts, wobei die Wohlhabenden den Massivbau bevorzugten. Nach münsterschem Vorbilde sind die Schauseiten der Häuser in Warendorf in Stein ausgeführt. Schließlich ist jede altertümliche Stadt des Landes eine Besonderheit. Verhältnismäßig wenige Bürgerbauten dieser Zeit finden sich in Soest; Dortmund versagt ganz, was nicht allein durch die Zerstörungen der späteren Jahrhunderte, sondern auch durch den wirtschaftlichen Rückgang zu erklären sein wird.

Einen bemerkenswerten Kirchenbau erstellte auch die Gegenreformation, die Jesuitenkirche in Münster, die erste des Ordens in Nordwestdeutschland (1590—1598). Nicht nur der Körper, auch die Formen sind hier, und zwar bewußt, dem Mittelalter entnommen; „die klugen Väter bewiesen ihr Verständnis dafür, daß die Deutschen auch jetzt noch ein eigentümliches Gefühlsverhältnis zum gotischen Stile bewahrt hatten" (Dehio). Gleichzeitig entstand der Neubau des Paulinischen Gymnasiums, gemeinsam mit der Kirche um einen von Laubengängen und Galerien umrahmten lauschigen Hof gelagert. Gegenüber hoben sich seit 1608 die mächtigen, etwas nüchternen Baulichkeiten des Jesuitenkollegs, der Kern des heutigen Universitätsgebäudes. — Für seine Gründung, das Gymnasium in Burgsteinfurt, hatte der Graf Arnold schon 1593 einen stattlichen Bau mit zwei Türmen (heute Amtsgericht) errichtet.

Die Innenausstattung

Gleich den Bauten sind auch die Innenausstattungen dieses Zeitalters überaus reich und geschmackvoll. Noch ganz gotisch ist das Chorgestühl in der Stiftskirche zu Kappenberg (1509—1520), ein Schnitzwerk von höchstem Range, übersät mit phantastischen und scherzhaften Gebilden. Die Stadt Münster bewahrt einige wohlerhaltene Innenräume; überall läuft das reich geschnitzte Gestühl rings um die getäfelten Wände. In dem köstlichen Kapitelsaal am Dome rühren die Holzschitzereien mit den Wappen der Domherren von der geschickten Hand Johann Kupers her (1544—1558). Die Ausschmückung der Ratskammer, des sog. Friedenssaales, (von 1536 ff. und 1577) bildet den würdigen Rahmen der geschichtlichen Ereignisse, die sich hier abgespielt haben. Am Ende steht ein Saal im Krameramtshaus, ausgestattet 1621; jeder der drei Räume vertritt die jeweilige Stilstufe in mustergültiger Weise. Der Hauch der Geschichte weht auch durch den Friedenssaal, d. h. die Ratsstube des Osnabrücker Stadthauses mit einer Ausstattung aus dem Jahre 1554. Was sich an Möbeln aus dieser Zeit auf Adelssitzen, in Rathäusern und Sammlungen erhalten hat, Schränke und Tische, Truhen und Bettladen, vielfach wappengeschmückt, spricht durch Reichtum und Geschmack an und bezeugt die hohe Stufe des damaligen Kunsthandwerks.

Gewiß war die Renaissance ein fremdartiges, in unsere Erde verpflanztes Gewächs. Aber soweit es deren Bedingungen entsprach, hat es Wurzeln geschlagen, ihre Säfte in sich aufgenommen und schöne Blüten und Früchte gebracht. Westfalen haben dann Ableger weiter verbreitet. Der Baumeister Lüder von Bentheim, der Schöpfer des Rathauses in Bremen († 1613), war der Sohn eines aus Rheda dorthin zugewanderten Vaters; die Hand des Bildenschniders Albert von Soest († 1590) hat die berühmten Schnitzereien in der großen Ratsstube des Lüneburger Rathauses geschaffen.

Die Bildhauerei Die Spätgotik

In die westfälische Bildhauerei kam mit dem Anbruche des sechzehnten Jahrhunderts ein frischer Zug. Die beiden Bischofsstädte Münster und Osnabrück nahmen die Führung an sich und versorgten das Land mit Bildwerken. Der Süden freilich, darunter Soest und Dortmund, zog es vor, seinen Bedarf an geschnitzten und gemalten Altären aus den Niederlanden (Antwerpen) zu beziehen, während die Wesergegend sich nach Niedersachsen wandte; hier ist das bedeutendste Werk der Altar des Heinrich Stavoer in Enger, eines Meisters, der vielleicht in Hildesheim daheim war. In dem Baumberger Steine stand den münsterschen Bildhauern ein ausgezeichneter Werkstoff zur Verfügung; ihre Werkstätten waren so zahlreich, daß sie sich zu einem Bild- und Steinhaueramt vereinigten und dadurch eine Bindung herstellten, die in mittelalterlicher Weise die handwerkliche Tüchtigkeit sicherte. Zu den Gildegenossen gehörten Bernd und Johann Bunekeman, die 1525 ein prunkvolles Sakramentshaus für St. Kilian in Korbach fertigten. Ein wirklicher Künstler war Heinrich Brabender, meist Beldensnyder genannt, von dessen Hand der Einzug Christi in Jerusalem oben am Westportal des münsterschen Domes herrührt. Es sind lebensgroße Gestalten. Brabender war wohl auch der Schöpfer von Figuren einer Passionsdarstellung, die aus den Befestigungswerken der Wiedertäufer ans Licht gestiegen sind; bei einer gewissen Schwere erfüllt sie höchste Empfindung. Verschiedene Künstler von Rang brachte Osnabrück hervor, allerdings läßt uns hier die schriftliche Überlieferung ganz im Stich, so daß die Namen unbekannt bleiben. Die Osnabrücker arbeiteten vorzugsweise in Holz und bevorzugten deshalb ein kleineres Format. Da ist zunächst der Meister des Hochaltars in der Johanniskirche zu Osnabrück von 1512, der auch die Apostel im dortigen Dome meißelte und in Marienfeld tätig war. Beeinflußt von der niederländischen Kunst, behauptet der Künstler doch seine westfälische Eigenart, seine ein wenig hölzerne Darstellung spricht durch ihre Gefühlswärme an. Ein anderer Meister war der der Bersenbrücker Kreuztragung und des Epitaphs für Wilhelm Westphal im Paderborner Dome; sein bedeutendstes Werk sind die Reliefs im Umgang der Marienkirche zu Lübeck — kaum zu Recht hat man ihn mit Heinrich Brabender gleichsetzen wollen. Eine stille, idealisierende Weise kennzeichnet ihn. Am bedeutendsten war der bis etwa 1525 wirkende „Meister von Osnabrück", über dessen Werk ebenfalls noch keine volle Klarheit besteht; neuerdings will man drei verschiedene Hände unterscheiden. Hier spielen süddeutsche Einwirkungen von Tilmann Riemenschneider herein. Die Kunst des Osnabrücker Meisters ist von einer betonten Empfindsamkeit, von ungewöhnlicher Innigkeit des Ausdrucks, die sich bis zu stiller Größe steigert; man hat ihn den größten westfälischen Schnitzer genannt. Arbeiten der münsterschen und der osnabrückschen Werkstätten haben auch außerhalb des Landes Anklang gefunden, sie sind in Bremen und Lübeck mehrfach vertreten. — Anzuschließen wäre der Karthäuser Judokus Vredis (Jobst von Vreden), der zwischen 1500 und 1530 im Kloster Wedderen bei Dülmen anmutsvolle kleine Tonreliefs für die häusliche Andacht, meist weibliche Heilige, schuf; Vredis fand seine Vorbilder in Utrechter Arbeiten.

Die Renaissance

Gehört diese Kunst nach Stil und Gehalt noch der Spätgotik an, so setzte sich vom zweiten Viertel des sechzehnten Jahrhunderts ab der gewaltige Umbruch der Zeit auch in der Bildhauerei durch. In den Vordergrund tritt jetzt Johann Brabender, Heinrichs Sohn. Ihm fiel die Aufgabe zu, die Kirchen Münsters, vor allem den Dom, nach den Verwüstungen der Wiedertäufer erneut auszuschmükken. Sein Hauptwerk ist der große, reichgestaltete Lettner, der sog. Apostelgang, der bis 1870 eine Hauptzierde des Domes war (jetzt im Landesmuseum), ein Werk aus den vierziger Jahren. Wie ein Spitzengewebe mutet die feine Steinhauerarbeit in weißem Baumberger Sandstein an; die Formen der Spätgotik werden durchsetzt von den neuen der Renaissance. Diese gewinnen dann die Oberhand in dem prunkvollen Lettner des Hildesheimer Domes, den der dortige Domherr Fridag, ein Westfale von Geburt, bei Brabender in Auftrag gab. Beide Arbeiten sind technische Meisterwerke, erfüllt von Schwung und reizvollen Einfällen, doch an Ernst und Tiefe des Gehalts bleibt die neue Zeit hinter der alten zurück, wenn Johann Brabender auch gelegentlich, so in drei Gruppenbildern der Sammlung Thomée in Altena, höchst Stimmungsvolles geschaffen hat. Die erwachte Persönlichkeit macht sich bemerkbar, indem der Künstler seine Werke meist an sichtbarer Stelle mit seiner Hausmarke oder den Anfangsbuchstaben zeichnet. Eine Schule hat Brabender († um 1562) nicht hinterlassen, in den folgenden Jahrzehnten arbeitete in Münster eine Reihe von Meistern wie Albert Reining, Hans Lacke, Bernd Katman, Johann Kroeß, die auf der Grenze zwischen dem Handwerk und der Kunst stehen. Dem entspricht es, daß in der Bildhauerei wie in der Baukunst das Dekorative überwiegt; die eigentliche Plastik, der es an größeren selbständigen Aufgaben fehlt, tritt in den Hintergrund.

Der Frühbarock

Seit dem ausgehenden Mittelalter war es ein Anliegen der höheren Geistlichkeit geworden, durch ein Epitaph in der Kirche oder dem Umgang sich ein dauerndes Andenken zu sichern, eine Sitte, die dann auch der Adel und der gehobene Bürgerstand übernahmen. Anfänglich hatte man zu diesem Zwecke eine Tafel mit einigen Heiligenfiguren und Wappen in eine Wandnische eingelassen; jetzt traten die Epitaphe vor die Wand und wuchsen sich bei bedeutenderen Persönlichkeiten zu mehrgeschossigen Architekturgebilden von beträchtlicher Höhe aus, ähnlich wie vordem die Sakramentshäuser. Noch heute bilden diese Grabdenkmäler an den Wänden und Pfeilern vieler Stadt- und Landkirchen den Edelrost der Jahrhunderte und stellen zugleich eine anschauliche Ortschronik dar. Andere Aufgaben boten Altäre, Kanzeln und Taufsteine, in Schlössern und Häusern auch Erker und Kamine. Die Spätzeit wird in Westfalen beherrscht von den Brüdern Gröninger, wenngleich der kunstverständige Ernst von Schaumburg es vorzog, fremde Künstler heranzuziehen. Heinrich Gröninger lebte und wirkte in Paderborn; sein Hauptwerk ist das riesige Grabdenkmal, das Dietrich von Fürstenberg sich selbst neben dem Hauptaltar des Domes setzte. Besser gelungen ist das bescheidenere seines Bruders Kaspar in der Propsteikirche zu Arnsberg von der gleichen Hand. Begabter als Heinrich war Gerhard Gröninger (geb. 1582), der sich nach der Lehrzeit bei seinem Bruder in Münster niederließ. Über seine Lebensumstände sind wir außergewöhnlich gut unterrichtet, weil er den Behörden fortgesetzt zu schaffen machte. Meister Gerd war eine selbstbewußte, leidenschaftliche Künstlernatur, der gegen die Fesseln der Steinhauergilde aufbegehrte, auch sonst Händel nicht scheute, dazu ein flottes Leben führte und mit dem Gelde nicht umzugehen wußte. So geriet er in Schulden und schließlich in Vermögensverfall; er mußte sein Alter kümmerlich vom Gnadenbrot des Rates fristen († 1652). Wir sind Gerhard Gröninger schon in Darfeld als ideenreichem Baumeister begegnet (s. o. S. 319). Im münsterschen Dome schuf er den Hochaltar, dazu hier wie anderwärts Altäre und Epitaphien in großer Anzahl, z. T. architektonische Wunderwerke von überquellendem Reichtum der Phantasie. Sein Meisterstück ist das Grabmal des Domdechanten Heinrich von Lethmate (1630), „ein Werk von imposanter Größe und künstlerischer Kraft des Ausdrucks". Freilich sind seine Arbeiten ungleich an Wert, manches hat er Gesellenhänden überlassen, bei dem Figürlichen tritt leicht etwas Gesuchtes und Geziertes zutage. In Osnabrück wirkte zu Anfang des siebzehnten Jahrhunderts der tüchtige Steinhauer Adam Stenelt, gebürtig aus Freiberg im Erzgebirge, der auch Minden und Hannover mit Epitaphien versorgte; in Minden hatte schon 1576 ein unbekannter Meister das stattliche Grabmal für den Feldobersten Jürgen von Holle errichtet. Als Endergebnis bleibt, daß die Bildhauerei, in der ausgehenden Spätgotik noch auf bedeutender Höhe, sich bis zum Frühbarock zur Zeit des Großen Krieges in fortschreitendem Verfalle befand.

Als dekorative Künstler von Geschmack mögen hier noch zwei

Goldschmiede genannt werden, beide aus dem Stifte Paderborn. Der eine ist der Meister Anton Eisenhoit aus Warburg, der, in Rom geschult, die volle Kenntnis der italienischen Spätrenaissanceformen besaß. Sehr merkwürdig ist es, daß er in seinem glänzend gearbeiteten Hauptwerke, dem Kapellenschatz des Schlosses Schnellenberg von 1588/99 (heute in Herdringen), daneben auch die Gotik wieder aufleben ließ, vermutlich auf Wunsch des Bestellers Dietrich von Fürstenberg, dem die Jesuiten diesen Gedanken nahegebracht haben werden. Sein Nachfolger war Hans Krako aus Dringenberg, der 1627 einen neuen Liboriusschrein für den Paderborner Dom lieferte, nachdem der tolle Christian den alten in die Münze geschickt hatte.

Die Malerei

Ein ähnlicher Weg wie der Bildhauerei war der Malerei beschieden; wenn ihr Schaffen auch von vornherein keinen so breiten Raum einnahm, brachte sie doch noch mehrere tüchtige Künstler hervor. Die Spätgotik freilich bis etwa 1530 vertritt nur der nicht eben bedeutende Meister von Kappenberg, der seinen Namen nach einem Klappaltärchen in der dortigen Stiftskirche führt, hinter dem aber vielleicht Johann Baegert steckt, der Sohn des angesehenen Weseler Malers Derick Baegert (vgl. Bd. I, S. 505). Der Kappenberger entnahm seine Vorbilder niederländischen und oberdeutschen Stichen, denen er zu farbigem Leben verhalf. In der Renaissance tritt dann noch einmal die alte Kunststadt Soest auf den Plan mit dem Kupferstecher Heinrich Aldegrever. Geboren 1502 in Paderborn, siedelte er nach Soest über, wo er bis 1555 eine umfangreiche Tätigkeit entwickelte; sein Werk zählt rund dreihundert Stiche, meist bescheidenen Formates. Ohne Dürers Schüler gewesen zu sein, steht er gleich den Nürnberger Kleinmeistern auf seinen Schultern. Nicht allein der formalen Seite nach gehört Aldegrever der Renaissance an: Heiligenbilder hat er kaum gestochen, die Antike und das Alte Testament liefern ihm die Vorwürfe, er steht dem Humanismus nahe. Nicht minder schloß er sich der Reformation an, zu deren Vorkämpfern er in Soest gehörte. Als Porträtist hat er uns in meisterhaften Stichen das Äußere Johanns von Leiden und Knipperdollings sowie des Herzogs Wilhelm von Kleve überliefert. Seine Gestalten, namentlich in den Hochzeits- und Bauerntänzen, sind durchweg hochgewachsene Westfalen. Am meisten verbreitet waren Aldegrevers Ornamentstiche, die den Goldschmieden, Schnitzern und Steinhauern weit und breit im Reiche als Vorlagen dienten. — Als Hauptstadt Westfalens auch auf dem Gebiete der Malerei bewährte sich Münster, und hier beherrschte die Künstlerfamilie tom Ring ein volles Jahrhundert lang das Feld. Ludger d. Ä. tom Ring (1496—1547) eröffnete die Reihe. Fast alle seine erhaltenen Bilder gehören der Zeit nach dem Wiedertäufersturm an. Lassen sie den großen Zug ein wenig vermissen, so zeichnen sie sich durch scharfe Beobachtung der Wirklichkeit aus, wie denn der Meister ein trefflicher Bildnismaler war. Auch das Volkstümliche lag ihm; das Tafelgemälde der Münsterschen Domuhr beweist es. Drei seiner Söhne wurden gleichfalls Maler. Blieb der Jüngste, Herbord, ein schlichter Handwerksmeister, so entwickelte sich der Älteste, Hermann tom Ring (1521—1596), zu einem vielseitigen und namhaften Künstler, der auch Bauentwürfe lieferte. Max Geisberg vermutet, daß Hermann tom Ring eine Zeitlang in der Werkstatt Hans Holbeins tätig gewesen ist, und preist ihn als den größten münsterschen Künstler aller Zeiten. Hermann hat ein umfangreiches Werk hinterlassen, sein bestes ist die Verkündigung, die er 1594, also im hohen Alter, für den Hochaltar der Frauenkirche seiner Vaterstadt malte (heute im Landesmuseum). Das Hereinstürmen des Engels in den Saal eines wohlausgestatteten münsterschen Patrizierhauses, das Entzücken der Jungfrau sind höchst eindrucksvoll und ganz einzigartig geschildert. Der dritte, Ludger d. J., zeichnete sich als Bildnis- und Genremaler aus; er war einer der ersten, die reine Blumenstücke schufen. Später verzog er seiner lutherischen Gesinnung halber nach Braunschweig. Die dritte Generation vertrat der unbedeutende Nikolaus tom Ring, Hermanns Sohn (1564—1622); mit ihm ging die münstersche Malerei zu Ende, dadurch beschleunigt, daß Nikolaus und sein Vater mittels des Zunftzwanges den Zuzug auswärtiger Künstler verhinderten. Das Ergebnis war, daß noch bei seinen Lebzeiten fremde Maler nach Münster berufen wurden, wenn ein künstlerischer Auftrag vorlag.

Die westfälische Malerei, die im Laufe ihrer langen Geschichte so manchen Jahresring angesetzt, deren stolzen Wipfel einst Konrad von Soest gebildet hatte, war in dem veränderten geistigen Klima abgestorben und von den Stürmen der Zeit gefällt worden.

Schluß

Entscheidungsvolle anderthalb Jahrhunderte waren seit dem Ausgange des Mittelalters über Westfalens Boden dahingegangen. Das heraufziehende Zeitalter der Glaubenskämpfe hatte die alte Kirche in einem Zustande der Erschlaffung angetroffen, so daß die Herzen der bedachtsamen Westfalen sich nach und nach der neuen Lehre öffneten. Rückschläge, wie sie das Wiedertäufertum in Münster, dann der Schmalkaldische Krieg brachten, hatten den Fortschritt nur vorübergehend gehemmt. Doch seit der Mitte des sechzehnten Jahrhunderts war die katholische Kirche nach und nach zu neuem Leben erwacht; gestützt auf die die westfälischen Territorien beherrschenden geistlichen Fürstentümer nahm sie den Kampf um die Aufrechterhaltung und Wiederherstellung der alten Ordnung nachdrücklich auf und führte ihn in den größeren, Münster, den kölnischen Landesteilen und Paderborn, zum vollen Siege, während in den weltlichen Gebieten die evangelische Kirche sich behauptete. Der große Glaubenskrieg schien in seiner ersten Hälfte Westfalen ganz dem Katholizismus zurückzugewinnen, doch dann rettete das Eingreifen der Schweden dem Protestantismus in den Stiftern Minden und zum Teil in Osnabrück sowie in den weltlichen Ländern das Leben. Der Westfälische Friede zog das staatsrechtliche Ergebnis, indem er Minden ganz, Osnabrück halb säkularisierte, während er die Hauptmasse der geistlichen Fürstentümer, dieser echt mittelalterlichen Gebilde, bestehen ließ. Immerhin wurde Westfalens Eigenstaatlichkeit, die schon vordem durch das Vordringen der Welfen über die Weser, den Übergang von Mark und Ravensberg an Brandenburg, den Anschluß von Münster und Paderborn an die geistliche Sekundogenitur des Hauses Wittelsbach in Köln empfindlich geschwächt worden war, 1648 weiter herabgedrückt. Aber die Festsetzung von Brandenburg-Preußen enthielt zugleich den Keim für eine künftige staatliche Neuordnung des Westfalenlandes. Wirtschaftlich hatte dieses lange Zeit die alte Höhe dank der Regsamkeit seiner Bewohner zu behaupten gewußt, noch pulste ein kräftiges ungebrochenes Volkstum, das geistige Leben und die Künste blühten, bis der allmähliche Niedergang durch die Verwüstungen des Großen Krieges besiegelt wurde und die kommende Zeit sich auf allen Gebieten vor die Aufgabe gestellt sah, einen Neubau aus dem Grunde aufzuführen.

Schrifttum *)

Fünftes Buch. I. Teil

Die politische Geschichte

Altmann, Ruth: Landgraf Wilhelm V. im Kampf gegen Kaiser und Katholizismus 1633—37. Marburg 1938.

Arbusow, Leonid: Wolter von Plettenberg. Schriften d. Ver. f. Reformationsgesch. Nr. 131. Leipzig 1919.

Arbusow, Leonid: Die Einführung der Reformation in Liv-, Est- u. Kurland. Qu. u. Forsch. z. Ref.-Gesch. Bd. 3. Leipzig 1921.

Bäte, Ludw.: Osnabrück u. der Westf. Friede. Essen 1940.

Bahlmann, P.: Die Wiedertäufer in Münster. Eine bibliographische Zusammenstellung. Westf. Zschr. Bd. 51 (1893), S. 119ff.

Beckmann, Ad. And.: Joh. Pelking 1573—1642. Münst. Diss. 1935.

Beckmann, Jos. H.: Joh. Gropper. Westf. Lebensbilder. Bd. 4 (1933) S. 62ff.

Berentelg, H.: Der Schmalkadische Krieg in Norddeutschland. Münst. Diss. 1908.

v. Bezold, Frch.: Geschichte der deutschen Reformation. Berlin 1890.

Boehmer, Hch.: Luther im Lichte der neueren Forschung. 4. Aufl. Leipzig 1917.

Bölsche: Skizzen aus Mindens Vergangenheit. Minden o. J.

Böser, Fidelis: Ein schlimmer Tag im alten Corvey. Zschr. Westf. 4. Jg. (1912), S. 47ff.

Brandi, Karl: Kaiser Karl V. 2 Bände. München 1937. 1941.

Brandi, Karl: Die deutsche Reformation, Leipzig 1941.

Brandi, Karl: Gegenreformation und Religionskriege. Leipzig 1941.

Butterweck, W.: Die Geschichte der Lippischen Landeskirche. Schötmar 1926.

Clemen, H.: Beiträge zur lippischen Kirchengesch. Lemgo 1860.

Cornelius, C. A.: Geschichte des Münsterischen Aufruhrs. 2 Bde. Leipzig 1855. 1866.

Cramer, Wilh.: Geschichte der Grft. Lingen im 16./17. Jh. Oldenburg 1940.

Darpe, Frz.: Humanismus und die kirchl. Neuerung in Rheine. Westf. Zschr. Bd. 46 (1888), S. 1ff.

Darpe, Frz.: Bochum im 16. Jh. Ebd. Bd. 48 II (1890), S. 79ff.

Degering, H.: Gottfried von Raesfeld. Festschr. Univ.-Bibliothek Münster 1906, S. 137ff.

*) Das Verzeichnis erhebt keinen Anspruch auf Vollständigkeit auch nur hinsichtlich des Wertvollen.

Detmer, H.: Kerßenbrocks Wiedertäufergeschichte. Gesch. Qu. des Bist. Münster. Bd. V und VI. Münster 1899f.

Detmer, H.: Bilder aus den Unruhen in Münster während des 16. Jhs. 3 Hefte. Münster 1903f.

Döhmann, Karl: Burgsteinfurt. Ein Führer durch seine Gesch. Burgsteinfurt 1903.

Dreves, Aug.: Gesch. der Pfarren des Lippischen Landes. Lemgo 1881.

Duhr, Bernh.: Geschichte der Jesuiten. Bd. I u. II. Freiburg 1907/13.

Esser, H.: Lothar v. Bönninghausen. Die Heimat. Zschr. d. westf. Heimatbundes 12. Jg. 1930, S. 44ff.

Evelt, Jul.: Beitr. z. Geschichte der Stadt Dorsten. Westf. Zschr. Bd. 26 (1866), S. 63ff.

Falkmann, A.: Beitr. z. Gesch. d. Fürstentums Lippe. 6 Bde. Lemgo u. Detmold 1847ff.

Fischer, Frz.: Die Reformationsversuche des Bischofs Franz v. Waldeck. Hildesheim 1907.

Forsthoff, Hch.: Rheinische Kirchengeschichte. Essen 1929.

Franz, Günther: Der 30j. Krieg und das deutsche Volk. Jena 1940.

Frielinghaus, Hertha: Unbekannte Bildnisse Ws. v. Plettenberg u. Gs. Kettler. Zschr. Westf. Jg. 25 (1940), S. 66ff.

v. Geyso, Frz.: Beitr. z. Politik u. Kriegführung Hessens im Z. A. des 30j. Krieges. Zschr. d. Ver. f. hessische Gesch. Bd. 53—55 (1921—26).

Goldschmidt, B. A.: Lebensgesch. des Kardinalpriesters Franz Wilh. v. Wartenberg. Osnabrück 1866.

Gr. Dresselhaus: Die Einführung der Reform. in der Grft. Tecklenburg. Osnabrücker Mittl. Bd. 41 (1918), S. 1 ff.

Gruenhoff, Helmut: Das Restitutionsedikt in Ravensberg und Minden. Ravensberger Bl. 1939, S. 9 ff.

Harleß, W.: Johann III. v. Kleve. Allg. Deutsche Biographie Bd. 14, S. 213.

Harleß, W.: Wilhelm V. Hz. v. Jülich. Allg. Deutsche Biographie Bd. 43, S. 106 ff.

Heidrich, Paul: Der geldrische Erbfolgestreit. Berliner Diss. 1896.

Helmecke, Hans: Joh. Jakob Frhr. v. Bronckhorst-Batenburg Graf v. Anholt. Münst. Diss. 1914.

Hintze, Otto: Die Hohenzollern und ihr Werk. 4. Aufl. Berlin 1915.

Höhlbaum, K.: Wilhelm v. Fürstenberg. Allg. Deutsche Biographie. Bd. VIII, S. 246 ff.

Hölscher, L.: Reformationsgesch. der Stadt Herford. Gütersloh 1888.

Hövel, Ernst.: Ein Beitr. z. Gesch. der wiedertäuf. Bewegung nach 1535. Qu. u. Forsch. d. Stadt Münster Bd. 4 (1931), S. 339.

Hoyer, Hugo: Untersuchungen über die Reform.-Gesch. d. Fürstbist. Osnabrück. Zschr. d. Ges. f. nieders. Kirchengesch. Jg. 32/33 (1928), S. 76 ff.

Hoeynck, A.: Die Truchsessischen Religionswirren. Westf. Zschr. Bd. 52 II (1894), S. 1 ff. Bd. 53 II, S. 1 ff.

Hüsing, Augustin: Der Kampf um die kath. Religion im Bistum Münster. Münster 1883.

Ismer, Osk.: Der 30j. Krieg als Ursache des Niedergangs d. Stadt Essen. Essener Beitr. H. 36 (1917), S. 1 ff.

Jostes, Frz.: Daniel v. Soest. Paderborn 1888; bespr. v. Edw. Schröder in der D. Lit.-Ztg. 1888, S. 979.

Jostes, Frz.: Johannes Holtmann von Ahaus. Westf. Zschr. Bd. 70 (1912), S. 272 ff.

Kampschulte, H.: Gesch. d. Einführung d. Protestantismus in Westf. Paderborn 1866.

Keller, Ludw.: Geschichte der Wiedertäufer. Münster 1880.

Keller, Ludw.: Die Gegenreformation in Westf. u. am Niederrhein. 3 Bde. Leipzig 1881 ff.

Keyser, Erich: Bevölkerungsgeschichte Deutschlands. Leipzig 1938.

v. Klocke, Frch.: Wolter v. Plettenberg. Westf. Lebensbilder Bd. I, Münster 1930, S. 358 ff.

v. Klocke, Frch.: Gotthard Kettler. Westf. Lebensbilder Bd. II, Münster 1931, S. 411 ff.

v. Klocke, Frch.: Gestalt, Handschrift und Charakter Wolters v. Plettenberg. Heimat und Reich 1941, S. 77 ff.

Knust, Heinz: Alexander von Velen. Münst. Diss. 1938.

Kolshorn, Otto: Die Vorgesch. der Vermählung d. Tochter d. Kf. Joh. Sigismund. Düsseldorfer Jb. 27 (1915), S. 1 ff.

Koser, Reinhold: Geschichte d. Brandenb.-Preuß. Politik. Bd. I, Stuttg. Berlin 1913.

Kretzschmar, Joh.: Wilh. V., Landgraf von Hessen. Allg. D. Biographie. Bd. 43, S. 89 ff.

Kretzschmar, Joh.: Zur Gesch. Herfords im 30j. Kriege. Westf. Zschr. Bd. 58 (1900), S. 1 ff.

Leineweber, L.: Die Paderborner Fürstbischöfe im Z.-A. d. Glaubenserneuerung. Westf. Zschr. Bd. 66 II (1908), S. 77 ff. Bd. 67 II, S. 115 ff.

Linneborn, J.: Die Reformtätigkeit des Erzb. v. Köln Adolf v. Schaumburg. Ebd. Bd. 65 II (1907), S. 145 ff.

Linneborn, J.: Das Kloster Brenkhausen. Ebd. Bd. 65 II, S. 161 ff.

Löffler, Kl.: Zur Reform.-Gesch. der Stadt Höxter. Ebd. Bd. 70 (1912), S. 250 ff.

Löffler, Kl.: Reform.-Gesch. der Stadt Dortmund. Dortmunder Beitr. Bd. 22 (1913), S. 183 ff.

Löffler, Kl.: Die Wiedertäufer in Münster. Jena 1923.

v. Löher, Frz.: Gesch. des Kampfes um Paderborn 1597—1604. Berlin 1874.

Lossen, M.: Der Kölnische Krieg. 2 Bde. Gotha 1882, München 1897.

Mette, A.: Die Gegenreformation in Dortmund. Dortm. Beitr. Bd. I (1875), S. 148 ff.

Niemöller, Hch.: Reform.-Gesch. v. Lippstadt. Schr. d. Ver. f. Ref.-Gesch. Halle 1906.

Odhner, C. T.: Die Politik Schwedens im Westf. Friedenskongreß. Gotha 1877.

Opel, Jul. O.: Der niedersächs.-dänische Krieg. Halle 1872.

Paul, Joh.: Der Frieden von Münster u. Osnabrück. Greifswald 1932.

v. Petersdorf, Herm.: Der Große Kurfürst. Gotha 1916.

Philippi, Frch.: Franz Wilh. v. Wartenberg. Allg. D. Biographie Bd. 41, S. 181 ff.

Philippi, Frch.: Die Belagerung Osnabrücks durch die Schweden 1633. Osnabrücker Mittlg. Bd. 18 (1893), S. 257 ff.

Philippi, Frch. u. a.: Der Westf. Friede. Münster 1898.

Preuß, O.: Drangsale der Grft. Lippe im 30j. Kriege. Picks Monatsschr. 2 Jg. (1876), S. 389 ff.

v. Ranke, Leop.: Deutsche Gesch. im Z.-A. d. Reform. Ausg. d. deutsch. Akademie v. Paul Joachimsen. 6 Bde. München 1925.

Rave, Wilh.: Johann Krane. Zschr. Westf. Jg. 25 (1940), S. 120 ff.

Richter, Hans: Konrad v. Tecklenburg. Westf. Lebensbilder Bd. IV (1932), S. 175 ff.

Richter, Wilh.: Geschichte der Paderborner Jesuiten. Paderborn 1892.

Richter, Wilh.: Geschichte der Stadt Paderborn. 2. Bd. Paderborn 1903.

Ritter, Mor.: Deutsche Gesch. im Z.-A. der Gegenreform. u. des 30j. Krieges. 3 Bde. Stuttg. 1889 ff.

Ritter, Gerh.: Die Weltwirkung der Refomation. Leipzig 1941.

v. Rommel, Christof: Geschichte von Hessen. 8. Bd. Kassel 1843.

Rosenkranz, G. J.: Beitr. z. Gesch. des Landes Rietberg. Westf. Zschr. Bd. 14 (1853), S. 92 ff.

Rothert, Herm.: Quakenbrück im 30jähr. Kriege. Quakenbrück 1923.

Rothert, Hugo: Zur Kirchengesch. der ehrenreichen Stadt Soest. Gütersloh 1905.

Rothert, Hugo: Kirchengesch. der Grft. Mark. II. Teil. Jb. des Ver. f. Ev. Kirchengesch. Westf. 14. Jg. (1912), S. 1 ff.

Rothert, Hugo: Kirchengesch. des Westf.-Rhein. Industriegebiets. Dortm. 1926.

Rothert, Hugo: Der Kampf um Münster. Jb. des Ver. f. Westf. Kirchengesch. Bd. 26 (1925), S. 5 ff.

Rothert, Hugo: Die Minden-Ravensbergische Kirchengesch. Ebd. Bd. 29—31 (1927 ff.).

Rothert, Hugo: Bernhard Rothmann. Westf. Lebensbilder Bd. I (1930), S. 384 ff.

Rübesam, Rud.: Konrad v. Tecklenburg. Münst. Diss. 1928.

Runge, Frch.: Die Wahl des Kardinals v. Hohenzollern z. Bisch. v. Osnabrück. Osnabrücker Mittl. Bd. 24 (1899), S. 156 ff.

Sagel, Joh.: Warburg im 30jähr. Kriege. Münst. Diss. 1908.

Salge, Konr.: Der 30jähr. Krieg in der Grft. Ravensberg. 36. Jahresber. des Hist. Ver. Ravensberg (1922), S. 1 ff.

Sattler, C.: Dodo zu In- u. Knyphausen. Norden 1891.

Schafmeister, Karl: Hz. Ferdinand v. Bayern als Fürstbischof v. Münster. Münst. Diss. 1912.

v. Schaumburg, E.: Die Begründung der Brandenb.-Preuß. Herrschaft am Niederrhein u. in Westf. Wesel 1859.

Schiemann, Th.: Rußland, Polen und Livland. Berlin 1886/87.

Schiemann, Th.: Gotthard Kettler. Allg. D. Biogr. Bd. 15, S. 680 ff.

Schirren, Karl: Charaktere u. Menschheitsprobleme. Kiel 1912.

Schmidt, Ferd.: Die Wahl der Äbtissin Elisabeth von Berge. Essener Beitr. H. 3 (1913), S. 71 ff.

Schmidt, Ferd.: Das Treugelöbnis des Gr. Kurfürsten. Zschr. Süderland 5. Jg. (1927), S. 153.

Schnabel, Frz.: Deutschlands Geschichtl. Quellen I. Teil 1500—50. Leipzig und Berlin 1931.

Schnath, Georg: Die Gebietsentwicklung Niedersachsens. Wirtschaftswiss. Ges. z. Studium Nieders. Heft 9. Hannover 1929.

Schneider, Frz.: Stadt u. Vest Recklinghausen während des 30jähr. Krieges. Westf. Zschr. Bd. 22 (1862), S. 147 ff.

Schröder: Die Einführung der Reform. in Westf. Minden 1883.

Schultze, Viktor: Waldeckische Reformationsgesch. Leipzig 1903.

Schwartz, Hub.: Gesch. der Reformation in Soest. Soest 1932.

Schwarz, Wilh. Eberh.: Der päpstliche Nuntius Kaspar Gropper. Westf. Zschr. Bd. 68 (1910), S. 1 ff.

Schwarz, Wilh. Eberh.: Die Anfänge des münst. Fürstbisch. Johann v. Hoya. Ebd. Bd. 69, S. 14 ff.

Schwarz, Wilh. Eberh.: Zur Vorgesch. d. Visitation des Bistums Münster. Ebd. Bd. 79 (1921), S. 95 ff.

Schwarz, Wilh. Eberh.: Die Akten der Visitation des Bistums Münster. Münst. Gesch. Qu. Bd. VII (1913).

Schwarzenau, Herb.: Die Gesch. der Stadt Schwelm während des 30jähr. Krieges. Münst. Diss. 1940.

Sichart, Karl: Der Kampf um die Grft. Delmenhorst 1482—1547. Jb. f. d. Gesch. des Hzts. Oldenburg Bd. 16 (1908), S. 193 ff.

Siebers, Joh.: Marsberg z. Zt. des 30jähr. Krieges. Hildesheim 1911.

v. Sobbe, Eug.: Die Erstürmung der Stadt Salzkotten. Westf. Zschr. Bd. 17 (1850), S. 29 ff.

Spanken, Wilh.: Aus der Chronik des Bruders Göbel v. Köln. Ebd. Bd. 19 (1858), S. 187 ff.

Spannagel, Karl: Zur Geschichte des Bistums Minden im Z.-A. der Gegenreform. Ebd. Bd. 55 (1897), S. 194 ff.

Spannagel, Karl: Minden u. Ravensberg unter Brandenb.-Preuß. Herrschaft. Hannover u. Leipzig 1894.

Spiegel, Bernh.: Hermann Bonnus. 2. Aufl. Göttingen 1892.

Stadelmann, Rud.: Das Zeitalter der Reform. Handb. d. deut. Gesch. Bd. 2, S. 1 ff. Berlin 1935.

Stegmann, R.: Die Grft. Lippe im 30jähr. Kriege. Mittl. a. d. Lipp. Gesch. Bd. 3 (1905), S 1 ff.

Tümpel, H.: Minden-Ravensberg unter der Herrschaft der Hohenzollern. Festschr. Bielefeld u. Leipzig 1909.

T ü k e l, K a r l: Die Koadjutorie des Hzs. Ferdinand v. Bayern im Erzstift Köln. Hist. Jb. Bd. 8 (1887), S. 245 ff.

V a r r e n t r a p p, C.: Hermann v. Wied u. sein Reform. Versuch in Köln. Leipzig 1878.

V ö l k e r, C h r i s t o p h: Zur Gesch. der Reform. im Hochstift Paderborn. Westf. Zschr. Bd. 88 II (1931), S. 94 ff.

W e s k a m p, A l b.: Hz. Christian v. Braunschweig. Münst. Beitr. z. Gesch.-Forsch. H. 6. Paderborn 1884.

W e s k a m p, A l b.: Die Stadt Warendorf im Kampfe gegen Landesherrn u. Kaiser. Westf. Zschr. Bd. 47 (1889), S. 120 ff.

W e s k a m p, A l b.: Das Heer der Liga in Westfalen 1622—23. Münster 1891.

W i g a n d, P a u l: Gemälde einer deutschen Stadt im 30jähr. Kriege. (Höxter). Die Vorzeit. Taschenb. f. d. J. 1825, Marburg u. Kassel, S. 1 ff.

W i l m s, G g.: Die Reformation in Minden. Gymnas. Progr. Minden 1860.

v. W i n t e r f e l d, L u i s e: Der Durchbruch der Reform. in Dortmund. Dortmunder Beitr. Bd. 34 (1927), S. 53 ff.

Z u r b o n s e n, F r ch.: Ein Klosterbericht aus der Reform.-Zeit. Zschr. des Bergischen Gesch. Ver. Bd. 19 (1883), S. 31 ff.

II. T e i l.

1. K a p i t e l. D i e g e w e r b l i c h e W i r t s c h a f t

B e c k, L u d w.: Die Geschichte des Eisens. Bd. 2. Braunschweig 1893—95.

B i e r m a n n, F r a n z: Geschichte des Bergbaus bei Altenbeken. Westf. Zschr. Bd. 58 II (1900), S. 145 ff.

D e n e k e, J. B.: Die Saline Neuwerk bei Werl. Westf. Zschr. Bd. 13 (1852), S. 295 ff.

F é a u x d e L a c r o i x, K a r l: Der Anteil des Sauerlandes an der großgesch. Bewegung des späteren M.-A.s Arnsberg 1904.

F r a n z, G ü n t h e r: Der 30jähr. Krieg u. das deutsche Volk. Arbb. z. Landes- u. Volksforschung Bd. 6. Jena 1940.

G u d e l i u s, G e o r g: Lemgo als westf. Handelsstadt. Münst. Diss. 1929.

H ä p k e, R u d.: Der Untergang der deutschen Hanse. Hansische Volkshefte 5. Bremen o. D.

H o h l s, H e r m.: Der Leinwandhandel in Norddeutschland bis zum 17. Jahrh. Hans. Gesch. Bll. 51. Jg. (1927), S. 116 ff.

H o l t h a u s e n, M a r i a: Die Juden im kurkölnischen Herzogtum Westfalen. Westf. Zschr. Bd. 96 (1940), S. 48 ff.

H u y s k e n s, V i k t o r: Zur Gesch. der Juden in Münster. Ebd. Bd. 64 (1906), S. 260 ff.

K n a p e, A n t.: Die wichtigsten industriellen Unternehmungen des Paderborner Landes. Ebd. Bd. 70 II (1912), S. 183 ff.

K n a p m a n n, K a r l: Das Eisen- u. Stahldrahtgewerbe in Altena. Abhh. aus d. Staatswiss. Seminar in Münster Heft 7. Leipzig 1907.

Kraft, Hildeg.: Die Lage der Juden im Hochstift Paderborn. Westf. Zschr. Bd. 94 II (1938), S. 101 ff.

Krieg, Martin: Die Juden in der Stadt Minden. Ebd. Bd. 93 II (1937), S. 113 ff.

Krumbholtz, Rob.: Die Gewerbe der Stadt Münster bis 1661. Leipzig 1891.

Kulischer, Jos.: Allgem. Wirtschaftsgesch. des M.-A.s u. der Neuzeit. 2 Bde. München 1928 f.

Kuske, Bruno: Die wirtschaftl. u. soziale Verflechtung zw. Deutschl. u. den Niederlanden. Deut. Arch. f. Landes- u. Volksforsch. Jg. 1 (1937), S. 667 f.

Kuske, Bruno: Die Wirtschaftsentwicklung Westfalens. Münster 1943.

Lappe, Jos.: Die Freiheit Altena. Dortmunder Beitr. Heft 37 (1929), S. 1 ff.

Mannel, Gottfr.: Die Eisenhütten und Hämmer des Fürstentums Waldeck. Leipziger Diss. 1908.

Meister, Alois: Handel, Gewerbe, Industrie u. Bergwesen der Grft. Mark. Festschr. z. Gedächtnis der 300jähr. Vereinigung mit Brdbg.-Preußen. Dortm. 1909, S. 359 ff.

Mews, Karl: Gesch. der Essener Gewehr-Industrie. Essener Beitr. Heft 31 (1909), S. 1 ff.

Murdfield, Magd.: Gesch. der Saline Gottesgabe bei Rheine. Westf. Zschr. Bd. 83 (1925), S. 27 ff.

Niehues, Bernh.: Die Organisation der Hansa in Westf. Hans. Gesch. Bll. 1879, S. 49 ff.

Noack, Gerh.: Das Stapel- u. Schiffahrtsrecht Mindens. Quellen u. Darst. z. Gesch. Niedersachsens Bd. 16. Hannover 1904.

Planeth, Elsb.: Der außerwestf. Handel münst. Kaufleute von 1536 bis 1661. Münst. Diss. 1937.

Rixen, Karl: Gesch. u. Organisation der Juden im ehemal. Stift Münster. Münst. Beitr. N. F. VIII. Münster 1906.

Rhode, Paul: Gesch. d. Steinkohlenförderung im Amte Iburg. Osnabrücker Mittl. Bd. 27 (1902), S. 38 ff.

Rothert, Herm.: Die Einwirkungen des 30jähr. Krieges auf Westfs. Wohlstand. Westf. Forsch. Bd. 4 (1941), S. 134.

Rübel, Karl: Die Anfänge der Kohlen- u. Salzgewinnung am Hellwege. Dortmunder Beitr. Heft 22 (1913), S. 45 ff.

Schierenberg, Heinz: Blüte und Verfall der lippischen Leinenindustrie. Mittl. a. d. Lipp. Gesch. Heft 10 (1914), S. 1 ff.

Schmidt, Ferd.: Die erste Blüte des Ruhrbergbaus. Zschr. Süderland 8. Jg. Altena 1930, S. 173 ff.

Schmitz-Kallenberg, Ludw.: Zur Gesch. des münsterschen Leinenhandels um 1600. Westf. Zschr. Bd. 84 (1927), S. 221 ff.

Stüve, Karl: Der Handel von Osnabrück. Osnabrücker Mittl. Bd. 6 (1860), S. 80 ff.

Vogeler, Ed.: Einiges über die Stellung der Soester Juden. Soester Zschr. Heft 1 (1881/82), S. 69 ff.

Weerth, O.: Das Papier u. die Papiermühlen im Fst. Lippe. Mittl. a. d. Lipp. Gesch. Heft 2 (1904), S. 1 ff.

Weerth, O.: Der Bergbau bei Falkenhagen. Ebd. Heft 12 (1926), S. 72 ff.

Wiemann, Herm.: Die Osnabrücker Stadtlegge. Osnabrücker Mittl. Bd. 35 (1910), S. 1 ff.

2. Kapitel. Die Landwirtschaft

Amedick, Ferd.: Das Forst- u. Jagdwesen im Hochstift Paderborn. Westf. Zschr. Bd. 67 II (1909), S. 1 ff.

Andreas, Wil.: Deutschland vor der Reformation. 2. Aufl. Stuttgart 1934.

Bertelsmeier, Elis.: Bäuerliche Siedlung und Wirtschaft im Delbrücker Land. Münst. Diss. 1942.

vom Bruch, Rud.: Die Rittersitze des Fürstentums Osnabrück. Osnabrück 1930.

Franz, Günther: Der deutsche Bauernkrieg. München u. Berlin 1933.

Herberhold, Franz: Das Ravensberger Urbar von 1550. Zschr. Westf. Jg. 21 (1936), S. 1 ff.

v. d. Horst, K. A.: Die Rittersitze der Grft. Ravensberg u. des Fürstentums Minden. Berlin 1894.

Huppertz, Barthel: Räume u. Schichten bäuerlicher Kulturformen in Deutschland. Bonn 1939.

Kiewning, Hans: Das lippische Hagenrecht. Mittl. a. d. lippischen Gesch. Bd. 16 (1938), S. 63 ff.

Kindlinger, Nik.: Geschichte der deutschen Hörigkeit. Berlin 1819.

Rothert, Herm.: Heimatbuch des Kreises Bersenbrück. Bd. I. Quakenbrück 1933.

Schloemann, Heinr.: Gesch. der Besiedlung u. Bevölkerung der Angelbecker Mark. Osnabr. Mittl. Bd. 47 (1925), S. 175 ff.

Schmidt, Hans: Lippische Siedlungs- und Waldgeschichte. Detmold 1940.

Schreiber, Karl: Das Urbar der Grafschaft Ravensberg. 21. Jahresber. des Hist. Ver. Grft. Rav. Bielefeld 1907.

Stüve, Karl: Geschichte des Hochstifts Osnabrück. Bd. 2. Jena 1872.

Tack, Joh.: Die Hollandgänger in Hannover u. Oldenburg. Leipzig 1902.

Wigand, Paul: Die Provinzialrechte des Fürstentums Minden. 2 Bände. Leipzig 1834.

Wrasmann, Ad.: Das Heuerlingswesen im Fürstentum Osnabrück. Osn. Mittl. Bd. 42 (1919), S. 53 ff., Bd. 44 S. 1 ff.

3. Kapitel. Der neuzeitliche Staat in Verfassung und Verwaltung

Bär, Max: Abriß einer Verwaltungsgesch. des Reg.-Bez. Osnabrück. Hannover 1901.

v. Below, Georg: Die Ursachen der Rezeption des Römischen Rechts. München 1905.

v. Below, Georg: Territorium u. Stadt. München 1923.

Blömker, Hch.: Die Wehrverfassung der Stadt Osnabrück. Osnabr. Mittl. Bd. 53 (1931), S. 1 ff.

Böhmer, Jos.: Das Geheime Ratskollegium des Hochstifts Paderborn. Hildesheim 1909.

Bröker, Elis.: Bernhard v. Mallinckrodt. Münst. Beitr. Heft 76 (1939).

Capelle, Rich.: Beitr. z. Gesch. der Erbentage. Dortmunder Beitr. Bd. 23 (1914), S. 75 ff.

Casser, Paul: Der Niederrhein.-Westf. Reichskreis. Der Raum Westfalen. Bd. II 2. Teil. Berlin 1934. S. 35 ff.

Dehio, Ludw.: Die Verfassungs- u. Verwaltungsgesch. des Fürstbist. Munster im 17./18. Jahrh. Westf. Zschr. Bd. 79 (1921), S. 1 ff.

v. Haeften, Aug.: Urkunden und Aktenstücke z. Gesch. des Kurf. Friedr. Wilh. v. Brandenburg. Ständische Verhandlungen Kleve-Mark. Bd. I. Berlin 1869.

Häpke, Rud.: Der Untergang der deutschen Hanse. Hansische Volkshefte 5. Bremen o. D.

Hartung, Fritz: Deutsche Verfassungsgesch. (Grundriß d. Gesch.-Wissensch.) 4. Aufl. Leipzig — Berlin 1933.

Hintze, Otto: Staat und Verfassung. Gesammelte Abhandlungen. Leipzig 1941.

Jacobs, Frch.: Die Paderborner Landstände im 17./18. Jh. Westf. Zschr. Bd. 93 II (1937), S. 42 ff.

Klümper, Theres.: Landesherr u. Städte im Fst. Münster 1585—1650. Münst. Diss. 1912.

Lichthardt, Karl: Studien z. Entwicklung der Erbentage u. der Amtsverf. in Kleve-Mark. Münst. Diss. 1910.

Lüdicke, Reinh.: Die landesherrlichen Zentralbehörden im Bistum Münster. Westf. Zschr. Bd. 59 (1901), S. 1 ff.

Marré, Hch.: Die Wehrverfassung der Stadt Münster. Münst. Beitr. N. F. Heft 30. 1913.

Rathje, Joh.: Die Behördenorganisation im kurköln. Herzogtum Westfalen. Heidelberger Diss. 1905.

Rehker, Hch.: Die landesfürstl. Verwaltungsbehörden im Bistum Osnabrück 1553—1661. Osnabr. Mittl. Bd. 30 (1905), S. 1 ff.

Rode, Benno: Das Kreisdirektorium im Westfäl. Kreise 1522—1609. Münster 1916.

Sauer, Wilh.: Die Bestrebungen Münsters nach Reichsfreiheit. Westf. Zschr. Bd. 30 (1872), S. 103 ff.

Schmoller, Gust.: Deutsches Städtewesen in älterer Zeit. Bonn 1922.

Schottmüller, K.: Die Organisation der Zentralverwaltung in Kleve-Mark. Staats- u. sozialwiss. Forsch. Bd. 14, Heft 4. Leipzig 1897.

Vogel, Walter: Kurze Gesch. der deutschen Hanse. Hans. Volkshefte 11. 1915.

Vogeler, Ed.: Ein Beitrag z. Gesch. d. alten Soester Stadtbefestigungen. Zschr. d. Ver. f. d. Gesch. v. Soest H. 14 (1895/96), S. 111 ff.

de Vries, Rob.: Die Landtage des Stiftes Essen. Münst. Diss. 1934.

v. Winterfeld, Luise: Das Westfäl. Hansequartier. Der Raum Westfalen Bd. II 1. Teil, S. 110 ff. Berlin 1943.

4. Kapitel. Volkstum und Charakterköpfe

Benkert, Ad.: Zur Vorgesch. der Gegenreformation in Höxter. Jb. d. Ver. f. Westf. Kirchengesch. Jg. 32 (1931), S. 15 ff.

Bruns, Otto: Die Wirksamkeit des Bürgermeisters Pelzer. Osnabr. Mittl. Bd. 40 (1917), S. 153 ff.

Freytag, Gust.: Bilder aus der deutschen Vergangenheit. 4 Bde. Leipzig 1895 ff.

Höfken, G.: Der Erbzaun. Zschr. Westf. Jg. 15 (1930), S. 162 ff.

Höfken, G.: Ist das Benker Heiderecht eine Fälschung? Ebd. Jg. 16 (1931), S. 20 ff.

Humborg, Ludw.: Die Hexenprozesse in der Stadt Münster. Münst. Beitr. Heft 43. Münster 1914.

v. Klocke, Frch.: Kaspar Klock. Westf. Lebensbilder Bd. 4. Münster 1933, S. 126 ff.

Kohl, Rich.: Westfalen u. der alte Neckvers von hospitium vile. Nordd. Zschr. f. Volkskunde Jg. 19 (1941), S. 45 ff.

Kuhlmann, Gottfr.: Leben und Dichten des Hansesyndikus Dr. J. Domann. Münst. Diss. 1907.

Lodtmann, Fr.: Die letzten Hexen Osnabrücks. Osnabr. Mittl. Bd. 10 (1875), S. 97 ff.

Löffler, Kl.: Justus Lipsius u. die Westfalen. Zschr. d. Ver. f. rhein. u. westf. Volkskunde 4. Jg. (1907), S. 161 ff.

Neukirch, Alb.: Renaissanceschlösser Niedersachsens. Textband 2. Hälfte. Hannover 1939.

Niehues, Bernh.: Zur Gesch. des Hexenglaubens u. der Hexenprozesse. Münster 1875.

Offenberg, H.: Das Halsband Lamberts v. Oer. Westf. Zschr. Bd. 55 (1897), S. 136 ff.

Paulus, Nik.: Hexenwahn u. Hexenprozeß. Freiburg 1910.

Richter, Hans: Johann v. Münster. Westf. Lebensbilder Bd. 4 (Münster 1933), S. 112 ff.

Rothert, Hugo: Uranfänge des Goethischen Faust. Zschr. Westf. Jg. 9 (1917/18), S. 97 ff.

Rübel, Karl: Hexenaberglaube, Hexenprozesse und Zauberwesen in Dortmund. Dortmunder Beitr. Bd. 22 (1913), S. 96 ff.

Sartori, P.: Westf. Volkskunde. Leipzig 1922.

5. Kapitel. Das geistige Leben

Bahlmann: Münsterische Lieder u. Sprichwörter. Münster 1896.

Bömer, Alois: Timan Kemner. Westf. Zschr. Bd. 53 (1895), S. 182 ff.

Bömer, Alois: Der münsterische Buchdruck im 1. Viertel des 16. Jhs. Zschr. Westf. 10. Jg. (1919), S. 1 ff.

Bömer, Alois: Der münsterische Buchdruck im 2. Viertel bis z. Ende des 16. Jhs. Ebd. 12. Jg. (1924/25), S. 25 ff.

Bömer, Alois: Epistolae obscurorum virorum. Heidelberg 1924.

Bömer, Alois: Hermann Buschius. Westf. Lebensbilder. Bd. I (1930), S. 50 ff.

Bömer, Alois: Dietr. Tzwyvel. Westf. Lebensbilder Bd. II (1931), S. 15 ff.

Bömer, Alois: Joh. Cincinnius. Westf. Lebensbilder Bd. IV. (1933), S. 208 ff.

Detmer, K.: Zur Geschichte der münsterschen Dombibliothek. Westd. Zschr. Jg. 14 (Trier 1895), S. 203 ff.

Detmer, K.: Der Plan des A. Burenius z. Errichtung einer höheren Lehranstalt. Westf. Zschr. Bd. 60 (1902), S. 157 ff.

Döhmann, Karl: Die Buchdrucker des akad. Gymnasiums zu Burgsteinfurt. Burgsteinfurt 1932.

Döring, A.: Joh. Lambach u. das Gymnasium zu Dortmund. Berlin 1895.

Engel, Gust.: Geistiges Leben in Minden, Ravensberg u. Herford. Teil I. 52. Jahresber. des Hist. Ver. Rav. (1938), S. 1 ff.

Franz, Rud.: Christof Scheibler. Dortmunder Beitr. Bd. 23 (1914), S. 258 ff.

Frommelt, J.: Bernhard Witte. Arnsberg 1908.

Legge, Th.: Flug- und Streitschriften der Reform.-Zeit in Westf. Ref.-gesch. Studien u. Texte Heft 58/59. Münster 1933.

Löffler, Kl.: Der Dortmunder Buchdruck des 16. Jahrhunderts. Dortmunder Beitr. Bd. 13 (1905), S. 27 ff.

Nelle, Wilh.: Geschichte des deutschen evang. Kirchenliedes. 2. Aufl. Hamburg 1909.

Nordhoff, J. B.: Denkwürdigkeiten aus dem Münsterischen Humanismus. Münster 1874.

Nordhoff, J. B.: Nachlese zur Buchdruckergeschichte Westfs. Westf. Zschr. Bd. 41 II (1883), S. 129 ff.; Bd. 42 II, S. 147 ff.; Bd. 43, S. 124 ff.

Rosenkranz, O. J.: Reinerus Reineccius. Ebd. Bd. 9 (1864), S. 1 ff.

Schröder, Edw.: Jacob Schöpper von Dortmund. Marburg 1890.

Schröder, Edw.: Die Universität Rinteln. Rinteln 1927.

Sellmann, Ad.: Philipp Nicolai. Westf. Lebensbilder. I (1930), S. 183 ff.

Veltmann, Herm.: Das Grabmal des Königs Surbold. Osn. Mittl. Bd. 13 (1886), S. 242 ff.

Weidmann, S. P.: Hermann von Kerssenbrock. Westf. Zschr. Bd. 90 (1934), S. 33 ff.

Woringer, Aug.: Die Studenten der Universität Rinteln. Leipzig 1939.

Wülfrath, K.: Bibliotheca Marchica. Die Literatur der westf. Mark, Teil I. Münster 1936.

6. Kapitel. Die bildende Kunst.

Die Baukunst

Born, Frch.: Die Beldensnyder. Beitr. zur westf. Kunstgesch. Bd. II. Münster 1905.

Dehio, Georg: Gesch. der Deutschen Kunst. Bd. III. Berlin 1926.

Geisberg, Max: Die Stadt Münster. Bd. 1—6. Bau- u. Kunstdenkmäler v. Westf. Münster 1932 ff.

Grießbach, Aug.: Das deutsche Rathaus der Renaissance. Berlin 1907.

Grießbach, Aug.: Die alte deutsche Stadt. Berlin 1930.

Grüter, Jos.: Johann Kuper. Beitr. z. westf. Kunstgesch. Bd. V. Münster 1914.

v. Kerckerinck, Eng. u. Klapheck, Rich.: Altwestfalen. Stuttgart 1912.

Klapheck, Rich.: Die Meister von Schloß Horst. Berlin 1915.

Klapheck, Rich.: Die Schloßbauten zu Raesfeld u. Honstorff. Dortmund 1922.

Koch, Ferd.: Die Gröninger. Beitr. z. westf. Kunstgesch. Bd. I. Münster 1905.

Michels, Paul: Aus der Baugesch. des Paderborner Rathauses. Westf. Zschr. Bd. 96 II (1940), S. 52 ff.

Niemeyer, Bernh., Steinacker, Karl u. Neukirch, Alb.: Renaissanceschlösser Niedersachsens. Hannover 1914—39.

Sonnen, Max: Die Weserrenaissance. Münster 1918.

Weißgerber, O.: Die baugeschichtl. Entwicklung des alten Paulinum in Münster. Münster 1921.

Die Bildhauerei

Beenken, Herm.: Bildwerke Westfalens. Bonn 1923.

Döhmann, Karl: Bunickmann u. Brabender gt. Beldensnyder. Zschr. Westf. Jg. 7 (1919), S. 33 ff.

Hartlaub, G. F.: Die Beldensnyder in Bremen. Jb. der Bremischen Sammlungen 1912 II, S. 105 ff.

Lange, Bruno: Die Bildhauerkunst im Kreise Minden. Mindener Jb. Bd. I (1925), S. 1 ff.

Lessing, Jul.: Meister Anton Eisenhoit. Berlin 1880.

Lippe, Marg.: Münsterische Bildhauer der Spätrenaissance. Westf. Zschr. Bd. 83 (1915), S. 182 ff.

v. Matthey, Werner: Probleme um den sog. Meister von Osnabrück. Zschr. Westf. Jg. 15 (1930), S. 183 ff.

Meier, Burkh.: Judokus Vredis. Ebd. Jg. 7 (1915), S. 105 ff.

Melchers, Hans: Die westf. Steinskulptur von 1500—1560. Bonner Diss. 1931.

Pieper, Paul: Ein gotisches Altarkreuz als Vorbild f. Anton Eisenhoit. Zschr. Westf. Jg. (1937), S. 89 ff.

Schmitz-Kallenberg: Kleinere Mitteilungen z. münst. Kunstgesch. Westf. Zschr. Bd. 73 (1915), S. 222 ff.

Stiffmann, Ferd. u. v. d. Osten, Gerd: Niedersächsische Bildschnitzerei des späten M.-As. Berlin 1940.

Wormstall, Alb.: Judocus Vredis. Münster 1896.

Die Malerei

van der Briele, Wolfg.: Westf. Malerei. Dortmund 1926.

Geisberg, Max: Die tom Rings. Westf. Lebensbilder Bd. 2 (1931), S. 30 ff.

Geisberg, Max: Heinrich Aldegrever. Westf. Lebensbilder Bd. 3 (1932),S. 195 ff.

Geisberg, Max: Heinrich Aldegrever. Westf. Kunsthefte IX. Dortm. 1939.

Hölker, Karl: Die Malerfamilie tom Ring. Beitr. z. westf. Kunstgesch. Heft 8. Münster 1927.

Steinbart, Kurt: Der Meister von Kappenberg u. die holländ. Graphik. Zschr. Westf. Jg. 22 (1937), S. 255 ff.

Register

Abkürzungen:

Äbt. = Äbtissin; B. = Bischof; Bg. = Burg; Brgr. = Bürger; Brmstr. = Bürgermeister; Bst. = Bistum; D. = Dom; EB. = Erzbischof; Ebst. = Erzbistum; Fl. = Fluß: Gem. = Gemahlin; Grf. = Graf; Grft. = Grafschaft; Hzg. = Herzog; Hzgt. = Herzogtum; Kl. = Kloster; Kr. = Kreis; Nfl. = Nebenfluß; NL. = Niederlande; RB. = Regierungsbezirk; St. = Stadt.

Sachregister

Orts- und Personenregister

REGENTENTAFEL

Deutsche Kaiser

Karl V. 1519—56
Ferdinand I. 1556—64
Maximilian II. 1564—76
Rudolf II. 1576—1612
Mathias 1612—19
Ferdinand II. 1619—37
Ferdinand III. 1637—57

Erzbischöfe von Köln

Philipp II. v. Daun 1508—15
Hermann V. v. Wied 1515—47
Adolf III. v. Schaumburg 1546—56
Anton v. Schaumburg 1556—58
Joh. Gebhard v. Mansfeld 1558—62
Friedrich IV. v. Wied 1562—67
Salentin v. Isenburg 1567—77
Gebhard Truchseß v. Waldburg 1577—84
Ernst v. Baiern 1583—1612
Ferdinand v. Baiern 1612—50

Bischöfe von Münster

Erich I. v. Sachsen-Lauenburg 1508—22
Friedrich III. v. Wied 1522—32
Erich II. v. Braunschweig 1532
Franz v. Waldeck 1532—53
Wilhelm v. Ketteler 1553—57
Bernhard v. Raesfeld 1557—66
Johann v. Hoya 1566—74
Joh. Wilhelm v. Jülich-Kleve (Koadjutor) 1574—85
Ernst v. Baiern 1585—1612
Ferdinand v. Baiern 1612—50

Bischöfe von Paderborn

Erich v. Braunschweig 1508-32
Hermann II. v. Wied 1532—47
Rembert v. Kerssenbrock 1547—68
Johann II. v. Hoya 1568—74
Salentin v. Isenburg 1574—77
Heinrich IV. v. Sachsen-Lauenburg 1577—85
Dietrich v. Fürstenberg 1585—1612
Ferdinand v. Baiern 1612—50

Bischöfe von Osnabrück

Erich v. Braunschweig 1508-32
Franz v. Waldeck 1532—53
Johann v. Hoya 1553—74
Heinrich II. v. Sachsen-Lauenburg 1574—85
Bernhard v. Waldeck 1585—91
Philipp Sigismund v. Braunschweig 1591—1623
Eitel Friedrich v. Hohenzollern 1623—25
Franz Wilhelm v. Wartenberg 1625—61

Bischöfe von Minden

Franz I. v. Braunschweig 1508-29
Franz v. Waldeck 1529—53
Julius v. Braunschweig 1553-54
Georg v. Braunschweig 1554-66
Herm. v. Schaumburg 1566-82
Heinrich Julius v. Braunschweig 1582—85
Anton v. Schaumburg 1587—99
Christian v. Braunschweig 1599—1633
Franz Wilhelm v. Wartenberg 1630—48

Herzöge von Jülich-Kleve

Johann III. 1511 (1521)—1539
Wilhelm 1539—92
Johann Wilhelm 1592—1609

Kurfürsten von Brandenburg

Johann Sigismund 1608—19
Georg Wilhelm 1619—40
Friedrich Wilhelm 1640—88

Grafen zur Lippe

Simon V. 1511—36 (Graf seit 1528)
Bernhard VIII. 1536—63
Simon VI. 1563—1613
Simon VII. 1613—27
Simon Ludwig 1627—36
Simon Philipp 1636—50

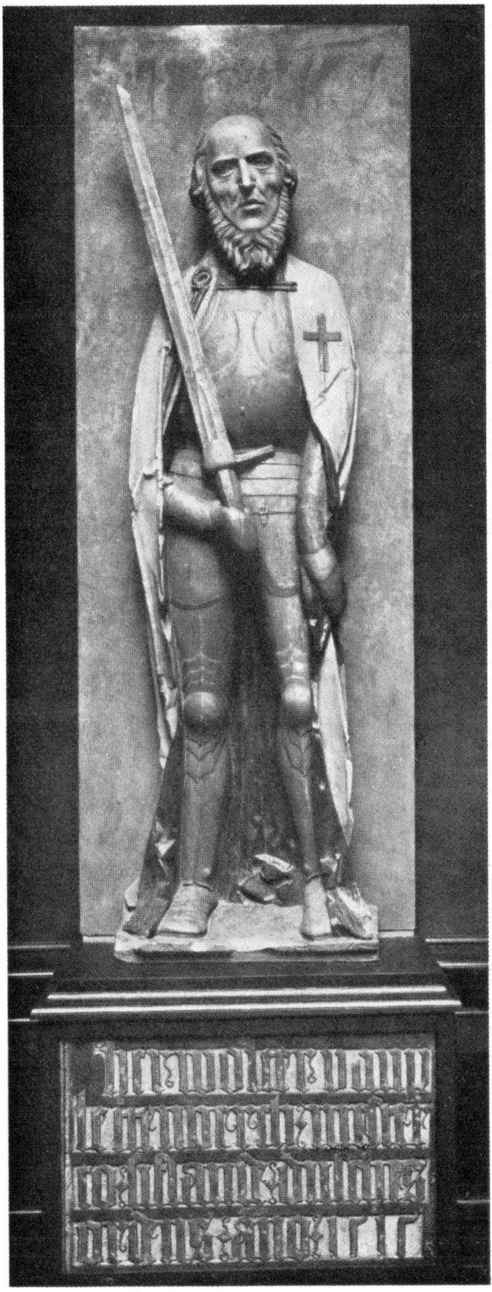

Wolter von Plettenberg 1515
Standbild am Ordensschloß zu Riga

Herzog Wilhelm von Kleve
Stich von Hch. Aldegrever

Johann von Leyden
Holzschnitt von Hch. Aldegrever

Hermann Hamelmann

Dietrich von Fürstenberg
Bischof von Paderborn

Gottfried von Raesfeld
gemalt von Herm. tom Ring 1566

Franz Wilhelm von Wartenberg
Bischof von Osnabrück

Christian von Braunschweig
Administrator von Halberstadt

Rathaus in Lemgo mit den Türmen von St. Nikolai

Die Bierstraße in Osnabrück

Rathaus in Paderborn

Ratsstube (Friedenssaal) im Rathaus zu Münster

Die evangelische Kirche in Bückeburg

Schloß Varenholz (Lippe)

Haus Darfeld (Kr. Koesfeld)

Haus Raesfeld (Kr. Borken)

Haus Aussel (Kr. Wiedenbrück)

Kopf des Moses von der Kanzel der Ägidienkirche in Wiedenbrück
vermutlich Arbeit des Adam Stenelt in Osnabrück

Epitaph (Mittelstück) des Domdechanten Heidenreich von Letmathe († 1625) im Dome zu Münster
Arbeit des Gerh. Gröninger

Fuß eines silbernen Kreuzes im Patroklimünster zu Soest
Arbeit des Anton Eisenhoit in Warburg

Vesperbild des Meisters von Osnabrück
Landesmuseum in Münster

Die Schlacht bei Stadtlohn am 6. August 1623

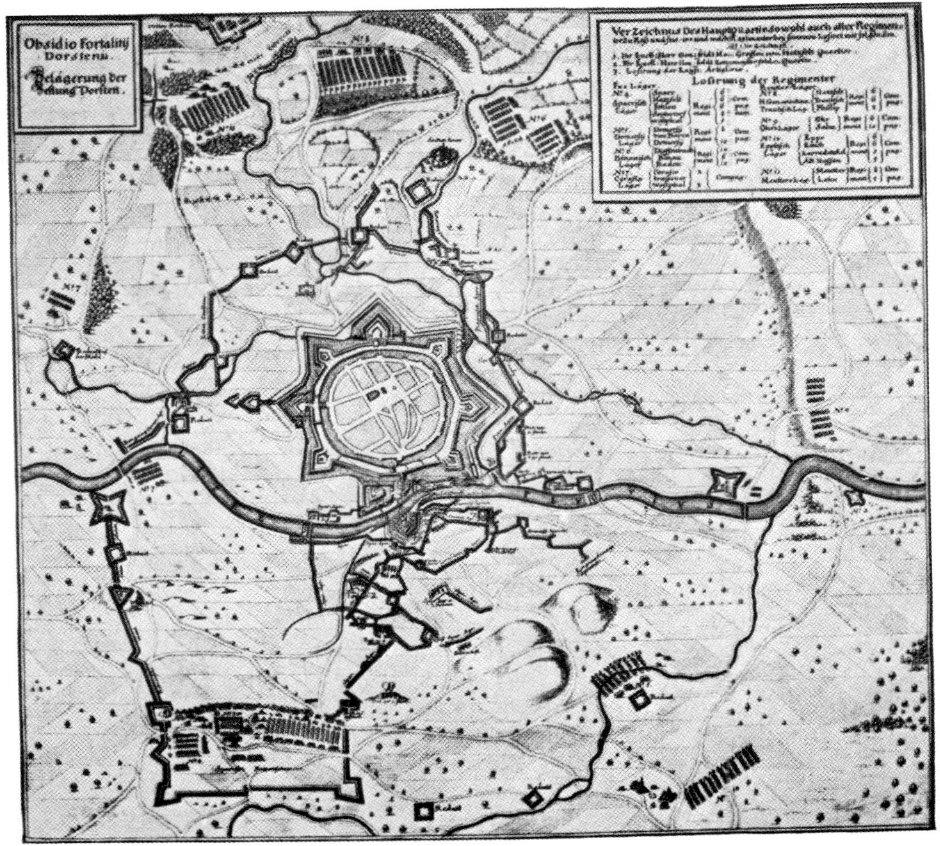

Die Belagerung von Dorsten 1641 (Norden ist unten)

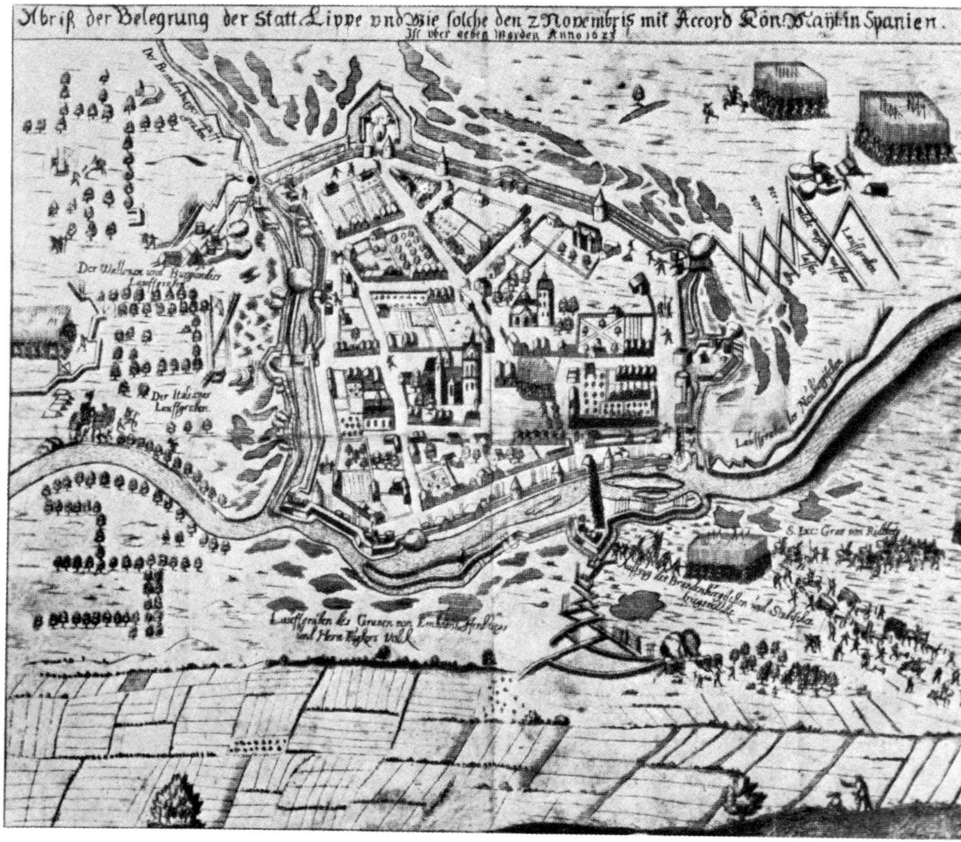

Die Belagerung von Lippstadt 1623 (Norden ist unten)